纺织科学与工程一流学科建设成果

U0747337

"一带一路"倡议下中国与中亚国家纺织产能合作研究

Research on Textile Capacity Cooperation Between
China and the Central Asian Countries Under the
Belt and Road Initiative

王 华 著

中国纺织出版社有限公司

内 容 提 要

本书应用实践调查法和统计分析法研究了中国对中亚国家纺织服装产业进行投资与产能合作的问题。包括中国纺织服装产业与丝绸之路经济带国家的资源对接、产能合作、市场分析、投资安全和风险管控。通过实地调研，叙述了中亚国家天然纤维资源、水资源、能源和人力资源及纺织服装市场结构与布局；应用发展经济学、区域经济学、投资学和管理学等学科理论，分析了中国与中亚国家纺织服装产能合作的模式与载体；此外，从法律、外汇管制等方面提出了中国纺织服装企业在中亚国家投资的注意事项和解决方案。

本书可供中国纺织服装企业管理人员、投资人员及对中亚投资感兴趣人员参考。

图书在版编目（CIP）数据

"一带一路"倡议下中国与中亚国家纺织产能合作研究 / 王华著. --北京：中国纺织出版社有限公司，2020.6

ISBN 978-7-5180-7226-2

I. ①一… II. ①王… III. ①纺织工业-国际合作-研究-中国、中亚 IV. ①F426.81②F436.068

中国版本图书馆 CIP 数据核字（2020）第 041901 号

责任编辑：符 芬　责任校对：王花妮　责任印制：何 建

中国纺织出版社有限公司出版发行
地址：北京市朝阳区百子湾东里 A407 号楼　邮政编码：100124
销售电话：010—67004422　传真：010—87155801
http://www.c-textilep.com
中国纺织出版社天猫旗舰店
官方微博 http://weibo.com/2119887771
北京市密东印刷有限公司印刷　各地新华书店经销
2020 年 6 月第 1 版第 1 次印刷
开本：787×1092　1/16　印张：15
字数：313 千字　定价：88.00 元

课题研究委员会

作者简介

　　王华，外国留学研究生导师，上海市科技创业导师，1984 年本科毕业于天津纺织工学院染整工程专业获学士学位，1994 年毕业于中国纺织大学获管理工程硕士学位，2006 年毕业于东华大学纺织科学与工程专业获博士学位。长期在棉纺织、印染工业、毛纺织生产和国际贸易一线工作，有丰富的产业经验。2012 年国家公派澳大利亚迪肯大学做高级访问学者，研究棉花和羊毛纤维；2017 年任纺织行业"一带一路"国际合作发展中心首席研究员；2018 年任乌兹别克斯坦塔什干纺织轻工大学客座教授，塔吉克斯坦教育科学部、工业创新发展部荣誉教授；2019 年任塞尔维亚诺维萨德大学客座教授，国际丝绸联盟专家委员会委员；目前，在东华大学从事纺织智能制造技术、数码印花技术、世界纺织非物质文化遗产教学及研究工作，主要研究方向为毛纺原料产品开发技术及应用，纺织品数码印花，世界纺织史研究等。主持完成省部级课题 5 项，发明专利 4 项，累计发表中外文论文 50 多篇，SCI/EI 论文 8 篇，著作 2 部，合著 3 部，主编纺织高等教育"十三五"部委级规划教材、纺织科学与工程一流学科教材《纺织品数码印花技术》。给本科生、硕士生、博士生授课 5 门，留学生全英文授课 1 门。在新疆和中亚国家有天然纺织纤维与加工联合实验室和研究基地。荣获 2019 年中国纺织工业联合会科技进步二等奖。2018 年获东华大学"金帆金驼"奖。2017～2019 年连续获东华大学留学生"心目中的好老师、好导师"称号。

目 录

导　论

第一节　纺织产业转移的规律

国际产业转移是国际分工的结果。纺织服装产业虽然是劳动密集型的传统产业，但它是永恒的民生产业，是工业革命的发端和工业化的先导产业，这一产业凝聚着智力、技术和资本，这种特性决定了该产业在世界经济发展的进程中需承接经济转型矛盾焦点和产业结构调整重点的历史性使命。考察英、美、日工业发达国家工业化的历史可以得出以下结论：英美日的工业化从纺织起步；谁掌握新技术谁主动超越；纺织产业转移总是向低成本国家与地区走起。通过对国际纺织产业转移的剖析，我们可归纳出国际纺织产业转移的一般趋势。

第一，国际产业转移的类型是最先从劳动密集型产业开始，然后推进到资本、技术密集型行业的转移。国际产业转移的主体是从发达国家到次发达国家，再转移到发展中国家逐层推进。

第二，国际间产业转移是按比较优势理论，从一个处于或即将处于比较劣势的产业，向其他次发达的国家或区域转移，它主要是按生产成本排序和比较，并且移出国产业的生产函数是高于移入国的生产函数。比较优势是随着经济发展水平的提高、创新技术的加快、产业结构的升级而动态变化。在发展中国家经济发展初期，劳动力丰富而资本、技术要素短缺，决定了其比较优势在于劳动密集型产业，随着经济的发展，发展中国家劳动力不断得到充分的利用而短缺，相应的资本和技术不断累计，从而改变了发展中国家的比较优势，使得其优势从劳动力密集型产品转向资本和技术密集型产品的生产上。

一、产业跨国转移的动因分析

刘易斯（W. Arthur Lewis，1984）劳动密集型产业转移理论认为：20 世纪 60 年代劳动密集型产业由发达国家转至发展中国家是因为发达国家人口自然增长率的下降，导致非熟练劳动力不足，于是发达国家将部分劳动密集型产业转移到发展中国家。即不同国家非熟练劳动力丰裕程度的差异是劳动密集型产业转移的根本原因。发展经济学家 Lewis 提出的劳动密集型产业转移论。Pennings 阐述了劳动密集型产业首先进行转移的必要性。

有关产业转移的研究较早形成理论的有日本学者小岛清提出的"边际产业扩张论"。边际产业转移理论提出对外直接投资应从投资国已经不具有比较优势，而在投资对象国却具有或潜在具有比较优势的产业开始。边际产业扩张理论认为，投资国从具有比较劣势的产业对外直接投资，而投资接受国则获得先进的生产技术，从而使潜在的比较优势显现出来。因此，从边际产业开始进行对外直接投资，对于投资国和投资对象国是福利最大化的选择。

弗农（R. Vernon，1966）产品生命周期理论通过对跨国公司的对外投资活动进行分析，提出产品生命周期理论，他将产品的生命周期分为新产品、成熟产品和标准化产品三个时期，在不同的阶段，产品的特征会发生由技术知识密集型—技能或资本密集型—劳动密集型的转化。这意味着在该产品生的各个阶段，不同类型生产要素的重要性是在变化的，从而推动企业根据产品所处的生命阶段在要素丰裕程度不一的国家之间安排生产活动。

企业是国际生产和国际投资的主体，企业跨国投资在宏观层面上形成了国际产业转移，因此，企业对外直接投资理论构成了产业转移理论的微观基础。英国学者邓宁（J. H. Dunning）用 O-L-I 模型来说明企业的对外投资和扩张行为，产业组织决定的所有权特定优势（O 优势），要素赋存结构决定的区域特定优势（L 优势），交易成本决定的内部化特定优势（I 优势），是解释企业对外直接投资和跨国经营的主要原因。

二、国际产业转移的影响分析

国际产业转移对世界格局的影响深远，而且这种影响所涉及的范围也不只局限于经济，而是扩展到政治，金融，文化等领域。

潘悦（2006 年）认为国际产业转移的影响表现在：第一，国际产业转移加速了世界产业结构调整，加快了全球产业格局的变换；第二，国际产业转移加速了国际分工格局的深化和广化，带来了国际贸易格局的巨大变化；第三，国际产业转移改变了国际利益分配格局，加剧了全球分工利益的不均衡；第四，国际产业转移加强了各国经济的相互依赖，同时也加剧了国际经济摩擦；第五，国际产业转移导致了国家相对实力的消长，造成国际关系的不平衡。

近几年，国内对产业转移的研究主要集中在以下三个领域：国际产业转移的趋势与中国产业结构调整的关系；技术转移的梯度和"反梯度"理论；国际直接投资与产业转移的关系。陶静在《国际产业转移理论探究》一文中认为国际产业转移是发生在国家之间的产业转移，由于各国技术和经济发展不平衡，国际资本为了追逐利润，就不断地从高成本国流向低成本国，由此带动其他资源的流动，形成产业转移。具体来说，国际产业转移的动因主要有以下三个：国际产业转移是国际分工的结果，国际产业转移是发展中国家产业结构升级的要求，国际产业转移是世界经济发展不平衡的产物。

1997 年，卢根鑫博士从马克思主义经济学理论的角度研究了国际产业转移问题，是我国较早研究产业转移问题的学者。他在《国际产业转移论》一书中，以产业分化为起点，以价值盈余为核心范畴，对国际产业转移进行了系统研究。该研究主要从理论角度进行阐述，没有实证研究，也没有涉及我国如何利用国际产业转移规律提升产业结构层次等问题。

刘辉煌等分析了国际产业转移的新特征：国际产业转移规模扩大化、结构高度化、区域内部化、方式多样化以及跨国公司已成为国际产业转移的主体。在上述分析的基础上提出利用此契机，加速中国产业结构调整的对策。

王先庆认为，"所谓产业转移的梯度推进，是指发达国家在产业转移过程中，从产业层次上说，先行移出轻纺等劳动密集型产业，而后逐渐移出钢铁、石化、冶金等资本密集型产业；从地区层面上来说，先以具备一定工业发展基础的国家和地区为重点，然后逐步扩大到其他国家或地区"。

三、其他产业转移理论

1. 产业梯度转移理论

戈力在《国内外产业转移理论的研究综述》中总结了产业梯度转移理论，认为它是区域经济学家将产品生命周期理论引进到区域经济学以后构建出来的一套理论，该理论的前提条件是：区域间存在经济发展水平的梯度差异。首先该理论定义了高梯度地区和低梯度地区，所谓的高梯度地区是指不断涌现新产品，新技术，新产业和先进管理方法的经济发达地区，这些地区的产业基本上都处于产品生命周期的创新阶段，并且能在未来的一段时间内都能保持一定的技术领先地位。而相对应的低梯度地区其产业大多属于产品生命理论的标准化阶段，经济发展迟缓甚至出现衰退。对于高梯度地区要不断地进行技术创新，创造新的产品，提升管理效率，形成新兴产业，保持区域技术优势。而对于低梯度地区首先发展相对优势的劳动密集型产业，积极承接高梯度地区的产业转移，引进资金，消化吸收先进的技术，经过不断发展攀岩早日进入高梯度发达地区行列。

2."雁行"理论

早在 20 世纪 30 年代，日本学者赤松以后起工业国为视角，总结了日本明治维新以后工业产业的发展，提出了关于产业转移的"雁行"理论。实际上，"雁行"理论很大程度上是日本明治维新以来日本纤维，钢铁，汽车等产业发展和崛起的真实写照。"雁行"理论描述了处于后起工业国在某一产业的起始阶段，由于生产技术和资金设备的缺乏，被迫向先进发达工业国开放市场，在大量进口产品的同时吸引外资，消化吸收先进的生产技术，逐渐模仿掌握生产该产品的所需要的各种专利技术，利用本国廉价的劳动力和原材料供给，大量生产该产品以替代进口，以低成本的优势迅速占领本国该产品的市场，进而开始向海外出口此类产品，从而在该产业上由原来的后起国蜕变为先进国。后起国所经历的"从国外进口—国内生产替代进口—向国外出口"如果用以时间为横坐标轴做曲线的话，曲线会呈现类似三只大雁飞翔的图像，所以把这种产业转移称为"雁行"理论。"雁行"理论的本质特征是产业的先进国向后起国进行产业转移并相继实现各自的产业结构调整升级，其所形成的在全世界范围内的垂直分工体系，反映出产业转移对后起国产业结构优化升级起到的巨大推动作用。

第二节　国际产能合作国内外研究现状

一、国际产能合作理论研究综述

近几年，我国产能合作的研究取得较大进展，笔者通过对中国知网和万方数据库中有关产能合作的论文进行检索整理，截至 2019 年 2 月的统计结果如下：有关产能合作的报纸有180 篇，有关产能合作的期刊论文有976 篇，国际产能合作的期刊论文有109 篇；有关国际产能合作的硕博论文达9篇，可见目前研究产能合作的硕博论文比较少。对于产能合作的理论研究可以追溯到产业转移理论的研究，况丽平通过归纳可以发现大致可以分为以下几个方向：关于产能合作的动因研究、关于产能合作的路径研究、关于产能合作的模式探析与机制构建相关研究和产能合作的现状、存在的问题及对策研究。

1. 国外对产能转移的模式及动因的理论研究

（1）对于产业转移的动因研究有代表性的理论。产品生命周期理论和边际产业转移论理论。

（2）对产业转移模式的有代表性的研究理论。雁型模式理论和产业循环发展模式。

2. 产能合作研究还存在的问题

（1）研究方法。对于产能合作的研究主要偏向于理论层次分析，实证研究很少。

（2）研究范围。主要以国际区域、一国内部某一地区与别国等为单位展开产能合作的研究比较多，对于某个具体产业、跨国公司之间的产能合作研究比较少。

（3）产能合作的领域。研究大多数集中的产业链的低端合作的研究，而对于价值链高层次的领域合作的研究上，比如研发和服务贸易研究比较少。

3. 我国纺织产业转移、产能合作现状

《纺织工业调整和振兴规划》《关于推进纺织产业转移的指导意见》和《纺织工业十二五规划》均对纺织产业优化区域布局和加快产业转移提出了鼓励和指导意见。中国纺织国际产能合作企业联盟是中国纺织工业联合会牵头构建的行业"一带一路"国际合作的非营利性服务平台，旨在打造我国纺织行业全球利益共同体。目前，联盟的成立和开展服务协调工作得到国家发改委的指导与大力支持，并纳入国家发改委统筹推进国际产能合作协同工作及项目对接机制中。联盟成员共享中国纺织服装产业"走出去"数据库，提供国内外最新政策信息、国外贸易投资环境分析、风险预警以及推荐潜在投资项目。同时，联盟将为中国纺织海外产业园区建设和"抱团出海"提供强有力的支持，为成员企业争取国内金融、保险和外交方面的实际支持，加强与投资国政府的沟通，并协调成员企业形成自律机制，维护合作、公平竞争的秩序。

二、研究方法

本课题主要应用实践调查法、统计分析法和跨学科研究方法。

1. 实践调查法

按调查研究的性质，调查研究可分为描述性研究和解释性研究两类。按调查研究的时间，调查研究可分为横断面研究和纵贯研究。横断面研究是在某一个时间，对研究对象进行的横断面的研究。在不同时点或者较长的时期内开展的观察和研究，就是纵贯研究。纵贯研究的特点是，它能了解某现象的发展过程，能比较不同时期的变化。按调查研究的范围，可将调查研究分为普查、抽样调查和个案调查。个案研究法是从研究对象中选取一个或几个个体进行深入细致的调查，以详细描述某一具体对象的全貌，了解事物发展变化的全过程。通过个案研究，可以总结出投资者在中亚国家投资成功的经验和失败的教训。只有通过实践调查法，研究者和投资者才能切身体验到中亚国家在政策、制度、基础设施和行政环境等方面情况，对中亚国家的资源优势、产业前景及法制环境、信用环境、市场服务环境和人力资源环境和人文环境有更好的了解。

2. 统计研究法

数据统计是企业决策管理的重要依据，理解三种抽样方法的特点及适用范围；要懂得从图表中提取有用信息；会用样本的基本数字特征估计总体的基本数字特征。利用样本数据的平均值、标准差对总体进行估计；独立性检验、回归分析的思想、方法及其简单应用。当总体中个体较多时宜采用系统抽样；当总体中的个体差异较大时，宜采用分层抽样；当总体中个体较少时，宜采用随机抽样。

搜集数据资料是通过对研究对象的观察、测量和探究，获取相关信息的过程。搜集资料的方法有问卷法、访谈法和观察法等。对于敏感问题，还有特殊的调查技术。目前通常的做法是，对于某一项目研究，往往采用不只一种方法来搜集数据资料。用不同方法搜集数据资料，相互比较印证所得到的数据资料，从而评价并保证数据资料的真实性，最终保证研究的高质量。本课题参与统计法来分析中亚国家宏观投资环境、中观投资环境和微观投资环境。

宏观经济统计分析按照经济活动来进行划分，可以划分为国民收入分配、消费需求、投资需求、进出口需求、国民经济综合平衡分析、宏观市场运行等多个课题，来描述中亚国家宏观经济的变化过程、特征以及变化规律等问题，揭示影响事物变化的关键因素，探索其因果关系，并积极的找出解决问题的方法，宏观经济统计分析的方法有均衡分析和非均衡分析、定性分析方法与定量分析方法和静态分析和动态分析。其中定量分析方法主要运用在金融领域，其中数学依据主要是计量和统计，在经济学中，常用的定量分析方法又分为五小种，分别为比率分析法、趋势分析法、结构分析法、相互对比法以及数学模型法，在这五种分析方法中，比率分析法是所有分析方法的基础，趋势分析方法、结构分析法、相互对比法是分析方法的延伸，数学模型法则代表了定量分析方法将来的发展方向。

3. 跨学科研究法

跨学科研究是运用一个或多个学科领域方法和理论，主动融合或被动移植到其他领域，形成一个涉及多学科领域，具有自己独特对象、理论和研究方法。由于靠单学科理论与方法解决不了问题，那么跨学科研究的对象必然具有复杂性特征；各种不同学科领域、部门的研究主体在一起解决科技、经济和社会综合发展的需要，因此跨学科研究必然具有很强的实践性和综合创造性特征。跨学科研究可根据视角的不同，由低到高，概要地分为方法交叉、理论借鉴、问题驱动、文化交融四个较大的层次。方法交叉包括方法比较、移植、辐射、综合等，这些方法一般发生在各学科之间，每种方法还包含更为细致的特定内容。这些是在跨学科研究中最基本，也是应用最广泛的方法。

中亚地区自古以来多种文明和宗教文化相互融合，历史关系复杂。中亚特殊的地理位置以及丰富的能源与资源，历来是大国力量博弈的主战场。中亚区域的能源与资源博弈集结了美国、俄罗斯、中国、欧盟、日本、韩国等各大经济体，大国关系是影响中国与中亚国家合作的关键。我们必须采用跨学科研究方法，多视角来观察和分析中亚历史问题和经济问题。本课题研究采用发展经济学、区域经济学、产业经济学、投资学和管理学的方法来研究中亚国家的生产水平和生产结构、独特的自然和区位条件、资源禀赋等，以及区域经济水平、结构和社会状况发生的变化。观察中亚国家政治环境、经济环境、法律环境、社会文化环境以及自然环境。阐述中亚国家的文化氛围、风俗习惯、政策法律之类的无形要素。从政治因素、经济因素、基础设施、生产因素四方面，对中亚五国的投资环境进行了综合评价。

参考文献

［1］ LEWIS W A. The Evolution of the International Economic Order[M]. Princeton：Princeton University Press，1978.

［2］ ENRICO Pennings，LEO Sleuwaegen. International relocation：firm and industry determinants[J]. Economic Letters，2000（2）：179-186.

［3］ BARRO R J，SALAI Martin X. Convergence[J]. Journal of Political Economy，1992（2）：223-251.

［4］ 卢根鑫. 国际产业转移[M]. 上海：上海人民出版社，1997.

［5］ 马子红，胡洪斌. 中国区际产业转移的主要模式探究[J]. 生产力研究，2009（13）：142-143.

［6］ 袁丽梅，朱谷生. 我国开展国际产能合作的动力因素及策略[J]. 公共管理，2016（5）.

［7］ 小岛清. 对外贸易论[M]. 天津：南开大学出版社，1991.

［8］ 卢根鑫. 试论国际产业转移的经济动因及其效应[J]. 学术季刊，1994（4）.

［9］ 钟胜阳. 跨世纪国际投资与外资政策新变化[J]. 华南师范大学学报：社科版，1997（1）.

［10］ 阿瑟·刘易斯. 国际经济秩序的演变[M]. 乔依德，译. 北京：商务印书馆，1984.

［11］ 小岛清. 对外贸易论[M]. 周宝廉，译. 天津：南开大学出版社，1987.

［12］ 汪斌，赵张耀. 国际产业转移理论述评[J]. 浙江社会科学，2003（6）.

［13］ 张为付. 国际产业资本转移与中国世界制造中心研究[M]. 北京：中国财政经济出版社，2005.

［14］ 赵岚，郑胜利. 台商大陆直接投资研究新进展[J]. 福建师范大学学报：哲学社会科学版，2005（5）.

［15］ VERNON R. International investment and international trade in the product cycle[J]. Quarterly Journal of Economics，1966（5）：199.

［16］ 夏禹农，冯文浚. 梯度理论与建议[J]. 研究与建议，1982（8）.

［17］ 胡俊文. 论"雁行模式"的理论实质及其局限性[J]. 现代日本经济，2000，110（2）：1-5.

［18］ MASATSUGU Tsujia，SHOICHI Miyaharab，MINEO Ishikawa. An empirical analysis of industrial transformation in the Japanese machine tool industry[J]. Mathematics and Computers in Simulation，1999（48）：561-572.

［19］ 陈建军. 产业区域转移与东扩西进战略[M]. 北京：中华书局，2002：103-105.

第一章 中亚国家天然纺织原料及其相关资源

中亚国家天然纤维资源是发展其纺织产业的基础条件,也是中国与中亚国家纺织产能互惠互利合作的前提条件之一。中亚地区的棉花主产区集中分布在阿姆河与锡尔河流域,皮毛产区则与各国的畜牧业分布区一致。影响纺织服装企业投资区位选择的因素,一方面是原材料的分布状况及获取的便利程度;另一方面是东道国的优先发展区域是否存在政策优惠和产业集聚效应。生产资源的相对禀赋和积累状态将决定农业纺织原料技术变革模式和增长路径选择。中亚五国拥有丰富的棉花资源和丝绸资源,棉花产业是中亚国家农业中重要产业,是带动中亚五国棉花和纺织产业发展的重要产业,也是中亚国家发展国内纺织工业,转型过渡成为中等发达工业国家的途径之一。中亚国家棉花业与我国棉花业存在明显的互补性和互利性。在棉花产业经济中,中国与中亚五国之间并非简单存在棉花贸易的竞争关系,棉花产业及其纺织产业经济、产能合作领域更有待开发和探索。

第一节 中亚国家棉花资源

一、乌兹别克斯坦棉花产业

乌兹别克斯坦是一个传统植棉大国,有 2000 多年的植棉历史,素有"白金之国"的美誉,是目前世界上第五大棉花生产国和第二大棉花出口国,也是研究棉花时间长、科研实力雄厚和棉花品种资源丰富的国家。乌兹别克斯坦约有 1/3 耕地种植棉花,农业产值约为国内生产总值的三分之一,棉花产值则占农业产值的 40% 以上。乌兹别克斯坦棉花种植区域遍布全国各州,主要集中在包括以安集延州为主的费尔干纳盆地在内的东部地区。

(一)乌兹别克斯坦棉花产业发展历程

在苏联时期,乌兹别克斯坦的棉花种植面积达到最大,该时期内植棉区几乎占全国耕地面积的 50%,是苏联最重要的棉花生产基地。20 世纪 80 年代,乌兹别克斯坦籽棉产量一度达到 600 多万吨,皮棉产量为 200 万吨左右。此时乌兹别克斯坦的陆地棉产量约为全国棉花总产量的 95%,海岛型长绒棉仅占 5% 左右,棉花品种遗传品质与当时其他植棉大国相比表现为中等稍偏上。

在苏联解体后,政府考虑小麦生产可确保国内粮食安全,重新定位了乌兹别克斯坦的农业发展要素,迅速提出了小麦与棉花并重的农业发展战略。因此,乌兹别克斯坦的粮食作物种植面积迅速增加,而棉花种植面积与产量呈大幅度缩减态势,根据乌政府农业种植结构调整计划,乌兹别克斯坦将逐年减少棉花播种面积,到 2020 年籽棉产量将减少到 300 万吨,释放出来的土地用来种植粮食、果蔬和其他经济作物,以冲抵棉花价格降低带来的损失。其中,2015 年棉花播种面积 129.8 万公顷,同比减少 0.2%,占乌耕地面积的 35.1%;2016 年棉花播种面积 126.75 公顷,同比减少 3.05 万公顷;到 2020 年棉花播种面积预计为 112.3 万公顷,比 2015 年减少 17.05 万公顷。因为市场、效益和科研机构研发力量弱化等问题,导致全国主要棉区基本种植陆地棉,海岛型长绒棉几乎萎缩殆尽。目前,该国的籽棉产量为 330 万~350 万吨,皮棉产量为 110 万~125 万吨,其中海岛棉产量仅约 2000 吨,不足总产量的 0.2%,其余全部为细绒棉。尽管陆地棉的种植面积在不断扩大,但其品种遗传品质并没有得到明显改进,仍基本保持在苏联时期的水平。按国际市场棉花整体质量现状分析,该国棉花质量被认定为"一般"。

(二) 乌兹别克斯坦棉花产业发展现状

目前,乌兹别克斯坦 2019/2020 年度棉花播种已经开始,冬季以来,一直到第二年 3 月该国降雨有限,可能出现供水紧张,从而引发虫害。在减少棉花种植的同时,乌兹别克斯坦继续大力发展国内纺织,引进投资建立全产业链的产业集群,国内棉花生产、机械采收和现代化棉花加工都将引入新技术和新设备。目前,该国已拥有现代化采棉机,未来将更加重视棉种质量,采用滴灌和机械化收获方式使棉花生产迈上新台阶。虽然棉花面积减少,但棉花产量将保持相对稳定,以满足国内纺织用棉需求。根据计划,2018/2019 年度乌兹别克斯坦已建成 15 个产业集群,覆盖 16.4 万公顷的棉花产区,2019/2020 年度将达到 58 个产业集群,覆盖国内 30%的棉田,最终目标是使产业集群数量增加到 80 个,覆盖所有棉花产区和加工区。

根据报告,近几年,乌兹别克斯坦棉花消费量持续增加,2018/2019 年度达到 60 万吨,2019/2020 年度将达到 65 万吨,如图 1-1 所示。目前,该国大约有 500 家纺织企业,政府鼓励棉花在本国使用,新建的 10 家纺织厂已在 2019 年投产,未来棉花消费量将继续增加。同时,现有纺织厂还会不断扩大产能,到 2020/2021 年度该国生产的棉花将全部在国内使用。

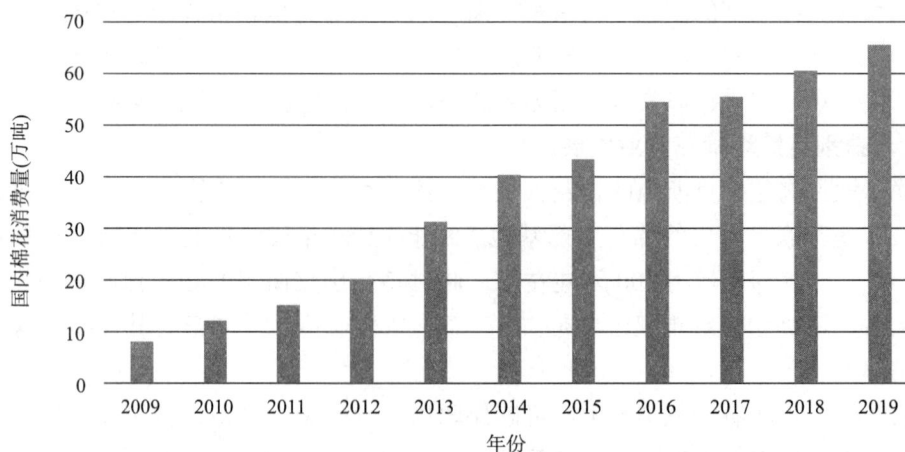

图 1-1 近十年来乌兹别克斯坦棉花消费量变化

随着国内棉花消费量的增加，乌兹别克斯坦的棉花出口量将明显减少。据统计，该国棉花出口量从 2015 年的 50.3 万吨减少到 2016 年的 41 万吨、2017 年的 27.8 万吨和 2018 年的 11.5 万吨。2019/2020 年度，棉花出口量预计只有 11 万吨，见图 1-2。近些年，棉花单产下降、种植面积减少和国内消费量增加导致出口供应量明显下降。过去，孟加拉国和中国是乌棉的最大买家，年进口量合计为 30 万吨，2019 年前 7 个月，孟加拉国只进口了 2.4 万吨，中国只进口了 9600 吨，远低于上年度同期的 4.4 万吨。

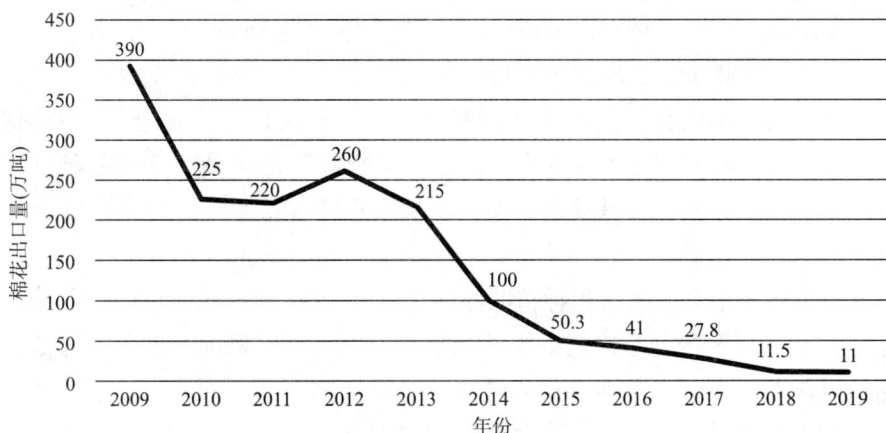

图 1-2　近十年来棉花出口量变化

在棉花出口减少的同时，该国棉纱和纺织品出口却在增加。2018 年，乌兹别克斯坦棉纱、纺织品和成衣出口量为 13 亿美元，2019 年已达到 15 亿美元。2019 年前半段，中国进口 7.3 万吨乌纱，2018 年同期为 4.76 万吨；中国进口 60 万米乌兹别克斯坦棉布。

乌兹别克斯坦国家统计委员会指出，2019 年 1~2 月，乌兹别克斯坦外贸额约为 63.93 亿美元，同比增长 25.4%，其中，乌方出口约 30.37 亿美元，增长 20.4%，进口 33.56 亿美元，增长 30.3%，贸易逆差 3.19 亿美元。中国继续保持乌兹别克斯坦第一大贸易伙伴国地位，1~2 月，乌中贸易额为 11.76 亿美元，增长 53.6%，占乌外贸总额的 18.4%，其中，中方出口 6.38 亿美元，进口 5.38 亿美元，为乌第一大进口来源国和第一大出口目的地国，中方贸易顺差 1 亿美元。

（三）乌兹别克斯坦棉花高产经验

1. 重视科研和人才

乌兹别克斯坦重视棉花科研工作，人才荟萃，这是棉花科研出成果的重要前提。乌兹别克斯坦农科院下属 15 个研究所。其中多数从事棉花科研。著名的有棉花选种和良种繁育研究所，该所设遗传、育种和良种繁育等 17 个研究室，另有人工气候室和 4 个实验农场，有职工 340 多人，其中科技人员 100 多人，副博士 70 人，博士 2 人，副博士以上人员占 72%；棉花科研生产联合体，主要从事棉花栽培研究，设有耕作栽培一研究室 22 个，有 4 个分所和 22 个地州试验站，另有 2 个大型农场中亚棉花机械化电气化研究所，设有 13 个系和 25 个研究室，一个实验工厂，一个畜牧场，各地州还有直属的农业机械化试验基地，有科技人员 160

多人，其中副博士62人，博士3人，副博士以上人员占41%；中亚植物保护研究所，设有13个研究室和15个试验基地，有科技人员100多人，其中副博士56人，博士4人，副博士以上人员占60%。另外，乌兹别克科学院实验生物研究所，设有20个研究室，8个分所和3个农场，有职工500多人，其中科技人员200多人，副博士72人，博士2人，通讯院士5人，院士3人，副博士以上人员占41%，主要从事棉花生理生化、遗传育种、灌溉制度和节约能源等方面的研究。该所拥有世界上较为齐全的野生棉品种资源。

2. 重视新品种选育和推广

乌兹别克斯坦收集棉花品种资源9000多份，其中本国的2500份，美洲的2500份，亚洲的2000份，非洲的1200份，澳洲的500份，是世界上拥有棉花品种资源较多的国家，为棉花高产、优质、抗病、早熟育种打下了坚实基础。为了加快种子繁育进度，采用玻璃大棚，人工控制温度和湿度，研究棉花生长发育规律，一年能繁育3~4代，在新品种选育中突出三个标准：一是重视纤维品质，二是重视株型，三是重视纤维长度和衣分率，以期选育出高产优质的新品种。

乌兹别克斯坦棉花生产中大面积种植的品种数量从1991年的32个逐年下降到2012年的25个。生产中使用的品种数量呈缓慢减少并趋于稳定的趋势。目前，该国现种植的品种中有7~8个品质相对较好，主栽品种有布哈拉102、纳曼甘77、An-Bayaut2、奥马德、C-6524、布哈拉8、布哈拉6、安集延36等，这些品种早熟性突出、纤维成熟好、抗病性相对较强，其中又以布哈拉6、奥马德两个品种为代表。从区域来看，苏尔汉河州、布哈拉州、卡什卡达里亚州和纳沃伊州出产的棉花质量相对较优，其与这些州光热资源丰富、昼夜温差大、空气干燥、降水稀少、全年日照达300多天、较充足的灌溉以及较好的土壤质地有关。

通过对乌兹别克斯坦主产棉区进一步考察调研表明，现有零式、一式等多种果枝类型，大多数品种纤维长度为28~29mm、铃重为5.3~6.5g、马克隆值为4.2~4.7、反射率为77%~79%、黄度为8.6~8.9、纤维强度为27~31cN/tex、整齐度为83%、衣分为35%~37%、纺纱一致性系数为138~145。按照中国农业行业标准NY/T 1426—2007《棉花纤维品质评价方法》，该国棉花属中短绒和中绒纤维类型。由于土壤、气候等条件存在差异，故各地区种植棉花的品种不同。现生产中推广的品种生育期（以从播种期至当地吐絮10%为吐絮期时间作为调查标准）有30~140天、100~110天和85~100天，能够满足自南至北不同棉区对棉花熟性的要求，其中纤维长度为25~26mm的短绒棉棉花品种生育期为85~90天。乌兹别克斯坦新品种审定很严格，每年全国只审定几个品种，甚至有的年份1个品种也没有通过审定。该国已经成为国际植物新品种保护联盟（UPOV）的成员国之一，非常重视利用UPOV公约保护棉花新品种。与此同时，该国还建立了严格的种子质量监督与检验制度，国家种子检测中心下设65个分支机构，遍布全国各农业产区，包括对棉花种子生产、加工、储藏、销售到生长情况进行全程监控。乌兹别克斯坦种子质量标准：健籽率≥95%、水分≤10%、发芽率≥90%（出芽即算发芽，与我国现行采用的国家种子发芽标准不一致）、纯度≥99%、净度≥99.5%、破籽率≤7%、盐分≤0.3%，该标准与我国大致相同。

3. 重视栽培技术

乌兹别克斯坦十分重视棉花栽培技术的综合研究，主要有三个方面。

一是改良土壤，提高土壤肥力的研究。棉花连作已坚持了 67 年，结果表明连作 67 年，不施厩肥和化肥，平均籽棉单产 1510kg/公顷；连作施有机肥 30t/公顷，籽棉单产 3080kg/公顷；连作 7 年，轮作苜蓿 3 年，施化肥 300kg/公顷，籽棉单产 4940kg/公顷。说明只要增加投入，改良专用肥，连作棉花也能高产。棉花和苜蓿轮作，不仅可以提高棉花产量，还可以抵抗黄萎病。

二是耕作和灌溉的研究。因为棉田存在不同程度盐碱化问题，采用大面积推广明渠明排和管道暗排的盐碱地灌溉的方法。对于盐碱程度较重的进行秋季深翻，整地后再冬灌、压盐、脱盐效果显著。

三是棉花病虫害防治研究。经过试验，总结出防治枯萎病的办法，如喷施化学药剂克子赫尔，用生物制剂特里哈几尔子拌种或混在农家肥中施用，以及采用轮作倒茬等。采用机械繁殖赤眼蜂防治棉铃虫成效显著，现有 500 多条生产线，700 多个生物实验室，专门生产赤眼蜂，防治面积达 62% 以上，生物防治技术水平位于世界前列。

4. 重视科学植棉的应用

乌兹别克斯坦棉花作业机械多，配套、机械化程度高。在实用研究领域研制出了高效立式主轴采棉机和二次采摘成熟棉花的工艺。精细整地，实行轮作，不仅提高了地力，减少了病虫害，还为畜牧业提供了充足的饲料。播种前进行种子处理，精选良种，在轧花后脱去短绒，进行药剂拌种，播种前对棉种适当加水，堆闷 12~18h。播种时要求低温，一般为 12~14℃，土壤湿度为 60%~70%，播种量光籽为 25~30kg/公顷，毛籽为 60~70kg/公顷。采用 60cm 和 90cm 两种行距。一般品种收获密度为 $10×10^4 ~ 11×10^4$ 株/公顷，瘦地或短果枝品种可达 $15×10^4$ 株/公顷，长绒棉的密度更大一些。不仅播种认真，而且加强田间管理，防治病虫害，使棉花的产量和质量得到有效提升。

5. 重视基础管理体系

乌兹别克斯坦除了重视棉花科技以外，还制订了棉花优惠政策和管理方法，重视基础工作、建立良种繁育体系和种子管理体系。健全的管理体系和严格的管理措施，促进了棉花生产的发展，其经验值得我们借鉴学习。

(四) 乌兹别克斯坦棉花产业现存问题

1. 出口棉花品级不符合率高

乌兹别克斯坦棉花长度、细度和强力均较好，但其品级不符合率较高。乌兹别克斯坦的棉花中短绒率高。各地为彰显政绩，都把三道剥绒流程中的"一道绒"掺入棉花中，致使乌兹别克斯坦棉短绒率较高。由于大多数轧花厂设备老化、剥绒机效率低，导致棉籽上的短绒剥不干净。乌兹别克斯坦棉质量纠纷常常表现在两个环节。第一，由于大部分乌兹别克斯坦的棉不要求品级指标，在合同有要求的批次中，与合同不符的情况较为严重。主要是因为合同中品级指标按照美棉标准约定，没有提供小样或按照乌兹别克斯坦标准制定合同，导致大货不符情况严重。第二，发货装运前符合质量要求，但由于装运棉花的车皮脏、包皮布的质量差、包装不严等原因，棉包被污染。

2. 棉花包装体系需进行改革

乌兹别克斯坦的大部分轧花厂都采用"压缩—覆盖—捆扎"的传统包装技术来进行棉花

包装。这种传统棉花包装的弊端是：外包装材料为块状棉布拼制而成，经常会出现包装材料尺寸偏小或缝包密度不够，在打包过程中，包装材料无法覆盖整个棉包，造成露白且不易更换。人工封口的包装以及取样口，即使工人缝得很仔细，但仍会影响棉包的整体外观。另外，国内棉包使用的棉布包装在运输过程中也容易受摩擦损坏，开口处的棉花容易被污染。取样口缝得不规则以及露白处会让人觉得棉包很不整洁。棉包的捆扎物为钢皮、金属丝、绳子。钢皮带、钢丝容易生锈，污染棉花，即使金属物经过外部处理，也不能避免这个问题，因为表面覆盖物会污染或者是被金属材料损坏。使用过的金属材料无法回收，造成资源浪费。钢皮带有锋利的口子，很不安全，且价格也高。

为了执行乌兹别克斯坦内阁府有关计划转变新型棉花包装体系的决议，首先改变包装材料，用聚酯捆扎带捆扎棉包；然后再用一次成型的塑料套袋进行包装。套袋规定为某个尺寸，其材料为具有高强度、有韧性的塑料膜：套筒（在一个短边封口）为聚丙烯/聚乙烯、聚乙烯织物。套袋放置于套包器上，棉包通过导轨机构缓慢通过套包平台，棉包装进套袋。打包操作步骤为"冲压—捆扎—包装"，这样确保了令人满意的棉包外观。同传统打包技术相比，新的打包体系有以下优势：便于操作且操作安全、减少火灾危险、不会生锈、适中的延伸率可以承受瞬间重压、打包开包操作简便。

这对于合理使用原材料、节约资源、减少包装环节和提高棉包外观有着重大的社会意义和经济意义。据统计，从使用金属捆扎材料和棉布包装的传统包装体系到使用聚酯捆扎带和聚乙烯套袋的新型包装体系的转变，可以使乌兹别克斯坦每个棉花季节省150亿乌兹别克斯坦苏姆。

3. 科研机构工作全面滑坡

该国科研机构整体表现为思想保守、改革意识不强、科研体制落后。由于现有的科研机构管理涣散，农业科技人员待遇差，造成科技人员流失严重、年轻科技人员少、科研人员老龄化、专家梯队断层、现有棉花专家队伍研发能力较弱等一系列突出问题，再加上资金不足，实验室现有的仪器设备陈旧且不配套（有不少仪器设备仅相当于我国20世纪90年代初的水平），使许多尖端科研项目无法正常开展。因此，近十多年来，并未见该国在棉花生物技术、分子育种研究等方面取得重大突破的报道。与此同时，该国在高产优质品种选育、棉花高产及超高产机理、新型轧花与纺织装备等基础与应用研究方面进展迟缓，品种更新换代慢，产量性状和主要品质指标未见提高，品种抗病性及其他综合农艺性状改良均没有突破，必要的基础与应用研究工作全面滑坡，甚至出现"半瘫痪"现象。

4. 灌溉水资源紧缺

乌兹别克斯坦人口密集，农业用地面积较大。虽然乌兹别克斯坦水资源丰富，但由于灌溉方式落后和灌溉效率低下，自然损失达到50%左右，保证所需灌溉用水是长期以来一直存在的问题。

为有效利用和保护水资源，乌兹别克斯坦现行相关法规仍在不断完善。在现代技术和方法基础上，乌兹别克斯坦政府实施了一系列大型项目，包括积极与各种国际组织合作，以期实现合理利用现有水资源，在未掌握现代高效灌溉技术的地区，大力推广现代灌溉技术和现代土地资源管理方式，提高作物产量的同时节约水资源和土地资源。

（五）乌兹别克斯坦棉花产业的优势

乌兹别克斯坦具有丰富的光热资源条件，为棉花生产提供了得天独厚的生态条件。机械化程度较高，为棉花生产提供了最便利的条件。农业基础设施好，为棉花可持续发展提供了有利的条件。水资源丰富，有中亚最大的水库，为农业提供最根本的保障。持续的轮作倒茬制度，有效地增加土壤肥力、极大地减轻了棉花病虫害的发生危害率。

（六）乌兹别克斯坦与新疆棉区的对比

1. 与新疆棉区的差距

该国棉花种植管理技术、棉田机械作业质量与效果均相对落后于我国新疆棉区，且欠缺先进的植棉技术，品种更替缓慢，棉花丰产性、品质均表现一般，棉花平均等级较新疆棉花低 1~2 个级别，棉花种植水平及综合品质明显不及新疆棉区。

考察团专家一致认为，目前，乌兹别克斯坦棉花科研基础条件、研究进展、生产管理、加工技术、棉纺织业水平、棉花综合品质指标与新疆棉区相比有较大差距。通过对乌兹别克斯坦棉花产业发展状况、主要种植管理技术、科研现状、发展棉花产业的其他配套措施方面进行分析，认为乌兹别克斯坦棉花产量低、品质一般，生产管理落后，棉花产业整体发展形势明显不及新疆，其生产和科研现状堪忧。

2. 新疆棉区可借鉴学习的方面

（1）棉花育种科研基础好。乌兹别克斯坦棉花研究所已有 270 年的历史，安集延分所成立也有 75 年的历史，这两个都是苏联最重要的棉花育种科研单位和棉花育种基地。其基础材料、基础设施和人才队伍结构都很完善。

（2）生态保护意识强。乌兹别克斯坦的棉花虫害与我国相似，主要是棉铃虫、棉蓟马、蚜虫和红蜘蛛。棉花病虫害防治采用生物防治为主，目前，棉铃虫等主要害虫的防治已经全面实现了生物防治。一个州有 380 余个生物防治工厂，基本保证了全州棉田的虫害防治。

（3）棉花投入力度大。棉花是乌兹别克斯坦的优势产业，在国民经济中占重要地位，因此，从上到下都非常重视棉花生产和育种科研工作。科研经费来源于国家拨款。育种者可从育成的品种成果转化后产生的经济效益中直接享受 30% 的利益。棉花育种、推广、栽培、植物保护、机械化、增加土壤肥力、保护生态平衡和培养农业科技人员等一系列科研投入，都紧紧围绕棉花生产服务。

（4）农业机械化程度较高。棉花生产机械化程度较高，从播种到收获基本都实现了机械化操作，如从美国引进大型全电脑控制的精量点播机，一天可以播种 1500 亩。

（5）重视增加土壤肥力、减轻病虫害。乌兹别克斯坦保持了棉花或小麦只种一年，第二年轮作小麦或棉花的轮作倒茬制度，有效地增加土壤肥力，使病虫害得到有效控制，从而减轻了病虫害的蔓延和扩散，在棉花生产上减轻了防治病虫害的压力。

二、哈萨克斯坦棉花产业

（一）产棉区概况

哈萨克斯坦是种植棉花纬度最高的国家。南哈州位于哈萨克斯坦南部，与乌兹别克斯坦共和国接壤，面积为 11.73 万 km²，占哈萨克斯坦全国面积的 4.3%；共有居民 200 万人，占全国总人口的 12.8%，人口密度是全国平均的 3 倍，63% 居民生活在农村。该区是哈萨克斯坦唯一产棉区，棉花是其主要经济作物。哈萨克斯坦棉花出口量占总产量的 25%，独联体国家是其主要出口市场。

1. 自然气候条件

南哈州的东南部和中部是天山的支脉——卡拉套山从东南向西北延伸；锡尔河从南向北流经整个州，西南部则绵延着塔拉斯山。南哈州的气候是典型的大陆性气候。冬季很短，但较温和；夏季炎热，日照充足，降雨不多。该州北部 1 月的平均气温为 12℃，南部为 2~4℃；7 月的平均气温高达 26~29℃。年均降水量为 150mm，高山地区可达 800mm，作物生长期为 225 天左右。

2. 土壤水资源

该州的土壤以灰钙土、浅栗色土壤、黏性土为主。该州适宜的温度、土壤及自然气候条件和充足的灌溉用水，为种植棉花、果树、桑树等经济作物创造了良好的条件。南哈州位于锡尔河流域，其支流阿雷斯河、克列斯河、博根河也是该地区较大的河流。中亚地区另一条大河——楚河在该州境内汇入锡尔河下游。南哈州主要的水源来自小型湖泊及水库。其中，最大的湖是阿克所伊肯湖，水库主要有锡尔河上的沙尔达林水库、博根河上的博根水库和巴达姆河上的巴达姆水库等。

（二）棉花生产状况

1. 棉花种植概况

南哈州农业用地为 1170 万公顷，其中耕地为 90 万公顷，水浇地为 49.2 万公顷（占全国的 22%）。主要作物有棉花、小麦、苜蓿、甜西瓜、蔬菜、果树等。棉花种植从 1927 年开始，当年棉花种植面积为 5.58 万公顷，总产量为 2.96 万吨（籽棉，下同），籽棉单产量为 500kg/公顷；到 2005 年总面积达 22 万公顷，总产量达到 49.5 万吨；以后逐年下降，2012 年以后，棉花种植面积稳定在 14.52 万公顷，总产量为 41.38 万吨，籽棉单产量为 2850kg/公顷。种植区域从马赫塔阿拉扩展到南哈州的萨雷阿加什、恰尔达拉、突厥斯坦、阿雷斯和奥特拉尔地区。棉花播种采用 90cm 等行距，种植密度为 8 万~9 万株/公顷，株距为 10~15cm，露地播种，株高控制在 0.8~1.0m。采用起垄播种、沟灌模式。耕作上常用深耕、部分免耕、与其他作物轮作等，常用苜蓿、甜瓜、小麦等与棉花轮作来提高土壤有机质含量、防治棉花病虫害。近年来，政府对分散经营的棉农加大整合力度。国家希望通过加大对集体农户支持力度促进分散经营的整合，发挥规模化种植的优势。如以化肥、农资和水价分档的方式对棉农进行补贴。另外，国家投资引进国外农业技术及推广模式，利用棉花生产研究所的专家，采用多媒体教学，为棉农编制技术标准规程，对植棉大户、公司进行免费技术培训等方式提高种植水平，提高种植效益。

2. 棉花品种

在棉花品种方面，在 2000 年以前全靠苏联的品种。2001 年开始推广自育品种，到 2013 年自育品种推广面积达 12 万公顷，占棉花总面积的 85% 以上。目前，推广的自育品种有 IIA3031，IIA3044，M-4005，M-4007，M-4011 等白色陆地棉品种和 BTM-4047 等棕色陆地棉品种，纤维绒长 33mm 以上，衣分为 36%～39%，马克隆值在 4.5 以上，生育期在 130 天左右。

（三）棉花科研情况

哈萨克斯坦棉花科研主要由哈萨克斯坦棉花生产研究所承担。该所是哈萨克斯坦唯一的棉花科研单位，位于马赫塔阿拉棉区。该所历史较长，前身为 1927 年成立的马赫塔阿拉棉花灌溉及土壤试验站。哈萨克斯坦独立后，1997 年改为哈萨克斯坦国家科学院棉花实验站，2008 年改为哈萨克斯坦棉花生产研究所。该研究所下设 4 个实验室及 7 个研究室，共有 32 位研究人员。其中 1 位院士、3 位博士、5 位副博士。该研究所主要从事棉花育种、栽培、病虫害防治等科研工作，另外，还从事小麦、苜蓿、甜西瓜、蔬菜育种栽培等研究。近 10 年，该所在棉花新品种培育、种植技术、土壤改良、灌溉技术、施肥技术、病虫害及杂草防治方面取得了较大的进展。

1. 培育优质抗盐性新品种

其自育品种推广面积从 2001 年的 8% 提高到 2014 年的 85%（12 万公顷）。品种特点：一是抗盐性较强，在较高的盐碱条件下能稳定生长；二是品质较好，纤维长度在 33～35mm。缺点是产量较低，不抗棉铃虫。

2. 制定了合理的压盐碱制度

南哈萨克斯坦棉区地表水位较高，夏季炎热、蒸发量高导致土壤盐碱量增加，是棉花产量进一步提高的限制因素之一。利用合理灌溉降低盐碱、改良土壤是棉花栽培的首要问题。因此，哈萨克斯坦棉花生产研究所一直将棉田盐碱地改良放在重要位置，多采用夏季起垄灌洗碱排碱、冬季灌水压碱、春季深耕破碱等土壤改良措施达到改良土壤的目的。

3. 制定了合理的轮作倒茬制度

通过制定棉花和其他作物的轮作倒茬制度，在土壤改良、病虫害防治方面取得很好的效果。目前，采用 2 种轮作倒茬耕作模式。第一种模式是长间隔期轮作模式：即 7 年连续种棉花，然后 5 年种苜蓿；或者 5 年种苜蓿，4 年种棉花，1 年种甜瓜，然后 2 年种棉花；或者 5 年种棉花，5 年种苜蓿。第二种模式是短期轮作模式：即 1 年种苜蓿，2 年种棉花；或 2 年种苜蓿，1 年种棉花；或棉花和小麦每隔 1 年轮作倒茬种植。

（四）棉花生产面临的问题

1. 缺少棉田灌溉用水导致棉田种植面积萎缩

农业是哈萨克斯坦水资源消耗大户，用水比例长期保持在 82% 以上。虽然通过最近几年的研究，灌溉水的利用率有所提高，但是，夏季水资源短缺影响棉花产量，使棉农种棉积极性受挫，转向种植甜瓜、西瓜等效益较好的作物；导致棉花种植面积从 2004 年的 22 万公顷下降到 2014 年的 14.5 万公顷。

2. 植棉效益低

棉农以家庭为生产单位，80% 的农户棉田面积都不超过 10 公顷，机械化程度低，劳动成本高，棉花收购价格较低，植棉效益下降影响植棉信心。

3. 棉铃虫危害严重

南哈州棉区冬季温暖对各种害虫安全越冬有利，加上病虫害防治不到位，导致病虫害发生较重，如2014年棉铃虫大面积暴发导致棉花产量下降，甚至有的棉田绝收。

三、土库曼斯坦棉花产业

近年来，土库曼斯坦的经济增长一直处于中亚国家首位，在中亚五国中经济实力仅次于哈萨克斯坦。土库曼斯坦支持多元经济的发展，以出口和内需为导向优先发展油气开发、天然气化工、电力、纺织、食品加工等产业，积极改善投资环境，促进私营经济发展。据世界银行数据，2011~2014年，土库曼斯坦年均经济增长率超过10%，人均国民收入已达到世界中等偏上水平。独立前，土库曼斯坦是苏联棉花、羊和蚕茧的主要产地，当时土库曼斯坦的种植业约占农业总产值一半以上，种植业又以植棉为主，棉田占耕种面积的一半。独立后，政府制定了粮食生产发展纲要，调整了粮棉种植面积的比例，促进农业全面协调发展。2014年，土库曼斯坦农业占GDP的比例约为14.5%。种植业是土农业的主导部门，种植业以种植棉花为主。独立前，1990年棉田面积为62.5万公顷，占农作物播种面积的50.6%，籽棉产量达145.7万吨，占苏联棉花产量的28%，居全苏联第二，仅次于乌兹别克斯坦。所产棉花2/3出口，其中一半以上向独联体国家出口。

棉纺织业是土库曼斯坦重要的出口导向型产业，其产品销售收入仅次于石油和天然气产业。2014年，土库曼斯坦棉花种植面积为54.5万公顷，产量达到120万吨。目前，土库曼斯坦国内新建的纺织企业配备了世界最先进的设备，生产能力和产品质量都得到了显著提升。其中，土库曼斯坦达绍古兹州新建的一家现代私营棉纺厂的实验室设备全部从欧洲进口，充分利用民族纺织业的巨大资源潜力，采用天然原料并按照国际标准生产高品质纺织产品。该棉纺厂年加工6700吨皮棉，生产6000吨优质棉纱。它不仅可为当地居民提供大量新的就业机会，而且能够将产品出口到国外市场。另外，土库曼斯坦巴尔坎州的蚕农顺利完成25吨蚕茧生产任务，有力地促进了民族纺织工业的快速发展。

土库曼斯坦对棉纺织业生产高度重视，鼓励国内棉纺织企业充分利用本国现有资源，采用最具创新性的技术，最大限度地提高国内优质原料的加工率。土库曼斯坦棉纺织业的发展战略是：对外致力于建立长期互利合作伙伴关系，对内加强纺织领域基础设施建设。2014年8月，土库曼斯坦在首都"金色世纪"商贸中心成功举办民族工业纺织品展，并于11月底成功举办"土库曼斯坦第四届棉制品博览会暨土库曼斯坦棉制品和世界市场"国际会议。土库曼斯坦采取一切举措，旨在不断挖掘国内棉纺织业的经济潜力，有效地推动棉纺织业发展。

土库曼斯坦畜牧业以养羊业为主，所产的卡拉库尔绵羊在世界上享有盛名。土库曼斯坦人善于编织地毯，以细羊毛编织的地毯闻名于世。羊毛、棉花、蚕丝等都是其农业出口的主要产品。

土库曼斯坦2018年收获近110万吨棉花。据相关报道，土库曼斯坦分管农业副总理奥拉兹格尔季耶夫在政府视频会议上通报，截至12月17日，已收获棉花109.9万吨，各州棉花采摘工作已进入收尾阶段。其中，阿哈尔州采棉23万吨，马雷州33.6万吨，列巴普州30.1万吨，达绍古兹州23.2万吨。别尔德穆哈梅多夫总统要求提高原棉加工质量，在明年耕种准备过程中需严格遵循农业技术规范。根据2018年9月25日土库曼斯坦人民委员会会议决议，自2019年起，政府将对私人实行土地长期租赁政策，租期99年。其中70%的土地需按国家订购规定种植作物（棉花和小麦），剩余30%土地种植作物品种可自行决定。

（资料来源：驻土库曼经商参处 2018-12-26）

四、塔吉克斯坦的棉花产业

塔吉克斯坦是一个山国，山地面积占国土面积的93%。农业人口占70%。人均耕地占有量只有0.13公顷，是中亚最少的，其中，人均灌溉地占有量只有0.08公顷。而且，随着人口的增长，到2015年，这两个数字还将减少1/2。塔吉克斯坦既没有像哈萨克斯坦那样广袤的平原可以发展粮食种植业，也没有像乌兹别克斯坦那样的条件可以发展水果、蔬菜种植业，但却有生产棉花这种重要战略物资的条件。

塔吉克斯坦是独联体主要的棉花产地之一，以优质的长绒棉和短绒棉著称，棉花单产高、纤维细和质量好。近年来，受资金制约、棉价波动和政策引导等因素影响，棉花总产量持续走低，但仍为国民经济发展的重要支柱，棉花贡献了农产品总产值的60%，占用了全国45%的可用耕地，并为农村75%的人口提供了生活来源。2012年塔吉克斯坦棉花产量41.8万吨，2013年39.5万吨，2014年36.9万吨，2015年27万吨，2016年27万吨。棉花种植面积自2012年的20万公顷减少至2016年的16万公顷。2017年，塔吉克斯坦的棉花产量首次完成农业部预测，实现增长趋势。据统计，2017年塔吉克斯坦的棉花产量为38万吨，同比增长了5.2%。由于塔吉克斯坦的棉花主要用于出口，预计随着棉花产量增加，棉花出口供应会随之上调。2018年，塔吉克斯坦棉花种植面积为18.45万公顷，塔吉克斯坦收获了大约30万吨棉花，2018年出口棉花约9.3万吨，合1.816亿美元。2019年的棉花播种面积近18.6万公顷，籽棉产量为40.3万吨，比上年增产34.2%；平均每公顷单产2150kg。

1. 棉花减产的原因

（1）棉花种植技术落后，尤其育种技术落后，棉种质量不符合标准，经济效益低下。2005年，棉田平均每公顷收获籽棉780kg；2006年，平均每公顷收获835kg，单位产量低是棉花产量少的主要原因。

（2）资金短缺、耕种、收摘机械（拖拉机）、育种设备等严重匮乏，本国有机化肥、农药供应不足等直接影响棉花的产量。

（3）机械师、棉花技术人员等棉花行业从业人员的工资标准低，影响了棉花开发的积极性。

（4）恶劣天气影响棉花的播种及摘收。近几年，气候异常，播种季节阴雨连绵，不利苗芽生长；收摘季节降雪，往往来不及采收。此外，还伴有蝗虫肆虐，对棉花收成更是雪上加霜。

（5）多年来形成的棉农对投资商的欠款问题没有得到解决，投资商控制着棉花从播种到摘收的全过程，并操纵着棉花的现、期货价格，加上近几年国际棉花丰收，棉花价格下跌，棉农没有得到应有的实惠，影响了其种植积极性，给棉花行业的发展带来不利影响。目前，世界银行等国际组织在"减贫"计划框架下，对棉区不断提供技术、资金支持，力求改变这一现状。

（6）政府鼓励农民种植粮食作物。近几年，农民可以自由选择种植棉花或粮食作物，在国家可耕地面积没有大规模增加的情况下，棉花的种植面积逐年递减。据统计，2012 年塔吉克斯坦棉花产量为 41.8 万吨、2013 年为 39.3 万吨、2014 年为 37.2 万吨、2015 年为 33.5 万吨、2016 年为 27 万吨。棉花种植面积自 2012 年的 20 万公顷减少至 2016 年的 16 万公顷。

2. 棉花产业的出路

尽管粮食作物的种植面积有所增加，但决不意味着塔吉克斯坦将放弃棉花这一传统的经济支柱的发展，相反，在每年不断开垦可耕地面积的同时，政府在棉花种植方面从政策上给予支持，鼓励吸引外资，与外国开展农业领域合作，引进国外先进的设备和种植技术，提高棉花单位面积，特别是提高优质细绒棉产量；在全国每个棉区恢复原有和新建工厂，建立从纺纱到织布、漂染和成品生产一条龙的生产体系；鼓励外资新建和在原有老企业基础上并购，对其进行现代化改造。

在纺织产品出口方面，塔吉克斯坦在试图改变出口产品结构，转变增长方式，大力发展出口具有高附加值的下游产品，改变以往只出口皮棉纤维的单一方式。政府已清楚地认识到，要实现既定的发展纲要，其必须实现与外资的结合，棉花产业必须走"引进来"的道路才有出路。

塔吉克斯坦是以畜牧业和农业为主要产业的山区国家。由于长期重视畜牧业，塔吉克斯坦轻工业发展落后，纺织业基础薄弱。近年来，塔吉克斯坦政府对纺织产业予以足够的重视，棉业正在不断提高棉花加工能力。随着国家经济状况好转，居民收入不断增加，市场上对纺织品的需求日趋旺盛。同时，本土纺织企业看到，出口制成品比简单的初级原料出口会获得更高的利润，完善纺织产业链的呼声在塔吉克斯坦越发强烈。

3. 提高棉花加工能力

塔吉克斯坦大部分耕地用于种植棉花，而大部分棉花用于出口，可以说棉花产业在国家经济中占有重要分量。在塔吉克斯坦，棉花约占农业总产值的 60%，同时，棉花也是 75% 的农村人口的生活来源。然而，该国农业与能源部负责人表示，由于产能过剩，致使棉价走低，塔吉克斯坦政府必须通过政策调整改变这一现状。2012 年，政府鼓励减少棉花种植面积，增加水果、蔬菜和饲料作物用地。一方面降低棉花产量，另一方面满足国内对食物的需求。据农业部统计，2011 年，棉花种植面积约为 19 万公顷，比 2012 年减少了 4%，棉花产量为 39.2 万吨，比预计减少 3.6%。但是，塔吉克斯坦的棉农表示："与水果和蔬菜相比，我们更愿意种植棉花。因为水果和蔬菜保质期短，如果销量不畅，果农会直接遭受损失。而棉花收获后即使销量不好也只是利润率降低，不会血本无归。我们希望国家能够促进纺织产业的发展，提高棉花加工能力，这样我们就不用担心产能过剩，还可以迎来新的发展机遇。"

4. 完善延长产业链布局

塔吉克斯坦 90% 的棉花都出口到纺织加工业发达的国家。2013 年 1~10 月，塔吉克斯坦出口棉花 8.86 万吨，价值 1.478 亿美元，比上一年同期的 11.43 万吨出口创汇 1.684 亿美元大幅下降。其中，超过 40% 的塔吉克棉花出口到土耳其，其次是俄罗斯，约 23%，中国占 13%，哈萨克斯坦为 6.5%。英国《经济学家》杂志指出："如果塔吉克斯坦提高棉织品的精加工而不仅仅是出口棉花原料，则可以有更多的收益。"

5. 抓住有机棉发展机遇

目前，塔吉克斯坦正在稳步提高棉纺产能。在过去3年中，塔吉克斯坦有超过15家棉纺厂建成或翻新。杜尚别、胡占德等主要城市都出现了较为完整的纺纱织布产业链。去年，6家纺织厂同时启动，其中一家棉纺厂每年能够生产2万吨棉纱。该国总统表示，有必要为纺织厂配备最先进的技术和设备，大幅提高本国纺织服装的产能。

此外，塔吉克斯坦还将通过有机棉生产来提高该国棉花产品竞争力，从而进一步解决棉业发展资金不足的问题。有机棉产业正在不断增长，全球市场价值89亿美元，而塔吉克斯坦仅占非常小的比例，甚至很多人不知道这里生产有机棉。目前，该国的有机棉产量对全球市场来说微不足道，但是，根据对塔吉克斯坦棉花的测评来看，其棉花质量高于全球平均水平，并且塔吉克棉受到很多欧洲传统纺纱厂的认可。仅凭这一点，塔吉克斯坦的有机棉非常具有发展潜力。

第二节　中亚丝绸与羊毛资源

一、乌兹别克斯坦丝绸产业

乌兹别克斯坦地处中亚腹地，是著名的"丝绸之路"古国，也是"一带一路"沿线重要的国家。种桑养蚕历史悠久，在陆地"丝绸之路"国家中蚕桑业较为发达，是世界第三大蚕丝生产国，在其国内产量、产值仅次于棉花，位居第二，蚕桑业是该国优先发展的农业项目，作为出口创汇的重要产业为政府所重视。近年来，蚕丝业在乌兹别克斯坦得到大力发展，目前，其蚕茧产量位居世界第三（中国、印度、乌兹别克斯坦），2015年，其蚕茧产量达2.6万吨。其中生丝2100~2200t，加工后每年产生丝绸废料2000t，其中，只有7~8t得到再次利用，其余全部销往他国。1t绢丝的国际市场价为32美元。若将全部丝绸废料进行加工，可以获得年利润640万美元。因此，丝绸废料的充分利用是乌兹别克斯坦丝绸领域面临的主要问题。

（一）乌兹别克斯坦的蚕桑生产

目前，乌兹别克斯坦14个行政区中有7个州有蚕桑生产。主要分布在费尔干盆地，其中以费尔干纳州（Fergana）最集中，其次是安集延州（Andizhan）、纳曼干州（Namangan）和撒马尔罕州（Samarkard）。全国有927个集体农庄（Kolkhoz）及623个国有农场（Sovkhoz）的38万户蚕农从事蚕桑生产，全国现有20多个蚕种生产单位。其农村饲养所需蚕种，除部分来自国内种场自行繁育外，还有部分来源于中国山东、四川、浙江等地。桑树栽培形式可分为条带状栽培、成片栽培和散栽三类，以条带状为主。全国共有4.4万公顷的桑园和近3亿株散栽桑树。桑树大都处于自然生长状态，缺乏精细技术管理。其蚕桑生产模式与中国江苏省对比有许多不同，由于全年降雨量少，夏季气温高，多次采叶影响桑树生长，夏秋季棉花除虫大量使用农药，影响蚕作安全，以及秋季采摘棉花需要大量劳动力等原因，一般每年只养一次蚕，在春季4~5月进行。蚕种在各州的蚕种场催青孵化后分发至蚕农饲养。蚕农向所在的集体农庄及国有农场承包桑园后各自进行养蚕。乌国养蚕方式较粗放，在饲养过程中没有统一的技术指导，从小蚕至大蚕的整个养蚕过程中，不除沙（清除蚕排泄物），也不消毒。熟蚕在招帚草、桑枝条等简易蔟具上面上蔟，由于饲养技术、设施装备比较落后，因此，所产蚕茧质量较差，出丝率较低（用乌兹别克斯坦蚕茧缫制的生丝质量一般为2A-3A，而江苏的蚕茧一般为5A-6A）。

（二）乌兹别克斯坦的蚕茧流通和丝绸贸易

乌兹别克斯坦蚕桑的种苗繁育、栽桑养蚕、蚕茧收烘等由农业部蚕桑管理局管理，缫丝、印染、织绸由轻工业部管理。乌兹别克斯坦各州的蚕业处负责本州的蚕业生产管理和技术推广工作，与集体农庄及国有农场签订蚕茧生产与收购合同及桑苗、蚕种、蚕药、蚕具等物资的供应协议，负责蚕茧收烘工作，并向有关缫丝厂和丝绸联合企业供应原料茧。蚕农生产的蚕茧根据生产协议出售给农业部所属的蚕茧收购站。农业部收购的蚕茧原则上应出售给轻工业部，两者签订有蚕茧供求的框架协议。蚕茧价格根据蚕茧检查等级决定，蚕茧等级分为6级。目前，乌兹别克斯坦轻工业部下属300家企业，其中35家茧丝绸相关企业，年加工蚕茧1万吨左右。乌兹别克斯坦生产的生丝，除部分用于国内企业生产丝绸和丝织地毯外，大部分出口中亚各国和近邻的伊斯兰国家。目前，乌兹别克斯坦蚕茧计划调配价格约为5000美元/t。

（三）蚕桑业发展的优势

1. 各级政府十分重视蚕桑生产

乌兹别克斯坦各级政府十分重视蚕桑生产，乌兹别克斯坦种桑养蚕的历史十分久远，丝绸工业具有良好的基础，很早以前就与中国有着广泛的合作与交流。政府一直重视蚕桑生产，提倡大力发展蚕桑产业，以此来解决创汇、就业、脱贫等一系列问题。政府层面，上至总统、总理，下至各个州政府都十分关注蚕桑生产，支持科技推动蚕桑产业发展，支持与中国蚕桑界的合作。2017年2月，总统亲自视察苏尔汉河州蚕桑生产基地，12月又视察蚕种场，可见政府的重视程度。国内现有36家大型丝绸生产企业，其中有18家丝绸加工企业，7家缫丝厂，5家丝绸纺织厂。除此之外，还有与日、韩、中合资的丝绸废料加工合资企业。在纳曼干州，乌日合资企业"丝绸之路"年产量150t质量上乘、竞争力强的产品，该企业斥资180万美元用于技术更新和改造。在塔什干市和费尔干纳，乌美合资企业"Silver-Silk"年产80t绢丝和200t生丝。

2. 丰富的劳动力资源

由于乌兹别克斯坦轻工业落后，剩余劳动力多，就业压力大，劳动力价格便宜，日工资相当于人民币15~20元，特别是在农村，集中了全国近16%贫困人口，急需解决就业和增收问题，而蚕桑业是一个劳动密集型产业，需要丰富的人力资源，恰好契合了农村剩余劳动力的出路和脱贫要求。

3. 广袤的土地适合桑树栽植

乌兹别克斯坦有广袤的土地，虽然属于内陆国家，雨水少易干旱，但灌溉条件完好，在苏联时期已建立了良好的水利基础设施，大部分土地适合桑树种植。目前，在大片土地上栽种棉花、小麦、花生、马铃薯等作物，产量低、收益少，属广种薄收型。如果栽种桑树，可大大提高单位面积土地产出率，提高经济效益。

4. 较大的市场容量

乌兹别克斯坦丝绸工业较为发达，后加工能力强。近几年，除了缫丝企业外，又发展了绸厂、印染和服装加工业，对原料茧的需求量越来越大。目前，蚕茧的缺口比较大，许多丝厂到下半年因原料茧无法供应而停产，因此，发展蚕桑还是大有可为的。

5. 巨大的技术提升空间

乌兹别克斯坦由于资金、科技投入、人才缺乏，蚕桑业发展缓慢。目前，存在着管理方式陈旧、蚕桑作业落后、桑蚕品种老化、产质量低、效益差等问题，影响了该产业的进一步提高，迫切需要技术的提升来提高效益。因此，新品种、新技术、新模式的应用前景十分广阔。

(四) 蚕桑业发展面临的问题

1. 蚕种基础薄弱，用种需求难以满足

乌兹别克斯坦蚕桑业的一个显著特点是蚕种的产量、质量远远满足不了农民用种的需要。目前，全国虽然有大大小小 15 家蚕种生产单位，但大多规模小、生产水平低、质量普遍不高，特别是乌兹别克斯坦自办的蚕种场，品种老化，以土种为主，蚕体小、抗性差、茧形不齐、丝质差，极大影响了蚕桑业的发展。

2. 种养技术落后，生产方式难以改善

乌兹别克斯坦虽然种桑养蚕历史悠久，又有国立蚕桑研究所，但由于经济基础薄弱，在蚕桑科研方面投入少，技术创新不足，使蚕桑种养技术远远落后于中国。目前，基本保持原始的栽桑养蚕方式，桑树栽培以路边、沟边栽植为主，树型养成不合理，管理方式粗放，不疏芽、不剪梢、施肥不科学，桑叶黄、小、薄，产量低、营养差，满足不了养蚕需要。养蚕技术方面，蚕品种老化，产茧量低；每年只有 3~5 月养一期蚕，桑叶资源浪费严重；蚕种尽管统一催青，但技术不过关，分批孵化、分批收蚁。孵化后直接发放农民单户饲养，每 24h 给桑 12 回，桑叶干瘪、蚕座厚、遗失蚕多，群体发育不齐；劳动生产率低，农民养蚕非常辛苦且收益不高。

3. 生产资料匮乏，蚕用物资难以为继

乌兹别克斯坦轻工业不发达导致大部分生产资料从国外进口。例如，化肥、农药等，养蚕设施设备落后，没有或少有养蚕专用房屋，农民原本住房紧张，蚕期还要腾出房屋养蚕，没有专用养蚕器具，没有配套的消毒防病药剂，没有固定的蔟具供应，上蔟采用枯草等材料，蚕茧大小不匀、色泽差。村电力供应较为紧张，停电情况时有发生；缺少河流，没有充足的水源，制约了蚕桑产业的进一步发展。

4. 技术人才缺乏，科技进步难以推进

乌兹别克斯坦虽有众多的大学和中等专业学校，但没有蚕桑专业的设置，蚕桑专业技术人才的培养几乎空白。虽然有国立蚕桑研究所，但没有人专门研究桑蚕新品种、新技术、新模式，也没有人专业从事蚕桑技术推广应用；蚕种场有一些技术人员也只是一知半解，靠传统的养蚕方式和技术维持生产，导致蚕桑产业科技含量低，发展缓慢。

5. 生产体制制约，生产积极性难以提高

乌兹别克斯坦的土地是国有的，农业用地由农场主或相关企业承包，农民没有真正意义上的土地承包权,农民要种桑养蚕有两种途径获得土地:一是向政府申请种桑土地,政府根据土地面积的多少收购农民生产的蚕茧;二是由农场主或丝绸企业种桑,农民承包桑地养蚕,所生产的蚕茧要出售给农场主或丝绸企业。由于蚕农无力购买蚕种,丝绸加工企业预先为蚕农进行先期投入,包括蚕种及饲养费用,待蚕茧收购时再扣回。而蚕茧价格很低,扣除各项费用,每 1kg 蚕茧农民实际收入相当于人民币 10 元左右,严重影响农民生产积极性。

(五)发展建议

乌兹别克斯坦有良好的土地与人力资源,特别是农村的妇女,既是从事蚕桑生产的主力军,又是政府扶贫的主要对象,发展蚕桑丝绸产业可增加就业岗位、提高农民收入、减少贫困人口,并为国家增加外汇收入,十分符合当地发展需求,具有良好的发展前景。

1. 提高桑叶产质量

乌兹别克斯坦具有大片适合栽种桑树的土地,而土地产出率远高于其他作物,可大面积实施桑园规划,从目前以路边桑、沟边桑为主逐步发展成片桑园,同时,针对乌兹别克斯坦春秋短暂、夏季漫长、冬季寒冷的炎热干旱的大陆性气候条件,筛选适于生长的高产优质桑品种,形成标准化桑树种植收获和肥水一体化技术模式,建立示范基地逐步推广,提高桑叶产质量,使每公顷桑园产叶量从目前的 3750kg 提高到 5250kg。

2. 提高蚕种产质量

乌兹别克斯坦蚕种繁育技术落后,生产量满足不了用种需求,品种老化,且成品良卵率、孵化率、杂交彻底率低,严重影响蚕茧生产。加强技术合作,可利用我国先进的蚕种良种繁育技术,改良蚕品种,开展优质高产蚕种繁育技术示范,提升疫病防控技术,提高蚕种产质量。

3. 提高蚕茧产质量

针对乌兹别克斯坦目前蚕桑生产中存在的生产技术落后、蚕茧产质量低和综合经济效益差等问题,开展优质高产桑园栽培、蚕品种结构优化、稚蚕集约化饲育和蔟具改良等适用技术体系的研究与示范,改进养蚕方式,由原来的一年一期改为一年多期。通过与蚕桑业相关联的企业,促进蚕桑生产设施设备的改善及新技术、新器具、新模式的应用。通过科技创新提升蚕桑种养技术,提高蚕茧产质量和经济效益。

二、哈萨克斯坦羊毛产业

1. 哈萨克斯坦养羊业概况

哈萨克斯坦养羊业集中在阿拉木图、江布尔、南哈萨克斯坦和克孜勒奥尔达四个州。截至目前,哈萨克斯坦主要畜禽存栏数均高于 2008 年 1 月 1 日,其中绵羊和山羊的存栏量1693.75 万只/85.75 万只。羊毛是哈萨克斯坦的主要纺织原料。哈萨克斯坦全国的天然牧场面积大,饲草料丰富,具有发展养羊业的有利条件。但养羊业经历了一段衰退期。1992 年哈萨克斯坦羊的存栏量为 3960 万只,到了 2006 年 1 月 1 日仅剩 1427 万只,其中粗毛羊超过31%,细毛羊不足 25%;1992 年羊毛产量为 2.5 万吨,2004 年减少至 0.709 万吨。养羊业的衰退在很大程度上与该国缺乏有效的羊毛购销机制有关。此外,细毛羊育种科研工作停滞,羊的品种退化,造成了羊毛质量下降。目前,哈萨克斯坦良种羊的比例只有 4.5%,而且是以肉用羊和卡拉库尔羊居多。

哈萨克斯坦全国细毛羊、半细毛羊只存栏约 900 万只,全国各州都有养殖基地,有 28 个良种养殖场和 5 个良种繁育场及 34 个细毛羊养殖企业。阿拉木图州和江布尔州是哈萨克斯坦细毛羊养殖业发展最快的地区。哈萨克斯坦全国的羊毛加工能力较弱,且多为初加工能力。全国共有 15 家较大的羊毛企业从事羊毛初加工,其全部生产能力为年产羊毛 1.5 万吨,其中仅江布尔一州就占 50%,阿拉木图州占 11%。哈萨克斯坦拥有丰富的草场资源和良好的营养条件,在细毛羊改善品质和提高产量方面有很大的潜力。

2. 品种与细羊毛品质

高维明等在《哈萨克斯坦共和国细羊毛产业现状分析》一文中全面总结了哈萨克斯坦羊毛产业。现有细毛羊 250 万余只,主要有四个品种,哈萨克细毛羊、南哈萨克细毛羊、北哈萨克细毛羊、盘羊型细毛羊。苏联在阿拉木图设有专业的绵山羊品种培育研究机构,阿拉木图畜牧植物研究所绵羊中心曾培育了全国 70% 以上的绵山羊品种,研究基础雄厚。为培育 18 ~20μm 的细毛羊新品种,从澳大利亚引进细毛羊种公羊,1993 年从澳引进 400 只母羊。2005 ~2006 年从澳大利亚引进三个绵羊品种,一个肉羊品种(澳洲肉用关利奴),一个细毛羊品种(多利),一个粗毛品种(波尔华斯),同时引进 300 只母羊。现细毛羊育种方向主要是提高羊毛的细度指标,与国际羊毛细度细的发展趋势靠近。关于细羊毛品质,新疆种羊与羊毛羊绒质检中心在 2010 年从哈萨克斯坦采集近 200 个细羊毛样品进行检测,经统计分析,该国细羊毛综合品质为(平均值):细度为 22.9mm,细度离散为 22.2,长度为 72.7mm,抗压弹性为 7.23kPa,白度为 62.58,黄度为 23.50。

3. 剪毛初加工

每年 4 月左右,牧场主都会组织大量的牧民和其他雇佣工人开始剪毛,现在最主要的剪毛方式还是手工剪毛,一般剪毛时间持续 20 天左右,剪下的羊毛由工人统一装袋入库,由牧场主统一保管和销售。与我国现大力提倡的电动剪毛和分级整理技术相比,哈萨克斯坦在此方面还没有形成规模化推广应用,尽管在部分地区倡导使用电动剪毛技术,但分级整理技术还处于研究阶段。

三、吉尔吉斯斯坦羊毛产业

杨建梅在《中亚五国纺织工业发展状况》一文中总结了吉尔吉斯斯坦和土库曼斯坦等羊毛和丝绸产业生产情况。吉尔吉斯斯坦的羊毛、棉花等纺织原料的生产潜力巨大。羊毛产量曾位居苏联第 3 位,但其深加工能力不强,仅具有初加工能力。20 世纪 90 年代初,吉尔吉斯斯坦开始对纺织企业实行私有化改造,结果导致纺织工业的生产急剧下滑。加入世界贸易组织后,国产货基本被外国货挤出了市场。轻纺部门遭受的损失最大。工艺过时,设备老化、磨损严重,资金匮乏是吉尔吉斯斯坦纺织工业的基本现状。本国大多数企业已经停工,就连奥什"棉纺织工人"棉纺织联合公司(吉尔吉斯斯坦最大的棉织物生产企业)、A3eM 地毯厂(专门生产地毯)、合资企业奥什丝厂和奥什丝绸厂(生产丝绸制品)等几家主要企业的设计生产能力也只能发挥出 5%~8%。

吉尔吉斯斯坦希望借助外国资本挽救纺织工业,但外商只对吉尔吉斯斯坦的纺织原料感兴趣，致使多数轧棉企业部分或全部落入外国公司之手。吉尔吉斯斯坦现有的轧棉合资企业主要是与希腊合资的；lHMa TeKC 公司（年生产能力为 7500t）、与德国合资的 ie3ep flyHaft-HapMH 公司（年生产能力为 5000t）及与葡萄牙合资的 TeBK3-Kwprbi3CTaH 公司（年生产能力为 500t）。这些合资企业生产的皮棉全部用于出口，而吉尔吉斯斯坦纺织业产值在 GDP 中所占比重则由 1990 年的 32%降至 2004 年的 3.2%。

吉尔吉斯斯坦拥有广阔的牧场，山区牧场面积占农业用地的 83%，可以通过转场，实现全年放牧。1990 年，吉尔吉斯斯坦羊的存栏数量达到 1000 万头，细羊毛及半细羊毛产量共计 4 万英镑（其中 87%是美利奴羊毛）。苏联解体后，吉尔吉斯斯坦养羊业大幅度萎缩，2012 年，吉尔吉斯斯坦全国产羊毛 11333t，同比增长 2.1%，其中单羊产毛量最高的州分别为：塔拉斯州和楚河州（2.9kg）、伊塞克湖州和奥什州（2.6kg）。2013 年羊毛产量 1.16 万吨（增长 2.3%）；2015 年，畜牧业产量有所提高。生产羊毛 1.21 万吨，同比增长 2.3%。2016 年，畜牧业产量有所提高。生产羊毛 1.23 万吨，同比增长 2.5%。2017 年，畜牧业产量有所提高，牲畜和家禽存栏数增加。生产羊毛 1.26 万吨，同比增长 1.9%。吉尔吉斯斯坦生产的羊毛基本都出口到外国，主要是中国。尽管细羊毛和半细羊毛的产地价格已经飙升至 6~8 美元/kg，但仍然是受中国纺织企业青睐的宝贵原料。

四、土库曼斯坦羊毛产业和丝绸业

（一）土库曼斯坦羊毛产业

养羊业是土库曼斯坦的传统产业，国家为促进养羊业的发展制定了非常优惠的扶持政策。例如，养羊户可以得到一半的新生仔畜作为劳动报酬，可免费使用草场和水源地，免缴所有税赋等，结果羊的存栏数量连年增加，2006 年春季产仔期过后，全国羊的存栏数量达到了2010 万只。卡拉库尔羊养殖业是土库曼斯坦养羊业的重点部门，目前，该国年产 120 万张卡拉库尔羊羔皮，颜色超过 300 种。但是，本国毛皮加工、缝纫设备十分短缺，所以，有75%（约 90 万张）的卡拉库尔羊黑皮只能以原皮的形式出口到俄罗斯、土耳其、瑞士和美国等国家，只有不到 25%（30 万张）在国内加工。

（二）土库曼斯坦丝绸业

养蚕业和丝织业也是土库曼斯坦的传统产业，阿姆河中游各地区养蚕业十分发达。苏联时期，土库曼斯坦的养蚕业仅次于乌兹别克斯坦和阿塞拜疆，在加盟共和国中居第三位。现在，马雷养蚕场、阿什哈巴德缫丝厂、土库曼巴什丝织厂等多家企业在外国（主要是中国）伙伴的帮助之下已进行了技术设备更新，具有较大的发展潜力。例如，老牌企业阿什哈巴德缫丝厂在中国的帮助之下用了 1 年多的时间对工厂进行全面改建，修建了新的车间，安装了新的进口机器设备，使生产能力从年产生丝 60t 提高到 200t 以上，而且产品质量大大提高，远销俄罗斯、土耳其、法国、美国、伊朗和阿富汗等国。该厂在改造前，生丝出口量不足30t，改造后，仅 2005 年的生丝出口量就达到 130t。土库曼巴什丝织厂也在中国的帮助之下进行了现代化改造。目前，该厂的产品有丝绸、丝毯和丝绸服装等。

据土库曼斯坦国家通讯社 2019 年 1 月 4 日报道，为强化养蚕行业原料基地功能，土库曼斯坦纺织工业部"土库曼丝绸"股份公司正在着手进行相关工作。2019 年生产蚕茧 2030t，其中阿哈尔州 155t、巴尔坎州 25t、达绍古兹州 485t、列巴普州 960t、马雷州 405t。目前，"土库曼丝绸"股份公司正在收购蚕幼虫。独联体网 2019 年 5 月 15 日报道，2019 年土库曼斯坦蚕茧收购价持续上涨，普通蚕茧价格为 25 马纳特（7 美元）/kg，高品质蚕茧价格达 30 马纳特（8.5 美元）/kg，大幅提升农户养蚕积极性。据此前报道，2019 年土库曼斯坦政府决定扩大桑树种植规模，大力开展丝绸生产原料基地建设，收获蚕茧 2030t。土库曼斯坦两家主要丝绸生产企业——阿什哈巴德缫丝厂和土库曼巴特丝绸生产联合体，已完全实现了生产现代化并配备了先进设备，其产品获得普罗迪夫国际博览会（保加利亚）金奖，丝线及边角料远销至中国、俄罗斯等国家。

20 世纪 30 年代，土库曼斯坦开始机械化缫丝，60 年代开始织绸、印染，并逐渐形成一套完整的丝绸加工业。土库曼斯坦养蚕业虽然历史悠久，但发展较慢，桑叶质量低，养殖条件差，技术力量薄弱，生产设备老化，基本不具备深加工能力。因此，土库曼斯坦急需改变蚕丝领域现状，发展本民族的蚕丝工业。现有两家蚕种场：马雷蚕种场和土库曼纳巴特蚕种场。目前，年产蚕种 750kg。其中，马雷蚕种场面积为 6300m^2，厂房陈旧、设施不全、工艺落后。土库曼斯坦纺织工业部利用我国 1999 年和 2000 年提供的 1000 万元人民币无偿援助对蚕种场进行了全面改造，江苏国际经济技术合作公司提供养蚕设备和物资。改造后，蚕种场年产量达到 15 万盒。自 2001 年以来，蚕种基本依靠自中国进口，年需求量为 2000kg。土共有两家缫丝厂：阿什哈巴德缫丝厂和土库曼纳巴特丝绸生产联合体。2003~2004 年，山西中旭国际贸易实业公司利用中国政府于 2002 年提供的无偿援助和无息贷款，对两家缫丝企业进行了技术设备改造。

《2010 年以前土库曼社会经济改革战略》提出的复兴蚕丝业的目标。政府主要采取了以下措施。

1. 政策保障

蚕丝业是土库曼斯坦纺织领域优先发展行业之一，政府采取了一系列鼓励性措施：总统倡议在全国范围内大规模种植桑树；国家提供了必要的运输机械和生产器具鼓励蚕农从事桑蚕养殖；蚕农养殖的蚕茧由国家统一收购。

2. 原料保障

近年来，土蚕茧产量稳步增长：1999 年土蚕茧产量为 2157t，2000 年为 4034t，2001~2005 年为 6000t 左右，提前完成了《2010 年以前土库曼社会经济改革战略纲要》中制订的 2010 年蚕茧产量达到 5500t 的目标。

3. 人才保障

2002 年，为复兴蚕丝业，土库曼斯坦总统颁布命令批准在土库曼农业大学开设养蚕系。

山西中旭国际贸易实业有限责任公司 1996 年进入土库曼市场，截至 2005 年，每年向土库曼斯坦出口优质蚕种 1000~2000kg，同时，进口绢纺原料废蚕茧。与土库曼斯坦纺织工业部合作开发桑蚕养殖，向土库曼斯坦提供 180kg 桑树种子和 2000 株桑树苗，并多次派专家赴土库曼斯坦考察指导养殖和种植。为土库曼斯坦农业大学培训 10 名大学生，向其传授养蚕技艺。建立养蚕示范基地，集种桑、养蚕于一体，指导当地蚕农科学养蚕。此外，该公司还执行了我国向土库曼斯坦提供无偿援助和无息贷款项下阿什哈巴德缫丝厂和土库曼纳巴特丝绸生产联合体技术改造项目。目前，公司正在执行援土库曼斯坦丝绒厂项目。江苏国际经济技术合作公司执行我国无偿援助项目，为马雷蚕种场提供了养蚕设备和物资，2003 年合同执行完毕。

五、塔吉克斯坦的丝绸业

桑蚕养殖是塔吉克斯坦传统的农业发展项目，其产量和产值在塔吉克斯坦农业生产中仅次于棉花，居第二位。由于经济困难和管理方式落后，这一行业多年来未能获得充分发展，时至今日，塔吉克斯坦桑蚕的养殖和蚕茧销售依然困难重重。

随着塔工农业生产的逐步恢复和发展，塔为保护本国原材料资源，提高初级产品的工业附加值，拟通过深加工扩大出口内涵，因而对蚕茧原料出口予以明确限制。根据塔政府 2001 年 9 月 7 日批准的第 426 号政府令，塔政府制定了《2001~2005 养蚕业和丝绸工业发展规划》（以下简称"《规划》"），规定所有家蚕蚕茧加工企业都必须按时完成《规划》附件的规定，按统一的工艺流程进行家蚕蚕茧的深加工，直到生产出丝织制成品。从目前来看，由于缺乏资金和必要的技术手段，目前，只能依靠一家塔越（南）合资企业——越南"亚洲丝绸"（ASIA SILK）公司作为实施上述规划的基础力量，同时，以"塔吉克锦缎"股份公司为辅，提出了"振兴具有塔民族特色的丝绸产业"的口号。目前，越南"亚洲丝绸"（ASIA SILK）公司在塔库里亚布、胡占德和杜尚别分别建立了合资公司，据设在杜尚别《ROHI ABRESHIM》合资公司的越南籍总经理介绍，仅该企业加工蚕茧的年生产能力就在 500 吨以上。

第三节 中亚水资源与能源概况

水资源、能源是否充足影响纺织产业发展的进程。

一、中亚水资源概况

（一）塔吉克斯坦水资源

1. 水资源概况

塔吉克斯坦（以下简称塔国）国土面积为 14.31 万平方千米，南邻阿富汗，东连中国，西、北部分别与乌兹别克斯坦（以下简称乌国）、吉尔吉斯斯坦（以下简称吉国）两国相连，边界线全长 3651km。其中，中塔边界长 414km。塔吉克斯坦是与吉尔吉斯斯坦同处中亚中心的高山内陆国家，境内 1/2 的地区海拔在 3000m 以上，90% 以上的地区为山地，享有"山地之国"的称号。塔吉克斯坦自然景观以荒漠、草原为主，大部分区域属温带大陆性气候，地势高低悬殊，气候垂直梯度变化较大，年平均降水 150700mm，丰沛的高山降水和占中亚地区 60% 以上面积的冰川分布，使其成为世界人均水资源最多的国度，并孕育了中亚最大的河流——阿姆河。

塔吉克斯坦河流众多，大部分发源于高山融雪和冰川，最终均汇入阿姆河，流入咸海。

塔吉克斯坦总径流量 509 亿立方米，其中阿姆河 63%、咸海流域 44% 的径流产自塔吉克斯坦，是中亚名副其实的"水塔之国"。塔吉克斯坦拥有丰富的水资源，拥有的水资源总量为中亚 5 国之首，年地表水总量为 52.2 亿立方米，超过 500km 长的河流有 4 条，有 9 个较大的水库，库容在 0.028～10.5km³，其中最大的 2 个水库是北部的凯拉库姆水库和中部的努列克水库。塔吉克斯坦地下水预计总蕴藏量 6972km³，地下水平均年抽取量 2.4km³，境内地下水资源便于开发，70% 以上的耕地可以得到河水和地下水的灌溉。其水能资源蕴藏量十分丰富，在独联体国家中排第二位，在世界范围内排第八位，约占世界水能资源总量的 40%。塔吉克斯坦主要河流均系跨界河流，是中亚跨界河流涉及邻国最多的国家。

但塔吉克斯坦年降水量较少，只有 150～250mm，在西南部的哈特隆州少量低山地及一些地势较高的谷地，年降水量可达到 350～700mm，全国大部分降水集中在冬季和春季，夏秋两季气候干燥，降水量仅 70mm 左右。

2. 水资源利用及分水矛盾

跨界河流水资源问题是中亚各国之间利益与矛盾的焦点。地处阿姆河、锡尔河下游的乌兹别克斯坦、土库曼斯坦（以下简称土国）两国几乎 90% 的水资源来源于境外，哈萨克斯坦为 54%。乌、土、哈三国耕地及化石能源储量十分丰富，灌溉农业规模庞大。而地处河流上游的塔、吉两个山地国，耕地少、化石能源缺乏，农业向来很不发达，食品安全长期难以保障。塔吉克斯坦内战结束后，经济逐渐得到恢复，近年来，人口增长率超过 3%，是中亚地区人口增长最快的国家之一，原本已较为严重的粮食与食品安全隐患进一步凸显。扩大农业生产、开发水能资源势在必行。

1992 年，中亚五国签署的《阿拉木图协议》，各国分水比例基本沿用了苏联的分配方案，也就是说，产水量多的用水少，产水量少的用水多。这也是苏联时期流域水资源管理留下的后遗症。塔吉克斯坦国内普遍认为用水配额太少，在阿姆河流域，塔吉克斯坦径流量占 62.5%，而分水比例仅为 13.6%，而下游乌、土两国却均为 43%，还经常指责塔方用水量超过协议配额。

塔吉克斯坦增加用水量的渠道，一是从泽拉夫尚河引水，二是增加阿姆河用水配额。泽拉夫尚河下游乌国目前利用了该河 95% 的水量，如果塔方大量引水必然遭到乌国的强烈反对。相对而言，增加阿姆河用水量较为容易，该河水量充沛，所需投资较小，而且塔吉克斯坦占据上游控制优势，乌国也难以有效阻止和监控其实际用水量。

3. 发电与灌溉的用水矛盾

水电在塔、吉两国均占其总发电量的 90% 以上，由于受季节性影响较大，大部分河流枯水季节发电量锐减，在国内化石能源缺乏而购买他国能源的经济实力不济的情况下，采用已建大型调节水库储存夏季洪水用于冬季发电，是塔、吉两国的主要做法。但这样一来，就导致上游冬季发电与下游夏季灌溉的用水矛盾。苏联时期，各加盟共和国在"整体经济布局""劳动分工"原则指导下，上游地区重点建设各类水利调节设施，为下游提供供水和用电保证，下游地区则重点发展灌溉农业和工业，并向上游地区提供能源及工、农业产品，从而达到整体平衡发展。苏联解体后，水利设施和水资源分配体制被保留下来，但国家间的利益补偿措施却得不到落实，国家间的水资源矛盾也随即升级成为国家间的利益冲突。

1996 年，哈、吉、乌、塔四国签订了旨在解决中亚地区水资源和能源资源利用矛盾的政府间协定。下游国家虽然同意向上游提供能源供应，但同时又强调：按国际市场价格，而不是优惠价格。随着能源价格的不断攀升和需求的不断增加，塔吉克斯坦越来越难以负担，再加上经常因欠款而被下游国家断供，致使已签署的能源合作协议无法执行，供需矛盾越发突出。

因此，塔吉克斯坦依然认为"夏蓄冬泄"仍然是解决冬季缺电问题最经济、最便捷的方法，并积极筹划大型水电站的规划建设。乌、土两国则极力反对。如反对建设罗贡和桑格图金 1 号水电站，并强调上游国家修建水电站不得减少下游国家现有用水量，不得引发严重的生态灾难，决不能以牺牲他国利益为代价，由此形成的矛盾，今后将会越发加剧。

（二）土库曼斯坦水资源

土库曼斯坦位于中亚西南部，西濒里海，北邻乌兹别克斯坦和哈萨克斯坦，南与伊朗接壤，东为阿富汗和塔吉克斯坦；面积为 $4.911 \times 10^5 km^2$，其中大部分是低地，海拔多在 200m 以下；90% 以上国土被沙漠覆盖，其中最大的为中央卡拉库姆沙漠，沙漠四周有绿洲分布；南部和西部为科佩特山脉和帕罗特米兹山脉。山区是众多河流的发源地和流经地区，河网较密，但径流量较小。土库曼斯坦水资源主要来自发源于帕米尔高原的阿姆河，以及从阿姆河调水到境内的卡拉库姆运河。作为中亚最大的水利工程，卡拉库姆运河把阿姆河近 1/3 的水量引到干旱的内陆地区，主要用于灌溉农业，在沙漠地区沿运河形成了带状的人工绿洲，大部分城市和人口集中于此。首都阿什哈巴德（Ashgabat）是最大的绿洲，除首都之外，全国还划分为 5 个州，其中巴尔坎州国土面积最大，为 $1.38 \times 10^5 km^2$。境内土壤以沙土为主，植物以荒漠植物为主，生物种类多，但数量少，石油和天然气资源丰富。

土库曼斯坦属典型的大陆性气候，是亚洲中部干旱区的重要组成部分，也是世界上最干旱的地区之一，严重干旱是其主要的自然特征。年降水的分布极不均匀，由西北面的 80mm，递增至东面的 350mm，雨季主要在 1~5 月。

1. 土库曼斯坦水资源及其分布特点

中亚地区的水资源主要形成于天山山脉及周边中高山区，其中高山地区的冰川和积雪融水是内陆河流的主要补给源。据统计，中亚五国的淡水资源总量大于 $1 \times 10^{12} m^3$，主要以高山冰川和深层地下水等形式存在，开发利用难度较大，真正可以开发利用的水资源约为 $2.064 \times 10^{11} m^3$。土库曼斯坦远离水资源源地，是中亚水资源总量最少的国家。河流多为跨界河流，水量较大，可利用水量远大于国内水资源总量。土库曼斯坦出入境水量约为 $2.33 \times 10^{10} m^3$，可利用水量为 $2.47 \times 10^{10} m^3$，人均水资源量达到 433m³。

土库曼斯坦水量较充沛的地区主要集中在南部和西部的科佩特山脉和帕罗特米兹山脉，以及阿姆河流域的部分地区；而中央卡拉库姆沙漠及其北部地区是水量贫乏地区。综合国内外大量有关中亚水资源的文献评价结果，可以认为，中亚五国多年平均地表水资源量约为 $1.877 \times 10^{11} m^3$。因地形东高西低，河流大都自东向西汇入咸海，而土库曼斯坦地处中亚西南部，远离高山水源地，地表水资源仅占中亚地区的 0.5%，在中亚五国水资源总量最小。

土库曼斯坦气候干旱，降水稀少，本国内自产水资源非常有限，水资源主要来自从阿富汗和塔吉克斯坦入境的阿姆河及其他河流。阿姆河是中亚最大的内陆河流，也是流经土库曼斯坦的最大河流。该河发源于阿富汗与克什米尔地区交界处兴都库什山脉北坡海拔约 4900m 的维略夫斯基冰川，进入土库曼斯坦后始称阿姆河，出境后流经乌兹别克斯坦最后汇入咸海。河流全长 2485km，流域面积 $4.65×10^5km^2$，水资源量为 $6.79×10^{10}m^3$。在土库曼斯坦境内，阿姆河流经急流险滩和茫茫大漠，长约 1000km，年均流量为 $21.4km^3$。阿姆河主要靠积雪、冰川水补给，5~8 月的流量可达年流量的 61.2%，这对灌溉非常有利，因为这个时期的需水量也很高。

穆尔加布河（Murgab River）发源于阿富汗的帕鲁帕米苏斯山，流经土库曼斯坦的穆尔加布市，然后向西北流入卡拉库姆沙漠，在马雷附近与卡拉库姆运河相交，并在沙漠中逐渐枯竭。该河全长 978km，在土库曼斯坦境内约为 350km，流域面积为 $6×10^4km^2$，集水面积为 $4.7×10^4km^2$，多年平均流量为 $48.73m^3/s$。穆尔加布河主要靠冰雪融水和冬春季的局部降雨补给，春季的洪水期较长，主要集中在 4~5 月，月均流量 $97.55~107.653m^3/s$。与阿姆河相比而言，穆尔加布河年内流量的分布对灌溉不利，5~8 月的径流量仅占其年径流量的 40.18%。

土库曼斯坦所在的中亚地区是世界重要的棉花产区之一，棉花是土库曼斯坦农业的支柱产业，20 世纪 60 年代初，随着卡拉库姆运河的建成使用，土库曼斯坦的棉花种植面积和产量大幅增加，占总播种面积的 25.3%（2005 年）。近年来农业灌溉用水有所下降，而工业的快速发展和城市社会经济及城镇人口的膨胀，导致工业用水和城市生活用水有大幅度增加。21 世纪以来，土库曼斯坦水资源利用结构有较大变化，农业灌溉用水有所下降，而工业用水有大幅增加趋势。这主要与该国石油、天然气等工业的发展使得对水资源的需求增加有关，而农业用水受水资源的限制而被抑制。

2. 跨界河流纷争，引发水资源危机

土库曼斯坦的水资源主要来自阿姆河的输水，以及通过卡拉库姆运河的引水。阿姆河补给主要依靠帕米尔高原的冰川和积雪融水以及山区降水，水资源补给区主要在塔吉克斯坦，而下游的土库曼斯坦境内是水资源的消耗区，自身不产流。而塔吉克斯坦为了解决国内的粮食问题，而加快农业发展，扩张灌溉面积，使得水资源利用强度较大；同时，塔吉克斯坦拥有丰富的水电资源，水电蕴藏量居世界第 8 位，在阿姆河等国际河流上修建了大量的大型水电站。农业和水电业发展需要截留大量的水资源，而土库曼斯坦等下游国家需要利用河水资源进行灌溉，这就产生了利益冲突，加大国家间矛盾，使得水资源紧缺的中亚地区水危机更加明显。有关国际跨界河流水资源问题一直困扰着土库曼斯坦在内的中亚各国之间的关系，国家之间将水资源作为主要的经济外交手段，加深了各国矛盾的复杂性，阻碍了中亚经济一体化进程。

（三）乌兹别克斯坦水资源

1. 水资源概况

乌兹别克斯坦淡水资源的分布比较集中，费尔干纳盆地有 34.5%，塔什干州有 25.7%，撒马尔罕州有 18%，苏尔汉河州有 9%，卡什卡达里亚州有 5.5%，其他州有 7%。

目前，乌兹别克斯坦每年的用水量为 62~65km³，其中，地表水占大多数。取自阿姆河和锡尔河水系的有 36km³。另外，26~29km³ 来自小型河流、地下水及重复利用的废水。每年利用的水资源大约有 90% 被用于灌溉，而灌溉用水的 80%~83% 是在作物生长期被耗费的。

为有效利用和保护水资源，乌兹别克斯坦现行相关法规仍在不断完善。在现代技术和方法基础上，乌兹别克斯坦政府实施了一系列大型项目，包括积极和各种国际组织合作，以期实现合理利用现有水资源；在未掌握现代高效灌溉技术的地区，大力推广现代灌溉技术和现代土地资源管理方式，提高作物产量的同时节约水资源和土地资源。同时，乌兹别克斯坦各政府相关部门和机构积极研究水资源规划的制定方法，监测水资源分布，制定国家水资源和土地使用战略规划。

2. 农业种植资源概况

乌兹别克斯坦是古老的灌溉农业国，农业在国民经济中占有重要地位。农业产值占国内生产总值的 30%，出口创汇额占 60%，就业人口占全国的 44%。农业用地为 2850 万公顷，占国土面积的 63%。现有水浇耕地约 450 万公顷，是乌兹别克斯坦实现粮食自给的基础和出口产品基地，种植业产品占 95% 是在水浇地上生产出来的。

乌兹别克斯坦籽棉年产量近 400 万吨，居世界第 5 位，出口皮棉的数量在世界上占第 2 位。农业产值占国内生产总值的 1/3，棉花产值占农业产值的 40%，是农业中的主要出口产品。此外，生丝、水果和蔬菜也大量出口国外。粮食产量达到 370 万吨左右。养蚕业很发达，每年蚕茧产量约 3 万吨。水果、水稻和油料作物种植也占一定比重，其中瓜果年产量达 5000 万吨左右。费尔干纳盆地、泽拉夫尚绿洲及阿姆河、锡尔河流域盛产葡萄、瓜果，其中食用葡萄和酿酒用葡萄量达到 18%~27%，在国外市场上很受欢迎。乌兹别克斯坦是中亚重要的蔬菜产地，每年生产各种蔬菜（270~300）万吨，其中有西红柿、黄瓜、葱、洋白菜、胡萝卜、食用甜菜、茄子、辣椒等，其中优质西红柿年产 100 多万吨。

（四）吉尔吉斯斯坦水资源

1. 水资源概况

吉尔吉斯斯坦是中亚地区地表水资源最丰富的国家之一，包括锡尔河、阿姆河在内的多条河流均发源于该国，其中塔拉斯—阿萨河的 94%、楚河的 75.3%、锡尔河的 73.7% 和阿姆河的 2% 径流量分布在境内。根据近年来的调查，包括河流、冰川和湖泊在内的多年平均地表水资源总量约为 $2.252 \times 10^{12} m^3$，如不计伊塞克湖水量，则其地表水资源量约为 $5.54 \times 10^{11} m^3$。仅以河川径流量计，人均水资源量达 $9500 m^3$。

吉尔吉斯斯坦是地下水资源较丰富的国家之一，该国的地下淡水资源（补给量）主要分布在北部的楚河、伊塞克湖和西部的费尔干纳谷地。其地下淡水可更新资源总量约为 $350 m^3/s$（$1.1 \times 10^{10} m^3/a$）。此外，在第四纪岩层还有约 $6.5 \times 10^{11} m^3$ 的净态地下淡水储量。据勘察，全国 44 个主要地下水产区可供经济领域利用的地下淡水储量为 $188 m^3/s$（$6 \times 10^9 m^3/a$）。储量较多的地区有楚河州、伊塞克湖、贾拉拉巴德和奥什等州。

2. 农业种植资源概况

吉尔吉斯斯坦的农业在国民经济中占有举足轻重的地位，种植业与畜牧业的发展齐头并进，玉米、小麦、燕麦、棉花、烟叶和蔬菜等为其主要农作物，全国 62% 以上的人员从事农业生产和农业服务工作。吉尔吉斯斯坦种植业主要以土地密集型产品为主，粮食作物和经济作物成为农业经济主体。吉尔吉斯斯坦政府十分重视粮食生产，但是农业综合生产能力较弱，正面临着粮食安全问题。近年来，政府积极出台惠民政策以激励种植业的发展，并初见成效，尤其是谷物的单产和总产都得到了大幅提高。

虽然吉尔吉斯斯坦种植业发展势头较好，单产水平也在逐年上升，但还是有很大的增长空间。目前，在农业生产上，土壤肥力保持度低，农药、化肥投入少，先进实用的农业技术措施不能得到广泛的推广和应用。倘若在控制病虫害，保障土壤良性状态下实行科学轮作，合理使用化肥，再结合节水灌溉技术，即可实现耕地充分利用，产量再度提高，更好地保障粮食安全。

（五）哈萨克斯坦水资源

1. 水资源概况

哈萨克斯坦总计有 39000 条河流，其中 7000 条河流长度超过 10km。境内地表水资源分布极度不均。中部地区地表水资源仅占全国的 3%，西部及西南部地区如阿特劳州、克孜勒奥尔达州，特别是曼格斯套州水资源极度缺乏，而东部的巴尔喀什湖—阿拉湖与东北部的额尔齐斯河流域水资源较丰富，占国内形成的地表水资源的 3/4，在满足当地水量需求的同时，可为缺水地区提供补给。该流域水资源丰富主要是因为流域内可更新水资源达 50%。哈萨克斯坦多年平均径流量为 100.5km^3，其中只有 56.5km^3 形成于哈萨克斯坦境内，其余 44.0km^3 来源于四个邻国：中国（18.9km^3）、乌兹别克斯坦（14.6km^3）、俄罗斯（7.5km^3）和吉尔吉斯斯坦（3.0km^3）。

径流量是确定河流水量的客观指标，也是自然界水循环的重要元素。根据 1965~2016 年哈萨克斯坦水文数据，分析径流动态变化特征表明，自 1965 年以来，总径流量减少了 39.4km^3，跨境径流减少到 23km^3，境内径流减少到 16.5km^3。1990~2010 年哈萨克斯坦全国地表径流总量减少幅度也达 10%。哈萨克斯坦中部平原地表径流量约为 4.8km^3，由于无法调节使用，大量水资源蒸发耗散。在径流量方面，东北部的额尔齐斯河流域、东南部的巴尔喀什—阿拉湖流域径流量最大，二者占地表径流总量的 61%，单位面积产流分别为 $1.02 \times 10^6 m^3/km^2$ 和 $7.2 \times 10^5 m^3/km^2$；中部和南部灌溉区的水资源紧缺，如努拉—萨雷苏和楚—塔拉斯流域仅占全国年均径流量的比例不足 6%，单位面积产生径流量分别只有 $0.4 \times 10^5 m^3/km^2$ 和 $2.5 \times 10^5 m^3/km^2$。

2. 农业种植资源概况

哈萨克斯坦是中亚最大粮食生产国和全球重要粮食出口国，农业发展潜力巨大。哈萨克斯坦重视粮食生产，强调粮食自给，是苏联时期的第三大粮仓，粮食最高年产量曾达 2965 万吨，占苏联粮食总产量的近 1/5。当前，主要农作物以小麦、棉花及油料等土地密集型农产品为主，具体情况如下。

（1）小麦是最主要的粮食作物，面粉出口量世界第一。2016 年，哈萨克斯坦小麦产量约 1600 万吨，占粮食总产量的 80% 以上；播种面积约 1200 万公顷，占粮食作物播种面积的 80% 以上，主产区位于中北部的库斯塔奈、阿克莫拉和北哈萨克斯坦三个州；面粉出口量 200 万~700 万吨，是世界上最大的面粉出口国。

（2）棉花生产条件优越，是主要出口创汇产品。哈萨克斯坦是种植棉花纬度最高的国家。目前，可耕地中棉花播种面积约占 1/3。哈萨克斯坦棉花是主要出口创汇产品之一，约占农产品出口创汇的34%。

（3）油料作物种植规模近年逐步扩大。哈萨克斯坦的油料作物主要有向日葵、油菜籽、红花、大豆以及棉籽、亚麻籽等，其中，向日葵播种面积最大。近年来，油料作物播种面积增长较快，1992年仅有26.1万公顷，到2014年达到76.5公顷，年均增长率达5%。

（4）果蔬播种面积增长快，对中国产品和技术需求较大。哈萨克斯坦蔬菜播种面积整体呈持续增长态势，从1992年的11.7万公顷增加至2013年的21.64万公顷，年均增长3%。产量从127.4万吨增加到495.5万吨，年均增长6.7%。

二、中亚电力能源概况

（一）塔吉克斯坦电力系统及运行管理

塔吉克斯坦河流众多，大部分发源于高山融雪和冰川，最终均汇入阿姆河，流入咸海。塔吉克斯坦总径流量$5.09×10^{10}m^3$，其中阿姆河63%、咸海流域44%的径流产自塔吉克斯坦，是中亚名副其实的"水塔之国"。其水能资源蕴藏量十分丰富，在独联体国家中排第二位，在世界范围内排第八位，约占世界水能资源总量的4%。按其蕴藏量的50%计算，至少有$2.6×10^{11}kW·h$的发电量。近年来，为保障国家能源安全，改善电源结构，塔吉克斯坦对瓦赫什河梯级水电站、瓦尔佐夫梯级水电站、凯拉库姆水电站、杜尚别和亚万火电站等已建电站进行了技术改造，并先后建成了四座小型电站。塔吉克斯坦以吉萨尔山脉为界，分南、北两大电力系统。1956年在锡尔河上兴建了库容为$2.60×10^{10}m^3$、装机126MW、被称为"塔吉克海"的凯拉库姆水库，形成了北部电力供应系统。该系统利用220kV输电线路与乌国电网相接。1961年，在南部瓦赫什河上开始兴建努列克水电站，1980年完成努列克至列加尔500kV超高压输电线路架设，使得南部电力系统经乌国与中亚电网相接。2006年，中国政府向塔吉克斯坦提供优惠出口买方信贷，帮助其修建南北500kV输电线路，实现了南北电力系统联网。目前，该国电网和电厂均由国家电力公司统一管理运营，居民和工业综合平均用电价格约为2.8美分/（kW·h）。

塔吉克斯坦的水、电、气使用成本较低，但供应不足（表1-1）。冬季缺电现象严重，经常限时供电；由于国外对塔天然气进口的限制，导致已经很少使用，主要用于工业生产；由于供水设备及管道陈旧，自来水水质较差。现在的供电资费标准是从2012年4月起开始实施。

表1-1　2014年塔吉克斯坦水、电、气价格

消费用途	水+排污	电（索莫尼/度）	气（索莫尼/kg）
居民	4.5索莫尼/人	0.11	3.20~3.50
预算单位	1.36/m³	0.23	3.20~3.50
工商业	3.60/m³	0.31	3.20~3.50

注　1美元=4.7624索莫尼。

（二）吉尔吉斯斯坦电力能源状况

吉尔吉斯斯坦水利电力资源十分丰富，可开发利用的资源量达$1335×10^8kW·h$，其中经济潜能达$480×10^8kW·h$，技术潜能为$730×10^8kW·h$，在独联体国家中次于俄罗斯、塔吉克

斯坦，占第三位。吉尔吉斯共和国境内现在 18 座发电站，总装机容量达 360 多万 kW（1996 年为 3.6884×10^{6} kW）此外，其目前全国动力系统的家底是：有 6100km 110～500kV 的超高压主干线输电线路；0.4～35kV 的高压供电网分线路超过 6.3×10^{4} km；490km 的供电网干线全年电力生产能力为（1.20～1.40）$\times10^{10}$ kW·h。吉尔吉斯斯坦 18 座电站中，装机容量超过 50 万 kW 的有托克托古（1.20×10^{6} kW，1976 年建成）水电站、库尔普萨（8.0×10^{5} kW，1982 年建成）水电站、比什凯克中央热电站（7.02×10^{5} kW）。在所有电站中，水力发电站的装机容量达 2.955×10^{6} kW，占全国电站总装机容量的 82.1%，而其电力生产能力约占全国每年发电量的 90%。

吉尔吉斯斯坦电价低，电费拖欠情况严重，给生产企业造成很大负担。目前，吉尔吉斯斯坦居民用电收费标准是每千瓦小时 0.112 索姆（约合人民币 6 分钱）；工业用电每千瓦小时 0.125 索姆（约合人民币 1 角 2 分）。自 1998 年 3 月 1 日起，电价有所上调，其中居民用电价格分几个档次：每月每户 150 千瓦小时以内，每单位电价是 0.114 索姆；每户每月用电在 150～500 千瓦小时，电价是每单位 0.117 索姆；500 千瓦小时以上则规定每单位为 0.125 索姆。同时，工业用电价格也将上调，但目前尚未实行。由于居民收入低，工业企业生产不景气，国内拖欠电费情况十分普遍。电力部门因此负担很重，无经费对电站设备进行维护和改造，从而形成一种恶性循环，致使电力行业生产形势每况愈下。

（三）哈萨克斯坦能源状况

据哈统计委员会发布数据，2018 年 1～10 月，哈原油产量为 6288.2 万吨，同比增长 6.2%；凝析油产量 1068.5 万吨，同比减少 2.7%；天然气产量 4.5654×10^{10} m³，同比增长 5%；煤炭产量 9515.6 万吨，同比增长 5%；电力产量 8.7872×10^{10} kW·h，同比增长 4.8%。统计期内，哈汽油（含航空燃油）产量 324.61 万吨，同比增长 27.8%；柴油 393.09 万吨，同比增长 7.6%；重油 238.32 万吨，同比减少 11.1%；铁矿石产量为 3554.5 万吨，同比增长 10%；铜矿 8551.3 万吨，同比增长 6%；铬精矿 410.3 万吨，同比增长 8%；粗钢产量为 375.8 万吨，同比减少 1.6%；轧钢 237.7 万吨，同比增长 2.8%；铁合金 173.4 万吨，同比增加 8%。

（资料来源：驻哈萨克斯坦使馆经商参处）

1. 对使用电炉的居民而言

在哈萨克斯坦电费费率取决于用电量，且每个居民区都有自己的规定。例如，阿拉木图市对非电炉用户一档电量的规定是每月 90kW·h/人，二档电量为 90～160kW·h/人，三档为 160kW·h 以上。对电炉用户一档电量为每月 115kW·h/人，二档为 115～190kW·h/人，三档为 190kW·h/人以上。独居的退休人员、残疾人、退伍军人享有相应优惠。电炉用户电费详见表 1-2。

表 1-2 电炉用户电费 单位：坚戈/（kW·h）

	一档用电量		二档用电量		三档用电量	
哈萨克斯坦	1034	996	1459	1403	1824	1754
库斯塔奈	1723	1602	2110	1962	2638	2453

续表

	一档用电量		二档用电量		三档用电量	
阿拉木图	1602	1543	2164	2090	2705	2613
塔尔迪库尔干	1533	1471	1842	1766	2303	2208
科克舍套	1462	1471	1847	1854	2308	2317
塔拉兹	1426	1445	1794	1818	2243	2272
奇姆肯特	1235	1158	1781	1684	2227	2406
彼得罗巴甫洛夫斯克	1047	984	1552	1453	1941	1817
乌拉尔斯克	1040	867	1322	1102	1653	1378
巴甫洛达尔	1018	952	1315	1229	1643	1536
阿斯塔纳	961	936	1559	1520	1949	1901
阿克托别	920	953	1177	1221	1472	1525
卡拉干达	886	838	1179	1124	1475	1407
乌斯季卡缅诺戈尔斯克	836	836	1261	1263	1576	1578
阿特劳	567	567	713	713	893	893
阿克套	456	311	1281	847	1602	1058

2. 对非电炉用户而言

表1-3数据显示，一档电量最高的是库斯塔奈［1689坚戈/（100kW·h），同比增长7.4%］，其次是阿拉木图［1602坚戈/（100kW·h），同比增长3.8%］和塔尔迪库尔干［1506坚戈/（100kW·h），同比增长2.9%］。二档电量最高的是阿拉木图［2164坚戈/（100kW·h）］，其次是库斯塔奈［2110坚戈/（100kW·h）］和克孜洛尔达［1926坚戈/（100kW·h），同比下降0.6%］。三档电量最高的仍然是阿拉木图［2705坚戈/（100kW·h）］、库斯塔奈［2638坚戈/（100kW·h）］和克孜洛尔达［2408坚戈/（100kW·h）］。一档电费最低的是阿特劳［557坚戈坚戈/（100kW·h）］和乌斯季卡缅诺戈尔斯克［836坚戈/（100kW·h）］。二三档电费最低的是阿特劳［713坚戈/（100kW·h）和893坚戈/（100kW·h）］和阿克托别［1177坚戈/（100kW·h）和1472坚戈/（100kW·h）］。

表1-3 非电炉用户电费 单位：坚戈/（kW·h）

用户	一档用电量		二档用电量		三档用电量	
哈萨克斯坦	1090	1046	1463	1403	1829	1754
库斯塔奈	1689	1572	2110	1962	2638	2453
阿拉木图	1602	1543	2164	2090	2705	2613
塔尔迪库尔干	1506	1453	2164	2090	2705	2613
塔拉兹	1506	1463	1842	1766	2303	2208
克孜洛尔达	1392	1401	1926	1938	2408	2423
奇姆肯特	1353	1263	1781	1684	2227	2106
彼得罗巴甫洛夫斯克	1147	1002	1552	1453	1941	1817

续表

用户	一档用电量		二档用电量		三档用电量	
乌拉尔斯克	1046	871	1322	1102	1653	1378
巴甫洛达尔	1034	946	1315	1229	1643	1536
阿斯塔纳	1004	978	1559	1520	1949	1901
阿克托别	928	926	1177	1221	1472	1525
阿克套	907	629	1281	847	1602	1058
卡拉干达	881	838	1179	1124	1475	1407
乌斯季卡缅诺戈尔斯克	836	836	1261	1263	1576	1578
阿特劳	557	557	713	713	893	893
科克舍套	—	1471	—	1854	—	2317

3. 就不同用电时段而言

表 1-4 数据显示，白天区间电价同比上涨 6.3 个百分点，达到 1716 坚戈/（100kW·h），夜间区间电费涨幅达 10.4 个百分点，为 424 坚戈/（100kW·h）。白天区间电费最高的城市是科克舍套 [2744 坚戈/（100kW·h），同比增长 2%]，其次是阿拉木图 [2312 坚戈/（100kW·h），同比增长 3.5%] 和库斯塔奈 [2290 坚戈/（100kW·h），同比增长 8.6%]。夜间区间电费最高的是塔尔迪库尔干 [587 坚戈/（100kW·h），同比增长 4.4%]，其次是科克舍套 [581 坚戈/（100kW·h），同比增长 5.4%] 和乌斯季卡缅诺戈尔斯克 [546 坚戈/（100kW·h），同比下降 0.2%]。白天和夜间电费最低的是阿特劳，为 774 坚戈/（100kW·h）和 179 坚戈/（100kW·h）。

表 1-4　不同用电时段电费　　　　单位：坚戈/（kW·h）

时段 地区 年份	白天时段		夜间时段	
	2016.2	2015.2	2016.2	2015.2
哈萨克斯坦	1716	1615	424	384
科克舍套	2744	2690	581	614
阿拉木图	2312	2233	508	492
库斯塔奈	2290	2108	532	473
克孜洛尔达	2128	2140	522	473
塔尔迪库尔干	2128	2140	522	525
奇姆肯特	2121	2034	587	562
塔拉兹	1957	1855	473	451
彼得罗巴甫洛夫斯克	1915	1941	420	426
阿斯塔纳	1682	1556	389	345
乌斯季卡缅诺戈尔斯克	1661	1626	362	360
乌拉尔斯克	1441	1200	339	264
巴甫洛达尔	1407	1315	311	291

续表

时段 年份 地区	白天时段		夜间时段	
	2016.2	2015.2	2016.2	2015.2
阿克套	1402	930	335	224
卡拉干达	1394	1092	412	155
阿克托别	1301	1348	320	332
阿特劳	774	774	179	179

（四）乌兹别克斯坦电力现状

目前，乌电站装机总容量1240万千瓦时，97%（1200万千瓦时）由"乌兹别克电力"国家股份公司生产，输电网络总长度23.85万千米。中亚地区50%的发电能力在乌兹别克斯坦。乌电网共连接42座电站，总装机容量为1235.8万千瓦（12358万兆瓦）。其中，火电站11座，总装机容量约为10619MW，年发电量454亿千瓦时（单机容量为15万~80万千瓦），如锡尔河火电站以及塔什马尔詹、新安格连、塔什干火电站等。火电发电能力占全国发电总量的85%。发电初级原料：天然气占90.2%、重油占4.6%、煤占5.2%。这种结构在今后一段时期内将得到保持，天然气仍将是主要发电原料，煤的比重可能要占到10%~12%；水电站31座，总装机容量约为1419.7MW，年发电量39亿千瓦时。最大的水电站位于契尔契克河上游（切尔瓦克、霍吉肯特、加扎尔肯特水电站）。

乌电力垄断企业——"乌兹别克电力"国家股份公司下属53家企业，其中包括39家开放型股份公司、11家统一制企业、2家有限责任公司、1家分公司。"乌兹别克电力"国家股份公司下属企业，如塔什干州的FARKHAD水电站和5个梯形瀑布水电站年发电量为12040MW；其他火电站和小水电站属乌农业水利部管理，发电能力为每年560亿~570亿兆瓦。"乌兹别克电力"国家股份公司所辖16座电站总装机12040兆瓦，可发电560亿~570亿千瓦时。乌全国年均发电量为500亿千瓦时，电力自给自足并能出口。每生产100万立方米电需用10.6万立方米天然气或者261t煤。

（五）土库曼斯坦电力状况

土库曼斯坦作为能源出口型国家，电力供应充足，但设备和线路严重老化；供水系统沿用苏联时期的基础，需要大规模更新；通信设施比较落后，停留在20世纪60~70年代水平。近年来，加大基础设施建设投资力度，修建多个水库、电站，铺设油气管道、输电线路、铁路和公路，更新改造机场、港口，加强了城市通信线路的改造，先后与德国西门子、法国阿尔卡特、中国华为等公司合作。运输系统包括铁路、航空、海运、河运、公路和管道运输等，铁路总长3100km，公路总长13600km，内河航运654km，国内天然气管线1131km。首都阿什哈巴德至北京、巴库、曼谷、基辅、伦敦、伯明翰、莫斯科、伊斯坦布尔、塔什干、法兰克福、埃里温等城市有定期航班，与巴库有定期班轮。

土库曼斯坦首个燃气—蒸汽联合循环电站在马雷州投入使用。该项目由土方与美国通用电气公司和土耳其卡里克控股公司（Çalik Holding）合作实施，采用通用电气公司发电机组，总装机容量达157.4万千瓦，有4台燃气机组（每台功率为26.325万千瓦）和2台蒸汽机组（每组功率为26.05万千瓦）。该电站启用后，土库曼斯坦每年电力出口能力将增加到30亿千瓦时，可减少有害气体排放310万吨。

土库曼斯坦自独立以来，共发电325.12万千瓦。目前，其能源部属燃气涡轮电站发电能力达309.12万千瓦，相当于设定功率543.24万千瓦的56.9%。近年来，土库曼斯坦发电水平突飞猛进，到2020年前发电量可达263.8亿千瓦时。

别尔德穆哈梅德夫总统签批的《土库曼斯坦2013~2020年电力行业发展方案》对实施国家社会经济改革战略起到重要作用。该纲领性文件规定，土将新建14座发电站，总产能将达到385.4万千瓦；自文件签发之日起，短短3年时间已经建成了6座燃气涡轮发电站，上述文件规定的计划预计近期完成。目前，土库曼斯坦共由13座电站发电，包括14组蒸汽机组和32组燃气机组。近年来，土库曼斯坦电力主要出口到乌兹别克斯坦、哈萨克斯坦、阿富汗、伊朗、土耳其和亚美尼亚等国家。在阿哈尔、列巴普、马雷等州建设了6座发电站，实现每个州区均有2~3座燃气发电站，同时，还在首都和各地州建设了数十座配电变电站，保障本国用电需求的同时，还通过伊玛目纳扎尔—安德霍伊、谢尔赫塔巴特—赫拉特、拉巴特卡尚—卡拉伊纳乌等输电线路实现对阿富汗的电力出口。目前，土库曼斯坦向伊朗和阿富汗出口电力。计划到2020年发电274亿千瓦时，到2030年发电355亿千瓦时。其电力部表示，经阿富汗向塔吉克斯坦、巴基斯坦和印度供电具有很大潜力。

第四节　中亚人力资源状况

人力资源是战略性资源，应优先开发，并从国家战略的高度定位。随着"一带一路"建设的进一步增强，中亚国家人才的流动趋于频繁，对各类人才的需求更加迫切。王中伟在《"一带一路"背景下中亚人力资源开发研究》一文中归纳了中亚五国人力资源现状。出生率和自然增长率高，中亚各国出生率普遍在3%以上，自然增长率在2.6%左右；城市化发展不足，农村人口占比比较大。关于中亚五国失业问题，哈萨克斯坦学者认为，哈失业率为10%~12%，乌兹别克斯坦的失业率为14%，吉尔吉斯斯坦的失业率为18%。

一、哈萨克斯坦人力资源状况

哈萨克斯坦由130多个民族构成，哈萨克族占66%，俄罗斯族占21%，还有乌兹别克、乌克兰、白俄罗斯、德意志、鞑靼、维吾尔、朝鲜、塔吉克等族，人口1732万人。高等学校毕业者从2009年的20.4%增加到2016年的40.4%，高等学校肄业者增加了1.5%，受中等专业教育者从2009年的25.7%增加到2016年35.8%。

从一个国家的教育水平可以看出其公民素质。从世界各国的经验来看，一个国家受过高等教育、中等专业教育和职业教育的公民人数较为合理的比例是1：1：5，但在哈萨克斯坦这一比例为5：1：1。这意味着，在哈萨克斯坦受过高等教育的专门人才过剩，而受过职业教育的熟练技术工人不足。英国智库列格坦研究所制定的《列格坦繁荣指数》年度报告称，哈萨克斯坦的教育水平在世界排名第 41 位，但在中亚国家中居于首位。排在哈萨克斯坦之后的是塔吉克斯坦（第 65 位）、乌兹别克斯坦（第 66 位）、吉尔吉斯斯坦（第 68 位）。土库曼斯坦的数据空缺。

二、乌兹别克斯坦人力资源状况

乌兹别克斯坦共有 129 个民族，乌兹别克族占人口总数的 78.8%，塔吉克族占 4.9%，俄罗斯族占 4.4%，哈萨克族占 3.9%，卡拉卡尔帕克族占 2.2%，鞑靼族占 1.1%，吉尔吉斯族占 1%，朝鲜族占 0.7%，人力资源状况是实际劳动力人口 1019 万人，2012 年有 2955.91 万人。

2000~2015 年成人文盲人数从 211000 人下降到 87000 人，文盲人数减少 59%。从 2000~2015 年的数据可以看出，成人（15 岁及以上）识字率整体呈上涨的态势，从 2000 年的 98.64%增长到 2015 年的 99.72%，男性和女性的识字率都很高并且呈上升趋势；从男女识字率来看，男性的识字率要高于女性，但是差别不大，性别均等指数向 1.00 趋近，说明乌兹别克斯坦在成人教育领域基本实现男女平等。2000~2015 年乌兹别克斯坦青年文盲人数从 6400 人减少至 3000 人，识字率总体虽然增幅不大，但是呈上涨态势，男性和女性识字率也都呈现上涨趋势，而且性别均等指数是 1.00，基本实现了男女平等。

三、吉尔吉斯斯坦人力资源状况

吉尔吉斯斯坦 2016 年男性就业率为 87.5%，妇女为 61.8%，妇女就业率比男性低 25.7%；从趋势上看，吉尔吉斯斯坦妇女就业率与男性相比，差距在逐步扩大。而且从 2013 年妇女就业率为 58.9%来看，大多数有劳动能力的妇女不能获得就业，这是一个极高的比例。

四、土库曼斯坦人力资源状况

土库曼斯坦面积为 491200 平方公里，全世界排名 52，2012 年土库曼斯坦有 683.6 万人，人口密度 13.8 人/km²，土库曼斯坦有 100 多个民族，土库曼族占 77%，乌兹别克族占 9.2%，俄罗斯族占 6.7%，哈萨克族占 2%，亚美尼亚族占 0.8%，还有阿塞拜疆和鞑靼族，通用俄语，官方语言为本族语。土库曼斯坦 2015 年男性就业率为 76.4%，妇女为 60.6%；2016 年、2017 年就业人口比例均为 62.8%；2018 年为 62.7%。从趋势看，妇女就业率与男性就业率差距略有缩小，但是妇女就业率仍然较低，有大量的具有劳动能力的妇女没有获得就业。

五、塔吉克斯坦人力资源状况

2018 年土库曼斯坦人口年龄结构如下：

15 岁以下人口的百分比：27.5%；

15 至 64 岁人口的百分比：68.4%；

65 岁以上人口的百分比：4.1%；

15 岁以下：1528005 人（773349 名男性/754711 名女性）；

15 至 64 岁之间：3792526 人（1879012 名男性/1913570 名女性）；

64 岁以上：226314 人（98347 名男性/128022 名女性）。

土库曼斯坦男女比例：0.97，其中男性：2741812（49.2%）；女性：2828594（50.8%）。

塔吉克斯坦 2010 年教育经费约占国内生产总值的 4.7%。全国学前教育机构共 485 所，学龄前童 5.75 万人，中小学校 3817 所，其中小学 1455 所，中学 2220 所，私立学校 135 所，在校学生 169.1 万人，教师 9.61 万人，有各类高等学校 33 所，教师 8231 人，其中女性教师 2562 人，全国在校大学生 15.6291 万人，女生比例为 29%。

参考文献

[1]　亚当·斯密.国民财富的性质和原因的研究[M].北京：商务印书馆，1776.

[2]　大卫·李嘉图.政治经济学和租税的原理[M].北京：华夏出版社，1817.

[3]　中国驻塔吉克斯坦大使馆经济商务参赞处.塔吉克斯坦的棉花种植业[J].中亚信息，2004，1：11-13.

[4]　高维明，王乐，秦荣艳，等.哈萨克斯坦共和国细羊毛产业现状分析[J].草食家畜，2011（3）：47-48.

[5]　保罗·萨缪尔森.经济学[M].北京：人民邮电出版社，1999.

[6]　林毅夫，李永军.比较优势、竞争优势与发展中国家的经济发展[J].管理世界，2003，7：21-35.

[7]　华小全，马怀礼.比较优势理论及其研究进展[J].经济研究导刊，2009（33）：210-211.

[8]　周良.优势互补推进塔吉克斯坦棉花产业发展[J].中亚信息，2016，10：29.

[9]　努斯热提·吾斯曼，吐尔逊江·买买提，买买提·托乎提.哈萨克斯坦棉花生产与科研概况[J].中国棉花，2015，42（4）：1-3.

[10]　刘晓宇.乌兹别克斯坦棉花产量的影响因素分析[J].安徽农业科学，2016，44（6）：271-274+295.

[11]　田立文，张娜，王钊英，等.乌兹别克斯坦棉花产业现状分析[J].安徽农业科学，2017，45（1）：223-228.

[12]　丁建丽，张喆，李鑫，等.中亚土库曼斯坦绿洲土壤盐渍化动态演变评估[J].干旱区地理，2013，36（4）：571-578.

[13]　邓铭江.塔吉克斯坦水资源及水电合作开发前景分析[J].水力发电，2013，39（9）：1-4.

[14]　牛海生，克玉木·米吉提，徐文修，等.塔吉克斯坦农业资源与农业发展分析[J].世界农业，2013（4）：119-123.

[15]　张雪妮，吕光辉，秦璐，等.土库曼斯坦农牧业水足迹研究[J].水资源与水工程学报，2014，25（3）：38-42.

[16]　驻塔吉克斯坦使馆经商参处.塔吉克斯坦的淡水资源及其利用情况[J].中亚信息，2004，2：19-21.

[17]　龙涛，于汶加，邢佳韵，等.中国在塔吉克斯坦资源产业开发布局分析[J].中国

矿业, 2016, 25 (7): 50-57.

[18] 姚俊强, 刘志辉, 张文娜, 等. 土库曼斯坦水资源现状及利用问题[J]. 中国沙漠, 2014, 34 (3): 885-892.

[19] 杰克. 塔吉克斯坦何以制定棉花质检新标准[J]. 中国纤检, 2007 (10): 67.

[20] 刘晓宇. 乌兹别克斯坦棉花产量的影响因素分析[J]. 安徽农业科学, 2016, 6 (1): 271-274.

[21] 王继红. 乌兹别克斯坦棉业发展全球瞩目[J]. 中国纺织, 2015 (9): 24-27.

[22] 师维军. 对乌兹别克斯坦棉花的考察报告[J]. 中国棉花, 2006, 33 (5): 6-8.

[23] 田立文. 乌兹别克斯坦棉花产业现状分析[J]. 安徽农业科学, 2017, 45 (1): 223-228.

[24] 徐养诚, 阿迪力·吾彼尔. 乌兹别克斯坦棉花品种品质简介[J]. 新疆农垦科技, 2012, 35 (9): 41-42.

[25] 谷维. 乌兹别克斯坦棉花的生产加工和出口[J]. 中亚信息, 2006 (8): 27-29.

[26] 沈本久, 朱文金. 乌兹别克斯坦棉花高产优质经验[J]. 新疆农业科学, 1996 (1): 46-48.

[27] 吕善模. 乌兹别克斯坦棉花国家标准简介[J]. 中国纤检, 2001 (8): 32-33.

[28] ГЛУЩЕНКО А Д, РИЗАЕВ А А, ЙУЛДАШЕВ А Т, 等. 乌兹别克斯坦采棉机制造业发展现状[J]. 中亚信息, 2008 (4): 12-13.

[29] 谷维. 乌兹别克斯坦加强棉花育种措施[J]. 中亚信息, 2005 (2): 16-17.

[30] 孔维春. 乌兹别克斯坦棉的性能特点简介[J]. 棉纺织技术, 2014 (8): 83-84.

[31] 郭亚飞. 进口乌兹别克斯坦棉花品级不符合率高 [N]. 中国纺织报. 2013-06-25 (1-1).

[32] R A 古欧亚耶夫, F H 拉可尼莫夫, R O 祖帕罗夫. 乌兹别克斯坦共和国棉花包装体系改革[J]. 李燕燕, 译. 中国纤检, 2013 (9): 56-57.

[33] 贺晶晶, 吴淼, 郝韵, 等. 乌兹别克斯坦农业经济改革政策及成效[J]. 农业经济展望, 2017 (11): 35-38.

[34] 买买提·莫明. 乌兹别克斯坦棉花生产概述[J]. 新疆农业科学, 2006 (B06): 146-148.

[35] 张小瑜. 乌兹别克斯坦水资源问题探析[D]. 乌鲁木齐: 新疆大学, 2013.

[36] 李志芳, 田佳妮, 徐明, 等. 吉尔吉斯斯坦农业发展概况[J]. 世界农业, 2015, (4): 124-128.

[37] 热依莎·吉力力, 等. 哈萨克斯坦水环境与水资源现状及问题分析[J]. 干旱区地理, 2018, 41 (3): 521-522.

第二章　中亚国家纺织产业结构与布局

　　纺织产业结构决定纺织经济增长的效率和可持续性。西方产业结构理论，由三次产业划分理论、产业布局区位理论、产业布局比较优势理论、结构调整理论和结构演变趋势理论五大体系构成。关于产业结构的研究，在国内外已形成大量文献。这些文献大致分为四类：产业结构演进一般规律分析，产业结构调整影响因素分析，综合评价方法研究现状以及整体产业结构调整综合评价。就产业结构演进而言，现有研究成果主要表现为产业结构由低级向高级演进的高度化和产业结构横向演进的合理化。Chenery（1986）认为在工业化初级阶段，轻工业特别是纺织、食品工业在产业结构中处于重要地位，在生产要素密集程度方面以劳动密集型为特征；进入工业化中、后期阶段，重化工业品的发展又可分为以原材料工业为重点和以加工型工业为重点的两个不同阶段，资本密集度、技术集约度都明显提高。日本经济学家赤松要（Kaname Akamatsu，1932）提出立足于发展中国家的"雁行产业发展形态说"。该学说认为，随着发达国家技术和产业发展的推动，发展中国家的产业结构的演变规律为由进口到国内生产，再到出口。中亚国家发展纺织具有土地资源、水资源、人力资源充足，棉花资源丰富的优势，正在或准备承接中国纺织产业转移，组成新的纺织产业集群和产业园，基本形成了集轧花、纺纱、织布、染整、刺绣、成衣制造、水洗、包装、物流为一体的纺织服装产业链。

第一节　乌兹别克斯坦纺织产业

一、乌兹别克斯坦纺织产业发展政策

　　2016年12月14日，欧洲议会批准了《关于欧盟与乌兹别克斯坦纺织贸易伙伴关系与合作协议》，该协议降低了欧盟进口乌兹别克斯坦纺织品的关税，有利于其相关产品扩大出口，同时吸引更多纺织企业来乌兹别克斯坦投资。近年来，政府为出口企业提供多项优惠政策，包括设立专项基金支持中小企业出口，以及为私营企业提供出口信贷和保险等，这些措施带动了纺织品出口快速增长。乌兹别克斯坦总统米尔济约耶夫签署法令，要求深化纺织工业改革，释放纺织业出口潜力，使乌兹别克斯坦成为国际纺织品生产大国。该法令要求政府在3个月内制定和批准未来纺织业加速发展的规划。根据法令，乌兹别克斯坦将对所有国内生产的棉花进行再加工，并在2025年前将纺织品出口额提高到每年70亿美元。纺织行业协会数据显示，共有150多家合资纺织企业生产运营，投资者主要来自土耳其、韩国、中国、德国、英国和俄罗斯等。国家统计委员会数据显示，2018年乌出口纺织品16亿美元，较上年增长

41.4%，占该国出口总额的 11.2%。

2017 年 12 月 14 日，米尔济约耶夫总统签署《加快纺织和针织工业发展措施》总统令，从顶层设计上为纺织业未来发展指明了方向。日前，根据该总统令制定的《2019～2021 年乌兹别克斯坦纺织业发展战略》也正式出炉。该战略以坚持出口为导向，使用高技术生产具有竞争力的技术密集型产品，鼓励行业引资和创新，强化产业深度协作等任务为引领，通过逐步落实相关措施，争取在 2021 年前实现纺织工业产值增长 60%，布匹、针织品和袜类产量分别增长 50%、80% 和 230% 的阶段性目标，并在 2025 年前将出口额提升至 70 亿美元。

破除国家垄断，乌兹别克斯坦棉纺织业迎来重大变革。乌兹别克斯坦总统签发总统令，从 2018 年收获期开始，废除现有的政府直接收购和销售棉花体系，试行由国内纺织企业直接从农场及种植者采购和加工新棉。根据新的规定，纺织厂为农场的棉花生产提供基本资金，为其加工合同金额至少 60% 的新棉。所有交售的籽棉只能用于进一步加工和生产有竞争力的终端产品。纺织厂以合同的形式购买棉花，价格根据农场的实际成本和利润情况，不得低于政府采购的价格。为此，总统要求政府在 2018 年 1 月 15 日之前为 2018 年新棉收获制订政府采购价格。乌兹别克斯坦纺织厂将棉籽卖给榨油厂，其他棉副产品通过交易所卖给其他消费者。总统令特别说明，该国现有的行业管理体系不能满足纺织业发展的要求，也不能为棉农提供支持。许多国家的经验表明，促进纺织业发展的最有效的方法是建立产业集群，形成从种植到加工再到生产高附加值纺织品的单一循环。

在乌兹别克斯坦纺织业的改革呼声之下，乌兹别克斯坦总统还签署命令，对现有的合资控股国有公司进行清算。根据总统令的要求，该国的特殊工作委员会受命起草棉纺织业集群中长期发展规划。除此之外，政府也将采取措施支持国内纺织业，考虑为纺织业提供优惠关税。据悉，该国的纺织服装和针织制造业协会也将首次出现在新体系的框架之中，所有协会下的企业必须出口有 Uztextile 统一标识的产品。乌兹别克斯坦总统将给予协会下所有成员享受特殊优惠的权利，其中包括在 2021 年 1 月 1 日前免税进口棉花、再生纤维、合成纤维、羊毛、原材料和其他纺织品生产所需材料。到 2021 年，乌兹别克斯坦将实现棉花 100% 在本国消费。到 2020 年，国内纺企的产能将消费全部的棉花产量，导致乌兹别克斯坦棉花出口量急剧减少。2017 年，乌兹别克斯坦把国内的棉花消费比例提高到 70%。与此同时，到 2021 年，乌兹别克斯坦纺织品、服装和针织品产量将比 2016 年增长 2.2 倍，包括成品布（2.7 倍）、针织布（3 倍）、针织品（3.4 倍）、袜子（3.7 倍），出口量将增长 2 倍。乌兹别克斯坦将逐步建立 112 家现代化高科技工厂、扩大升级 20 家现有工厂，最终使纺织业年出口额达到 25 亿美元，创造 2.5 万个就业岗位。

二、乌兹别克斯坦纺织产业规模与布局

乌兹别克斯坦纺织工业包括棉纱、棉布、丝绸生产和成衣制作。棉花和生丝是乌兹别克斯坦纺织业的主要原料，纺织业分为棉纺织业和丝绸业两大类，其管理者也分属两个不同的政府部门，乌兹别克斯坦产棉区和纺织生产地区主要集中在 Kashkadarya，Buchara，Tashkent（包括首都），FerghanaValley，Andijan，Namangan 和 Ferghana 等地。60% 国民在这些地区生活，政府在税收上也对发展纺织业有鼓励政策，以促进就业率的提高。棉纺织业由乌兹别克

斯坦轻工业股份有限公司进行管理，丝绸生产则由乌兹别克斯坦丝绸协会进行管理。乌兹别克斯坦国现有 900 多家纺织厂和 1000 多家服装加工企业。该国纺织行业主要由 256 家纺织、缝纫和针织企业构成的乌兹别克斯坦轻工业股份公司主导，公司年总产量为棉纱 37.3 万吨、棉织物 2.82 亿万平方米、针织面料 8.2 万吨和服装 1.68 亿件，较 2011 年有较大幅度的增长。自 2000 年至今，以轻工业为发展龙头，乌兹别克斯坦与外国合资的企业（包括纺织企业）数量均有较大幅度增加，棉花和纺织产业先后吸引外资高达 20 亿美元，纺织品年生产量逐年增加。

纺织是乌兹别克斯坦国民经济和出口创汇的重要产业，也是政府积极鼓励、支持升级发展的外向型产业。乌兹别克斯坦具有丰富的棉花资源优势，农业以植棉为主，但目前产业链下游生产加工能力较弱。国家对棉花种植、收购和销售实施统一管理，进行现款（美元）采购。乌兹别克斯坦纺织服装行业目前以小企业和私企为主，主要集中在塔什干市、安集延市州、费尔干纳州和撒马尔罕州，就业人口 30 余万。根据美国农业部网站数据显示，2016/2017 棉花年度，乌兹别克斯坦种植棉花面积为 1770 万亩，棉花产量 81.2 万吨，是全球第六大产棉国。据 ITC 统计，2017 年，乌出口未梳的棉花共 1.88 亿美元，主要出口目的国为中国（1.71 亿美元），占其全部出口总额的 90.95%，其他出口对象国别还有俄罗斯联邦、土耳其、巴基斯坦、印度尼西亚和德国；乌兹别克斯坦出口已梳的棉花 13.3 万美元，主要面向韩国、日本、中国及摩洛哥出口。

根据 ITC 统计，中国是乌兹别克斯坦纺织品服装主要进口来源国。2017 年，乌兹别克斯坦从中国进口纺织品服装 3.664 亿美元，占全国全部纺织品服装进口总额的 74%，其中进口纺织品 3.517 亿美元，占乌兹别克斯坦全部纺织品进口总额的 80%，进口服装 1467 万美元，占乌兹别克斯坦全部服装进口总额的 29%（表 2-1）。

表 2-1　2013~2017 年乌兹别克斯坦从中国进口纺织品及服装金额　　单位：千美元

类别	2013	2014	2015	2016	2017
纺织	139219	203200	185844	206677	351787
服装	7468	45155	29650	10043	14671

乌兹别克斯坦向中国出口的纺织品中，棉花、棉纱线及棉机织物绝对占比达 99%，服装出口数量非常小。2017 年，乌兹别克斯坦向中国出口纺织品服总额为 4.02 亿美元，占乌全部纺织品服装出口总额的 31%，其中出口纺织品 4.02 亿美元，占乌全部纺织品出口总额的 40%；服装出口 26000 美元，占乌全部服装出口总额的 0.01%。在出口的纺织品中，棉花、棉纱线及棉机织物总额为 3.986 亿美元，占乌全部此类别出口额的 35.8%（表 2-2）。

表 2-2　2013~2017 年乌兹别克斯坦出口到中国纺织品及服装金额　　单位：千美元

年份	2013	2014	2015	2016	2017
类别	6899362	528204	549702	351735	402107
棉花、棉纱线及棉机织物	686446	525686	547761	348502	398693
服装	1	1	0	4	26

乌兹别克斯坦纺织服装业发展战略与其他资源型国家不同,乌兹别克斯坦并不满足于资源出口,而是高度重视加工工业的发展,其工业增加值持续高于 GDP 增加值,2014 年工业产值增长 8.8%,占 GDP 比重的 24.2%。乌兹别克斯坦纺织工业发展的战略是:不只生产初级产品,如纱、线和布,而是打造完整的产业链,包括生产终端产品。

2005 年 1 月 27 日,乌兹别克斯坦内阁发布了 38 号决议《纺织工业吸引投资的措施》,力求为纺织业的发展创造更好的投资环境。该决议部署的主要任务有:组织进行现代化棉花生产;生产高质量、高附加值、具有竞争力的纺织产品;增加纺织品对外出口;优先将纺织企业设在失业劳动力人口集中的地区。随后,政府推出了《2005~2008 年国家支持纺织工业吸引投资措施计划》,确定了 4 年内向乌兹别克斯坦纺织行业投资计划,该计划包括:政府将投资 12 亿美元兴建 94 个项目,包括技术开发、设备更新以及企业重组。预计完成此计划后乌兹别克斯坦棉纤维加工能力将提高到 50%。科技含量也将大幅提高,实现企业从棉纱到针织服装的现代化生产。这个计划的完成将使乌兹别克斯坦增加 32.99 万吨的棉纱、3.48 万吨的针织布、1.444 亿米的机织布、1.866 亿件编织服装、6550 万件服装和 5950 万件针织品。到 2008 年,纺织服装生产将进一步满足国内消费需求,并提供 46000 个就业岗位,而且每年还将增加出口 11 亿美元。

2017~2020 年,通过吸引外资、筹措自有资金、建立合资企业或独资企业等方式,乌兹别克斯坦计划上马总额超过 20 亿美元的 150 个轻工业产品生产项目,建成投产后将大幅提升乌兹别克斯坦轻工业产品出口能力,预计增长幅度将超过 13 亿美元。根据经济部公布的预测数据,至 2021 年,将实现所产棉花 100% 国产化加工,届时与 2016 年相比,纺织和缝纫针织产品总产量将增长 120%,其中,成品布料增长 170%,织布产品增长 200%,缝纫针织产品增长 240%,袜类产品增长 270%,并将带动相关出口增长 100%。

第二节　哈萨克斯坦羊毛产业

哈萨克斯坦共和国拥有人口近 1600 万,国土面积 272.49 万平方千米。该国东部与中国新疆伊犁、博尔塔拉、塔城、阿勒泰地区相连,中哈边境线长 1738km。哈萨克斯坦养羊业集中在阿拉木图、江布尔、南哈萨克斯坦和克孜勒奥尔达 4 个州。截至目前,哈萨克斯坦主要畜禽存栏数均高于 2008 年 1 月 1 日,其中绵羊和山羊的存栏量为 1693.75 万只(85.75 万只)。羊毛是哈萨克斯坦的主要纺织原料。哈萨克斯坦全国的天然牧场面积大,饲草料丰富,具有发展养羊业的有利条件,但养羊业经历了一段衰退期。1992 年,哈萨克斯坦羊的存栏量为 3960 万只,到了 2006 年 1 月 1 日仅剩 1427 万只,其中粗毛羊超过 31%,细毛羊不足 25%;1992 年羊毛产量为 2.5 万吨,2004 年减少到了 7090 吨。养羊业的衰退在很大限度上与该国缺乏有效的羊毛购销机制有关。此外,细毛羊育种科研工作停滞,羊的品种退化,造成了羊毛质量下降。目前,哈萨克斯坦良种羊的比例只有 4.5%,而且是以肉用羊和卡拉库尔羊居多。2018 年 1~9 月中国累计进口洗净毛 7.55 万吨,同比增加 44%(图 2-1),进口总额 1.92 亿美金,同比增加 41%。新西兰、土耳其、乌拉圭、英国洗净毛进口量同比分别增加

40%、69%、35%、12%。其中哈萨克斯坦、俄罗斯联邦、阿尔及利亚、土库曼斯坦等其他国家的洗净毛进口量成倍增加。

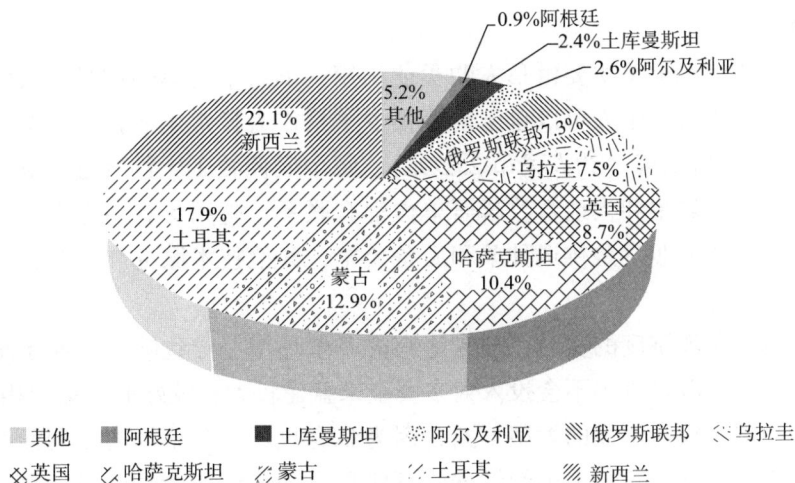

图2-1　2018年1~9月中国累计进口洗净羊毛进口量占比

一、哈萨克斯坦羊的品种

哈萨克斯坦现有细毛羊250万余只，主要有4个品种，哈萨克细毛羊、南哈萨克细毛羊、北哈萨克细毛羊、盘羊型细毛羊。苏联在阿拉木图设有专业的绵山羊品种培育研究机构，哈萨克斯坦阿拉木图畜牧植物研究所绵羊中心曾培育了哈萨克斯坦70%以上的绵山羊品种，研究基础雄厚。近20年来因资金投入不足，许多育种工作趋于停滞。1946年培育了哈萨克细毛羊，1950年与盘羊杂交，又培育了盘羊杂交细毛羊品系，直到目前，该国细毛羊品系培育还往这个方向发展。1966年又培育了适合南哈萨克地区各州养殖条件的南哈萨克细毛羊，1976年在北哈萨克地区各州又培育成北哈萨克细毛羊品种，基本形成了适应整个国家气候饲养环境的细毛羊品种。为培育18~20公支的细毛羊新品种，哈萨克斯坦从澳大利亚引进细毛羊种公羊，1993年从澳引进400只母羊。2005~2006年从澳大利亚引进3个绵羊品种，一个肉羊品种（澳洲肉用美利奴），一个细毛羊品种（多利），一个粗毛羊品种（波尔华斯），同时引进300只母羊。现哈萨克斯坦细毛羊育种方向主要是提高羊毛的细度指标，与国际羊毛细度细的发展趋势靠近。

1. 繁育

1991年，整个哈国绵羊养殖数量约为3500万只，羊毛产量在10万吨，其中68%为细羊毛，细羊毛产量的40%用于出口，产肉量为40万吨。20世纪90年代以后，羊的数量急剧减少。现在哈国养羊业面临着增加数量和培育新的优良品种等问题。为加强良种繁育和扩大细毛羊生产，加强了细毛羊现代繁育体系的建设。主要措施有：一方面，从国外引进和学习胚胎移植、幼畜超排技术，力图通过该技术的引进来扩大本国现有主要细毛羊种羊的数量和核心群数量；另一方面，在生产牧区大力推广实施人工授精繁育技术以提升细毛羊的良种率。

同时，该国还在同期发情人工授精繁育技术等方面开展研究。但鉴于该国在前期近20年间在细毛羊繁育技术和生产研究方面出现中断，该国70%以上细毛羊的繁育还处于自然繁殖状态，良种繁育还要经历较为漫长的阶段。

2. 饲养管理

目前，哈萨克斯坦细毛羊主要由私人购买或租用，羊只主要集中在私营牧场主阶层。当地牧民主要被雇佣为工人，工人可以自己留用很少羊只作为日常生活食用。工人工资一般按每只羊每月50挺戈支付工资（约人民币2.2元），每个雇佣牧工大约管理500只羊。在日常管理技术服务方面，牧场主和当地畜牧科研单位都有联系，聘用具有一定学历的科技人员作为牧场的技术顾问，主要职责是挑选种羊和后备公羊，其他技术服务和诊断技术服务需要按量收取费用。

私有租用或购买草场制度的实施，较为适宜的养殖环境，导致哈萨克斯坦细毛羊饲养管理主要方式为牧养，一般牧场主不会投入太多资金来盖建较大、较好的羊圈和相应配套设施，而且，苏联时期，国家投入建设的大型羊圈舍因为私有牧场主对草场的分划而不适用，废弃的圈舍在草场上随处可见。对细毛羊的饲养管理主要遵循冬季半舍饲，春、夏、秋季轮草场放牧的方式。哈萨克斯坦由于草场土地较为丰富，因此，每年细羊毛剪毛并转场后，牧场主都会在夏季割草准备冬季接羔前的补饲草料，也会配套种植苜蓿、油葵、野麦等营养饲料。

虽然，哈萨克斯坦细毛羊饲养管理方式较为传统，但是对现代饲养管理也很重视，哈萨克斯坦相关研究部门在积极研究细毛羊营养补饲配方，同时，也很容易接受先进管理方式，例如，哈萨克斯坦一直对使用羊穿衣技术抱有很大兴趣，一直在了解和试用羊衣。

3. 采集加工

每年的4月左右，牧场主都会组织大量的牧民和其他雇用工人开始剪毛，现在，最主要的剪毛方式还是手工剪毛，一般剪毛时间持续20天左右，剪下的羊毛由工人统一装袋入库，由牧场主统一保管和销售。与我国现大力提倡的电动剪毛和分级整理技术相比，哈萨克斯坦在此方面还没有形成规模化推广应用，尽管在部分地区倡导使用电动剪毛技术，但分级整理技术还处于研究阶段。

哈萨克斯坦细羊毛的采集加工技术没有形成规模化的推广应用，与该国目前没有形成细羊毛贸易流通体制和加工厂少的现状密切相关。

二、细羊毛品质与市场

哈天然牧场面积有17900万公顷，可放养10000万只绵羊、山羊、牛、马和骆驼。哈畜牧业有悠久的历史。哈萨克人历史上是游牧民族，逐水而居，放马牧羊。早在1824年，哈萨克人就在巴黎农业展览会上创造了一次卖出5000只绵羊的辉煌成就。19世纪末，哈萨克人饲养的埃基里巴耶夫绵羊更以生长迅速、成熟早而闻名远近。至今驰名于世的卡拉库尔绵羊也是在哈萨克等中亚民族长期培育的优良品种。新疆种羊与羊毛羊绒质检中心在2010年从哈萨克斯坦采集近200个细羊毛样品进行检测分析，经统计，该国细羊毛综合品质（平均值）为：细度为22.9mm，细度离散为22.2，长度为72.7mm，抗压弹性为7.23kPa，白度为62.58，黄度为23.50。

1. 市场

哈萨克斯坦的细羊毛价格在 250~300 挺戈（人民币 10~12 元），自 2008 年起，国家为支持细羊毛产业的发展，每千克生产的细羊毛补贴 110 腾戈（人民币 5 元）。牧场细羊毛主要由外地私人来当地付现金收购。也有部分牧场主联合起来进行销售，但大部分牧场主难以阻挡收购者的压价收购，现在，大量牧场主在寻求直接和加工厂合作的方式。

2. 国家产业政策

2020 年，哈萨克优先发展的产业有农业、采矿业、电力、油气、机器制造业、信息通信技术、化学及石油化工，这些也包括在哈萨克国家创新发展优先领域内。通过研究，哈萨克确立了推动国家创新发展的工业技术，对现有技术的经济、战略吸引力及可行性进行研究后，也将其列入了国家关键技术名单。

2019 年，哈萨克斯坦在第二个工业化五年计划框架下共启动项目 76 个，总金额达 3606 亿坚戈，创造长期就业岗位超过 6100 个。

机械制造业是哈萨克斯坦工业创新发展的优先方向之一。在第二个工业化五年计划框架下，哈机械制造业规模增长 2 倍，2018 年行业产值超过 1 万亿坚戈。2019 年，机械制造行业继续保持增长，前 11 个月增长 19.2%，产值达到 1.18 万亿坚戈。2019 年，该领域共实施 7 个新项目，包括科斯塔奈州"基洛夫人"大功率拖拉机生产厂项目，总投资 73 亿坚戈，年产拖拉机 700 台。

在轻工、家具和建材行业，2019 年 12 月，奇姆肯特市 Alliance 纺纱厂建成投产。该项目由哈萨克斯坦投资基金和乌兹别克斯坦轻工业协会共同实施，一期工程创造新就业岗位 120 个，年加工皮棉 6000t。

2019 年 12 月初，经哈政府批准，北哈州彼得巴甫洛夫斯克市设立"红鸟"（Qyzyljar）经济特区，计划开展出口导向型加工生产。这是在哈俄边境地区设立的唯一经济特区，主要经营方向包括食品加工以及建材、家具、电器和机械产品生产。2019 年，哈萨克斯坦汽车行业取得长足发展，全年汽车销量接近 7 万辆。哈萨克斯坦汽车市场延续恢复性增长态势，推动汽车市场快速发展的主要因素包括本国汽车生产商不断推出新车型、宏观经济形势总体稳定，以及国家实施购车优惠贷款计划。与此同时，国产汽车市场份额持续增长，表明哈萨克斯坦汽车行业的竞争力不断提高，未来发展前景广阔。

第三节　土库曼斯坦棉纺与毛纺产业

一、土库曼斯坦纺织服装产业状况

土库曼斯坦的纺织工业是国民经济中主要的出口导向部门之一。目前，以 74 家企业为代表，总人数约 3 万人。其中规模企业有 32 家纺织联合企业和棉纺织厂，拥有最先进的设备和技术，17 家服装厂，4 家皮革和鞋厂，7 家丝绸工业企业，2 家羊毛企业。其他包括 3 家针织服装厂和 9 家针织面料企业，土库曼斯坦纺织工业部下属企业年营业额 3.8 亿美元。土库曼斯坦在独立后，全国已建成数十家现代化纺织企业，总额超过 16 亿美元，这使得该国生产的棉花加工量有可能达到51%。这些现代纺织企业配备了欧洲国家和日本先进的高效技术,从棉纤维加工到成品生产的产业链相对完整。

现在的纺织公司拥有世界领先公司最先进的设备,如立达(瑞士),Trutzschler、Schlafhorst、Zinser、Terrot(德国),Muratec、Tsudakoma(日本),Marzoli、Somet、Vamatex(意大利),Picanol(比利时)等。随着新技术的引进,该行业致力于提高产品的质量和合规性以及环境安全要求。土库曼巴什纺织联合企业、土库曼巴什牛仔裤综合体和棉纺厂Serdar等企业的产品Kaakka已获得国际认可,并已获得ISO 9001证书"生产管理和质量控制系统"和ISO 14001"环境保护"。此外,在许多企业中,应用了WRAP标准"成衣生产中的全球责任"和OHSAS 18001"职业健康与安全管理体系"。此外,在欧瑞康赐来福(Oerlikon Schlafhorst)帮助下,Abadan棉纺织厂获得了Belcoro国际认证,以生产高质量的棉纱。总的来说,根据土库曼斯坦纺织工业部的统计,所生产的纺织品中有70%~80%出口到世界上许多国家:美国、加拿大、德国、英国、俄罗斯、意大利、土耳其、中国、乌克兰等。宜家、彪马、Bershka、Nautika、Sara Lee、Casual Wear、沃尔玛、Erica小姐、Vespolino、JC Penney等主要国际公司都是成品的主要买家和客户。现有产能已经可以生产各种纱线17.7万吨,各种棉织品1.86亿平方米,各类针织面料1.1万吨,毛圈织物7.2万吨,针织及旧衣服8000万件。在过去的三年里,最大的棉纺厂在Turkmenabat、Dashoguz、Geoktepe、现在的首都Abadan区以及Ashgabat的Ruhabat区的纺织综合大楼实行委托生产。目前,棉花加工厂正在土库梅纳巴特和萨迪勒巴普维拉特市的Dashoguz velayat的Kunyaurgench区建造。此外,计划将用于生产家用纺织品的阿什哈巴德纺织综合设施的第二阶段投入运营。

2018年,土库曼斯坦纺织工业计划开始生产新型织物和成品。各种针织品将扩大,如儿童和成人的外套。土库曼斯坦黄金时代网站报道称,新品种的时尚色彩混纺面料将用于制作季节性收藏品。土库曼斯坦的纺织联合企业拥有强大的工业基础设施和原料基地,占据了该国经济的领先地位之一。由于在外国合作伙伴的参与下对高新技术企业的建设进行了大量投资,该行业的出口机会有所扩大。土库曼斯坦纺织行业得到了世界著名的外国公司和欧洲复兴开发银行、日本国际合作银行、三菱商事株式会社(日本)等大型金融机构的合作与支持,促进了纺织产业引进先进技术,确保在世界市场上生产高质量和有竞争力的产品。

该国纺织企业的持续现代化将使"土库曼斯坦制造"标志的高品质产品的种类和产量稳步增加。一个成功的例子是资本综合体:阿什哈巴德纺织综合体、土库曼巴什纺织综合体、牛仔裤综合体,以及Ruhabat和Geoktepe综合体。由于产品质量高,种类繁多,价格合理,这些企业生产的产品在国内外都有很高的需求。因此,在以土库曼巴什命名的牛仔布综合体中,Monforts(德国)公司安装的创新设备增加了世界著名的牛仔布和时尚产品的产量。Rukhabat纺织综合体正在进行大量关于进口替代的工作。该公司已经建立了用于缝制制服的混纺织物,用于莱卡的华达呢和用于裤子的帆布织物以及用于运动服的材料。Rukhabat企业生产的需求量很大。在部分现代化生产过程中,著名的瑞士公司立达的高性能纺纱设备安装在Tedža棉纺厂,以增加产量并提高产品质量。作为棉纺厂"Serdar"的出口导向计划的一部分，在 Kaakka 开设了一家每年生产 1300 吨棉纱的工厂。新产品配备了 SSM（瑞士）和 Saurer（德国）的设备。在阿什哈巴德纺织综合体的基础上，其中一个车间可以生产纺纱、织造和缝纫工业废料的再生纤维。该工厂安装了巴尔干（土耳其）公司的高性能设备，每年可以回收数千吨纺织废料。去年，大部分再生纤维被出售给国外消费者。每年生产 250 万双男士、女士和儿童袜子，消费需求增加，由 Ashgabat 棉纺厂建立。该公司拥有一个新工厂，配备意大利公司 Lonati 的高科技设备。2016 年，Sakarchaginskaya 和 Turkmenkalinsk 棉纺厂开展了部分现代化技术设备。德国著名公司 Trützschler 和 Schlafhorst 的高性能纺纱设备取代了陈旧设备。这些工厂，以及 Takhtabazar 棉纺厂、Serdar Dashoguz 工厂，用于生产医用棉和化妆棉产品的 Ashgabat 工厂，将引进制造设备，提高产品质量，增加企业的出口潜力。

　　Bayramaly 纺织综合体的部分现代化建设仍在继续，在此期间，德国著名公司 Karl Mayer 的设备将安装在织造行业的预备车间。织造车间将由意大利公司 Itema 的机器提供。为了研发新产品系列，计划安装史陶比尔提花机。所有这些都将使公司增加出口。

二、土库曼斯坦的规模纺织企业概况

1. Geokdepe 棉纺厂

阿什哈巴德丝绸工厂以土库曼斯坦 Gurbansoltan-Edje 的英雄名字命名。Koneurgench 棉纺厂、土库曼巴什纺织综合体 JSCC、Rukhabat 区丝绸天鹅绒厂、Dashoguz 的棉纺厂、合资纺织厂以 Saparmyrat Turkmenbashy 的名字命名、Rukhabat 纺织综合体。

2. 合资企业 TURKMENBASHI TEXTILE COMPLEX

Alty Karlieva 公司具有 70 年历史，该合资公司于 2000 年投入使用。生产的产品有：采用环锭和气流纺纱方法生产的棉纱，经过染色、印花生产的针织面料、成衣和针织品。

　　生产能力：棉纱环锭纺每年 1910 吨，棉纺纱线每年 8100 吨，针织布每年 2030 吨，针织有色面料每年 1880 吨，棉织物为 2820 万平方米。每年棉织物染色 2770 万平方米，每年成品 3000 万件。

　　纺纱生产设备：Ohtorio-Trützschler（日本），Howa（日本），立达（瑞士），Muratec（日本）。

　　编织生产设备：Tsudakoma（日本），Hakoba（德国）。

　　针织设备：君主（日本），Textima（德国）。

　　染色设备：Brückner（德国），Monforts（德国），Küsters（德国），Kranz（德国），Mario Crosta（意大利），Arioli（意大利），Stalen（意大利），齐默（奥地利）。

　　缝制生产设备：Juki（日本），Gerber（德国）。

3. 合资企业 GAP-TURKMEN

该公司于 1995 年投入使用。

　　生产的产品有：气动和环锭纺棉纱、牛仔布、现成牛仔布产品。

　　生产能力：每年生产棉纱 12802 吨，牛仔布 2090 万平方米，每年完成牛仔布产品 350 万件。

纺纱设备：Trützschler、Schlafhorst、Zinser（德国），立达（瑞士）。

织造和后整理设备：Hakoba、SuckerMüller、Monforts、Ostoff、Hageman（德国），Sulzer（瑞士）。

缝制生产设备：Tonello（意大利）、Juki（日本）。

4. 合资企业 TURKMENISTAN NIYAZOV ATAMURA 英雄之后的纺织品组合

该工厂于 1995 年投入使用。

生产的产品有：气流纺棉纱、染色针织面料、成品针织产品。

生产能力：每年生产棉纱 4，900 吨，每年生产染色针织面料 3000 吨，每年生产成品服装 270 万件。

纺纱设备：立达（瑞士），Schlafhorst（德国）。

针织设备：Camber（英格兰），Shima（日本），Flying Horse（中国台湾）。

染色设备：M. H. M（奥地利），Ruckh（德国），Weiss（德国），Metal Makine（土耳其），Beneks（土耳其），Maut（德国）。

缝纫设备："Juki"（日本）。

5. 合资企业 SAPARMURATA NIYAZOV 之后被称为纺织品生产联合体

该产业集群于 1997 年投入使用。

生产的产品有：棉纱、粗染针织面料、成品针织品。

生产能力：每年生产棉纱 4250t，每年生产针织面料 4050t，每年生产染色针织面料 3850t；每年生产成衣 1500 万件。

纺纱设备：Trützschler、Schlafhorst（德国），立达（瑞士）。

针织设备：Kauheng（韩国），Camber（英格兰），Terrot（德国）。

染整设备：Metal Makine、Kromsan（土耳其），Santex（瑞士），Ferraro（意大利），M. N. M、Tessoma（奥地利）。

缝纫设备：Juki（日本）。

6. 合资企业 SAPARMURATA TURKMENBASHI 被称为纺织品联合企业

该产业集群于 2002 年投入使用。

生产的产品有：机械纺纱棉纱、毛圈布、成品毛圈制品。

生产能力：每年生产棉纱 2550t，每年生产毛巾布 2500t，每年生产染色毛巾布 2325t，每年生产成品毛圈产品 990 万件。

纺纱生产设备：Schlafhorst（德国），Marzoli（意大利），Vouk（意大利）。

编织设备：Ramallumin（意大利），Wamatex（意大利）。

缝制设备：兄弟（日本），Siruba（中国台湾）。

根据《2020 年以前土库曼政治、经济和文化发展战略》，2020 年以前，土库曼将向纺织领域投资 6.5 亿美元，借此可创造 7 万个就业机会。2020 年，土皮棉深加工能力将达 50 万吨，棉制品种类大大增加：匹布、提花布、窗帘布、绒布、天鹅绒和亚麻细平纹布等。2010~2020 年，将建造 6 个纺织企业和综合体、8 个纺纱厂，改造阿什哈巴德市棉纺厂、马雷市 4 个纺纱厂、马雷市和土库曼纳巴特市制衣厂以及马雷市畜毛初加工厂。

三、土库曼斯坦地毯业

土库曼地毯蕴含着土库曼民族的审美情趣，土库曼民族的各个支系都有自己独特的地毯纹饰。现今的土国旗和国徽上都绘有地毯纹饰。但是，所有的土库曼人都偏爱红色，基本的图案总是由玫瑰的花纹组成。以前，土库曼地毯是在水平的机梁上织成的，这非常独特。现在也使用垂直机梁，水平机梁主要用于家庭编织。地毯在土库曼斯坦有着广泛而重要的用途：在帐篷的地板上或者墙壁上总是装饰着巨大的地毯，沿着帐篷墙壁上有大大小小的袋子来替代家具以存放衣物和日用品，也有做成如垫子、被盖、牲畜背上的垫盖、旅行用的褡裢等用具。

第四节　吉尔吉斯斯坦纺织产业

一、吉尔吉斯斯坦服装产业

（一）国际背景

2009 年 11 月，俄罗斯、白俄罗斯、哈萨克斯坦三国成立俄白哈关税同盟，同盟成员国内部实行零关税，对外实行高关税，这使吉尔吉斯斯坦物价持续上涨，通货膨胀严重，申请加入关税同盟迫在眉睫。2015 年 1 月 1 日，俄白哈关税同盟更名为欧亚经济联盟，2015 年 8 月 12 日，吉尔吉斯斯坦正式加入欧亚经济联盟。加入该组织后，吉尔吉斯斯坦与哈萨克斯坦的边境口岸取消海关检查，吉尔吉斯斯坦大大增加了贸易往来和人员流动的便利性。此外，联盟内各成员国承认吉尔吉斯斯坦的学历文凭，劳工可加入当地工会并享受与各成员国公民相同的权利和待遇，其子女可在当地接受教育。然而，吉尔吉斯斯坦加入欧亚经济联盟也存在众多不利因素。首先，从外贸领域来看，转口贸易在吉尔吉斯斯坦国民经济中占有的重要地位得益于吉尔吉斯斯坦较低的关税税率，加入欧亚经济联盟后，关税税率要提升一倍之多，这将会对其转口贸易产生直接影响。其次，从行业来看，服装是吉尔吉斯斯坦向联盟成员国出口的主要产品，廉价的劳动力和对面料、辅料以及缝纫设备征收低关税是其纺织服装品的成本优势，吉尔吉斯斯坦加入欧亚经济联盟后，相关原材料的进口关税提高，成本优势消失，对其出口竞争力形成挑战。除此之外，吉尔吉斯斯坦的服装出口市场较单一，主要为俄罗斯和哈萨克斯坦，对外依赖性较强。俄哈两国的经济波动将会直接影响吉尔吉斯斯坦的服装出口，由于俄哈两国的经济下滑、货币贬值，吉尔吉斯斯坦服装的主要出口国需求减少，使吉尔吉斯斯坦的纺织服装业产值降低。2014 年，吉尔吉斯斯坦纺织、制衣制鞋和皮制品产业的总产值为 55.22 亿索姆（约合 1.03 亿美元），同比下降 17.4%。

（二）国内环境

1. 发展政策

纺织服装产品是吉尔吉斯斯坦除黄金、农产品外第三大出口商品，吉尔吉斯斯坦统计委员会（2010）认为服装业已成为吉尔吉斯斯坦一个新的经济增长点，并吸纳全国 15.8 万人就业。近几年，吉尔吉斯斯坦政府一直致力于制定相应的优惠政策以促进纺织服装业的发展，主要有以下几项措施。

（1）吉尔吉斯斯坦政府对新成立的纺织服装企业实施以下几个方面的优惠措施：一是税收优惠政策，新企业 3 年免企业所得税，6 年免增值税；二是建立纺织服装职业培训学校，并在吉尔吉斯斯坦科技大学增设缝纫技师和服装设计师培训班，培养专业的纺织缝纫技术人员；并制定了"2013~2015 年纺织和缝纫业发展纲要"，采取了一系列措施，即吸引外资改造设备，提高原棉、原毛和皮革的加工质量和加工能力，建设"科技城市"工业园区，为纺织服装业的发展提供机遇。

（2）吉尔吉斯斯坦政府大力鼓励和发展招商引资。吉尔吉斯斯坦境内共有 4 个自由经济区，如果外资企业进驻吉尔吉斯斯坦政府规划的自由经济区，根据相关法规，可享受一定的优惠政策。

（3）为支持吉尔吉斯斯坦加入欧亚经济联盟，俄罗斯主导设立了"俄罗斯—吉尔吉斯斯坦发展基金"，2014 年 12 月 30 日，俄方已将总额为 1 亿美元的第一笔款项汇入设在吉尔吉斯斯坦国家银行的基金账户。对于如何使用这笔资金，吉尔吉斯斯坦经济学家分析指出，纺织服装品主要面向俄罗斯、哈萨克斯坦等市场，加入欧亚经济联盟将促进该国纺织服装品的销售，纺织服装品在欧亚经济联盟中的需求会进一步扩大，将"俄罗斯—吉尔吉斯斯坦发展基金"用于纺织服装业，不仅资金流转迅速，扶植服装中小企业的发展，而且为吉尔吉斯斯坦居民创造了更多的就业岗位。

（4）提高纺织服装品的出口竞争力，应对贸易壁垒。吉尔吉斯斯坦能源工业部为提升纺织服装品的出口能力提出了以下措施：首先，为了使吉尔吉斯斯坦的纺织服装产品达到欧亚经济联盟的技术标准和规范，维持并扩大其在俄罗斯和哈萨克斯坦的市场份额，吉尔吉斯斯坦能源工业部部长阿尔德克巴耶夫从 2014 年开始设立培训班，为纺织服装企业宣传联盟内的技术要求，提升纺织服装产品的出口竞争力，减少贸易壁垒；其次，能源工业部还将邀请国内外的相关专家对纺织服装生产企业进行专业培训，传授企业的生产运作管理和产品的市场营销等经验，提升其创新技术的开发能力；最后，能源工业部将加强对"吉尔吉斯斯坦生产"的商标产权保护，严格禁止出口非吉尔吉斯斯坦生产的贴有"吉尔吉斯斯坦生产"商标的产品，这种"贴牌"现象在一些服装生产的小企业中相当普遍，为了降低生产成本，提升产品质量，有些小企业直接将从中国进口的服装中贴上"吉尔吉斯斯坦生产"标签。

2. 影子经济

吉尔吉斯斯坦经济普遍存在"影子经济"，在吉尔吉斯斯坦的贸易、服务业、建筑业和不动产等领域有大量"影子经济"存在，根据官方统计数字，"影子经济"占吉尔吉斯斯坦国民经济的比重达 39%，吉尔吉斯斯坦独立 20 余年来，由于"影子经济"而未能进入国家预算的总金额达 2010 亿索姆（约合 33.95 亿美元）。服装生产企业在非正规经济中工作，即已经合法注册，但企业只是上报部分产量、工人或利润，而有的企业甚至没有注册，转入正规经济后对于企业经营是把双刃剑，有利亦有弊，据吉尔吉斯斯坦国家银行统计，吉尔吉斯斯坦纺织服装的产值在 2011 年达到 1.42 亿美元，由于该国影子经济的影响，SIAR 调查公司（2011）估计该国的纺织服装产值应在 3.75 亿美元左右，远远高出官方统计数据。

二、吉尔吉斯斯坦服装业的发展历程

吉尔吉斯斯坦纺织服装业的发展可以追溯到苏联时期，其中，两件事情对吉尔吉斯斯坦的经济发展产生了举足轻重的作用，分别是苏联的工业化运动和卫国战争。20世纪30年代，苏联的大规模工业化运动使吉尔吉斯斯坦的主要生产方式发生了变化，这场运动使吉尔吉斯斯坦从一个完全的农牧业地区发展为一个工农业并重的加盟共和国，第一个纺织制造工厂便产生于此时期；苏联的卫国战争有效地促进了吉尔吉斯斯坦产业结构的优化，使苏联很多大型工厂向中亚地区疏散，加速了吉尔吉斯斯坦的工业发展进程。但是，苏联时期的加盟共和国仍然在计划经济体制下进行专业经济分工，吉尔吉斯斯坦根据当时的自然和经济条件主要发展畜牧业、开采有色金属等原材料类产业，为苏联提供工业原材料。同时，吉尔吉斯斯坦的自然条件也丰富了棉、麻、毛等纺织原料，越来越多的纺织和服装生产企业转移至吉尔吉斯斯坦，该国的纺织服装业渐渐蓬勃发展。到了20世纪80年代末，纺织、服装和皮革是吉尔吉斯斯坦主要的轻工业部门，轻工业从业人员达到了30万人，创造了国家预算收入的近40%。苏联时期，吉尔吉斯斯坦轻工业领域约有30个大型企业，如伏龙芝针织厂和精纺呢绒厂、奥什棉花生产合作社、托克马克羊毛初级加工厂以及瓦西里针织厂等，在比什凯克、奥什、卡拉阔尔、纳伦、塔拉斯、贾拉拉巴德等城市均创建了服装厂。纺织和服装企业集中在首都比什凯克、奥什州和楚河州，发展已初具规模，服装加工所用的面料可由本国纺织企业供应。

20世纪90年代初期，随着苏联的解体，分工体系被破坏，吉尔吉斯斯坦的经济也一度陷入漩涡，严重影响了轻工业的发展，大量企业被迫关闭，已形成的纺织服装产业链也随之瓦解，不复存在。与此同时，开展与中国的贸易满足了本国和周边国家的服装需求，吉尔吉斯斯坦凭借其地缘优势从中国进口产品并转口至哈萨克斯坦和俄罗斯，到90年代后期，吉尔吉斯斯坦的经济渐渐恢复，但是本国原材料（棉花和羊毛）供应减少，服装生产面料供不应求，从中国进口的面料和辅料缓解了服装原材料供应不足的局面。巴扎贸易和加入WTO为吉尔吉斯斯坦经济的复苏发挥了重要作用。从此，吉尔吉斯斯坦的服装便依托进口加工的生产模式逐渐发展。表2-3和表2-4分别显示了官方统计的吉尔吉斯斯坦近年来纺织服装的总产值和总产量，受该国影子经济的影响，尤其是服装行业普遍存在的灰色经营，30%~50%的服装生产企业存在未注册和虚报产量、利润的情况，该国纺织服装的总产值和总产量应该高于官方统计。

表2-3　2010~2014年吉尔吉斯斯坦纺织服装总产值一览表

年份	纺织服装总产值（亿美元）
2010	1.25
2011	1.42
2012	1.56
2013	1.23
2014	1.03

表2-4　2011~2013年吉尔吉斯斯坦纺织服装总产量一览表（官方统计）

项目 ＼ 年份	2011 年	2012 年	2013 年	2012 年同比增长（%）	2013 年同比增长（%）
纯棉和精梳棉纤维（t）	21994.4	26393.3	19192.1	20	-27.87
面料（km²）	716.2	703.3	333.6	-1.8	-52.57
针织和钩编的服装（上衣、外套）（万件）	162.94	53.77	16.89	-67	-68.59
非针织男上衣（万件）	487.38	779.8	518.13	60	-33.56
非针织女上衣（万件）	2997.03	4495.55	4100.47	50	-8.79
针织和钩编的袜子（万件）	3266.96	4563.95	3665.89	39.7	-19.68
针织和钩编的毛衣、开襟衫及类似织品（万件）	64.96	25.53	21.29	-60.7	-16.61

2013 年，吉尔吉斯斯坦加工皮棉 2 万吨，棉纱 249t，毛织品 1.5 万平方米，服装 4620 万件，袜子 3660 万双，鞋子 338 万双，纺服工业产值 1.5 亿美元，占工业总产值的 4%。纺服出口额 1.4 亿美元，其中对中国出口 910 万美元，主要是牛羊原皮、鞣革、洗净毛。吉尔吉斯斯坦每年籽棉产量 10 万吨左右，羊毛产量约 1.1 万吨，但本国加工能力很弱，90%~95% 的棉花和羊毛都直接出口。

2014 年，吉尔吉斯斯坦纺织、制衣制鞋和皮制品产业的总产值为 55.22 亿索姆（约合 1.03 亿美元），同比下降 17.4%。

2017 年，服装产品出口额达 80 亿索姆，增长 19%。2018 年前 8 个月，出口额为 80 亿索姆，同比增长 20%。主要销售市场是俄罗斯，其次是哈萨克斯坦，占 80%~90%。

三、吉尔吉斯斯坦服装业的特点

专业市场就是以现货批发为主，集中交易某一类工业品或若干类具有较强互补性和互替性工业品的场所，是一种大规模集中交易的坐商式的市场制度安排，外部规模经济、信息集散和降低交易不确定性的风险成本是专业市场的三大传统优势。纺织服装业的专业市场有两种：一种主要为当地下游产业提供原材料，如比什凯克的玛蒂娜市场；另一种主要为当地发达的产业提供销售渠道，如吉尔吉斯斯坦的多多伊巴扎、卡拉苏巴扎、奥什巴扎和阿拉美金巴扎等。通过市场与产业的互动，形成外部规模经济效应，节约成本，提升利润，具有一定的便利性，能够带动相关产业和支持性产业在专业市场范围内集聚并发展壮大。专业市场的形成能够使各产业部门有效集中，形成良好的产业链。吉尔吉斯斯坦的服装业正是在专业市场的框架中形成了一定的发展规模，也正是专业市场促使其进一步发展壮大，二者相辅相成。吉尔吉斯斯坦的服装业主要有进料加工、劳动力资源丰富、服装行业规模较小以及出口导向等特点。

1. 进料加工

吉尔吉斯斯坦纺织原材料丰富，棉花是吉尔吉斯斯坦的第二大经济作物，年产籽棉约 10 万吨，原棉加工厂有 18 家，90%~95% 的皮棉供出口；畜牧业是吉尔吉斯斯坦重要的、传统的经济部门，2013 年，吉尔吉斯斯坦绵山羊存栏数约为 376.5 万只，羊毛产量为 1.11 万吨

（为独立初期的 30%），大部分羊毛直接出口。吉尔吉斯斯坦专家指出，农业生产力不足，导致吉尔吉斯斯坦纺织企业产能下降，例如，奥什棉花生产联合公司是吉尔吉斯斯坦最大的棉纺织公司，每年的潜在生产力可以达到 10 亿索姆，由于原料缺乏，其实际生产力仅能达到计划产能的一半；吉尔吉斯斯坦纺织呢绒厂和托克马克纺织厂等毛纺织公司也是由于原料缺乏未能发挥真正实力。作为农业生产国，吉尔吉斯斯坦水资源丰富，光照适宜，适合棉花生长，棉花原料供应不足是由于种植面积减少，单产量下降；吉尔吉斯斯坦畜牧业落后的生产方式是影响羊毛等原料供应不足的主要原因，吉尔吉斯斯坦 80% 以上的畜牧业都是个体经营，生产效率低，随着生产成本的上升，业主更倾向于将原料出口到国外以获取更高的利润。吉尔吉斯斯坦虽然棉、毛、麻等纺织原料丰富，但由于工业基础薄弱却不能把资源禀赋转化为竞争优势，2013 年，吉尔吉斯斯坦的纺织仅占纺织服装业的 13.2%，面料往往依靠进口。该国服装业发展依托进料加工，以服装原材料批发交易的市场便应运而生。在玛蒂娜批发市场，布匹、缝纫机、纽扣、拉链、针线等应有尽有，而这些面料、设备和辅料都是从浙江、江苏、广州等地生产。

产品研发设计是企业的核心竞争力，在吉尔吉斯斯坦，知识产权保护不足，这使很多企业不愿意投入资本和精力进行产品研发设计，他们根据市场销售偏好，选择和复制土耳其、中国和韩国的流行款式。在玛蒂娜市场，可以看到各种各样的服装设计模板，服装生产企业根据所需买回模板并据此将布匹剪裁。随着信息时代的到来和互联网的普及，吉尔吉斯斯坦越来越多的服装企业正在使用自动化设计软件，方便快捷，除了投资软件之外，一些大型的服装公司也在着力培养自己的设计师，掌握核心技术，以此来增强企业竞争力。

2. 劳动力资源丰富

劳动力的成本优势是劳动密集型产业的关键因素，服装业在生产要素方面的竞争优势主要取决于劳动力的工资水平和素质。根据吉尔吉斯斯坦轻工业协会主任估计，在纺织服装行业的就业人数达到 30 万人，约占国家劳动力总人数的 12%，大多数在服装行业的工人是 16~50 岁的女性，她们主要从事缝制工作，也有少数的男性，主要从事熨烫和包装。这些工人大多是从农村迁移到城市的打工者，并未接受过专门的教育和培训，即便如此，他们秉承着"干中学"的理念，在实际工作中，相互帮助，共同学习，最终掌握了缝制的一些技能。服装生产的工资是计件工资，即工资水平取决于产量和服装种类。旺季期间，每月的平均工资在 720~900 美元，而技术娴熟的员工每月可以赚取 1020~1500 美元；在淡季，每月的平均工资仅有 400~600 美元。员工的工作时间取决于季节和企业规模。服装生产受季节因素影响很大，每年的 12 月、1 月和 2 月是淡季，3~11 月是旺季，尤其在 5~8 月，工厂的机器设备都在全功率运转，员工白昼两班轮番工作，有的员工甚至每天要工作 15 个小时。虽然吉尔吉斯斯坦服装业解决了部分劳动力就业的问题，但同时也遇到了发展的瓶颈因素，即缺乏熟练的劳动力。吉尔吉斯斯坦纺织服装业的培训主要有四种方式，分别是职业技术培训、高等教育培训、社会机构培训及在职培训。而目前最主要也最有效的方式是在职培训，由于教育和培训机构提供的劳动力质量不能满足企业生产的需求，企业必须自己培养和加强新工人的技能。据世界劳工组织（2012）统计，在职培训人数占到总培训人数的 56%。然而，向外移民却加剧了熟练劳动力在服装生产部门供应不足的局面，吉尔吉斯斯坦高失业率以及日益恶化的社会福利使得很多技术娴熟的工人移居到周边工资水平相对较高的国家。

3. 服装行业规模较小

吉尔吉斯斯坦的服装生产以中小企业为主，分布在比什凯克及其周边。随着社会经济发展的需要，这些中小企业对国民经济发挥的作用越来越明显，不仅为当地居民提供了就业岗位，增加了居民收入，而且带动了第三产业的发展，促进地区经济增长，久而久之，服装制造业逐渐成为当地人民发家致富的支柱性产业。吉尔吉斯斯坦的服装生产企业均为私营企业且规模较小、成立时间较短，生产的产品呈现多样化的趋势。

苏联解体后，吉尔吉斯斯坦纺织服装业的发展基本是在无政府直接优惠政策的环境中重生。2005年，轻工业协会成立，迄今为止，注册登记的成员数量约有700家，大多数都是服装生产企业，例如，Sofico、Seyil、Abai等，从2006年开始，该协会每年都会举办"时尚行业：产品和设备"的展览会，吸引国内外的购买者，帮助服装生产企业增加订单数量。纺织联盟是集32家纺织企业为一体的行业协会，致力于促进本国纺织业发展，力求与本国服装生产有更好的衔接。

在比什凯克有成百上千的服装生产企业，这些企业规模不等，以中小型为主。通常情况下，中小企业不参与面料、配饰的订购以及服装的销售，只专注于缝制。小型企业往往只有5~15台缝纫设备，处于发展的起步阶段；中型企业有20~70台缝纫设备，有五年以上的成长历程，并且有稳定客源；大型企业至少有70台缝纫设备，不仅仅生产服装，而且形成了服装的产业链条，从原料采购、加工生产，到分销渠道的建设，各个环节得心应手。这些大型企业在"多多伊"——中亚最大的服装批发和零售市场有固定的直销店，在各大商场也有自己的专卖店。大企业有稳定的客源，能够比小企业提供更好的工作条件，他们往往是通过提供最佳的工作条件来留住优秀员工，并没有带薪休假或病假的方式。大企业在旺季能够收到很多订单，往往不堪重负，在这种情况下，他们会与小企业共同分担，把一部分订单分给小企业。而到了服装生产淡季，一些小企业接不到订单，入不敷出，他们会将部分办公用房出租，生产的服装仅仅可以收回租赁成本，与此同时，小企业的员工会做一些兼职来养家糊口。70%的新企业进入服装市场时都没有接受过专门的教育与培训。进入成本在5000~10000美元，这取决于企业购买机器设备的数量和质量。大多数企业会选择购买中国的缝纫设备，也有少数企业愿意购买更高质量的意大利缝纫设备。

新企业在发展之初往往是"迷你"工作坊，拥有5~15台机器设备，面临着订单与员工的双重难题。一方面，要寻找可靠客户，取得订单，因为在吉尔吉斯斯坦的服装产业，客户不会预先支付任何的货款，客户违约将会使服装生产企业面临巨大的损失，所以，他们在寻找客户接受订单时面临着信用与违约的压力；另一方面，要想法设法地吸引熟练劳工并留住员工，因为该行业的员工流失率是非常高的，员工在一个公司持续工作的平均时间是1~2年，通常，流失的员工会选择去其他的缝纫企业或者俄罗斯工作。一位受访者谈及员工时指出，建立雇主与雇员的良好关系，减少员工流动周转是一项非常艰巨的任务。随着生产企业数量的增多，行业间竞争压力越来越大，这对劳动者的技能和素质也提出了更高的要求。

资金是企业的重要血液，然而，吉尔吉斯斯坦服装业的发展却面临着资本短缺、融资困难的挑战。吉尔吉斯斯坦经济总量小、波动大、通胀高、抗风险能力差，银行业务占GDP的比重小，融资成本高，存贷款规模小，对于以中小企业为主的服装生产企业来说，高昂的贷款成本更是雪上加霜。除了银行，一些企业会选择小额贷款机构来满足资金需求，但是贷款利息要高出银行，好处是不需要证件和抵押品（这与吉尔吉斯斯坦普遍存在影子经济相关），即便如此，能够贷款融资的企业仍然微乎其微。2015年是服装生产企业资金周转尤为困难的一年，随着俄罗斯经济下滑，卢布贬值，消费需求不足，这给吉尔吉斯斯坦服装业造成了一定的影响，玛蒂娜面料批发市场的受访者指出，2015年生意很不景气，首次出现了服装生产企业赊账现象，这种现象也间接反映出服装生产企业资金周转困难，需要资金支持。

4. 出口导向

吉尔吉斯斯坦是中亚地区最早加入世界贸易组织的国家，市场开放程度较高，便利的通关政策有效地促进了本国贸易的发展，尤其是转口贸易，从国外进口商品，经过本国的巴扎市场分销到中亚其他国家以及俄罗斯等，不仅促进了该国就业问题的解决，同时也成为拉动本国经济增长的动力。巴扎贸易是中亚地区特有的贸易方式，吉尔吉斯斯坦的两个国际性巴扎为该国服装的出口贸易提供了有效的分销渠道。吉尔吉斯斯坦服装以出口导向为主，俄罗斯和哈萨克斯坦是该国服装的主要出口国，每年90%以上的服装出口至这两国，本地需求仅占总产量的5%~7%。吉尔吉斯斯坦成品服装主要在"多多伊"和"卡拉苏"两个巴扎销售，"卡拉苏"巴扎位于吉尔吉斯斯坦南部城市奥什，"多多伊"巴扎位于首都比什凯克，是中亚地区最大的服装批发和销售市场。吉尔吉斯斯坦凭借其地缘优势以及宽松的海关政策，从中国（80%）、土耳其、韩国、印度等地区进口商品，再转口卖到哈萨克斯坦、俄罗斯、塔吉克斯坦以及乌兹别克斯坦。除了大巴扎以外，吉尔吉斯斯坦服装还通过展销会和专卖店进行销售。

第五节　塔吉克斯坦纺织服装产业

一、塔吉克斯坦纺织产业结构

1. 棉纺织制造业

纺织服装制造和手工艺品的生产一直是塔吉克斯坦的传统，也是苏联时代的主要就业部门。尽管产量下降，但在苏联解体后，纺织部门仍然提供了大量就业机会，尤其是女性。与许多其他国家不同，塔吉克斯坦涵盖纺织部门的整个价值链，从原材料的生产，特别是棉花，到纺纱、织造和针织，用于生产面料，以及服装本身。价值链的下一步是由手工纺织品装饰和装饰产品的工匠赋予的。

塔吉克斯坦纺织服装制造业包括棉花种植，纺纱、织造，服装制造。除棉花生产外，纺织服装业约占2007年工业总产值的9%，雇用约12,600名员工。除棉纤维外，2009年的总产量为3200万美元，其中2800万美元来自出口。这些数字不包括纺织业小生产者的工作，因为它们直接由服装公司雇用。考虑农村地区大多数妇女的事实，这个行业的真正产出和就业可能更多。传统上，各地都在生产面料，针织、刺绣和缝制民族服装。纺织工业中的工业企业大多是私营企业。在传统结构化公司中，有少数纺纱厂，约20家纺织公司和约30家涉及服装业的企业。此外，还有许多小服装商店未包含在该行业的官方统计数据中。企业规模不同，从拥有数十名工人的小型家庭作坊到拥有 2000~3000 人的大型综合纺织服装企业。在过去，几家大型国有企业改制并与外国企业建立了合资企业。与此同时，最近在新投资政策的帮助下创建的小型企业，或者与较老的大型企业改制，它们无疑代表着快速出口发展的潜力。塔吉克斯坦目前大约有 61 家轧棉企业，生产约 10 万吨优质棉纤维，这是塔吉克斯坦纺织工业出口的基础。在这种棉纤维中，本土纺织企业每年仅加工约 1.2 万吨。缝纫行业生产各种产品，包括制服、服装、衬衫、牛仔裤、裤子等。这些公司中约有一半生产成品，可能包括刺绣、印花等。大多数面料均从当地制造商处购买，但是，一些原料和辅助材料，需要进口。

2. 塔吉克斯坦政府对棉花种植的扶持政策

塔吉克斯坦棉花种植技术落后，尤其育种技术落后，棉种质量不符合标准，经济效益低下，单位产量低是塔吉克斯坦棉花产量小的主要原因。此外，资金短缺、耕种、收摘机械（拖拉机）、育种设备等严重匮乏，本国有机化肥、农药供应不足等直接影响棉花的产量。

塔吉克斯坦政府在棉花种植方面从政策上给予支持，鼓励吸引外资，与外国开展农业领域合作，引进国外先进的设备和种植技术，提高棉花单位面积产量，特别是提高优质细绒棉产量。在棉花深加工方面，塔吉克斯坦政府制定了纺织行业发展纲要，规定到 2015 年彻底禁止棉花出口，把棉花深加工业列入政府鼓励的投资行业目录；在全国每个棉区恢复原有和新建工厂，建立从纺纱到织布、漂染和成品生产一条龙的生产体系；鼓励外资新建和在原有老企业基础上并购，对其进行现代化改造。在纺织产品出口方面，塔吉克斯坦在努力改变出口产品结构，转变增长方式，大力发展出口具有高附加值的下游产品，改变以往只出口皮棉纤维的单一方式。

塔吉克斯坦可耕地面积有开发的空间，可以考虑在塔吉克斯坦进行土地承包，也可以尝试入股经营等多元的合作方式，利用比较先进的棉花育种、种植技术，带动农业技术、设备及农业劳动力的出口，在塔吉克斯坦实施棉花栽种。塔吉克斯坦具备发展纺织行业所必需的便宜劳动力、便宜电价和棉花三大要素，加之纺织行业为其鼓励行业，塔吉克斯坦多数棉纺织企业都存在设备老化、资金缺乏等问题，有意与外资合资经营的企业较多，这为与塔在纺织领域开展合作提供了契机。

二、塔吉克斯坦纺织出口市场

俄罗斯是塔吉克斯坦纺织服装业的最大出口市场。其他重要的出口市场是意大利、土耳其、白俄罗斯、波兰、保加利亚和德国。塔吉克斯坦具有许多特点，使其能够在未来实现纺织和服装业的增长和发展。值得注意的是，该国已经建立了自己的原棉生产体系，这是纺织服装业发展的基础。塔吉克斯坦在欧洲和亚洲之间的战略位置，以及与欧洲、亚洲和中东的其他原材料生产商和潜在市场的紧密联系，也使该行业受益。纺织品和服装需求的上升趋势也是有利的。在过去几年中，东欧市场对服装的需求从 8% 增长到 21%，远远高于世界其他地区的需求增长。塔吉克斯坦有可能利用这一需求增加其在东欧和原独联体市场的区域出口。

塔吉克斯坦政府认为纺织服装业是该国未来发展的优先部门。发展目标包括使塔吉克斯坦出口基础多样化并创造新的就业机会。鉴于该行业发展的巨大潜力，政府认为该行业可以为实施上述任务做出重大贡献。政府支持通过提高现有和新市场中纺织品和服装的竞争力来促进可持续增长和使中小企业出口多样化的倡议。有两个政府计划影响纺织和服装行业，分别是棉纤维全面加工计划（2007~2015）和塔吉克斯坦轻工业发展计划（2006~2015）。第一个项目旨在增加塔吉克斯坦棉纤维的生产和全面加工，以便为轻工业提供原材料。通过提高生产和棉花加工能力，该计划旨在提高投资和生产能力，特别是在纺织和服装行业。轻工业发展计划旨在通过改善监管条件，制定有效的立法，培训人才，吸引外国投资，实现生产现代化，鼓励创建新企业和建立轻工业，增加轻工业的出口潜力，特别是纺织品和服装的出口潜力。

第六节　俄罗斯纺织产业

一、俄罗斯纺织产业结构

据俄官方统计，俄服装市场每年消费棉布48亿平方米，丝绸9亿平方米，还需要大量服装及枕巾、浴巾、床上用品等家用纺织品。这不仅推动了俄国内纺织服装业的发展，也大大促进了纺织品进口市场的繁荣，为我国扩大对俄罗斯纺织品服装出口提供了一个良好的契机。

1. 棉纺织业生产情况

近年来，俄罗斯棉织布料的生产增长较快。全俄罗斯共有400余家纺织企业从事棉布生产，就业人口16.22万人，占纺织行业职工的40%。俄罗斯产棉布在国内市场上的占有率达96.1%。棉布也是俄罗斯出口的重要商品，其中72.6%的出口棉布销往独联体以外的国家。棉纺织的利润率仅为2%，这是纺织业利润率最低的部门。专家认为，这与该行业普遍实行来料加工的经营办法有关，利润大头被供料公司获取。俄罗斯不产棉花，棉纺织业的原料全部依靠进口。俄罗斯棉纺织业比较集中，10个最大的棉纺厂生产全国62%的棉纺织品，超过70%的棉纺织品是在伊万诺沃州生产的。

2. 亚麻织品生产情况

俄罗斯传统的亚麻织品很有名，20世纪90年代后期，亚麻的种植量及亚麻织品的生产开始恢复性增长。麻织工业原料的83.3%是由俄罗斯本国生产的亚麻来保障的，其余的原料从白俄罗斯进口。俄罗斯共有89个亚麻布生产企业，占俄罗斯纺织企业总数的2.6%，就业人数为3.34万人。在俄罗斯纺织行业中只有亚麻纺织企业的利润率最高，达24.5%。7个最大的企业生产全俄71%的亚麻布。

3. 毛纺织品生产情况

俄罗斯有毛纺企业197个，就业人数6.16万人，生产能力使用率仅为17.1%。由于俄罗斯20世纪90年代养羊业衰落，羊只数量锐减，导致相当数量的毛纺原料依赖进口，进口羊毛占全年所用原料的15%，并且比国产羊毛质量要好。在羊毛加工企业中有48.9%的企业盈利，平均利润率为6.9%，设备磨损率为64.8%。

4. 丝绸（包括合成纤维织物）生产情况

俄罗斯有丝绸厂 33 个，全年丝绸产量为 1.77 亿平方米，总产值为 35.15 亿卢布，就业人数为 2.75 万人。近年来，丝绸略有减产，原因是俄产丝绸的价格太高。生产合成纤维织物的前景比较看好。4 个最大的丝绸厂的产量占全俄罗斯总产量的 54%。俄罗斯多数丝绸厂的经营状况较好，有 68% 的企业盈利。俄罗斯产丝绸不能完全满足市场需求，市场上 57% 以上的丝绸依赖进口。

5. 针织布料及其制品生产情况

俄罗斯有针织品生产企业 1489 个，其中多数是小企业，而且是在近 10 年内出现的，盈利企业占 55.6%，平均利润率为 9%，俄罗斯针织制品年均产量超过 1 亿件。

俄罗斯是针织服装消费大国。针织服装市场销售所涉及的产品包括羊毛衫、针织罩衫、针织外套、裙子、女用薄羊毛衣或合成纱外衣等。俄罗斯生产针织品的工厂超过 150 家，但较具规模的厂家不足 100 家，他们的产品主要供应本国市场，少量出口。由于市场需求大，俄罗斯还需要大量进口，主要进口国有中国、韩国、越南、土耳其、印度、波兰、波罗的海三国、匈牙利、格鲁吉亚等。在俄罗斯市场上销售的针织品中，有 2/3 是由零售商从上述国家进口的。

俄罗斯针织服装的主要销售渠道有批发市场、百货商店、露天市场等。批发市场主要以集装箱方式进行交易，这种交易占整个市场销售额的 60%~70%，产品主要为中低档货，羊毛衫、针织外套等；百货商店销售的产品以中高档为主，占整个市场份额的 20% 左右；露天市场等销售额占整个市场份额的 15% 左右，产品主要为低档或二手货。

6. 非织造布生产情况

非织造布一般用于汽车工业、缝纫业、食品工业、建筑业、家具业、农业等方面。俄罗斯共有生产企业 148 个，就业人数 5300 人，是纺织业工资水平最高的。位于科米共和国的科米纺织厂生产的非织造布占俄罗斯总产量的 56%。

二、俄罗斯未来重点发展的纺织品

1. 产业用纺织品

主要是医用纺织品、土工布和建筑用纺织品。目前，已经开发应用的有阳离子交换型聚丙烯抗菌外科缝线、抗血迹污医用面料、亚麻抗菌医用床单、亚麻医用絮棉等。土工布和建筑用纺织品的应用正在兴起，主要是修路筑堤和屋顶防水卷材。

2. 职业装织物

俄罗斯有 4800 万~5000 万员工需要穿用职业装，目前，实际应用量还不到 50%。俄罗斯的专用职业服装品种较多，有防弹服、军警制服、宇航服、防核辐射服、防化学服、阻燃工作服、防尘服、防油防水透汗的石油工人服等，专用职业装需求年均增长 15%。

3. 家用纺织品

俄罗斯家纺市场中，俄产的产品占 30%，70% 需进口。理论估算，俄罗斯家纺市场年销量为 17 亿~20 亿美元，目前主要需求为床上用品。

2012 年，俄罗斯共生产 8.45 万吨棉纱和 14 亿平方米布匹，0.75 万吨羊毛和 1400 万平方米毛料，0.58万吨麻纱和4650万平方米亚麻布。2020年前，俄罗斯产服装产量仅能满足50%的市场需求，且棉花、亚麻和羊毛原材料短缺问题将长期困扰轻纺企业发展。

第七节　中国棉花科技对中亚国家的影响

中国与中亚国家开展的棉花科技合作项目如下。

东华大学、乌兹别克斯坦塔什干纺织轻工大学（苏联工业部属大学）作为中国农科院棉花研究所申报商务部南南基金的支持单位，已经出具了官方支持函，拟共同打造棉花科技全产业链的国际合作项目和建立国际棉花科技合作研究的机制。

一、中国棉花研究所在中亚试验站与棉花试验田

中国棉花研究所（以下简称中棉所）在乌兹别克斯坦、塔吉克斯坦棉花种植试验已经取得成功，乌兹别克斯坦是中亚棉花种植面积最大的国家，因此，建议在乌兹别克斯坦建设重点联合实验室，其中在塔什干纺织轻工大学建立棉花试纺实验室，配置先进的实验仪器，与东华大学合作帮助乌兹别克斯坦培养纺织加工技术人才，为即将投资建设的中乌棉花科技与纺织产业园区输送棉花加工与纺织专业人才，同时，在中亚树立中国棉花科技、纺织服装科技的品牌形象，体现出"一带一路"倡议造福中亚人民的积极成果。

2013年2月，中棉所与吉尔吉斯共和国最大的棉花生产企业吉尔吉斯共和国纺织厂开放式有限公司达成在吉尔吉斯奥什州卡拉苏棉区共同研发、推广棉花生产高效、实用技术的协议。

2013年7月，中棉所与吉尔吉斯斯坦农业大学签订了《"棉花生产技术联合研发、推广中心"组建协议书》，确定在吉尔吉斯斯坦建立"棉花实用、高效生产技术联合研发、推广中心"。

2013年，农业部批准了农业国际交流与合作项目《中吉棉花高产示范园区建设》，项目投资35万元。自2014年项目实施以来，中棉所专门派出技术人员常驻当地棉区，详细了解棉区的自然条件和生产力现状，通过全程参加棉田生产，充分了解制约当地棉花高产的关键节点，制定一系列适应当地生产力现状的增产、增效措施，极大地提高了当地植棉的产量和效益。"中棉所44""中棉所59""中641"棉花品种在吉尔吉斯共和国通过国审，全国棉花生产现场会在中棉所示范基地召开。全国使用中棉所技术种植的棉花常年稳定在30万亩以上，单产皮棉稳定在100kg/亩以上，为进一步在中亚开展工作打下了良好的基础。为表彰取得的重大成绩，吉尔吉斯共和国农业部为中棉所棉花科技示范工作颁发了该国农业最高嘉奖。

2016年3月，中棉所在吉尔吉斯斯坦正式成立中亚试验站。2016年8月，农业农村部副部长、中国农业科学院院长李家洋一行到中亚试验站调研时指出：中吉农业合作大有可为，潜力巨大。希望通过共建联合研究中心、农业技术示范中心等方式，实现中国农业科学院科研成果与吉尔吉斯实际需求的有效对接，全面开展农业技术合作。

2015年9月，中棉所与河南省经研银海种业有限公司正式签署塔吉克斯坦棉花领域合作备忘录，开启在塔吉克斯坦的棉花全产业链战略合作。2015年11月，塔吉克斯坦农业大学

校长萨里莫夫·阿莫努洛·法伊如洛维奇赴中棉所考察访问，有力推进了双方开展棉花科研与产业发展的重要战略合作，为进一步实施双方政府层面的深度合作奠定了坚实基础。2017年5月，塔吉克斯坦教科部部长赛义德代表塔吉克斯坦农业大学与中棉所签署《国家重点研发计划战略性国际科技创新合作重点专项联合申报协议》，中棉所系列棉花品种在塔吉克斯坦已开始试验、示范及适应性筛选工作。

二、中亚棉花科技与试纺实验室

中亚棉花科技联合实验室除了棉花种植、基因工程实验室配置以外，这次还联合了纺织科学与工程专业的专家共同组建大联合实验室，其中有棉花试纺实验室。

（1）乌兹别克斯坦可在科学院和塔什干纺织轻工大学合作建设实验室，其中塔什干纺织轻工大学有棉花初级加工实验室、纺织实验室的物理空间可配套，也可以在中乌棉花农业科技和纺织产业园区新建实验楼。

（2）塔吉克斯坦可以与库洛布中塔纺织服装产业园区合作成立棉花科技与纺织联合实验室。

（3）吉尔吉斯斯坦可以与农业部、农业学院合作成立棉花科技与纺织联合实验室。

三、中亚棉花试纺实验室的仪器配置

（1）乌兹别克斯坦棉花试纺实验室的仪器配置。包括 Uster HVI 1000 大容量棉花测试仪，Uster AFIS PRO2 单纤维测试仪，Uster LVI 920/930/940/960/975，Uster Tester6 测试中心系列，中国纺纱小样机系列。

（2）塔吉克斯坦棉花试纺实验室的仪器配置。包括 Uster HVI 1000 大容量棉花测试仪，Uster LVI 920/930/940/960/975，Uster Tester6 测试中心系列，中国纺纱小样机系列。

（3）吉尔吉斯斯坦棉花试纺实验室的仪器配置。包括 Uster HVI 1000 大容量棉花测试仪，Uster LVI 920/930/940/960/975，Uster Tester6 测试中心系列，中国纺纱小样机系列。

参考文献

[1] 彭宜钟.产业结构理论综述[J].北方经济：综合版，2010（24）：33-35.

[2] 艾伯特·赫希曼.经济发展战略[M].曹征海，潘照东，译.北京：经济科学出版社，1991.

[3] 陈晓涛.产业结构软化的演进分析[J].科学学与科学技术管理，2006，27（1）：145-147.

[4] 贺菊煌.产业结构变动的因素分析[J].数量经济技术经济研究，1991（10）：29-35.

[5] 胡春力.我国产业结构的调整与升级[J].管理世界，1999（5）.

[6] 何德旭，姚战琪.中国产业结构调整的效应、优化升级目标和政策措施[J].中国工业经济，2008（5）：46-56.

[7] 胡乃武，王春雨.加入WTO与我国产业结构调整[J].中国人民大学学报，2002（3）：54-59.

[8]　姜彦福，林盛等.我国产业结构及其变动因素分析[J].清华大学学报：哲学社会科学版，1998（3）.

[9]　李宝瑜，高艳云.产业结构变化的评价方法探析[J].统计研究，2005（12）：65-67.

[10]　佚名.乌兹别克斯坦和土库曼斯坦：纺织机械行业的新机遇[J].棉纺织技术，2010，38（11）：70-71.

[11]　佚名.塔吉克斯坦纺织产业结构调整趋势初现[J].大陆桥视野，2014（4）：77-78.

[12]　佚名.塔吉克斯坦纺织工业现状和发展前景[J].中亚信息，2004（2）：7-8.

[13]　中国纺织国际产能合作企业联盟秘书处.乌兹别克斯坦投资指南一：纺织服装业发展情况概述[J/OL].http：//www.ccpittex - inter.com.cn/sdfx/gjtz/68559.htm，2018-09-21.

[14]　郝杰.乌兹别克斯坦：增加投资大力发展纺织业[J].纺织服装周刊，2007（21）：13.

[15]　杜梅，孙景兵.土库曼斯坦以多元产业促经济增长[J].欧亚经济，2015（4）：29-42.

[16]　宋丹丹.吉尔吉斯斯坦服装业的发展研究[D].乌鲁木齐：新疆师范大学，2016.

[17]　李遥远.乌兹别克斯坦加快纺织服装业发展[EB/OL].https：//finance.sina.com.cn/，2016-03-28.

[18]　高维明，王乐，秦荣艳，等.哈萨克斯坦共和国细羊毛产业现状分析[J].草食家畜，2011（3）：47-48.

[19]　凡捷.塔吉克斯坦积极发展轻工业[J].大陆桥视野，2005（10）：34.

[20]　王孟丽，王国梁.中国与中亚五国纺织服装业合作潜力分析[J].对外经贸，2017（5）：50-52+61.

[21]　龙涛，于汶加，邢佳韵，等.中国在塔吉克斯坦资源产业开发布局分析[J].中国矿业，2016，25（7）：50-57.

第三章　中亚国家纺织服装市场研究

中亚是连接亚欧大陆的枢纽地带，丝绸之路经济带的提出大大提升了中亚国家地缘区位的重要性。"一带一路"倡议的目标之一就是共同打造沿线区域经济经济一体化的新格局，同时也为区域经济一体化提供一个高度开放、包容的区域经济合作框架，灵活兼顾中亚各国发展的需求和长期利益。

中亚五国的市场容量可以用一个国家的人口数量来衡量，在不考虑其他条件的基础上，一个国家人口数量越多、增长速度越快，该国的市场容量就越大。市场作为中亚经济发展的载体，它的良好运营可以为中亚国家经济发展提供扎实的基础。在中亚国家逐步发展市场经济的大环境下，市场一体化是推动中亚区域经济一体化发展的最主要动因之一，同时也是中亚区域内外的生产要素顺畅流通和经济一体化的重要保障。区域经济一体化是一个国家经济发展过程中不可或缺的环节，也是经济发展和经济空间共同作用的结果。

纺织服装属于劳动密集型产业，追求廉价劳动力和原材料是产业转移与产能合作的主要动机，纺织服装行业生产的大部分产品属于中低端产品，中亚国家、俄罗斯等广阔的纺织服装市场也在客观上吸引着中国纺织服装企业。纺织服装生产企业投资中亚，在中亚建厂，将会很好地连接生产和销售市场，减少物流成本。中国纺织服装企业向中亚国家产业转移和产能合作，有利于开拓新兴市场。因此，加强对中国与"一带一路"沿线中亚国家的纺织服装贸易合作及市场研究，对于推进中国与丝绸之路沿线中亚国家的纺织服装产能合作，促进沿线中亚国家经济繁荣与区域合作、加强经贸联系都具有重要意义。

和燕杰在《发展中国家区域经济一体化理论综述》中认为：经济学者们依据发展中国家实际提出的中心—外围理论、国际依附理论和综合发展战略理论是适用于发展中国家区域经济一体化的理论。中心—外围理论认为要打破这种不合理的国际经济秩序的关键在于发展中国家必须在实行进口替代战略的基础上加强彼此之间的经济合作，方能实现共同发展，而国际依附理论则认为只有在发展中国家内部进行彻底的制度及结构的改革，还有同步推进发展中国家间的经济一体化，并彻底摆脱对发达国家的依附，才能真正实现经济的发展。综合发展战略理论则认为不应当把发展中国家的区域经济一体化局限于市场的统一，而应当视为一种发展战略，并通过区域工业化来增强相互依存性，把生产和基础设施建设作为发展中国家区域经济一体化的基本领域，还认为应当把经济一体化视为集体自力更生的手段和世界经济新秩序逐步变革的要素。

第一节　欧亚经济联盟与俄罗斯纺织服装市场

一、欧亚经济联盟

欧亚经济联盟成立于 2015 年，成员国包括俄罗斯、白俄罗斯和哈萨克斯坦等原来的苏联国家为加深经济、政治合作与融入而组建的，而后，吉尔吉斯斯坦和亚美尼亚。欧亚经济联盟是一个开放性的组织，遵循平等、主权和自愿的原则，不强迫任何一个国家加入，也不会与其对抗，将按照平等、不干涉成员国内部事务、尊重主权和国界不可侵犯的独一无二的原则建立的。欧亚经济联盟启动之后，成员国间在宏观经济、竞争规则、农业、关税、交通、签证、移民政策以及取消边境检查等方面将采取统一的政策，有利于成员国总体自然、人力和经济资源有效使用，成员国之间的经贸合作机遇也随之增加。

二、欧亚经济联盟对中亚国家的影响

中亚是指亚洲中部地区，狭义的中亚有：哈萨克斯坦、吉尔吉斯斯坦、塔吉克斯坦、乌兹别克斯坦、土库曼斯坦五个国家。以自然资源出口为主要收入来源的中亚国家在不断调整，升级的世界经济体系中普遍面临"再边缘化"的危险，而俄罗斯也面临着相同的问题，所以，两者有联合自强、掌握国家经济主权的共同需求。

1. 对哈萨克斯坦的影响

中亚五国中，哈萨克斯坦发展速度最快、发展水平最高，已经达到中等发达国家水平。2018 年，哈萨克斯坦的人类发展指数（HDI）为 0.817，世界排名 50，远远超过其他 4 个中亚国家，甚至位居于中国之上，与俄罗斯更是相差无几（表 3-1）。哈萨克斯坦的占地面积达272.49 万平方千米，居世界第九，中亚第一。该国幅员辽阔，拥有丰富的自然资源，尤其是石油资源和矿产资源，已经探明的石油储量 48 亿吨，已经探明的矿藏有 90 多种。

表 3-1　2018 年部分国家人类发展指数（HDI）

国家	2018 年 HDI	国际排名
俄罗斯	0.824	49
白俄罗斯	0.817	50
中国	0.758	85
亚美尼亚	0.760	81
哈萨克斯坦	0.817	50
吉尔吉斯斯坦	0.677	122
塔吉克斯坦	0.656	125
土库曼斯坦	0.710	108
乌兹别克斯坦	0.710	108

作为欧亚经济联盟最早的成员国之一，哈萨克斯坦拥有丰富的能源资源，加入欧亚经济

联盟并不是为了获取俄罗斯的低价能源,而主要有以下几点原因:稳定北方(哈萨克斯坦约有 140 个民族,其中哈萨克族占 65.5%,俄罗斯族占 21.4%。俄罗斯族主要在哈萨克斯坦的北部);学习俄罗斯的生产技术以发展工业,加强竞争优势;通过欧亚经济联盟作为欧亚枢纽的定位进一步加强与欧洲的关系。与此同时,加入联盟后,哈萨克斯坦的商品能够顺利进入其他联盟成员国,商品准入条件被简化,过境运输能力增加,更有利于打开庞大的贸易市场。不断扩大的市场,将给哈萨克斯坦带来巨大的商机,联盟集体议价的优势逐渐显现,但至于能给哈萨克斯坦带来多大的实际效用,还需进一步观察。由于历史原因,哈萨克斯坦虽然加入欧亚经济联盟,全力支持经济一体化进程,但始终强调独立和主权完整。哈萨克斯坦对外贸易情况见表 3-2。

表 3-2 哈萨克斯坦对外贸易情况 单位:亿美元

贸易额	2016 年	2017 年
进口	251.75	293.05
出口	367.75	483.42
总额	619.5	776.47

(数据来源:http://kz.mofcom.gov.cn/article/scdy/)

据哈方统计(图 3-1),2017 年哈萨克斯坦对外贸易的指标在连续四年下跌后首次实现正增长,对外贸易顺差达 190.37 亿美元,同比增长 64%。据统计,2015~2017 年,哈萨克斯坦与欧亚经济联盟贸易额与该年总贸易额占比分别为 20.8%、21.9% 和 22.4%,由此可以看出,哈萨克斯坦与联盟成员国之间的贸易额有所增长,但是增长幅度不高,而且只占哈萨克斯坦对外贸易额的五分之一左右,吸引力远不如联盟以外的国家。而且俄罗斯一直是哈萨克斯坦的第一大贸易伙伴,2017 年与俄罗斯的进出口贸易占比 20.6%,意味着哈萨克斯坦与欧亚经济联盟的进出口贸易中,与俄罗斯的贸易额超过 90%,与联盟其他成员国的贸易额少之又少,也就是说联盟没有起到足够的推动作用。

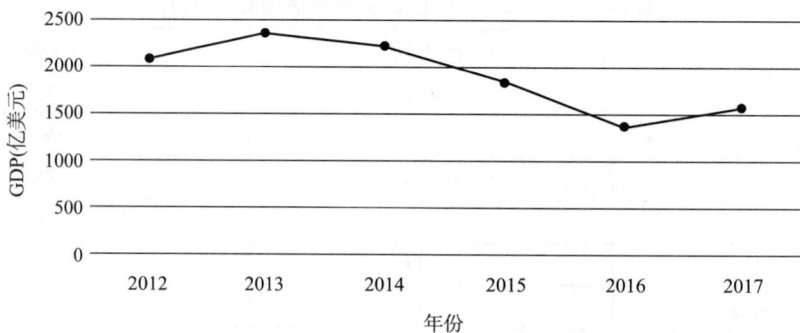

图 3-1 2012~2017 年哈萨克斯坦国内生产总值

(数据来源:https://data.worldbank.org.cn)

对于哈萨克斯坦来说,加入欧亚经济联盟也会带来一些负面影响。统一联盟市场形成后,成员国中俄罗斯的制造业是相对占优势的，俄罗斯的廉价商品迅速占领哈萨克斯坦市场，使其国内生产商受到巨大的冲击，而且两国都是以能源矿产为主，相似的经济结构使关税同盟的贸易互补优势没有显现，反而出现激烈的竞争。而且欧亚经济联盟一定程度上更有利于俄罗斯的发展，同时，因为西方对俄罗斯的制裁，哈萨克斯坦作为联盟的成员国也不得不承受西方制裁带来的一系列问题。俄罗斯政府采取禁止从欧洲进口产品的措施回应西方的制裁，使输往哈萨克斯坦的供应中断，贸易压力增大。由图 3-1 也可以看出，自 2015 年正式加入联盟后，哈萨克斯坦的国内生产总值受到明显的波动。

2015 年 7 月 27 日，哈萨克斯坦签署协议加入世界贸易组织，成为该组织的第 162 个成员。但让哈方头疼的是，欧亚经济联盟的平均关税是 10.4%，加入世界贸易组织后，哈斯克斯坦的平均关税将降至 6.5%，这与加入联盟前的平均关税水平（6.2%）接近。这就意味着欧亚经济联盟的平均关税远高于世界贸易组织所要求的税率，哈萨克斯坦必须要协调这两者之间的差异。

2. 对吉尔吉斯斯坦的影响

中亚五国中，吉尔吉斯斯坦相对落后，属于中低等收入国家。该国 2017 年人类发展指数仅为 0.672，世界排名 122，占地面积 19.99 万平方千米，素有"山地之国"之称。自然资源主要有黄金、锑、钨、锡、汞、铀和稀有金属等，其中锑产量居世界第三位、独联体第一位，锡产量和汞产量居独联体第二位，水电资源在独联体国家中居第三位。但是该国的经济结构单一，国民生产总值主要依赖于其金矿产量（库木托尔金矿被称为吉尔吉斯斯坦的"经济命脉及晴雨表"），国内既无石油也无天然气，油气全部依靠进口，主要进口国有俄罗斯和哈萨克斯坦。吉尔吉斯斯坦是中亚地区最早开启民主化的国家，因此，还被称为"中亚民主的孤岛"，同时也是最动荡、腐败程度最高的国家，南北差异较大，南方落后保守，北方开放发达。

吉尔吉斯斯坦加入欧亚经济联盟源于对国情和国家利益的考量。2013 年，吉尔吉斯斯坦向俄罗斯提出入盟条件：2 亿美元援助，2.15 亿美元完善口岸设施以及 15 亿美元"入盟补偿"，共 19.15 亿美元。由于经济困境，俄罗斯于 2014 年 9 月，设立吉尔吉斯斯坦—俄罗斯发展基金，以 10 亿美元作为"入盟补偿"支持吉尔吉斯斯坦发展经济。2015 年 3 月，两国签署援助协议，俄罗斯向吉尔吉斯斯坦提供 2 亿美元无偿补助。俄罗斯在经济困难的情况下仍不惜拿出大量资金作为补助，由此可以看出，俄罗斯对于吉尔吉斯斯坦的加入、欧亚经济联盟的扩大表示出极大的真诚，吉尔吉斯斯坦应该抓住这个大好机会，在联盟的框架下争取最大的发展。

加入联盟后，成员国之间的贸易往来和人员流动都变得很便利，而且俄罗斯劳动力市场不再对吉尔吉斯斯坦设置限制，也就是说吉尔吉斯斯坦的劳工就业机会大大增加，而发达的农业和低廉的劳动力是其最大的优势。另外，吉尔吉斯斯坦学历文凭将被联盟内各成员国承认，劳工可加入当地工会并享受与各成员国公民相同的权利和待遇，工龄计入社保体系，其子女可就地接受教育。吉尔吉斯斯坦可以在联盟背景下最大限度实现利益。

由表 3-3 和图 3-2 的数据可以看出，吉尔吉斯斯坦的经济相对落后。且自吉尔吉斯斯坦 2015 年正式加入欧亚经济联盟之后，无论是进出口贸易，还是国内生产总值都受到了一定的影响，但从长期来看，有增长的趋势。2015~2017 年的哈萨克斯坦与欧亚经济联盟贸易额对当年的总贸易额占比分别为 41.8%、35.9%、38.6%，可以看出，加入联盟成员国之间的贸易占比还是相对较大的，可见，加入联盟对吉尔吉斯斯坦的对外贸易有推动作用。不过据吉方统计，2017 年中国成为吉尔吉斯斯坦第一贸易伙伴国和第一大进口来源国，可以看出，吉尔吉斯斯坦也在发展新的贸易伙伴，而不仅仅依赖于欧亚经济联盟的背景。

表 3-3　2012~2017 年吉尔吉斯斯坦对外贸易情况　　　　　　单位：亿美元

贸易额	2012 年	2013 年	2014 年	2015 年	2016 年	2017 年
进口	53.74	60.7	57.3	40.695	39.191	44.813
出口	18.94	20.2	18.8	16.764	15.446	17.907
总额	72.68	80.9	76.1	57.459	54.637	62.72

（数据来源：http://kg.mofcom.gov.cn/article/ztdy/）

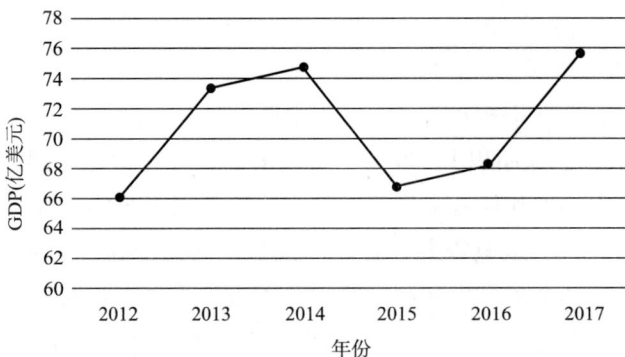

图 3-2　2012~2017 年吉尔吉斯斯坦国内生产总值

（数据来源：https://data.worldbank.org.cn）

吉尔吉斯斯坦同样需要承受负面影响。该国的制造业水平不高，由于取消了和哈萨克斯坦的 8 个边境口岸的海关检查，所有货物可以自由通行，来自哈萨克斯坦的非法食品进口，尤其是面粉加工，极大地冲击吉尔吉斯斯坦的市场，这使该国的制造业处于更加劣势的地位。同时，吉尔吉斯斯坦的市场上还出现了大量从俄罗斯、哈萨克斯坦偷税漏税走私的商品，其市场价格低廉，低于国内同种商品价格的二分之一到三分之二，使吉尔吉斯斯坦商品完全没有竞争力，还有，一些过期的禽蛋类食品低价投入吉尔吉斯斯坦市场，严重扰乱其市场秩序，并给吉尔吉斯斯坦人民身体健康带来一定程度隐患。

3. 对塔吉克斯坦、乌兹别克斯坦及土库曼斯坦的影响

中亚五国中，塔吉克斯坦、乌兹别克斯坦和土库曼斯坦三个国家至今未加入欧亚经济联盟，其中只有塔吉克斯坦有过明确的加入意愿，被称为欧亚经济联盟的候选国，其国内生产总值如图 3-3 所示。

塔吉克斯坦是中亚五国中较落后的国家，1992~2000 年 5 月，一直处于内战中，2017 年人类发展指数（HDI）世界排名第 127，仅为 0.65。该国占地面积 14.31 万平方千米，境内多山，占比高达 93%，故有 "高山国" 之称。塔吉克斯坦的总统拉赫蒙于 2014 年 11 月表示认真研究加入欧亚经济联盟的相关必要法律法规基础，商定成立专家小组对加入欧亚经济联

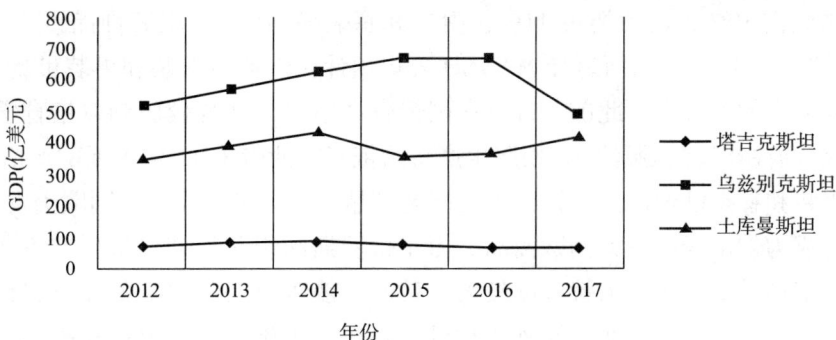

图 3-3　2012~2017 年塔、乌、土三国国内生产总值

（数据来源：https：//data.worldbank.org.cn）

盟进行全方位研究，且对加入联盟表示兴趣。由近七年的国内生产总值统计可以看出，塔吉克斯坦的经济衰弱，该国共有 910 万人口，而约有 113 万公民在俄罗斯工作，每年从俄罗斯汇往塔吉克斯坦的资金数额为 36 亿美元，占该国国内生产总值（GDP）的 50%。由此可以看出，塔吉克斯坦如果加入欧亚经济联盟，俄罗斯劳动力市场将不会对塔吉克斯坦设有限制，务工人员的程序被简化，劳工就业机会大大增加，可以更好地发挥劳动力优势。但是，由于俄罗斯的经济危机，塔吉克斯坦开始转向亚洲大国和波斯湾国家，努力争取与这些国家的投资和经贸关系，欧亚经济联盟的吸引力随之逐渐降低。目前，中国已经成为塔吉克斯坦的第一大贸易伙伴。

乌兹别克斯坦是中亚人口最多的国家，共有 3308 万人口，2017 年的人类发展指数（HDI）为 0.71，世界排名第 105 位，属于中亚中的中等发展国家。自苏联解体后，乌兹别克斯坦与吉尔吉斯斯坦之间四分之一的界限至今都未确定，导致两个地区屡次发生冲突。自从吉尔吉斯斯坦加入欧亚经济联盟后，该边界线成为一体化联盟的南部边境，若乌兹别克斯坦也加入联盟，在该国界线间的冲突就能得到有效降低。但是，乌兹别克斯坦未显示加入联盟的意愿。

土库曼斯坦一直奉行积极中立的外交政策，从 2005 年 8 月宣布退出独联体之后，再也没有参与过俄罗斯的任何一体化组织，被称为"永久的中立国"。2017 年，人类发展指数（HDI）为 0.706，世界排名为 108，土能源资源丰富，石油和天然气远景储量分别为 120 亿吨和 50 万亿立方米，天然气储量居世界第四位，凭借其自然禀赋优势，经济较发达。2017 年，国内生产总值同比增长 6.5%，外贸额为 179.8 亿美元，同比下降 13.1%。土库曼斯坦与中亚国家间的贸易量很低，主要的外贸对象是中国、土耳其和伊朗，与欧亚经济联盟成员国的主要贸易集中于哈斯克斯坦和白俄罗斯，但两者加起来的贸易量只占到土库曼斯坦贸易额 1% 多一点，因此，欧亚经济联盟对土库曼斯坦的吸引力是微乎其微，远远不够的。

三、俄罗斯纺织服装市场特点

（一）俄罗斯服装市场规模

2012 年，俄罗斯服装市场销售额为 2.14 万亿卢布（约 668 亿美元）。其中，女装市场份额占 42%，男装占 19%，运动类占 11%，内衣和童装各占 6%，服装饰品占 3%，其他类占 14%。在俄开设 121 家分店的西班牙 MANGO 公司预计，俄罗斯女装和男装市场很快将饱和，学生服装将成为新的增长点。此前，普京在国情咨文中提出恢复校服制以培育学生集体主义思想，并责成政府制定《校服法》。校服生产将给俄轻工业带来 12 亿美元的产值。

目前，服装和鞋类已经成为俄第二大类网购商品，预计未来几年，同欧美发达国家一样，服装鞋类也将成为俄市场第一大网购商品。由于俄罗斯纺织业长期以来生产不景气，国产商品不能满足其市场需求，进口依赖程度较大。目前，俄纺织工业 70% 的原材料依赖进口，除棉布和纯毛布料及一些工业用纺织品外，棉纱、丝织、再生纤维、窗帘布等其他日用纺织品主要从中亚、中国、东南亚和土耳其进口。近年来，随着俄罗斯经济状况大为好转，居民收入不断提高，市场上对纺织品服装的需求日趋旺盛，每年消费各类纺织品约 170 亿美元，服装消费大约 360 亿美元。据俄官方统计，俄服装市场每年消费棉纱 3 万吨、棉布 48 亿平方米、丝绸 9 亿平方米，还需要大量服装及枕巾、浴巾、床上用品等家用纺织品。

（二）俄罗斯与欧亚经济联盟市场

欧亚经济委员会理事会近日决定降低进口到欧亚经济联盟国家的 472 种商品进口关税税率。其中，服装和衣着附件（包括手套）从目前的 9.2% 降低至 6.5%；餐具和厨房器具从目前的 13.6% 降低至 12%。此外，降低进口关税税率的商品还有苹果、梨、酵母、门、窗、布匹、微波炉等。

欧亚经济联盟内部将形成统一电子劳动力市场。欧亚经济联盟各成员国总理商定研究建立联盟电子劳动力市场，其 5 个成员国（俄罗斯、哈萨克斯坦、白俄罗斯、吉尔吉斯斯坦、亚美尼亚）的公民将获得求职新机遇。欧亚经济委员会执委会主席萨尔基相称，通过建立联盟电子劳动力市场，雇主和求职者将能在同一平台刊登并查找职务信息、签订劳动合同，该项目前景广阔。据悉，该倡议由哈萨克斯坦劳动和国民社会保障部提出，将助力统一劳动力资源市场发展、简化联盟内部就业程序。劳动手册等文件的电子化也会推动雇主方遵守劳动法规。根据《欧亚经济联盟条约》，联盟各成员国公民有权在不取得劳务许可的情况下，在联盟内部自由就业，其缴纳所得税应与劳务所在国国民持平。目前，联盟内部劳动力并不平衡，仅有俄哈两国是劳务流入国。其中，90% 的劳务移民涌入俄罗斯，10% 涌入哈萨克斯坦。

（三）欧亚经济一体化

俄罗斯总统普京表示，欧亚经济联盟成员国有必要加强一体化进程，包括核能领域。在欧亚经济会议上，普京阐述了各成员国进一步在核能、可再生能源、生态、医学、航天、旅游和体育等领域紧密合作，加强一体化进程的重要性。同时，表示各成员国要重视社会人文领域、教育以及地区间和跨境之间的交流。2018 年 1~11 月，欧亚经济联盟成员国相互贸易额同比增长 10.3%。欧亚经济联盟成员国相互贸易额为 546.2 亿美元，同比增长 10.3%。其中俄罗斯与联盟其他成员国相互贸易额为 355.4 亿美元，同比增长 13.8%；白俄罗斯为 127.0 亿美元，同比增长 1.7%；哈萨克斯坦为 52.6 亿美元，同比增长 10%；亚美尼亚为 6.3 亿美元，同比增长 20.5%；吉尔吉斯斯坦为 5.0 亿美元，同比下降 0.5%。

2018 年欧亚经济联盟与中国的贸易额增长了 23%，从上年的 1030 亿美元增至 1270 亿美元。双方进出口更趋均衡，联盟贸易逆差逐步缩小，联盟各成员国对华出口均呈现增长。中国是欧亚经济联盟的主要贸易伙伴。2018 年，中国在欧亚经济联盟贸易额中所占份额从 2017 年的 16.2% 增至 16.76%。作为对比，德国和荷兰在欧亚经济联盟对外贸易中所占比重分别为 8.7% 和 7.3%。中国在欧亚经济联盟出口中所占份额达到 11.5%，在进口中所占份额为 19.8%。

2019 年 1~6 月，欧亚经济联盟与第三国进出口贸易总额为 3512.9 亿美元，同比下降 2.2%，其中，联盟国家向第三国出口 2251.8 亿美元，同比下降 3%；自第三国进口 1261.2 亿美元，同比下降 0.6%，实现贸易顺差 990.6 亿美元。俄罗斯进出口贸易额 2935.7 亿美元，同比下降 2.8%，在欧亚经济联盟进出口贸易总额中占比 83.6%。

2019 年是《欧亚经济联盟协定》签署 5 周年以及欧亚一体化理念提出 25 周年。2019 年欧亚经济联盟已经成为对外贸易额超过 7500 亿美元、GDP 总量达 2 万亿美元、人口超过 1.8 亿的巨大市场。不久的将来，欧亚经济联盟将会成为一个开放的经济体，有机融入全球经济体系，成为欧洲和亚洲之间的可靠桥梁。

（四）俄罗斯纺织业对外贸易

俄罗斯是中亚和中国纺织品和服装的重要出口市场，也是中亚和中国实施出口市场多元化和"走出去"战略的重要地区。迄今为止，俄罗斯对中亚和中国纺织品和服装出口未有任何限制。在双边贸易中，纺织品和服装一直占有很大比重，对双边经贸合作的持续稳定发展起着重要作用。俄罗斯棉、毛原料匮乏，纺织加工工艺陈旧，设备落后，服装及其他品类纺织品生产能力不足，无法满足国内市场的需求。因此，中亚和中国与俄罗斯开展纺织品和服装贸易具有很强的互补性，发展潜力巨大，市场前景十分广阔。十多年来，中国纺织品和服装在俄市场上已占有相当大的比重，拥有较固定的消费群体；购买物美价廉的中国产品亦成为俄中上收入阶层的首要选择，俄罗斯纺织业虽有较大发展，但国内生产仍难以满足市场需求，必须大量依赖进口。目前，俄纺织工业 70% 原料依赖进口。其中棉织物完全靠进口原料生产，如自乌兹别克斯坦、哈萨克斯坦、土库曼斯坦等其他国家进口棉花。俄纺织企业对化学纤维原料的需求每年为 60 万吨，其中从国外进口的化学纤维占 57%。

俄棉纺织所需原料大部分来自乌兹别克斯坦，但目前，乌兹别克斯坦大力发展棉纺织加工业，3 年后，俄罗斯可能无法从乌兹别克斯坦进口所需原料。为保障俄罗斯棉纺织所需原料，俄罗斯开始大力种植棉花。据估计，2017 年，俄罗斯企业共需棉纤维 6.44 万吨，2018 年为 6.82 万吨，2019 年为 7.11 万吨。

第二节　土耳其纺织产业概况以及在中亚市场的影响力

一、土耳其纺织产业概况

土耳其是继中国、俄罗斯、印度、巴西和南非等"金砖国家"之后又一蓬勃发展的新兴经济体，在国际社会享有"新钻国家"的美誉，已成为"经济安理会"二十国集团的成员。2018 年，土耳其 GDP 约为 7840 亿美元。土耳其国内约 1/7 的人从事纺织行业。据统计，纺织和服装行业占该国生产总值的 5.5% 和工业总产值的 17.5%，占制造业产值的 19%，占出口总值的 30% 左右。地毯、家纺家居产品、皮革制品、T 恤衫和套头衫是土耳其纺织和服装业最独具特色也是最重要的产品门类。土耳其拥有近 8000 万人口，每年有近 50 万人结婚，组建新的家庭。由于家庭观念的改变，家庭规模逐渐减小，土耳其每年新增约 50 万套住房。由房地产带动的家纺市场具有巨大的潜力和发展空间。另外，土耳其是重要的旅游目的地，酒店的纺织品需求量很多。土耳其国家受文化等影响非常大，有几个每年都非常盛大的节日包括主权及儿童日、青年与育节、开斋节和古尔邦节等节日，每个节日期间都会极大地推动服装生意。

土耳其的服装出口市场十分庞大，是世界第五大纺织品服装出口国。土耳其在产品的设计与制造上很优秀，是欧洲许多国家及品牌的主要生产基地，在土耳其可以看到欧洲最新的流行款式与先进的加工技术，其中，伊斯坦堡以及原物料产地伊兹密尔已成为生产和贸易中心。另外，技术与人才方面，土耳其亦具备优势，该国在纺织品的织造及产品加工上都有悠久的历史，虽该国民众主要信奉伊斯兰教，但却不封闭，观念较为开放。而在流行服饰方面，因邻近欧洲，时尚信息新颖，再经修改，使其时尚产品极具国际化。其服装产业以强大的产业规模和竞争性价格，在国际市场上一直很抢手。且土耳其距离欧盟、中东等地区比较近，出口的纺织产品也能享受非常优惠的税收待遇。皮革、箱包、鞋也是土耳其出口的热销产品。

土耳其对纺织原料的进口量也很大，面料辅料是土耳其进口的主要产品，进口占比高达 69%。土耳其政府还在中亚等发展中国家大量进口原料并且免征关税。成衣是土耳其进口纺织产品的第二大类，进口占比达 21%。

根据 2017 年的数据，土耳其纱线及相关面料产品出口贸易额为 11 亿美元；纱线及相关面料产品进口贸易额为 68 亿美元。土耳其纺织原料的出口额是进口额的六分之一左右，这主要由于土耳其纺织品成本和动力价格均较高，其工资成本是中国的 3~4 倍，原料的生产能力也不及中国和周边的发展中国家。因此，土耳其发挥其成衣制作的优势，大量进口原料，生产成为服装再销往世界各地。2017 年，土耳其男士服装出口贸易额为 27 亿美元，女士服装出口贸易额为 53 亿美元；男士服装出口贸易额为 5.5 亿美元，女士服装进口贸易额为 7 亿美元。由此可见，土耳其成衣出口额远高于进口额，而且成衣的经济效益高于原料，这正是土耳其人的经商智慧。

土耳其纺织贸易出口十大目的地分别为德国、西班牙、英国、荷兰、法国、伊拉克、美国、意大利、丹麦和以色列。其中有七个是欧盟国家，德国是其中出口量最大的国家。土耳其的纺织贸易进出口总额如图 3-4 所示，欧洲占土耳其对外出口额的 60% 左右，并且保持稳定。2014 年，土耳其纺织品出口贸易额达到 295 亿美元，是近些年的最大值。在 2015 年衰退 10% 后处于稳定增长的过程。

土耳其对服装的设计和生产十分注重，吸引着世界各地的时尚买手，但同时，土耳其本地面料生产供应不足，大多纺织品都向亚洲的发展中国家特别是中国进口。土耳其的纺织贸易进口总额如图 3-5 所示，发展中国家占土耳其对外进口额的 65%，其中大部分是原料，如纤维、面料，主要由于土耳其本地的原材料成本和劳动力成本太高，前文有所提及。中国占土耳其对外进口额的 23% 左右，近些年里，2011 年为最高进口贸易额，为 34 亿美元，每年的贸易额比较稳定。

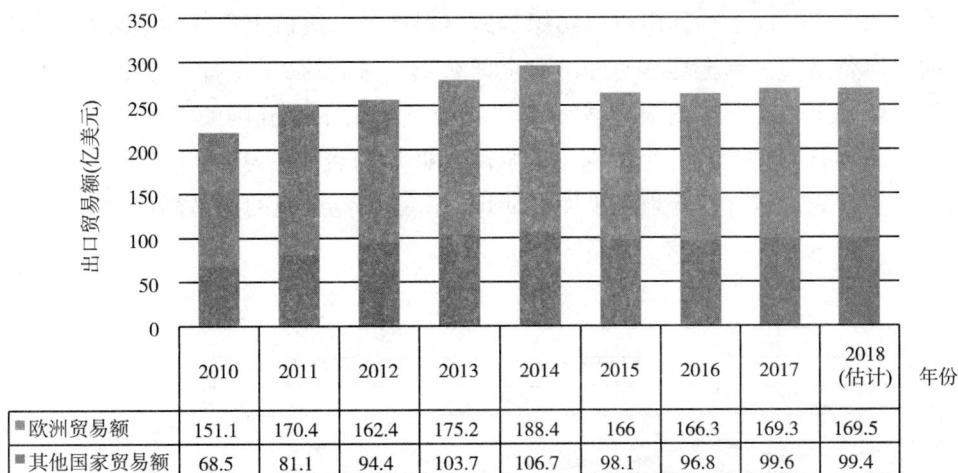

年份	2010	2011	2012	2013	2014	2015	2016	2017	2018（估计）
欧洲贸易额	151.1	170.4	162.4	175.2	188.4	166	166.3	169.3	169.5
其他国家贸易额	68.5	81.1	94.4	103.7	106.7	98.1	96.8	99.6	99.4

图 3-4　2010~2018 年土耳其对外出口贸易额

（数据来源：unctadstat 数据库）

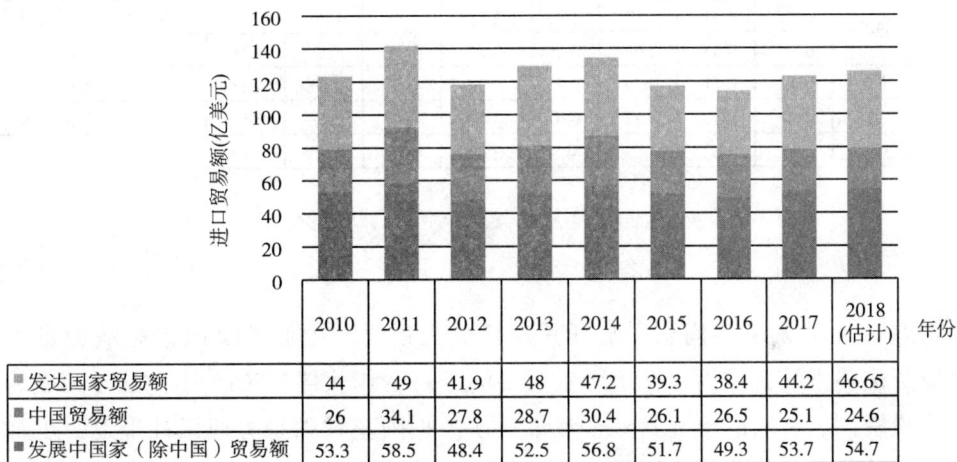

年份	2010	2011	2012	2013	2014	2015	2016	2017	2018（估计）
发达国家贸易额	44	49	41.9	48	47.2	39.3	38.4	44.2	46.65
中国贸易额	26	34.1	27.8	28.7	30.4	26.1	26.5	25.1	24.6
发展中国家（除中国）贸易额	53.3	58.5	48.4	52.5	56.8	51.7	49.3	53.7	54.7

图 3-5　2010~2018 年土耳其对外进口贸易额

（数据来源：unctadstat 数据库）

二、土耳其与中亚国家纺织贸易

土耳其是中亚地区重要的外部力量，因为历史渊源和相似的语言文化，中亚地区是土耳其人向往的故土。经贸投资合作是土耳其与中亚国家务实合作的重要领域。土耳其一直尝试推动与中亚国家的多边框架内的经贸合作，但因早期各国经济体量和国情差异较大，以及土耳其本身经济实力有限，多边经贸合作不太明朗。

2011 年，土耳其前总理提出了"战略纵深"计划，希望土耳其成为国际角色，从对欧盟的西向外交转向对中亚和欧盟的东西两向外交。对中亚的战略纵深，驱动因素不仅在于其历史上相似的语言和文化，也在于中亚五国对土耳其经济发展的推动。中亚各国开始加强域内对话和合作，采取更加务实开放的外交政策，经贸投资合作成为各国间的主要内容。在纺织贸易上，中亚国家主要向土耳其出口棉纺织等原材料产品，进口土耳其的服装和家纺等产品。中亚五国的出口贸易额占到土耳其对外出口全球纺织贸易额的 2% 左右。近年来，土耳其对中亚五国的纺织贸易出口情况如图 3-6 所示，可见土耳其对中亚五国的纺织贸易（包括纤维、纱线、布料、织物）出口产生两个级别，对哈萨克斯坦与吉尔吉斯斯坦的贸易额较高，基本在 1 亿美元以上；对吉尔吉斯斯坦、土库曼斯坦、乌兹别克斯坦的贸易额偏低，在 5000 万美元左右。

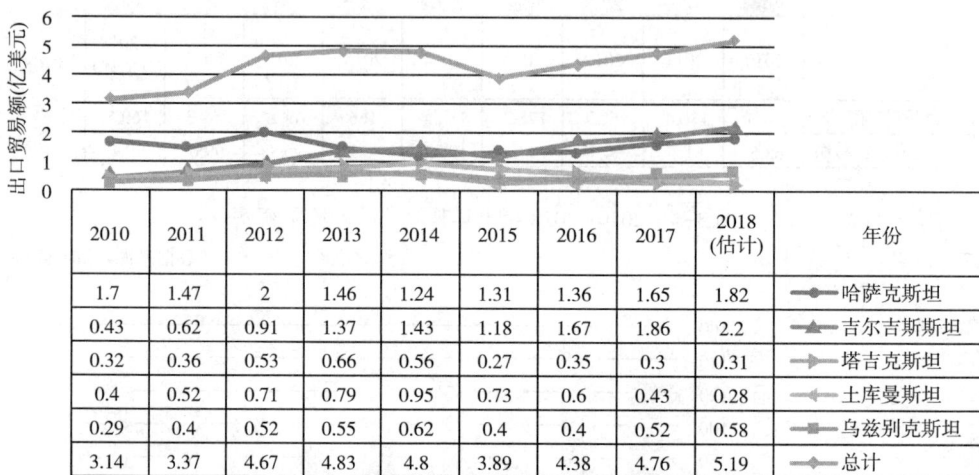

2010	2011	2012	2013	2014	2015	2016	2017	2018（估计）	年份
1.7	1.47	2	1.46	1.24	1.31	1.36	1.65	1.82	●哈萨克斯坦
0.43	0.62	0.91	1.37	1.43	1.18	1.67	1.86	2.2	▲吉尔吉斯斯坦
0.32	0.36	0.53	0.66	0.56	0.27	0.35	0.3	0.31	►塔吉克斯坦
0.4	0.52	0.71	0.79	0.95	0.73	0.6	0.43	0.28	◄土库曼斯坦
0.29	0.4	0.52	0.55	0.62	0.4	0.4	0.52	0.58	■乌兹别克斯坦
3.14	3.37	4.67	4.83	4.8	3.89	4.38	4.76	5.19	◆总计

图 3-6 2010~2018 年土耳其对中亚五国纺织贸易出口情况

（数据来源：unctadstat 数据库）

借助中亚"战略纵深"构想，土耳其现已成为重要的中亚地缘政治影响力量。经济方面，哈萨克斯坦将土耳其作为里海地区最重要的经济合作伙伴，2015 年，土耳其成为哈萨克斯坦第四大投资国，在哈的土耳其外企数量最多。据阿塞拜疆趋势通讯社报道，土耳其已是吉尔吉斯斯坦第二大合作伙伴，更是土库曼斯坦最大投资国。

自 2016 年后，土耳其对中亚五国的纺织贸易出口有明显的连续增长，也可以从侧面反映土耳其对中亚五国的东向外交政策十分有效。中亚五国对土耳其的纺织贸易额较低，其中哈萨克斯坦占了很大的比例。近 10 年来，哈萨克斯坦对土耳其出口纺织贸易额最高为 878 万美元，最低为 72 万美元，纺织贸易上有较大的贸易逆差，但总贸易额上，哈萨克斯坦对土耳其保持贸易顺差。

三、土耳其与中国纺织贸易

中国是土耳其的主要贸易伙伴之一。早在 1000 多年前，中土两国就通过丝绸之路保持着贸易关系。第二次世界大战后，由于意识形态和朝鲜战争的缘故，两国经贸一度陷入中断。1965 年，土耳其和中国重新启动贸易往来。1971 年，两国正式建交。1974 年 7 月，土耳其和中国签订贸易协定，并成立贸易混合委员会。自 20 世纪 90 年代以来，土耳其—中国的双边贸易发展迅速。1990 年，中土贸易额仅为 2.8 亿美元，2011 年猛增至 241 亿美元，2013 年达到283亿。近些年来，世界格局复杂多变，土耳其复杂的地理位置使其受到影响的因素很多。一些不稳定因素影响了土耳其和中国的双边贸易。并且土耳其—中国经过几十年的贸易发展，土耳其依旧没有扭转贸易逆差的局面，且贸易逆差问题逐年增大。这种贸易发展不平衡使土耳其与中国的贸易摩擦扩大，土耳其多次对中国征收反倾销税。2018年1~9月贸易资料显示，中国是土耳其第十五大出口国，却是土耳其第一大进口国。2018年，中土双边贸易额215.5亿美元，其中中国对土出口177.9亿美元，自土进口37.6亿美元。

在纺织产业上，中土两国具有类似的产业结构，双方商品的竞争性大于互补性，因此，不仅没有形成良好合作的局面，反而造成了激烈的竞争。例如，土耳其曾对中国的聚酯纤维、短纤维编织物、短纤维纺织品等44类纺织品发起过反倾销调查。欧洲市场占据中国和土耳其服装出口的较大份额，土耳其走的是质优价高的路线，中国走的是低价路线。因为中国的劳动力价格较低，土耳其的纺织品在价格上很难与中国的纺织品在欧洲市场上竞争。如图3-7所示，中国在2000年超过土耳其对欧盟的纺织品出口贸易额，在2015年之前保持较快的增速。2015年后，中国与"一带一路"沿线国家展开经济贸易合作，出口额受到其冲击而小幅下降。土耳其对欧盟的纺织品出口贸易额增长较为平稳。随着中国劳动力成本优势的降低，长期看，印度有可能取代中国，因此，中国纺织业可以通过提高设计水平、加强质量控制来提高产品的附加值，以保持纺织服装的优势地位。

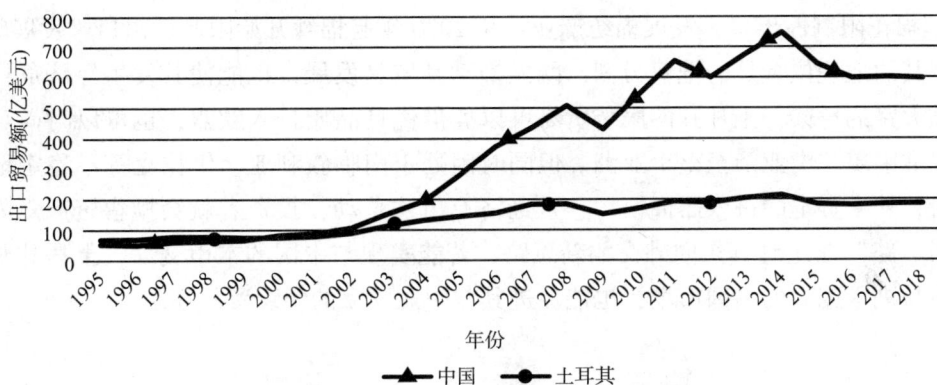

图3-7　1995~2018年中土两国对欧盟纺织品出口贸易额

（数据来源：unctadstat 数据库）

四、土耳其的产业困境

据报道，2018年，土耳其里拉货币崩盘引发全球金融市场的剧烈震荡，因多方因素影响，里拉汇率一路暴跌至历史新低，对美元汇率累计下跌超过80%。原先作为中东第一经济大国的土耳其，蒸发了近一半的GDP。

目前，土耳其的里拉贬值导致棉花进口成本大增，纺织厂资金状况和应对货币危机的能力让市场倍感担忧。如果土耳其对美棉加征关税，将给纺织厂带来更大的压力，美国对土耳其出口的150万包棉花可能也将发生转移。2017年，中国出口至土耳其的黏胶数量为5.578

万吨，占总出口量的26%，居于首位。出口至土耳其涤黏纱线数量为0.405万吨，居涤黏纱总出口量第二位。土耳其里拉的贬值，使人民币对土耳其里拉也开始加速升值。一定程度上影响土耳其对中国黏胶及涉黏类纱线需求。

在此背景下，土耳其有意向寻求与中国、俄罗斯等重要贸易伙伴以本币而非美元进行交易。未来土耳其首先应着重发展纺织业和皮革业等特色产业，通过多种措施提升土耳其产品的国际竞争力，深化与中国等新兴国家的合作。土耳其国内投资机会大，基础设施领域投资吸引力强，"一带一路"背景下的中土产能合作前景广阔。

目前，乌兹别克斯坦国内纺织品市场完全由国外进口主导，其中，普通消费者购买的纺织品90%以上源自中国，少数中高档纺织品从土耳其、韩国、法国、意大利、德国等进口，当地产的纺织品市场占有率低。目前，乌兹别克斯坦纺织企业仍以半成品为主，尤其是以纱线和坯布为主，这些纱线出口目的地主要为东南亚、中东和欧洲，主要出口国有中国、俄罗斯、孟加拉国、土耳其、韩国、法国等，纺织品出口国与原棉出口国基本相同。为充分发挥棉花的经济支柱作用，改变原棉及纺织半成品出口经济效益低的局面，该国就棉纺织业的发展出台了一些措施，如制定增加棉花高附加值的长远规划，对到乌兹别克斯坦投资建立棉纺织企业的外商给予减免关税等诸多优惠政策。根据近年批准的政府法令，乌兹别克斯坦轻工业国际公司与国家联合股份公司计划实施55个新的投资项目，金额为17亿美元，包括垂直一体化纺织成品生产线的建立，这些投资项目带动了乌兹别克斯坦国内对棉花的需求。从2018年起棉花限制性出口，发展棉纺产业；从2020年起棉纱开始限制性出口，发展织造业。

土耳其的地理位置是一把双刃剑，既能推动其贸易发展，也能使其发生经济危机。作为连接亚欧大路的桥梁，土耳其的服装贸易可以凭借优良品质打入欧盟，也可以时尚高端作为新名片瞄准中东、中亚乃至整个亚洲。但同时因处于南临叙利亚、伊拉克等不稳定地区难以独善其身，外来资本的进入需谨慎。一旦经济有风吹草动，投资者就会抛售资产。因此，中国"一带一路"是土耳其东向外交的新思路，若能实现与中国的本币交易，土耳其服装产业就能更容易进入庞大的中国市场，也能促进其与中亚国家的纺织贸易往来。

第三节　中亚国家的纺织和服装品牌

许多国家一直都坚持用民族品牌来推广本国的优质产品，它可以最大限度地减少国内厂商在国外市场的营销费用和广告成本。研究表明，这样还可以增加外国客户对本国商品的认可和需求。

一、哈萨克斯坦纺织和服装品牌

哈萨克斯坦共和国成立了轻工业制造商联盟，为了增加哈萨克斯坦在军服和其他工作服生产中的份额，加入了原料企业财团和轻工业成品制造商，还制定了一项为期五年的计划，打算在该计划结束时达到哈萨克斯坦原材料100%的含量。该财团在五年内作出承诺，为所有军队提供制服。哈萨克斯坦Textileline的儿童服装品牌Mimioriki、Kaz SPO-N及外国运动员服装 Zibroo 运动服出口到欧盟国家，Semiramide 生产顶级 SMD 品牌的服装，Glasman 在哈萨克斯坦开设了多家精品店，并向 EAEU 和 CIS 的选定国家（男士西装和校服）等提供产品。行业成功的公司有 AZALA Textile LLP，目前，生产纺织品、地毯的 Ball Textile 开始与世界著名的宜家公司合作。

哈萨克斯坦的 Mimioriki、Kalinka（图 3-8）、Vakids（图 3-9）三大童装秀无疑是每年时装周的亮点。来自设计师 Karina Artemova 的 Kalinka 品牌，抛弃童装惯用的高饱和度色彩和五彩缤纷的卡通图案，换以柔和的自然色调来衬托儿童天然的纯真美丽。

2018 年前 10 个月，哈萨克斯坦服装生产同比下降 8.6%，其服装生产总值为 289 亿坚戈（约合 7900 万美元），同比下降 8.6%。服装生产主要集中在阿拉木图州（占生产总量的 17.9%）、阿拉木图市（15.5%）和卡拉干达州（10.8%）。1~9 月，哈萨克斯坦产服装在本国市场份额中的占比较低，其中，运动服、浴衣占 20.4%，长短裤占 13.7%，婴儿服饰占 5.3%，其他类型服装占比仅为 1%~2%。

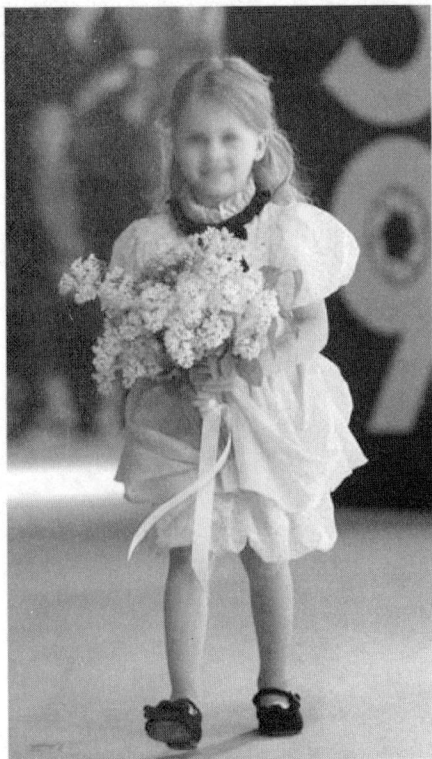

图 3-8　Kalinka 2018 春夏系列

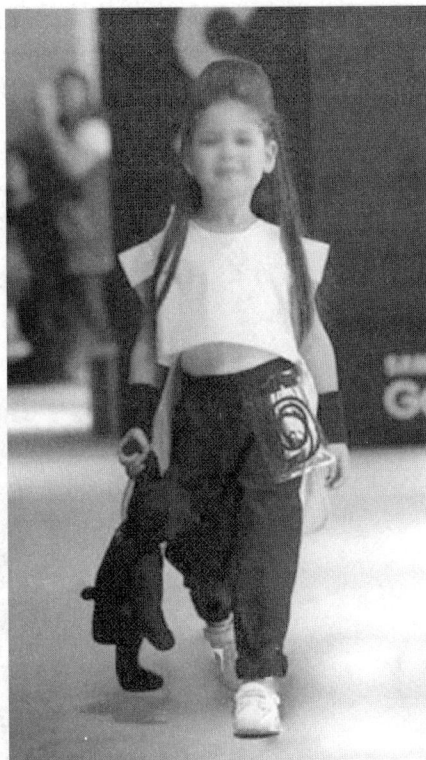

图 3-9　Vakids 2018 秋冬系列

Zibroo 运动装（图 3-10）是百分百的哈萨克斯坦本土品牌。在 2014 年索契冬季奥运会、2016 年里约热内卢奥运会上，Zibroo 运动装成为哈萨克斯坦运动健儿的指定服装。

二、乌兹别克斯坦纺织和服装品牌

马尔吉兰（Margilan）位于费尔干纳盆地，是乌兹别克斯坦东部一座著名的丝织品城市，

图 3-10 Zibroo 运动装品牌

拥有乌兹别克斯坦最大的传统及现代工艺丝绸工厂，产出该国品质最上乘的丝绸制品。乌兹别克斯坦最大的传统丝绸工厂即 Yodgorlik 丝绸厂就位于马尔吉兰，2000 余名工人在这里用传统工艺生产出高品质的丝绸，每年产量在 25 万平方米左右。其附近的马尔吉兰丝绸厂采用现代机器设备投入生产，1.5 万名工人每年的产出约为 2200 万平方米。如果说马尔吉兰有丝绸传统品牌，那么丝绸之路著名古城布哈拉的丝绸品牌随着旅游业的发展而名扬天下（图 3-11）。

图 3-11 布哈拉 BBS 丝绸品牌

　　乌兹别克斯坦是中亚历史悠久的纺织和丝绸生产国家，传统品牌众多，目前，品牌叶琳娜—米乐别克比较流行。叶琳娜—米乐别克是乌兹别克斯坦一位年轻有才华的设计师。出于对艺术史热爱，她萌生了将历史元素融于现实的想法，由此创立了自己的服装品牌。叶琳娜的个人品牌特色是将 IKAT 技术运用于女性豪华礼服的设计与生产。蜡染技术是一种古老而复杂的手工艺织物绘画，她将其赋予现代时装设计，并制作出美丽而独特的服饰，使其焕发了鲜活的生命力。

三、吉尔吉斯斯坦纺织和服装品牌

　　JSC 哈拉 BBS 丝绸品牌是在哈尔科夫针织工厂的基础上建立的，在 1941 年爱国战争期间撤离，当时被命名为"米高扬的针织工厂"。生产数量不大，自 1971 年以来，两家专门生产再生纤维/亚麻平针织物以及羊毛和棉运动服的工厂加入了企业的重组。自 1992 年以来，企业变更为私营企业《ILBIRS》股份公司。该公司专门生产鞋面和亚麻针织产品以及棉纱。JSC《ILBIRS》是社会主义时期的大型企业之一，主要提供针织服装，如今工厂仍然专注于针织品生产开发。吉尔吉斯斯坦还有两家著名的针织公司 Zaman 和 Ardamin，生产出口俄罗斯市场的针织产品。吉尔吉斯斯坦女装品牌 Yummy（图 3-12）由始创人艾尔吉扎·别克诺娃（Elgiza Bekenova）成立于 10 年前，以其极简、原创的时尚风格备受年轻人喜爱。该品牌去年在南非首都开设了专卖店。

图 3-12　吉尔吉斯斯坦女装品牌 Yummy

四、土库曼斯坦纺织和服装品牌

　　土库曼巴什纺织联合企业由土库曼巴什牛仔裤服装制造工厂和棉纺厂 Serdar 等联合组建，企业的产品 Kaakka 已获得国际认可，并已获得 ISO 9001 证书"生产管理和质量控制系统"和 ISO 14001"环境保护"证书。此外，在许多纺织服装企业中，应用了 WRAP 标准"成衣生产中的全球责任"和 OHSAS 18001"职业健康与安全管理体系"。此外，在欧瑞康赐来福（Oerlikon Schlafhorst）投资的工厂，Abadan 棉纺织厂获得了 Belcoro 国际认证，以生产高质量的棉纱。总的来说，根据土库曼斯坦纺织工业部的统计，所生产的纺织品中有 70%～80% 出口到世界上许多国家：美国、加拿大、德国、英国、俄罗斯、意大利、土耳其、中国、乌克兰等。宜家、彪马、Bershka、Nautika、Sara Lee、Casual Wear、沃尔玛、Erica 小姐、Vespolino、JC Penney 等主要国际公司都是成品的主要买家和客户。土库曼斯坦现有产能已经可生产各种纱线 17.7 万吨，各种棉织品 1.86 亿平方米，各类针织面料 1.1 万吨，毛圈织物 7.2 万吨，针织及旧衣服 8000 万件。在过去的三年里，最大的棉纺厂在 Turkmenabat、Dashoguz、Geoktepe、现在的首都 Abadan 区以及 Ashgabat 的 Ruhabat 区的纺织综合工厂大楼正在进行投资建设。大型棉花加工厂正在土库梅纳巴特和萨迪勒巴普维拉特市的 Dashoguz velayat Kunyaur-gench 区建造。

五、塔吉克斯坦纺织和服装品牌

1. 着装特色

塔吉克斯坦是一个有独特风格的古老国家，它在衣着方面也具有本土特色。塔吉克人的传统民族服装以棉衣和夹衣为主，他们的着装没有四季的变化。男人头上会戴绣花的小帽子或者缠上头巾，上衣是非常宽大的白色衬衫，腰间会束腰带或者是方巾，下身为灯笼裤，外面还套一件很宽松的长袍，脚上穿着软质的皮靴。女人也戴绣花小帽，有时会在头上扎白纱巾和丝绸巾，上衣是长衬衫，配着丝绸材质的灯笼裤或是外面罩一层彩裙，佩戴珠子、手镯耳环和珊瑚项链等饰物。这种具有民族特色的服装属山区人穿得最多。美丽的塔吉克女孩使塔吉克有了独特的风情，本土的塔吉克女孩会在头上扎花头巾，身上的长袍落到脚踝，下身穿着长裤，脚上则是一双拖鞋。塔吉克女人不喜欢化妆，只画眉毛，喜欢把两条眉毛用又黑又粗的眉笔画在一起，看起来具有特殊的美感。

2. 着装规范

塔吉克斯坦出台了女性着装规范，《塔吉克斯坦共和国女性公民衣着指南》的插画图书在中亚地区引发了不小轰动。这本书旨在指导当地女性公民如何在不同场合正确着装，也根据不同时节做出规范。例如，夏季最好穿绸缎面料的服装，冬季最保暖的是棉质服装。不建议穿合成纤维面料的服装，因为有害健康。此外，黑色长袍、迷你裙、露肩装和露背装等进入了指南开列的"黑名单"。该指南由塔吉克斯坦文化部、妇女和家庭事务委员会及青年事务委员会联合编制，覆盖人群是本国 7~70 岁的女性居民。据当地媒体报道，此举的目的是避免外来文化的影响。此前，塔吉克斯坦教育部曾出台了学生着装标准。

3. 服装品牌

塔吉克斯坦本土服装品牌也深受当地人喜爱。Iamdifferent 潮流品牌（图3-13）已上市十

图 3-13　Iamdifferent 品牌

几年，服装质量不亚于进口品牌，特色是将时尚与民族风格融为一体（图3-14）。塔吉克斯坦主要进口商品包括工作服、护胸背带工装裤、婚礼服、礼服、特种材料服装、童装、文化衫、休闲服、婴儿服装、针织服装、职业工作服。

图3-14　塔吉克斯坦传统服装

第四节 中国与中亚国家纺织产能合作的路径

一、中国对中亚国家投资概述

纺织服装业是与人们生活息息相关的轻工业部门。中华人民共和国成立以来，我国纺织服装业从无到有，从有到优，取得了长足发展。特别是改革开放以来，我国大力引进国外资本、先进技术及管理经验，使纺织服装业的生产规模和产品质量稳步增长。自1994年开始，中国连续19年保持全球纺织服装业出口第一。目前，中国纺织服装业产量占到全球产量的1/2，纺织品行业综合竞争力居全球首位。与中国毗邻的中亚地区是世界著名的棉花产区，但长久以来受各种因素制约，中亚各国的纺织服装业则相对落后，规模小、品种少、设备陈旧、技术水平低。

2000年和2001年投资中亚的纺织服装企业均只有1家，但随着中国劳动力成本上涨，企业利润急剧下降，自2002年开始，越来越多的纺织服装企业开始投资中亚，如中泰（丹加拉）新丝路纺织产业有限公司和福建著龙服装有限公司等，2010年达到8家，2012年达到14家，2014年达到22家。随着我国"一带一路"倡议的实施，更是加速了这种增长趋势，2015年达到36家。1994~2015年，中国企业对中亚纺织服装行业的投资额累计为15.13亿美元，占中国对中亚投资总额的4.98%。1994~2003年，中国对中亚纺织服装业年均投资额为1930万美元，从2004年开始，投资额开始快速增，2013~2015年，年投资额分别为1.64亿美元、2.33亿美元和4.08亿美元。与传统的国外投资重工业项目不同，纺织服装业是轻工业项目，投资规模小，资金来源主要是民间资本。2015年，中国的民间资本已超过12万亿元，而财政部公布的国有资产总规模则刚刚达到11万亿元。民间资本已成为中国经济增长不可或缺的战略资源，国家出台了一系列政策法规鼓励民间资本对外投资，激发了民间资本的投资热情，中国纺织服装企业在中亚的投资规模将会越来越大。

中国对中亚纺织服装业投资重点区域中亚地区的棉花主产区集中分布在阿姆河与锡尔河流域，皮毛产区则与各国的畜牧业分布区一致。影响纺织服装企业投资区位选择的因素，一方面是原材料的分布状况及获取的便利程度；另一方面是东道国的优先发展区域是否存在政策优惠和产业集聚效应。另外，境外经贸合作区也是企业投资选择的重点区域。因此，中国对中亚纺织服装企业投资的重点区域主要集中在哈萨克斯坦、乌兹别克斯坦和吉尔吉斯斯坦三个国家。

（一）投资中亚纺织服装业的可行性分析

中亚纺织服装业发展落后，急需引进国外资本，中亚地区是苏联时期的纺织原料生产基地，但因其执行劳动分工制度，主要发展采油、采矿等重工业，导致经济结构单一且畸形，轻重工业比例严重失衡。苏联解体后，这些国家的纺织业被破坏殆尽，原料生产也受到严重挫伤。独立后至今，工业发展失衡的情况如陈年旧病，即使有丰富优质的棉、毛、皮资源，纺织服装业的发展状况也不尽如人意，需要大量进口国外产品，而中国是其纺织服装产品的主要输入国。中亚五国政府相继把纺织业列为国民经济的基础产业，并采取积极措施重振本国的纺织业，但一系列复杂的问题，如设备磨损严重、受到进口产品的冲击、人才匮乏、技术落后、资金不足等，严重制约了其发展，因此，中亚纺织服装业急需引进国外资金和技术，为"一带一路"倡议对接奠定坚实的政策基础。

2016 年 5 月 25 日，以"一带一路对接欧亚经济联盟"为主题的博鳌亚洲论坛能源资源可持续发展会议暨丝绸之路国家论坛在哈萨克斯坦首都阿斯塔纳举行。哈萨克斯坦总统纳扎尔巴耶夫表示，欧亚经济联盟建设同丝绸之路经济带建设对接，将会给中亚各国带来新的发展机遇。"一带一路"倡议实施前，中亚各国已经开始重视吸引外资和改善国内投资环境，先后建立一批自由经济区和经济特区口，加强软硬件基础设施建设，并制定了相关法律法规和优惠政策。哈萨克斯坦、吉尔吉斯斯坦、塔吉克斯坦等国相继出台了《国际投资保护法》，还分别与中国签订了《关于鼓励和相互保护投资协定》。此外，还有哈萨克斯坦的《国家支持直接投资法》、乌兹别克斯坦的《投资活动法》、土库曼斯坦的《外资法》和《投资法》、塔吉克斯坦的《外商投资法》和吉尔吉斯斯坦的《外国投资法》等。吉尔吉斯斯坦、塔吉克斯坦成为世界贸易组织（WTO）成员后，中亚地区经济开发程度进一步提高，中国与中亚各国均为上海投资组织成员，促进经贸投资是上海投资组织的重要发展方向。这些为投资双方提供了坚实的政策基础。

1. 区位毗邻、交通相联提供了便利的交通条件

中国与中亚边境线长 3300km，是中国全部边境线中环境最严酷、开发历史最悠久、中国周边外交最重要的西北支撑区域。自 2012 年 10 月"汉新欧"班列开通后，中国发往中亚的各类货物班列 23 列，途经中亚的货物班列 39 列。便捷的交通使中亚内陆国长期的地理位置劣势得到缓解，带动了中亚铁路沿线地区的经济，提高了中国与中亚各国进行双边经济贸易人员流和商品流的通达度，使中亚地区逐步成为欧亚大陆上重要的战略新高地。

2. 资源结构、技术装备的互补性提供了投资的前提

纺织服装业是典型的劳动密集型产业，对劳动力需求量大，并且在劳动力配置方面有着明显的性别偏好度。随着中国"人口红利"的消失，东部用工荒逐步凸显，劳动力工资水平逐渐升高。与此相比，中亚五国总人口为 6950.9 万人，15~65 岁的适龄劳动人口所占比例平均为 65.6%，劳动力充足；并且 0~14 岁的人口所占比例平均为 29.8%，在下一个 10 年里劳动力补充依然充足；五国人口中，女性约占 51.2%，工业女性就业率占女性总就业率均不足12%，女性劳动力开发潜力大；中亚地区劳动力工资水平仅占中国平均工资水平的 1/2，且劳动力受教育水平较好，入学率（小学）平均为 98%。充足廉价的劳动力资源是吸引中国纺织服装业开拓中亚市场的最主要因素。

中亚是世界重要的棉花产区之一，棉花质量上乘，以中绒陆地棉和长绒棉为主；畜牧业发达，以养殖细毛羊和羔皮羊为主。2012 年，乌兹别克斯坦、塔吉克斯坦和哈萨克斯坦三国的皮棉出口量占世界皮棉出口总量的 9.2%，五国羊毛出口总量为 10.62 万吨。同年，中国国内外棉花供需失衡，差价高达 5000 元/t，严重削弱了中国棉纺织业的产业链竞争力，迫使企业为降低生产成本向外寻求发展。中亚地区优质丰富的棉毛资源成为中国纺织服装企业急需的原料来源。

电力是目前世界上使用最广泛的清洁能源，中亚地区拥有丰富的水力、煤炭等发电能源资源，建设大型电源基地潜力巨大，仅塔吉克斯坦境内江河湖泊的水利资源总蕴藏量就在6400万千瓦以上，其中有经济利用价值的达1250亿千瓦时。中国纺织服装业机械设备总体向着机电一体化、人机一体化及高速高产化发展，出口单价仅为国际市场上同类产品的1/3，依靠其实用性、性价比高等特点已逐步打开海外市场。对中亚各国纺织服装业进行投资、输出纺织机械、淘汰中亚地区落后、陈旧、磨损严重的纺织业设备，不仅可以扩大中国纺机出口市场，还可为保护中亚地区生态环境作出贡献。

3. 中国纺织服装业产能优化创造了投资契机

据统计，2015年中国纺织品服装出口额占全球纺织品服装贸易额的41%，但只有10%左右的生产能力是自主品牌生产，基本上没有世界级的纺织服装品牌，出口加工企业利润微薄，仅为3%，同时，产品的出口单价也大大低于德国、日本等发达国家。据前瞻网信息，对于纺织服装企业而言，改革的重点是引入先进技术，提高产品质量，以质量促销量；完善企业的管理、运营体系，与市场实现更好对接。面对这样的情况，中国纺织服装业进行产能优化就显得十分迫切，也为中国与中亚五国纺织服装业的投资创造了契机。

（二）投资中亚纺织服装业的对策与建议

1. 加强对外投资服务体系建设

就中亚地区产加工区的分布与现有铁路线来看，现有的铁路线集中分布在重工业区，而棉毛产加工区分布极少且铁路线互不连通。中国拥有世界领先的铁路修建技术、经验与优质的钢铁建材，因此，由中国来承担工程、统一轨距，并与其他独联体国家、南亚国家的铁路线相连，进而完善中亚铁路交通网，是推动中国与中亚纺织服装业投资的基本途径之一。"一带一路"倡议刚刚起步，许多方面的规章制度都还在探索讨论阶段，就纺织服装业而言，可比照欧盟前身——"欧洲煤钢共同体"成立"泛中亚纺织服装联盟"，由中国与中亚各国的政府官员、专家、纺织服装企业代表及棉毛种植饲养大户共同管理，制定统一的规章制度，群策群力，共建"泛中亚纺织服装产销区"。同时，有针对性地组织中国纺织服装企业开展境外宣传活动，提高企业在中亚的知名度，并积极与中亚国家加强联络，举行双边或多边投资洽谈活动。

2. 完善运行管理机制

中国企业要采取"引进来"与"走出去"并重的策略，一方面重视技术设备创新研发，在生产中增加科技元素，提高产品科技附加值，提高产品质量和档次，优化产品结构，实现产品升档升级，实施"引进来"；另一方面将先进技术设备以投资建厂的方式输出到中亚地区，开拓中亚市场，实现"走出去"。在中亚地区投资建厂、招工，对工人进行必要的岗前培训，定期为企业管理人员和技术工人提供赴中学习深造机会，方便人才交流，促进当地就业，建立双方亲密友好的关系以缓解当地人的排外情绪，防止出现恶性事件，有效推动双方更深层次的投资；设立由技术工人组成的研发部，通过研究中亚国家居民对服饰的需求偏好，设计出符合中亚人喜爱的产品，培育品牌商品；设立物流中心，将企业生产物流延伸到中亚各国，提高品牌知名度。

3. 增强风险意识

中国对中亚纺织服装业的投资要树立"政府顶层设计，企业基层实践"的理念，走跨国合资并购或合资新建的路线，从东道国引进投资和战略投资人，实现企业本土化，以降低企业风险，增强企业竞争力。同时，注意选择合适的融资机构、风险承担机构和金融保障机构，如亚投行、亚洲开发银行、中国出口信用保险公司以及东道国当地有信用保障的金融机构，一方面，保障企业资金链畅通，避免因国际汇率波动带来的不必要损失，规避风险；另一方面，中亚国家处于发展中国家阶段，资源比较富集，但在基础设施建设和制造业领域仍相对落后。中亚国家希望能够借鉴中国改革开放的经验来实现自身发展。"一带一路"倡议和国际产能合作符合中亚国家当前的需求。2015 年是全球经济动荡调整的一年，金融危机带来的影响仍在持续，并从中心国家向边缘国家扩散。受到国际油价大跌和需求锐减等因素的影响，很多新兴市场国家和边缘经济体都陷入了经济困境，包括一度经济发展迅速的哈萨克斯坦。在这种历史背景下，中国与中亚各国，尤其是哈萨克斯坦在能源合作、产能合作、基础设施建设等领域的交集越来越大，中国已经成为中亚各国越来越重要的合作伙伴。与中亚五国开展产能合作，帮助中亚实现经济繁荣也是实践"一带一路"倡议的重要步骤。

二、中国与中亚国家贸易合作情况

1. 中国与哈萨克斯坦的贸易合作

中国是哈萨克斯坦第二大贸易伙伴。2017 年，随着世界经济缓慢复苏，国际大宗商品价格回升，中哈贸易在连续 3 年下跌后实现恢复性增长。根据中国海关统计，2017 年中哈贸易额为 180 亿美元，同比增长 37.4%；其中，中方出口 116.4 亿美元，同比增长 40.4%。进口 63.6 亿美元，同比增长 32.3%。中方对哈萨克斯坦主要出口商品品种为服装、轻纺和机电产品等，自哈萨克斯坦主要进口能源、矿产品、金属制品及化工产品等。

根据商务部统计，截至 2017 年底，中国对哈萨克斯坦各类投资累计 430.7 亿美元，主要集中在采矿业、交通运输、仓储和邮政、建筑、金融、租赁和商贸等领域。哈萨克斯坦在华投资项目共 333 个，实际利用外资约 1.2 亿美元，主要涉及物流运输、化工、食品加工和机械制造等领域。

哈萨克斯坦从中国进口的纺织品服装主要类别是针织或钩编的服装及衣着附件、非针织或非钩编的服装、衣着附件及其他纺织制成品等。2017 年，哈萨克斯坦进口中国纺织品服装金额为 8.42 亿美元。上述三类产品的进口金额为 1.19 亿美元（表 3-4），占其从中国进口总额的 14.13%。

表 3-4　2015~2017 年哈萨克斯坦从中国进口的主要纺织服装商品金额　　单位：亿美元

类别	2015 年	2016 年	2017 年
非针织或非钩编的服装及衣着附件（62）	0.78	0.42	0.45
针织或钩编的服装及衣着附件（61）	0.72	0.41	0.39
其他纺织制成品，成套物品，旧衣着及旧纺织品，碎织物（63）	0.44	0.32	0.35

（数据来源：ITC）

中国从哈萨克斯坦进口的纺织品主要是羊毛原料，2017 年进口金额为 0.18 亿美元；其次为棉花，2017 年进口棉花金额为 450 万美元。

哈萨克斯坦的经济发展严重依赖石油和其他原材料出口。面对经济萧条的可能，哈萨克斯坦宏观经济管理回到"凯恩斯主义"，试图通过基建拉动就业和经济增长。然而，受困于自身产能不足、工业化落后的问题，哈萨克斯坦急需中国提供经济方面的支持，包括资金、技术和产业链。这就为中哈产能合作快速推进铺平了道路。

悲观的经济前景和潜在的政治风险让哈萨克斯坦政府加快了经济调整和对外合作的步伐，同中国的产能合作成果丰硕，也让"一带一路"倡议的推进更上一层楼。中哈产能合作的开展丰富了"丝绸之路经济带"建设和哈萨克斯坦"光明之路"新经济政策对接合作的内涵，也把两国发展战略对接落实到具体和实实在在的合作项目上。

2. 中国与塔吉克斯坦的贸易合作

目前，中国是塔吉克斯坦第一大直接投资来源国和最主要贸易伙伴之一。塔吉克斯坦有三大战略：走出大山、农业自给自足和实现工业化，中国在上述领域都是可靠合作伙伴。具体而言，在交通领域，中方将继续向塔吉克斯坦提供一定支持，打通中塔公路、塔乌公路等，促进交通便利化；工业化方面，双方可能会在铝业、有色矿产资源开发方面加强合作；双方也将继续加强农业合作，比如，中泰塔吉克斯坦农业纺织产业园已取得不少早期收获，未来将形成集棉花种植、加工、纺织和成衣一条龙的项目，需要两国政府继续开展协调。

塔吉克斯坦从中国进口的纺织品服装主要类别是其他纺织制成品、成套物品、非针织或非钩编的服装及衣着附件、针织或钩编的服装及衣着附件等，2017年，塔吉克斯坦进口中国纺织品服装金额为0.39亿美元，占其从全球进口总额的58.99%。

中国从塔吉克斯坦进口的纺织品主要是棉花，2017年进口金额为323.8万美元，占其从出口全球总额的2.03%，2017年，塔吉克斯坦的棉花出口全球的总额为1.6亿美元（表3-5）。

表3-5　2015~2017年塔吉克斯坦从中国进口的主要纺织服装商品金额　　　　单位：亿美元

类别	2015年	2016年	2017年
其他纺织制成品、成套物品、旧衣着及旧纺织品、碎织物（63）	0.13	0.17	0.13
非针织或非钩编的服装及衣着附件（62）	0.09	0.10	0.087
针织或钩编的服装及衣着附件（61）	0.033	0.051	0.050

（数据来源：ITC）

据中国海关统计，2016年，中塔双边贸易总额为17.56亿美元，比上年下降5%。其中，中国出口17.25亿美元，比上年下降3.9%；中国进口0.31亿美元，比上年下降40%。中国对塔出口商品主要类别有针织或钩编的服装及衣着附件；鞋靴、护腿和类似品及其零件；其他纺织制品；成套物品；旧纺织品；机械设备、纺织品、电机电器、车辆及零备件等；中国从塔吉克斯坦进口商品主要类别有矿砂矿渣、棉花、铝及其制品、生皮及皮革、食用水果及坚果等。

3. 中国与乌兹别克斯坦的贸易合作

中国连续三年成为乌兹别克斯坦第二大贸易伙伴和第一大投资来源国。据中国海关统计，2016年，中乌贸易额约36.16亿美元，同比增长3.4%，其中，中国出口约20.09亿美元，下降9.91%，进口超过16.07亿美元，增长26.8%，中方贸易顺差4.02亿美元。

中国对乌兹别克斯坦商品出口结构仍以工业品为主。其中，机械设备、电动机电气设备、塑料及其制品在对乌国出口商品中依然占据前三位，2016 年这三项的出口额分别是 4.86 亿美元、3.17 亿美元和 1.52 亿美元，均低于 2015 年。中国对乌兹别克斯坦出口商品中，发生明显变化的有钢铁制品、车辆及其零件和化学纤维材料。其中，钢铁制品和车辆及其零件出口大幅下降，钢铁制品出口下降 29.4%，车辆及其零件下降 41.7%，化学纤维材料出口出现大幅增长，涨幅 20.9%。

2016 年，中国自乌兹别克斯坦进口商品依然以大宗商品为主，天然气、天然铀、棉纱和棉花进口额占总额的 77.38%，与 2015 年相比，上述商品比重下降 16.02 个百分点。

中国是乌兹别克斯坦纺织品服装最大的进口来源国。2017 年，乌兹别克斯坦从中国进口的纺织品服装金额为 3.66 亿美元，占其从世界进口总额的 74.23%，乌兹别克斯坦从中国进口的主要纺织品服装类别是化学纤维长丝、针织物及钩编织物和化学纤维短纤（表 3-6），这三大类商品的进口额占其从中国进口纺织品服装总额的 76.11%。

表 3-6　2015~2017 年乌兹别克斯坦进口中国的主要纺织服装商品金额　　单位：亿美元

序号	类别	2015 年	2016 年	2017 年
1	化学纤维长丝（54）	0.67	0.80	1.45
	其中：合成纤维长丝纱线的机织物（5407）	0.57	0.70	1.26
2	针织物及钩编织物（60）	0.40	0.44	0.89
3	化学纤维短纤（55）	0.26	0.29	0.45
	其中：再生纤维短纤纺制的机织物（5516）	0.08	0.11	0.17

（数据来源：ITC）

中国从乌兹别克斯坦进口的主要纺织品是棉花，2017 年进口棉花 9.3 万吨，价值 3.99 亿美元，占乌兹别克斯坦出口全球总额的 46.8%（注：乌兹别克斯坦是中国指定棉花进口国）。

乌兹别克斯坦具有丰富的棉花资源优势，农业以植棉为主，但目前产业链下游生产加工能力较弱。国家对棉花种植、收购和销售实施统一管理，进行现款（美元）采购。根据美国农业部网站数据显示，2016/2017 棉花年度，乌兹别克斯坦种植棉花面积为 1770 万亩，棉花产量 81.2 万吨，是全球第六大产棉国。中乌两国于 2012 年 6 月建立战略伙伴关系以来，政治互信、互利合作、战略协调、全面推进，双边关系实现跨越式发展。中国连续三年成为乌兹别克斯坦第二大贸易伙伴和第一大投资来源国。据中国海关统计，2016 年，中乌贸易额约为 36.16 亿美元，同比增长 3.4%，其中，中国出口约 20.09 亿美元，下降 9.91%，进口超过 16.07 亿美元，增长 26.8%，中方贸易顺差 4.02 亿美元。

中国除每年从乌兹别克斯坦进口大宗棉花、棉纱外，已有部分中国纺织服装企业在乌兹别克斯坦投资建厂或向乌兹别克斯坦纺织企业提供纺机设备及服务，其中不乏成功的案例，为今后向"丝绸之路经济带"进发的中国企业提供了宝贵的借鉴。

4. 中国与吉尔吉斯斯坦的贸易合作

中国为吉尔吉斯斯坦第一大贸易伙伴国（占吉尔吉斯斯坦外贸总额的 25.5%）和第一大进口来源国（占吉尔吉斯斯坦进口总额的 33.5%）（表 3-7）。根据吉尔吉斯斯坦海关统计，

2017 年，吉中贸易额为 15.976 亿美元，同比增长 3.2%。其中，向中国出口 9750 万美元，同比增长 21.7%；从中国进口 15.001 亿美元，同比增长 2.2%。贸易逆差 14.026 亿美元。

表 3-7　2015~2017 年吉尔吉斯斯坦从中国进口的主要纺织服装商品金额　　单位：亿美元

类别	2015 年	2016 年	2017 年
化学纤维短纤（55）	0.78	1.51	1.88
针织或钩编的服装及衣着附件（61）	0.44	0.99	0.78
非针织或非钩编的服装及衣着附件（62）	0.44	0.77	0.61

（数据来源：ITC）

根据吉尔吉斯斯坦国家统计委员会官网公布的数据，2017 年 1~12 月，吉尔吉斯斯坦外商直接投资总额为 5.9 亿美元，同比下降 27.5%。按投资领域划分，主要集中在加工业、职业教育和科技、金融中介和保险、矿业开采等领域；按照投资国别划分，独联体以外国家对吉投资 5.16 亿美元，同比增长 3.4%。其中，中国对吉尔吉斯斯坦投资 2.7 亿美元，同比下降 10.4%，为吉尔吉斯斯坦第一大投资来源国。加拿大对吉尔吉斯斯坦投资 1.18 亿美元，同比下降 0.6%。独联体国家对吉尔吉斯斯坦投资 7453 万美元，同比下降 76.3%。其中，哈萨克斯坦对吉尔吉斯斯坦投资 4767 万美元，同比增长 206.3%；俄罗斯对吉尔吉斯斯坦投资 2389 万美元，同比下降 91.8%。外商投资主要集中在首都比什凯克市、楚河州、伊塞克湖州和贾拉拉巴德州。

中国是吉尔吉斯斯坦纺织品服装的第一大进口来源国。根据 ITC 数据统计，2017 年，吉尔吉斯斯坦从全球进口的纺织品服装总额为 1.69 亿美元，其中，中国进口的纺织品服装金额为 4.91 亿美元，占其进口总额的 72.8%。2017 年，吉尔吉斯斯坦出口中国的纺织品服装金额为 146.7 万美元。出口的主要商品类别是棉花、羊毛、动物细毛或粗毛，马毛纱线及其织物。

5. 中国与土库曼斯坦的贸易合作

2011 年以来，中国连续六年均居土库曼斯坦传统的四大贸易伙伴之首。根据中国海关统计，2016 年，由于世界油气价格大幅下跌和低位徘徊，中土贸易额大幅下降，双边贸易总额 59.02 亿美元，同比下降 31.7%。其中，中国向土库曼斯坦出口 3.38 亿美元，下降 58.5%；中国自土库曼斯坦进口 55.63 亿美元，下降 28.9%。

土库曼斯坦每年种植棉花超过 100 万吨，为纺织业发展提供了生产原料。近年来，土库曼斯坦纺织业发展较快。其大型纺织企业的产品中 90% 用于出口，并且大部分产品已达到国际标准。近年来，土库曼斯坦自产棉花加工率已经达到 70%，年产能为 17.7 万吨棉纱、1.86 亿平方米棉纺布、1.1 万吨针织布、0.72 万吨纱布、8000 万个针织和缝纫产品。上述产品不仅满足土库曼斯坦国内需求，而且主要用于出口，其中 70% 纺织品出口至其他国家，在土出口中占很大比重。

现在，土库曼斯坦农业以种植业为主，主要种植棉花、小麦和蔬菜，土库曼斯坦政府制定了到 2030 年的农业产业发展目标，即在 2010 年棉花和小麦产量基础上，增加主要农作物种植面积，推广并应用先进科技成果，提高粮、棉单产。充分发挥农业机械和现代科技的作用，到2020年实现国内市场主要农副产品完全自给。2021～2030年，建成高水平的饲料基地，建立农业全产业链的分工合作机制。与土库曼斯坦开展全产业链的农业合作，充分发挥中国在某个环节上的传统优势。合作产业主要包括葵花籽、棉花、蚕业等。如在种子产业上，可以引入中国具有比较优势的三年可采摘桑叶的新品桑苗。也可以将中国棉种脱绒和包衣处理技术引入土库曼斯坦等。在生产领域，可以发挥中国的比较优势，在向日葵种植方面开展合作。在加工领域，土库曼斯坦棉花和蚕丝出口量居世界前列，但棉花深加工和丝绸加工工艺滞后。中国可以在纺织和丝绸行业与土库曼斯坦开展合作。在"互联网+"现代农业建设方面，可以推广中国的市场销售模式，帮助土库曼斯坦加强网络基础设施建设，推动休闲农业和乡村旅游业的发展，实现一二三产业的深度融合。帮助土库曼斯坦加强农业技术推广体系建设。在国家层面，与土库曼斯坦政府有关部门合作，建立完善农业技术推广体系，形成系统化的职业培训网络，发挥中国蚕业技术方面的传统优势。

土库曼斯坦从中国进口的纺织品服装主要类别有非针织或非钩编的服装及衣着附件，化学纤维长丝，其他纺织制成品、成套物品等。2017年，土库曼斯坦进口中国纺织品服装金额为0.18亿美元，上述三类产品进口金额为0.12亿美元（表3-8），占其从中国进口总额的66.67%。2017年，土库曼斯坦从全球进口纺织品服装总额为1.02亿美元。

表3-8　2015～2017年土库曼斯坦从中国进口的主要纺织服装商品金额　　单位：亿美元

类别	2015年	2016年	2017年
其他纺织制成品、成套物品（63）	0.25	0.12	0.067
非针织或非钩编的服装及衣着附件（62）	0.053	0.028	0.026
化学纤维长丝（54）	0.020	0.026	0.025

（数据来源：ITC）

与土库曼斯坦相比，中国在纺织和丝绸行业技术领先，可以与土库曼斯坦合作开办纺织企业，带动纺织设备的出口。列巴普州州府土库曼纳巴特市建成了一个现代化的缫丝厂，其中安装了5条来自中国的缫丝生产线，借助中国提供的设备和优质蚕种，生产出了高品质蚕丝和精美的纯天然丝绸。

三、中国与中亚纺织产业产能合作

1. 打造推进纺织国际产能合作投资平台

"一带一路"倡议的提出，规划了今后中国对外开放的新思路，既明确了今后对外开放的方向，又为促进国际产能合作，实现中国与中亚国家经济发展对接奠定了基础。打造产业促进平台、资本运营平台、金融服务平台，构建资本运营与投资协同互补的"双轮驱动"模式，为中国纺织服装企业开展对外合作提供"组合投资"服务，引领带动中国纺织服装企业"走出去"。整合国内外各类生产要素，在中亚设立产业投资基金、组建联合公司、建设产业园区、集成输出纺织服装装备技术，投资建设生产基地。注重同纺织行业龙头企业优势互补联合投资，积极探索"纺织原料生产基地+纺织产业园区""生产基地+工业园区"集群投资模式，高水平产业园本身就是建立地区经济增长极，也是一个国家工业化起飞的支撑点。为实现"一带一路"区域的政策沟通、设施联通、贸易互通、资金融通和民心相通、共同努力，搭建可持续产能合作的平台。

2. 构建与中亚国家经济领域里的国际产能合作机制

创建一种共商、共建与共享的新国际关系和新安全框架，以积极应对灾害、反恐及紧急危机事件的处置，从而有效化解安全需求与安全资源不足的矛盾，弥补中国在中亚国家与西部地区安全方面的短板。首先，促进新的欧亚商贸通道和经济发展带的形成，最终达到"一带一路"与欧亚经济联盟全面衔接的目标。其次，为了实现无缝对接，中国必须把本国的产能与生产要素同其他地区的产能进行有效结合，从而有效化解产能过剩矛盾，实现产业调整与优化升级，延续西部大开发的策略。产能合作是"一带一路"倡议下项目建设的关键所在，从根本来说，"一带一路"倡议就是要在欧亚大陆实现工业化、城市化，形成一个自由、联动的市场网络，纺织服装产能的国际合作，必须要坚持四个原则，以需求为导向、市场运作、企业主体、政府推动。必须要有制度保障，多方支持。在市场经济活动中，最核心的制度就是产权制度、契约制度。当然，还有我国一系列的制度。如投资、金融、信贷，包括财税制度、行政审批制度、进出口贸易监管制度的支持，更重要的还有法律制度的支持。

3. 探索产业资本通过金融资本"抱团出海"新模式

中国与中亚国家开展纺织国际产能合作并不仅仅是资本输出，而是共同实现工业化的过程，而工业化起步需要更加完备的基础设施。国际产能合作是中国工业化的"外溢"，也是中国工业经验的传输和尝试。国际产能合作面临的首要问题是解决资金的问题，一般的做法是政策性贷款或者减让式资金积极推动产业资本与金融资本偕同出海、协作发展，努力构建产融结合、银企合作新模式，助推中国纺织服装企业"走出去"，要开展与"一带一路"并行的亚投行（AIIB），以及丝路基金展开合作。中国纺织服装企业需要善于抓住和对接当地需求，坚持创新合作模式，坚持市场导向和商业运作原则，更加注重质量信用品牌服务提升，更加注重装备标准技术管理同进，更加注重自身发展与造福当地并重。中国开展纺织国际产能和纺织机械装备制造合作要秉承共商、共建、共享的原则。应充分考虑纺织产能合作对方国家的需要和核心关切，通过在中亚国家投资建厂，建设生产线、基础设施、产业链、产业集聚区等开展合作。还要主张按照"国际惯例、商业原则、企业运作、政府引导"的方式，开展直接投资、技术合作等，同时探索创新的合作方式。

4. 大力开展产业用纺织品的产能合作

产业用纺织品尤其是汽车用纺织品产能合作是中国产业用纺织品与乌兹别克斯坦、哈萨克斯坦、土库曼斯坦合作的方向。汽车用纺织品包括座椅面料、车门内饰材料、顶棚材料、座椅安全带、毯子、轮胎帘子布、再生纤维毡隔热材料，在汽车用纺织品中，大约有三分之二是用在汽车内部装饰上。汽车工业是纤维材料具有巨大潜力的一个市场，据统计，如今汽车中应用纺织材料的零部件已超过 80 种，每辆轿车大约需要 $20m^2$ 的纺织材料（折合成重量为 $15\sim20kg$）。纺织品不仅为汽车座椅提供了优美的外观、柔软舒适的手感，在功能性方面也有改进。汽车地毯和纺织材料的顶棚不仅为车内提供了舒适性和装饰性，在减噪和减震方面也起着重要的作用；纺织品在轮胎中的应用为汽车提供了良好的道路适应性和轮胎耐用性；

纺织增强纱是高压管和高压带的基材；非织造布广泛应用于空气和油的过滤、机罩衬以及生产加工中的辅料；纤维复合材料可用于替代较重的金属材料，从而减轻汽车的总重，藉此提高燃油效率、减少对环境的污染；而安全气囊、安全带以及相应的安全装置则有助于道路交通安全和拯救生命。除了汽车主体之外，还有大量的纺织材料被应用于汽车上，如缝纫线、加固装置、绳索、窗户的密封填塞织物以及电池中的电池隔膜等。

土库曼斯坦未来 7 年内，将设立特别经济区，大力推行改革，推进国有企业私有化，组建股份制企业和合资企业，推动证券交易所和证券市场发展，提高非国有经济比重。还将研究建设合资电动汽车组装厂，以扩大出口潜力。

据哈萨克斯坦汽车工业协会发布数据，2018 年，哈萨克斯坦全国共组装生产各类汽车32298 辆，同比增长 60%，总产值为 2060 亿坚戈（约合 5.4 亿美元）。其中，轻型车 30016辆，增长 80%；公交客车 356 辆，减少 80%；货车 1173 辆，减少 28.3%；特种车辆 243 辆，减少 7.3%；拖车 510 辆，同比增长 104%。报告显示，自 2018 年初以来，哈萨克斯坦内共销售汽车 29931 辆，同比增长 60%；居民购买国产汽车消费总额为 1825 亿坚戈（约合 4.8 亿美元），同比增长 70%。最受欢迎的汽车品牌依次为拉达、现代、起亚、江淮和雪佛兰。目前，哈萨克斯坦的轻型汽车本地化率达到 30%，商用车和大客车的本地化率已经达到 50%，预计2020 年，有望将轻型汽车零部件的本地化水平再提高 20%。2018 年，哈萨克斯坦对外出口各类汽车 2000 辆，主要出口到欧亚经济联盟国家，包括塔吉克斯坦、俄罗斯、白俄罗斯和吉尔吉斯斯坦。据哈汽车工业协会发布数据，2018 年，哈萨克斯坦交通管理部门共登记机动车133.0121 万辆，较上年同期增长 13.6%。其中，124.6083 万辆为车主变更后的二次登记，同比增长 13.2%；初始登记机动车数量为 8.4038 万辆，同比增长 20.2%。哈萨克斯坦为支持国内汽车制造商，确保居民获得相应贷款，哈政府将继续通过巴伊捷列克国有控股集团旗下子公司——哈开发银行发放汽车优惠贷款。其中，80 亿坚戈拨款将用于汽车优惠贷款，20 亿坚戈用于租赁融资。贷款将以坚戈形式进行发放，期限 18 年，年利率 0.1%，贷款本金将在 6年优惠期满后，自 2025 年起每年分 2 次偿还。2018 年，哈萨克斯坦国家机关和国有企业共采购公车 3315 辆，总金额达 206.8 亿坚戈（约合 5589 万美元）。其中，97%（3216 辆）为哈萨克斯坦产车辆，仅有 3%（99 辆）为进口车辆。据统计，采购最多的汽车品牌为拉达 4×4越野车（642 辆），拉达 Vesta（208 辆）和斯柯达 Octavia（186 辆）分别位居第二、第三位。哈萨克斯坦"金色草原"汽车工业公司向媒体表示，2019 年公司将汽车产量增加到 2 万辆，较 2018 年产量（1.29 万辆）增加约 70%。目前，中国机械进出口（集团）有限公司旗下的中国车辆进出口公司持有"金色草原"汽车工业公司母公司——Allur 集团 51% 的股份，在公司合作组装生产标致、江淮、现代、Ravon、雪佛兰尼瓦等多型轻型汽车，以及依维柯、江淮、MAN 商用车和依维柯、安凯客车。合作双方计划未来将公司汽车年产量提高到 10 万辆，本地化率水平达到 50%。

乌兹别克斯坦政府将大力发展汽车工业，力争到 2025 年实现每一千人拥有 237 辆汽车。当前，乌兹别克斯坦上述指标严重落后独联体其他国家。例如，俄罗斯每一千人拥有 334 辆汽车，哈萨克斯坦为 250 辆，乌克兰为 204 辆，乌兹别克斯坦仅 83 辆。为实现上述目标，乌兹别克斯坦计划到 2030 年将汽车年产量提升至 39 万辆，而 2017 年乌兹别克斯坦汽车年产量仅为 14 万辆，同比增长 59%。2017 年，通用—乌兹别克斯坦汽车厂生产轿车超过 14 万辆，同比增长 59%；撒马尔罕汽车制造厂生产货车和客车 3600 辆，增长 5.5%；JV MAN—乌兹别克斯坦合资厂生产卡车和客车 1200 辆。乌兹别克斯坦产汽车除满足国内需求外，主要出口俄罗斯等国，2017 年出口轿车和客车 2.68 万辆。2017 年 1~11 月，通用—乌兹别克斯坦合资汽车公司旗下"RAVON"品牌在俄共销售 12978 辆汽车，同比增长 889%，2016 年 1~11 月销售量为 1312 辆，占俄汽车市场份额也由去年同期的 0.1% 上升至目前的 0.9%。其中，仅 2017 年 11 月销售量就达 1831 辆，同比增长 336%，去年同期为 420 辆。2017 年 1~11 月，通用—乌兹别克斯坦 RAVON 品牌汽车在俄销售增长幅度仅次于韩国现代劳恩斯品牌汽车（增长 2788%），第三位为中国福田品牌汽车（增长 697%）。

5. 开展化学纤维产能合作

中亚石油、天然气和煤矿资源丰富，未来哈萨克斯坦、土库曼斯坦和乌兹别克斯坦以石油化工为主要发展的深加工产业。因为随着石油炼制工业中的催化裂化、催化重整等技术先后出现，使汽、煤、柴油和润滑油的生产有了大幅度增长，特别是丙烯水合制异丙醇工业化以后，烃类裂解制取乙烯和丙烯等工艺相继成功，使基本有机化工生产建立在石油化工雄厚的技术基础之上，从此，人们常以烃类裂解生产乙烯的能力作为一个国家石油化工生产力发展的标志。有了石油化工产业，那么可以延伸发展化学纤维制造产业。例如，韩国的 SK 化学，其前身为鲜京织物，后来逐步从织物跨越到聚酯原丝的生产，并最终完成了到上游石油化学产业的纵向整合，成了一家"世界 500 强"的全球领先化工能源企业。中国恒力集团控股公司恒力股份一直专注于涤纶民用长丝及涤纶工业长丝的研发、生产和销售。目前，公司已形成聚酯产能 250 万吨，其中民用丝 140 万吨、工业丝 20 万吨、聚酯切片 50 万吨、聚酯薄膜 20 万吨、工程塑料 16 万吨，产品品质及交付响应能力处于业内一流水平，尤其是高端化、差别化涤纶在行业中处于领先地位，形成了"芳烃—PTA—聚酯—民用丝及工业丝"的完整产业链。以车用纺织品为例，目前，车用纤维主要以合成纤维为主。其中涤纶耐磨性好，抗撕裂强度高，耐霉变，抗紫外线能力较优，容易清洗，回弹性和抗折皱性好，价格也比较便宜，占车用纺织装饰织物市场的 90% 以上。但其吸湿性较低，舒适性较差。腈纶则具有良好的抗紫外线能力，手感柔软，但它的耐磨性并不好，适于做汽车的顶棚和有篷汽车的车篷、地毯。此外，锦纶有较好的弹性和耐磨性，可应用在汽车座椅中；丙纶在强度和密度上优于涤纶，价格便宜，容易回用，但其只能使用原液染色或纺前染色纱，耐磨性、吸湿性差。值得注意的是，上述材料都具有一个共同的缺点，就是在生产制造过程中会产生严重的污染。目前，中国化学纤维产量世界第一，产能严重过剩，正是中国化学纤维行业供给侧改革持续推进，供给结构不断优化，与中亚国家展开产能合作的机遇期。在中亚国家开展化学纤维产能合作还可以有效防止国外对中国化学纤维的反倾销。

参考文献

［1］ 左凤荣.欧亚经济联盟：普京地缘政治谋划的核心[J].当代世界，2015（4）：28-31.

［2］ 文丰."欧亚经济联盟"计划在中亚的前景[J].新疆社会科学，2015（6）：81-87.

［3］ 李兴.普京欧亚经济联盟评析[J].俄罗斯研究，2012（6）：151-174.

[4]　殷雪姣. 欧亚经济联盟（EEU）对中亚国家的影响[J]. 黑河学刊，2017（3）：68-71.

[5]　任永彬."不温不火"的欧亚经济联盟[J].进出口经理人，2018（4）：26-27.

[6]　徐海燕.欧亚经济联盟一体化：现实困境、优势及展望[J].俄罗斯学刊，2017，7（6）：41-46.

[7]　张同浩.普京的欧亚经济联盟战略探析[J].现代商贸工业，2017（26）：50-51.

[8]　刘丹.欧亚经济联盟的内部结构、外部联系与前景分析[J].俄罗斯学刊，2016，6（6）：62-68.

[9]　殷雪姣.欧亚经济联盟的发展与挑战[J].齐齐哈尔大学学报：哲学社会科学版，2016（9）：38-41.

[10]　徐洪峰.欧亚经济联盟建立的背景及未来发展[J].俄罗斯学刊，2016，6（3）：27-33.

[11]　毕燕茹.中国与中亚国家产业合作研究[D].乌鲁木齐：新疆大学，2010.

[12]　张莹.中国与中亚五国产业互补性研究[D].兰州：兰州大学，2015.

[13]　王孟丽，王国梁.中国与中亚五国纺织服装业合作潜力分析[J].对外经贸，2017（5）：50-52+61.

[14]　王孟丽，王国梁.中国与中亚五国纺织服装业合作潜力分析[J].对外经贸，2017（5）：50-52+61.

[15]　张毅，蔡向冰，李岩，等.中国对中亚地区投资影响因素探析[J].金融发展评论，2016（11）：146-158.

[16]　王梦醒，刘宏曼.中国与中亚棉花贸易竞争性及互补性分析[J].粮食经济研究，2017，3（2）：49-58.

[17]　周睿杰.中亚产能合作分析：以哈萨克斯坦为例[J].大陆桥视野，2016（9）：47-49.

[18]　高潮."丝路经济带"建设中塔吉克斯坦的投资机遇[J].中国对外贸易，2015（12）：80-81.

[19]　鲁斯塔莫娃·齐纳尔.土库曼斯坦积极参与一带一路战略构想[J].中国投资，2015（11）：56-58+10.

[20]　尔保利.吉尔吉斯斯坦与中国贸易合作发展研究[D].哈尔滨：哈尔滨师范大学，2016.

[21]　吴老二，邓楚绚.土耳其通关指南[J].国际工程与劳务，2016（12）：82-84.

[22]　肖国梅.体验土耳其 风情伊斯兰[J].上海工艺美术，2015（4）：102-103.

[23]　新丝路海外展览官方网站《土耳其纺织行业概况》.

[24]　郝杰.土耳其纺织服装：力求在国际市场树立新形象[J].纺织服装周刊，2007（22）：11.

[25]　中商产业研究院.www.askci.com.

[26]　王明昌.土耳其与中亚国家关系的现状及前景[J].国际研究参考，2018（5）：1-

6+12.

[27] 王艳.土耳其"战略纵深"理念在中亚的实践及影响[J].俄罗斯中亚东欧研究，2019（1）：115-127，157-158.

[28] 凡以心（Mihriban Pazar）.土耳其—中国双边贸易发展研究[D].北京：北京理工大学，2016.

[29] 中国驻土耳其经济贸易网. www. ctc. mofcom. gov. cn.

[30] 杨贵中.中国纺织服装业出口竞争力的演变及国际比较[J].毛纺科技，2014，42（6）：52-58.

[31] 魏敏.土耳其对"一带一路"倡议的认知及对策建议[J].国际经济合作，2016（5）：18-22.

[32] 番薯.中纺机集团土耳其展会成果丰硕[J].纺织导报，2018（6）：12.

[33] 徐鹍."一带一路"在土耳其[J].湘潮，2018（6）：47-51.

[34] 中国纱线网. www. chinayarn. com 2018-08-20，15：39：22.

[35] 中国棉花网. http：//www. texnet. com. cn/2018-08-17，17：11：52.

[36] 里拉重挫，涉黏纱线或受影响[EB/OL]. http：//www. sohu. com/a/248782710_778794.

第四章　中亚五国投资法律与风险防范措施

中国"一带一路"倡议的提出，包括中国在内的多国投资企业与中亚五国的联系频繁起来，带动了中亚地区的经济发展，形成一个互利共赢的巨大经济圈。中亚是欧亚大陆的地理枢纽，是"丝绸之路经济带"的必经之地，同时也是中国重要的商品市场。中国与中亚五国的交往，具有很强的地缘优势，其中哈萨克斯坦、吉尔吉斯斯坦、塔吉克斯坦与我国接壤，而我国新疆、西藏、宁夏、甘肃等西部地区的多个民族与中亚五国的主体民族，也有着深厚的历史渊源和相近的历史传统。

上海作为中国国际经济、金融、贸易、航运、科技创新中心和综合交通枢纽第一大城市，牵头成立的永久性政府间国际组织——上海经济合作组织，更是囊括了中亚五国的四强，即乌兹别克斯坦、哈萨克斯坦、吉尔吉斯斯坦和塔吉克斯坦。随着"一带一路"倡议的进一步推进和深化，中国与中亚五国的交流和互助更加紧密，经济互补性逐步增强，中国投资企业进军中亚市场、扩大在中亚五国的投资已是必然趋势。

1991年苏联解体，中亚五国独立。独立初期，五国的经济基础都相当薄弱，为寻求新的合作对象，吸引外国先进的生产技术和管理经验，五国在苏联的法律框架基础之上，借鉴西方国家的先进立法经验，相继制定和陆续颁布了数量庞大的部门法律和单行法规，包括与外国投资相关的法律法规。自20世纪90年代初起步的近30年里，中亚五国的立法进程依次跨越了初期制定、中期完善、后期调整三个不同阶段。其中，五国与外国投资相关的法律制度体系的逐步成型，主要是由宪法、立法机构颁布的法律、总统签署的总统令和条例以及国际条约（包括双边条约和多边条约等）四大部分构成。其中，国际条约在外商投资法律体系中具有优先于国内法适用的效力，后续效力位阶依次是国家宪法、外商投资法律法规及总统令和条例。

投资必然伴随风险，尤其是在法律制度尚不完善，法治发展相对落后的非母国国家和地区。外国政府或企业对中亚五国的投资行为，自然会引起外国投资法律风险。所谓外国投资法律风险，是指外国投资者因违反东道国法律、法规或者规章制度而面临受法律惩罚或者法律制裁的相关风险，其主要来源于东道国制度风险和外国投资者行为风险。中亚五国因为长期以来立法理论不成熟，缺乏科学指导和立法经验，目前与吸引鼓励外国投资行为联系最为密切的外国投资法律法规的内容仍较为笼统，立法空白较多，法律实施和实践中可操作性难度也较大，外国投资法律风险已经成为各国投资企业不得不面对的问题。中亚五国由于国家政治、经济和文化等背景的不同，所引发的法律风险类型主要有法律政策变动风险、政治因素法律风险、环境保护法律风险、知识产权保护法律风险和劳工权益保障法律风险。

中亚五国外国投资法律风险的防范，需要特别关注的是实体法适用风险、企业投资法律风险、双重征税法律风险和司法协助风险。有效防范投资领域这四重法律风险的出现，降低投资成本、提高区域经济循环速度和质量、实现互利共赢，关键在于深入理解和实务操练中亚五国三类法律法规的相关规定和具体实施。

一是，中亚五国的国内立法与司法体制。如中亚五国各自的立法体系、诉讼程序法在司法制度、仲裁制度和司法协助方面的规定、各国的企业登记和经营法律法规、外国投资法和税收法律制度等。

二是，中亚五国缔结或参加的国际公约。包括但不限于《华盛顿公约》（《关于解决国家和他国国民之间投资争端公约》）、《海牙送达公约》（《关于向国外送达民事或商事司法文书和司法外文书公约》）、《国外取证公约》（《关于从国外调取民事或商事证据的公约》）、《纽约公约》（《承认及执行外国仲裁裁决公约》）等。

三是，中亚五国与投资国家或企业签订的双边投资保护协定。通常，双边投资保护协定会就投资者、投资行为和投资收益做出明确确定，并就促进和保护投资、国民待遇、征收与补偿、损害与损失赔偿、资本和收益的汇回、双方争议解决机制等问题做出共同约定。其中，避免双重征税双边协定，则会就不动产所得、营业利润、股息、独立个人劳务等个人所得及消除双重征税的方法等作出规定。

后文将从中亚五个国家的立法体系、诉讼司法制度、企业法律制度、投资法律制度和税收法律制度等不同方面，逐一介绍五个国家的国内立法司法体制，分析五个国家与外国投资相关的国内法、国际公约和双边条约、争端解决机制的法律法规情况，提示外国政府和外国投资企业及个人在中亚五国进行投资可能会面临的不同程度的多重法律风险，文末为外国投资企业、个人以及涉外投资法务人员提供一些涉外投资实务操作中可以选择适用的法律风险防范措施。

第一节　乌兹别克斯坦投资相关法律法规

乌兹别克斯坦位于中亚腹地，实行总统制。总统为国家元首、内阁主席和军事最高统帅，由全民直接选举产生，每届任期 5 年。近年来社会稳定，经济增速在独联体地区名列前茅，但立法体系不完善，司法独立也有待加强。

1991 年，独立后的乌兹别克斯坦颁布了《乌兹别克斯坦外国投资法》《乌兹别克斯坦共和国涉外经济活动法》《乌兹别克斯坦共和国自由经济区法》《乌兹别克斯坦共和国关于外国投资企业、国际公司、组织及其分支机构进行国家登记的办法条例》；1994 年又制定了《乌兹别克斯坦外国投资和外国投资企业活动保障法》；1996 年颁布《给予外商企业优惠及鼓励的总统令》，该总统令在 1998 年再次被修订。随后颁布了《乌兹别克斯坦外国投资法》《乌兹别克斯坦共和国税法》《乌兹别克斯坦共和国海关法》等。

2011 年 11 月，中国和乌兹别克斯坦共同签署了《关于促进和保护投资的协定》等二十余份重要文件，并发表了联合声明。2016 年 6 月，全面建立中乌战略伙伴关系，将共建"一带一路"作为两国务实合作的主线，积极推动产能合作，将吉扎克工业园打造成产能合作重要平台。中乌会谈后，签署了联合声明，并见证了外交、经贸、知产、融资等领域多项双边合作文件的签署。

乌兹别克斯坦是最早支持和参与"一带一路"建设的国家，中乌在"一带一路"建设合作中取得了丰硕成果，已经成为引领两国合作的主线。中方愿同乌方深挖潜力，加强发展战略对接，扩大双边贸易和投资规模，优化贸易结构，实现双边贸易长期稳定健康发展，实施大型合作项目，给两国人民进一步带来实实在在的好处。中乌两国签署《中华人民共和国和乌兹别克斯坦共和国联合声明》，并签署了两国经济技术、交通运输、医疗、农业、水电、中小企业、基础设施、旅游和地方交往等领域双边合作文件。

一、立法体系

乌兹别克斯坦的立法体系基本沿用了苏联时代形成的模式。随着议会权利的逐步扩大，立法和司法趋于制度化和科学化。乌兹别克斯坦 1991 年颁布《宪法》，确立了国家的政治制度、法律制度、国家权力机构和管理机关的法律评价标准，以及发展公民社会制度的标准。随后，该部《宪法》又分别经过了 1993 年、2003 年、2007 年和 2008 年的四次修订。

乌兹别克斯坦部门法的效力等级，从上至下依次为宪法、宪法性法律、普通法律、总统令、内阁令、中央和地方政府机关颁布的规范性法律文件。最高法院的定期公报，包括主要决议、指导方针、个别案件的判决，也属于正式法律效力渊源。同时，缔结或参加的国际条约比国内法具有优先适用的效力。

1. 诉讼程序制度

乌兹别克斯坦的法院体系是由宪法法院、最高法院、最高经济法院，卡帕卡尔帕克斯共和国最高法院和经济法院，市、区法院和经济法院组成的。法官任期 5 年。宪法明确规定了，国家的司法权独立于立法权、行政权、政党和社会主体。

宪法法院是负责违宪审查的最高司法机关，只服从国家宪法，其活动和组织程序受宪法保护和约束，一审终审，判决不得上诉。最高法院是国家民事、刑事和行政诉讼领域的最高司法机构，同时对其他法院实施司法监督。最高法院也采用一审制，判决在乌兹别克斯坦内必须执行。经济法院采取两级法院制，即最高经济法院和地方经济法院。

根据乌兹别克斯坦《经济诉讼法》的规定，发生在经济领域的纠纷以及本法及其他法律规定的管辖案件，由经济法院裁决，保护受侵害者的权益。案件主要包括企业法人与非企业法人之间的经济商业纠纷，法人企业与非法人企业和国家机关及其他机关间发生的经济管理纠纷，确认经济管理法令无效纠纷，企业与个人的经济纠纷等。

2. 仲裁制度

2016 年 10 月，乌兹别克斯坦颁布了《仲裁法》，规定仲裁法庭的设立和管辖范围，主要负责解决民事纠纷，包括企业与企业之间的经济纠纷，行政的、家庭的和劳动的经济争议案除外。根据《仲裁法》，乌兹别克斯坦设立常设仲裁庭与临时仲裁庭。临时仲裁庭由各方在争议产生时临时指定，负责解决提交仲裁的争议，争议解决后临时仲裁庭解散。

根据《乌兹别克斯坦投资法》《外国投资企业权益保障及保护措施法》的规定，在乌兹别克斯坦投资和经营引起的纠纷，可先由合作方协商解决，协商解决未果的，可提交乌兹别克斯坦经济法院裁决，法院可依据乌兹别克斯坦参加的国际协定所规定的程序和原则进行仲裁。协议双方也可以根据自愿约定，选择和确定商务合作或投资合作纠纷的仲裁诉讼国家。企业申请仲裁的纠纷事项，与乌兹别克斯坦投资项目无关时，也可以依据乌兹别克斯坦法律法规，但双方已经约定采用其他程序或者依据国际规范解决的除外。

3. 司法协助

1995 年，乌兹别克斯坦加入《纽约公约》（《承认及执行外国仲裁裁决公约》）、《民事、家庭和刑事案件的司法协助和法律关系缔结的明斯克公约》、《解决经济活动争议规定的基辅公约》，承认外国法院或国际仲裁机构裁决，并付诸执行。

1997 年 12 月，中国和乌兹别克斯坦签署了《关于民事和刑事司法协助的条约》，双方共同约定在各自境内承认对方境内做出的三类裁决并予以执行，即法院的民事判决、法院对刑事案件中有关损害赔偿做出的判决和仲裁裁决。

二、投资主管部门和投资行业限制

乌兹别克斯坦主管投资的机构主要有三个，分别为国家投资委员会、经济部、财政部。国家投资委员会负责全国范围内的国际集团公司企业及其分支机构投资登记；经济部与国际金融保险机构及投资国合作，制定鼓励投资的相关政策并实施重大项目投资；财政部对外国投资活动进行金融及税务调解，对本国政府获得的外国贷款进账进行核算和监督。一般性投资项目由国家投资委员会全权办理，大型投资项目则须经三个部门审核后，报内阁批准。

乌兹别克斯坦限制投资的行业主要包括国家垄断行业，比如，能源和重点矿产品开发，外资所占股份不得超过 50%，航空、铁路等行业则完全是国家垄断。国家鼓励并免除利润税、财产税、基础设施营建税等行业，主要包括无线电子、丝绸制品、包装材料、玩具制造、食品工业、医疗制药、机械加工、煤炭工业等。

三、企业法律制度

企业法律制度主要包括企业的注册登记制度、外国企业代表处的注册登记制度以及注册登记的出资比例等内容。

关于企业注册登记的规定：乌兹别克斯坦企业法对不同类型企业的注册登记作出了不同的规定，并向银行提出凯里企业经营所需账户的申请。主要分为三种不同登记注册方式。

在乌兹别克斯坦注册外资企业必须先后到乌兹别克斯坦银行、司法部、统计局、对外经济联络署、内务部、税务局、退休基金会、保险基金会等部门办理有关手续。乌兹别克斯坦司法部和对外经济联络署是外资企业的主要管理部门。在乌兹别克斯坦注册外资企业（包括贸易型外资企业）必须具备以下条件：注册资本总额不少于 15 万美元；外资企业创办的一方必须为外国法人；外资占企业注册资本的份额不能少于 30%。

注册外资企业的程序：外国投资者首先应在乌兹别克银行开设苏姆（乌本国货币）和外汇账户；办理注册登记手续之前，外国投资者需要在开户银行账户上存入 10 万美元并取得银行开具的开户证明，或者已将作为投资的设备运抵乌境内并由海关出具证明后，方可在乌司法部办理有关外资企业登记注册手续。

关于外国企业代表处的注册登记规定：外国公司可以在乌兹别克斯坦设立代表处，按照 2000 年 10 月内阁令的相关规定，代表处的注册登记由对外经济联络、投资与贸易部负责（表 4-1）。外国投资企业代表处不具备法人资格且不从事商业贸易活动，外国航空公司代表处除外。

表 4-1　代表处注册申请文件

序号	文件内容
1	外国投资公司经营活动信息
2	公司与乌兹别克斯坦当地企业和机构的业内联系及所签订的合同和协议
3	公司与当地企业开展合作的前景
4	开设代表处许可所要求的年限
5	代表处所属公司的成立文件
6	代表处所属公司在来源国注册登记信息
7	公司授权代表处文件及全部护照信息
8	企业主管确认并附有企业公章的代表处经营状况文件
9	房屋租赁保证函

1. 外国投资法律制度

乌兹别克斯坦的《投资法》和《外国投资法》规定，外国投资企业在乌兹别克斯坦境内实现投资，可以通过直接投资和并购两种形式。同时，按照乌兹别克斯坦国有资产交易国家委员会的相关法规，外国投资企业在出资购买乌兹别克斯坦企业资产（股份）时，还必须做出投资承诺，即在一定的期限内保证投入承诺的资金或现金的设备。有时乌兹别克斯坦会将破产或停产的企业以零价格出售给外国投资企业，但投资者必须做出相应的投资承诺。

就对乌兹别克斯坦的直接投资而言，外国投资企业购买私有股份公司股票，甚至拥有公司 100% 的股份，国家保障并保护在乌兹别克斯坦境内从事经营活动的外国投资企业的合法权益。直接投资可以通过以下具体方式实现。

（1）与乌兹别克斯坦的法人或自然人共同设立经营公司、合伙企业、银行、保险机构及在其他企业持有法定资本或其他财产的一定份额。

（2）设立并发展外国投资企业全资经营公司、合伙企业、银行、保险机构及其他企业。

（3）获得财产、股份及其他有价证券，包括乌兹别克斯坦居民发行的债券。

（4）投入知识产权，包括著作权、专利、商标、外观设计、商号及新技术、商业信誉。

（5）获得自然资源的租赁合同，包括勘探、开采、采掘或利用。

（6）获得贸易标的、服务领域、居所连同宅基地的所有权，以及土地及自然资源的支配和使用权。

（7）如果乌兹别克斯坦新颁布的法律有不利于投资者的条款，投资者可在投资之日起 10 年内继续沿用旧法律，同时，也可以选择执行新法律中对自己有利的条款。

（8）任何国家和地方行政机关不得干预外国投资企业的合法经营活动，对外国投资企业的资产不得实行国有化。

（9）外国投资企业有权决定投资的所有权、使用和支配权，外国投资企业的利润及红利可以自由汇出境外、进行再投资或者用于任何其他目的。

（10）合资企业在国家外汇交易所享有优先调汇权。

（11）合资企业注册并在外经贸部登记后，自然获得从事对外经贸活动的权利。

2013年7月，乌兹别克斯坦法院通过了《关于对部分鼓励吸引外国投资法律进行修改和补充的法律草案》，修改和补充了《关税法》《外国投资法》《保护外国投资企业权利的措施》等一些法律法规。2015年5月，颁布了《关于切实保护私有财产、小型企业和私营企业，为加快其发展消除障碍的保护措施》，提高了私有经济在国家经济中的作用和地位，促进了包括外国投资企业在内的私有经济成分的持续增长。

2. 税收法律制度

2008年1月1日，乌兹别克斯坦《税法》生效，管理税收的实行、核算和缴纳，以及其他归入乌兹别克斯坦预算和国家专项基金的强制性款项。为大量吸引外国投资，乌兹别克斯坦政府先后出台了多部外国投资优惠法律法规。乌兹别克斯坦有关税收优惠的法律法规，主要包括《向外资企业提供激励和优惠的补充决议》《鼓励吸引外国私人直接投资的补充措施的决议》《鼓励商品（工程、服务）出口的补充措施的决议》《保护私有财产和保证所有者权益法》《保证企业经营自由法》《关于促进吸引外国直接投资补充措施》的总统令等，不同程度地给予外国投资企业三年、五年或七年不等的税收优惠政策（表4-2）。

表4-2 乌兹别克斯坦主要税种与税率表

序号	主要税种	税率
1	个人所得税	7.5%
2	公司所得税	7.5%
3	增值税	20%
4	消费税	39%
5	法人财产税	4%
6	个人财产税	1.2%
7	土地税	约2205美元/公顷
8	公共事业及社会基础建设发展税	8%
9	统一社会税	25%
10	小微企业统一税（不含贸易和餐饮企业）	6%
11	社会餐饮服务企业税	10%
12	矿产开采税（天然气）	30%
13	矿产开采税（石油）	20%
14	矿产开采税（煤）	4%

3. 乌兹别克斯坦对中国企业的投资保护协定

乌兹别克斯坦对中国投资企业的双边投资保护协定，主要可以分为投资保护协定、税收征收协定和其他保护协定三部分（表4-3）。

表4-3　中乌投资双边保护及税收协定

投资保护协定	税收征收协定	其他保护协定
1992年3月，《关于鼓励和相互保护投资协定》	1996年7月，《关于避免双重征税和纺织偷漏税的协定》	1992年1月，《经济贸易协定》
2011年4月，《关于促进和保护投资的协定》（修订）	2011年4月，《关于修订1996年〈关于对所得避免双重征税和防止偷漏税的协定〉的议定书》	2011年10月，签订《关于成立政府间合作委员会的协定》

4. 外国投资法律风险

与中国的改革开放程度和现行经济体制比较，乌兹别克斯坦远未与国际接轨，对外开放程度较低，整个社会体制处于封闭保守状态，计划经济的特色仍然浓厚，社会风气是追求自身利益最大化，奉行实用主义精神。乌兹别克斯坦官方提倡经常项目实行外汇自由兑换，但实际操作中的外汇管制仍十分严格，当地企业、银行每年因为调汇问题至少拖欠中国投资企业五千万美元以上的债务。调汇因此也成为影响中国投资企业在乌兹别克斯坦投资积极性的首要问题。

鉴于乌兹别克斯坦计划经济色彩仍浓厚，经济生活中充斥大量的行政干预手段，易出现权力寻租现象。建议外国投资企业在乌兹别克斯坦投资时最好能与当地政府签署投资协议，并争取获得附有可享受优惠政策等详尽规定的总统令，作为后期外国投资企业运营和结算的可靠法律依据。同时，要避免对出口额和雇佣当地员工数量的过度承诺，以避免引起不必要的追责。

【相关案例】某中国企业与乌兹别克斯坦合作方合作生产摩托车，摩托车配件自中国发出抵达乌兹别克斯坦后，乌方合伙人借故将中方企业人员赶出厂房，称摩托车配件为自己一方所购，并出具了付款证明（中方企业称付款证明系乌方伪造），后经乌兹别克斯坦法院审理，判定中方企业败诉。

第二节　哈萨克斯坦投资相关法律法规

哈萨克斯坦作为总统制共和国，总统是哈萨克斯坦的国家元首，议会则是最高立法机构，行使立法职能，负责通过共和国宪法和法律并对其进行修改和补充、同意总统对总理、国家安全委员会主席、总检察长、国家银行行长的任命。政府是国家最高行政机关，行使国家行政权，对总统负责。司法上，实行法官独立审判制，法官只服从宪法和法律。

哈萨克斯坦在独立初期，颁布了《哈萨克斯坦共和国外国投资法》《哈萨克斯坦共和国对外经济活动基本法》《哈萨克斯坦共和国自由经济区法》《哈萨克斯坦共和国外汇调节和管理法》；1994年修订1991年颁布的《哈萨克斯坦共和国外国投资法》，同时发布了一系列和投资有关的总统令，包括《关于调整和发展1995年哈萨克斯坦外汇市场总统令》《总统关于放宽对外经济活动的命令》《总统关于外国人法律地位的命令》等；1996 年颁布了《哈萨克斯坦共和国关于刺激外国投资并向其提供优惠补充规定的总统令》；2003 年颁布了新的《哈萨克斯坦外国投资法》，同时通过了《哈萨克斯坦共和国享受投资优惠的优先投资活动种类清单》《哈萨克斯坦共和国投资基金法》《哈萨克斯坦共和国税法》《哈萨克斯坦共和国自由经济区法》和《哈萨克斯坦共和国海关法》。

一、立法体系

哈萨克斯坦的立法体系源于沿袭欧洲大陆国家的大陆法（罗马—日耳曼法法系），与法国、德国、荷兰、意大利等国家的法律传统相近。哈萨克斯坦在 1991 年独立后，最高立法机构的议会陆续颁布和完善了一系列成文法法律法规。《宪法》作为国家立法体系的核心和基础，在哈萨克斯坦同样具有最高级别的法律效力。除《宪法》外，哈萨克斯坦还有《民法》《刑法》《投资法》《税法》《劳动法》及《银行业务法》等基本法律。

1. 诉讼程序制度

哈萨克斯坦的法院组织架构，分为最高法院和地方法院。地方法院又分为州法院与市法院。另外，还设有专门负责军事相关案件的军事法院等各类专属管辖法院。最高法院的法官由上议院选出，州法院和市法院的法官则由总统任命。案件分为一级审理，和法律允许情况下的二级审理。土地、房屋等不动产纠纷案件由该不动产所在地的法院专属管辖。目前，哈萨克斯坦法院在诉讼活动适用的法律法规主要有《民事诉讼程序法》《刑事诉讼程序法》《执行诉讼程序和法院的执行者地位》以及《刑事执行法》。

外国投资企业在哈萨克斯坦发生经营纠纷时，一般先由双方谈判协商解决，协商无果的可启动诉讼程序，由哈萨克斯坦法院依据哈萨克斯坦法律予以裁判解决。对判决不服的，可以再申请双方签订的投资协议中约定的国际仲裁法庭裁决。国内法与国际公约相冲突的，国际公约效力优先，国内法与国际公约都没有规定的，适用国际惯例。

2. 仲裁制度

除了诉讼，哈萨克斯坦民事活动、商事活动的参与主体，也可以通过仲裁法院或者国际商事仲裁庭来解决法律纠纷。哈萨克斯坦仲裁法院只负责审理双方当事人均为哈萨克斯坦公民的仲裁案件。仲裁当事人之一是外国人或无国籍人时，争议则必须由国际商事仲裁庭负责审理。

仲裁当事人对仲裁法院或者国际商事仲裁庭的裁决不服的，可以向平行的诉讼法院提起上诉，由法院管辖。仲裁裁决具有司法效力，一方当事人拒绝执行仲裁裁决的，根据哈萨克斯坦法律，另一方当事人可以申请法院强制执行。

3. 司法协助

现行有效的 1966 年《华盛顿公约》（《关于解决国家与他国国民之间投资争端公约》）和 1958 年《纽约公约》（《承认及执行外国仲裁裁决公约》），哈萨克斯坦分别是缔约国和签约国。中国和哈萨克斯坦 1993 年签订的《关于民事和刑事司法协助条约》，已于 1995 年 7 月 11 日生效。哈萨克斯坦的司法效率目前处于全球中等偏上，特别是商事合同强制执行方面，在中亚五国中具备相当优势。

二、投资主管部门和投资行业限制

哈萨克斯坦投资和发展部，是国家投资主管部门。投资和发展部设有专门的投资委员会，主要负责实施国家有关保护、支持和监督投资活动的政策。接受和登记投资者要求提供优惠的申请，决定是否给予其投资优惠，并负责与投资者签署、登记或废止相关投资优惠合同，监督相关优惠政策的执行情况。

哈萨克斯坦鼓励外国企业或个人投资，大部分行业没有投资限制，尤其提倡外国投资者向非资源领域投资。但涉及国家安全的行业，限制投资或者禁止投资，比如，外资银行的资本份额不得超过内资银行总资本的25%；外国投资者只能在合法租赁年限内租用土地，不可获得土地所有权；企业转让矿产开发权或转让股份时，国家有权拒绝发放许可证。

三、企业法律制度

进入21世纪以来，哈萨克斯坦走上了积极创造条件吸引外国投资的道路。政府和相关部门制定了大量招商引资政策，设立了专门服务于投资的行政机构，完善了投资法律体系。《哈萨克斯坦投资法》规定，投资哈萨克斯坦的外国企业或个人，可以根据需要设立三种形式的注册机构，分别是哈萨克斯坦法人实体，外国公司的分公司和代表处。外国投资企业必须进行审批或注册登记。

普通外国投资企业的注册登记由国家设立的机关办理，资本超过一个亿本币的外国投资企业则必须由政府审核批准。符合设立条件的外国投资申请企业，会被注册机关或政府授予一般许可证或者专项许可证，许可证的签发，标志着该外国投资企业在哈萨克斯坦具备了从事商业贸易行为的商事权利能力和商事行为能力。即便是符合外国投资优惠政策的外国投资企业，也必须提出申请，并等待哈萨克斯坦授权机关的实证性审议，才有可能享有优惠待遇。

在哈萨克斯坦设立外商投资法人实体的，又主要细分为两种法人，股份公司和有限合伙公司。相比较于股份公司，有限合伙公司因注册资本门槛低、经营范围广、监管严格且股权转让程序简便，享有更好的法律保护力。外国投资企业的子公司是拥有独立财产、注册名称和公司章程，以自己的名义从事商事贸易活动，并承担责任的法人商主体。而分公司和代表处的区别是，分公司可以接受总公司的委托，从事法人在分公司所在区域的生产经营活动，行使管理权限，同时承担执行公司规章制度、管理规程和工作指令的义务，对所承担的工作负责；而代表处不能从事生产经营活动，只能以总公司法人名义签订合同、接受货物、现金付账并完成公司指派的委托。

1. 外国投资法律制度

2003年，哈萨克斯坦颁布了《投资法》，具体规定政府外国投资的管理程序和优惠鼓励办法。作为政府的授权机关，哈萨克斯坦投资发展部投资委员会负责引导外国投资流向优先发展行业，并提供优惠政策支持。在哈萨克斯坦投资的外资企业，有可能面临国有化和国家征用的情况。对于被收归国有和被征用的投资人的权益保障，《哈萨克斯坦宪法》明确规定："除法院判决外，任何人都不能剥夺个人财产。在法律没有特别规定情况下，对用于国家目的的财产强制收归国有，可按其等价的条件予以补偿。"哈萨克斯坦外国投资的法律环境优势，主要表现在六个方面。

第一，外国投资企业依据哈萨克斯坦国内实体法和程序法建立的外国投资企业与其国内企业享有同等的法人资格，在市场上具有平等法律地位。

第二，向外国投资企业在税收、关税和国家实物赠予等方面都给予了优惠或免除政策。

第三，授予外国投资企业税后利润的自由支配权、财产国有化和被征收的补偿权和可就争议向国际仲裁庭提起仲裁的仲裁权。

第四，征税系统不断完善，税率持续下降。

第五，逐步放宽了外汇管制。

第六，外国投资企业设立企业的注册程序简化、成本降低。

同时，哈萨克斯坦外国投资法律环境的劣势，主要存在以下几点。

第一，设置投资准入壁垒，限制了外国投资企业的股权比例或者投资总额。

第二，设置投资经营壁垒，限制外国投资企业的股权转让和股权退出权利。

第三，外国投资企业收益较低。

第四，外国劳动力准入壁垒，《哈萨克斯坦成分法》严格限制雇佣本国员工与外国员工的比例，要求逐年减少外国员工雇用数量。

第五，投资资源具有较大的使用限制。

另外，哈萨克斯坦2003年的《外国投资法》还规定了投资特惠的种类，包括税务投资特惠、免交关税和国家实物赠予，分别规定了投资特惠的程序和投资特惠的条件。投资特惠的条件根据投资规模确定，投资特惠的期限从合同中规定的投资特惠时间开始计算，最长不超过五年。

2. 税收法律规定

2009年1月1日，哈萨克斯坦的新《税法》正式生效。税收管理采用属地原则，依据纳税人所得是否来源于本国境内来确定其应否承担纳税义务，不考虑属人主义的纳税人国籍问题。根据该税法，哈萨克斯坦的主要税种包括企业所得税、增值税、个人所得税、社会税、消费税、土地税、财产税、运输工具税、矿产开采税及其他专项税费（表4-4）。

哈萨克斯坦对外国人投资免除关税的期限是一年，这一期限可延期，但最长不超过五年，关税减免的对象则主要是一些哈萨克斯坦无法生产的机械设备。

表4-4 主要税种的税收规定

税种	税收规定
企业所得税	税基抵扣项目，包括在用建筑、设施和机械设备 取消中小企业预付企业所得税的规定 亏损企业10年内可摊销亏损（原规定3年），即在缴纳企业所得税时抵扣
增值税	增值税从13%降到12% 增值税缴纳增加国家财政返还供货方和购货方已缴纳的增值税差额部分2012年1月1日实施"借方差额退税制"
个人所得税	税率为10%

税种	税收规定
社会税	税率为 11% 雇主为雇员交付的社会税覆盖养老、失业、医疗等方面
消费税	限定为某些商品和经营活动，包括酒精、含酒精产品、鱼子、巧克力、烟草制品、珠宝制品、毛皮皮革制品、汽车汽油、柴油、原材料和原油等。税率由政府根据商品价值和数量按百分比具体确定
土地税	渐进式土地使用税，税率从 0.1%~0.5% 不等 保留原有的农业税 从事农业生产的法人企业减征 70% 农产品加工企业增值税减征 70%
财产税	减少个人财产税的征收种类，增加对贵重物品的税率 法人企业财产税率增加到 0.05%~1%，按照财产和固定资产的平均价值缴纳

3. 外国投资法律风险

2018 年，在全球经济增速持续放缓、世界金融危机蔓延、国内投资政策多变、本币贬值等诸多不利因素的影响下，哈萨克斯坦国内的投资环境，同政策环境、市场环境、行政环境一样，也存在着大量的不确定性。因为政府管控力度不断加大，哈萨克斯坦国内的投资环境已经与其前期保持了持续增长的宽松度、自由度差别突显。哈萨克斯坦一方面加强对外国投资企业的管控，同时，又越来越意识到对外国投资企业的依存度不断增加，表现在以下两个方面。

（1）政府对外国投资企业的政府管控逐渐增强。从维护本国利益出发，哈萨克斯坦政府对外国投资进入和外国投资企业政策的调整力度日益加大，近年来，大量颁布的新政策，包括企业注册、企业采购、企业用工和税收等方面，许多是采取了直接限制性措施。同时，对外国投资企业的安全管理和环保标准，要求也越来越高，如不断提高的环境排污收费，很大程度上加重了外国投资企业的经济成本负担。

2009 年，哈萨克斯坦颁布《含量法》，规定在商品采购、服务采购和工程招标中，哈萨克斯坦本国的商品、服务和工程应占的最低比重以及企业雇工中哈萨克斯坦籍员工与外国员工的比例标准，要求企业强制培训和提高哈萨克斯坦籍员工的专业水平，同时逐年减少外国员工的雇佣数量。

自 2008 年 6 月，哈萨克斯坦开始大幅度提高外国劳务的许可标准，在受教育程度、工作年限、专业工作经验等不同方面提出新的高要求，劳务许可申请文件和办理程序也加大了难度。2017 年新修改的《哈萨克斯坦劳务法》规定，自 2017 年 1 月 1 日起，最低工资标准从2016 年的 22859 坚戈上调到 24459 坚戈，加班工资、节假日工资、夜间工资的计算方法均不得低于平时工资的 1.5 倍。除此之外，政府部门还经常要求企业进行不同名目的捐赠、赞助和公益事业，限制企业裁员和降薪。

（2）政府对外国投资的依存度加大。由于哈萨克斯坦的国家经济结构单一，缺少增长的新劳动力，最近两年的经济指标下滑和财政收入持续缩水，都显示哈萨克斯坦并未走出经济萧条时期。这就迫使政府不得不在加强对外国投资企业管控的同时，致力于大力吸引外国投资，制定出各类外国投资优惠政策。

【相关案例1】北里海运营公司（负责哈萨克斯坦某油田的开采），因油田输气管泄露，违法燃烧伴生气，哈萨克斯坦政府对其作出 7.3 亿美元巨额罚款的处罚。该公司与哈萨克斯坦政府协商未果后，通过哈萨克斯坦法院提起诉讼。哈萨克斯坦法院一审、二审均维持原政府处罚决定。目前，北海里运营公司正考虑通过国际仲裁途径解决该纠纷。

【相关案例2】"卡拉特伯国际石油公司诉哈萨克斯坦政府" 案中，争议焦点包括双方对 "投资者" 概念的不同理解。卡拉特伯国际石油公司认为自己在哈萨克斯坦境内设立的子公司属于哈萨克斯坦法律规定的 "投资者"。但哈萨克斯坦主张不应认定该公司为法律所规定的 "投资者"。可见，双方对在本国境内居住的具有他国国籍的投资者的身份存在不同的认定标准。这一争议产生的原因在于《哈萨克斯坦外国投资法》和两国间的双边投资保护协定关于 "投资者" 的定义不明确。

第三节　塔吉克斯坦投资法律

塔吉克斯坦实行总统制，总统是国家元首、政府首脑和军事统帅。总统由全民直接选举产生，每届任期 7 年。议会是国家最高立法机关，分为上院和下院。塔吉克斯坦 1992 年制定并颁布《外国投资法》，2005 年颁布《关于鼓励吸引私人外商直接投资的补充措施的总统令》，2007 年颁布了《外国投资法》。

2007 年 1 月，中国与塔吉克斯坦签订了《中华人民共和国和塔吉克斯坦共和国睦邻友好合作条约》。2013 年 5 月，中塔两国签订《中华人民共和国和塔吉克斯坦共和国关于建立战略伙伴关系的联合宣言》。2014 年 9 月 13 日，签订《中华人民共和国和塔吉克斯坦共和国关于进一步发展和深化战略伙伴关系的联合宣言》。

2017 年 8 月，中塔两国签订《中华人民共和国和塔吉克斯坦共和国关于建立全面战略伙伴关系的联合声明》。8 月 31 日，两国政府签署了《中塔合作规划纲要》。中塔两国的双边条约、联合声明及合作规划纲要，均具有重要的历史和现实意义，为两国关系长期和稳定发展奠定了坚实的投资法律环境。

一、立法体系

塔吉克斯坦是大陆法系国家，目前，虽然有些领域仍是法律真空，但近年来，塔吉克斯坦政府为大力吸引外国投资，陆续颁布和修订了多部法律法规。主要包括《塔吉克斯坦共和国投资法》《塔吉克斯坦共和国对外经济活动法》《塔吉克斯坦税法》《塔吉克斯坦共和国外汇管理》等。

1. 诉讼程序制度

塔吉克斯坦的法院体系主要包括宪法法院、最高法院、最高经济法院、军事法院州法院、市法院和区法院。法院根据宪法授权，在全国范围内行使司法权。但塔吉克斯塔并不接受国际法院的强制管辖，法律执行情况由其检察院实行独立检查。法官的任期是 5 年。

塔吉克斯坦境内的法律关系主体主要由民法、刑法等实体法保护合法权益，并根据相关诉讼程序法进行诉讼。1994 年，塔吉克斯坦还颁布了《塔吉克斯坦国家公证法》，以保证塔吉克斯坦公民在经济贸易活动中的合法权益。投资塔吉克斯坦的企业在经营过程中发生的纠纷，可以根据双边条约、企业间协议和塔吉克斯坦相关的国内法律法规，通过司法途径加以解决，但法律的落实和执行有待提高。

2. 司法协助

1958 年的《承认及执行外国仲裁裁决公约》，处理外国仲裁裁决的承认和仲裁条款的执行问题。塔吉克斯坦是该公约的无保留缔约国之一。在不违反塔吉克斯坦法律法规情况下，塔吉克斯坦法院可以承认和执行任何外国法院的裁判、仲裁机构的仲裁裁决。

中国和塔吉克斯坦签署的民事和刑事司法协助双边条约，有效提升并保护了中资企业在塔吉克斯坦的司法保护程度。两国的民商事主体产生的经济纠纷，可以按照两国在 1993 年签署的《关于鼓励和保护投资协定》的相关仲裁规定，进行特别处理。例如，合同的一方当事人提出争议后六个月内通过外交途径未解决的，应提交专设仲裁庭裁决，仲裁庭设仲裁员三位，分别由双方当事人选定和仲裁委员会主任指定。

二、投资主管部门和投资行业限制

塔吉克斯坦的投资主管部门是投资和国有资产管理委员会及经贸部外资管理局。投资行业方面，禁止博彩业；限制军工、金融、矿藏、航空和法律服务等行业，这些行业投资必须获得政府签发的许可证；鼓励能源行业、公路隧道桥梁建设、农业领域和农产品深加工行业等。

三、企业和投资法律制度

塔吉克斯坦鼓励和开放能源、水电、公路、桥梁等领域大力欢迎外国投资进入，目前对外国投资的依存度较高。投资法律方面，表现在塔吉克斯坦政府出台了《投资法》《外汇管理法》《对外经济活动法》《税法》等政策法规。其中《投资法》明确规定为外国投资企业提供全面权益保护，投资者有权利在《投资法》新修订之日起 5 年内选择对自己有利的条款执行。

《塔吉克斯坦企业法》《塔吉克斯坦企业注册法》以及《塔吉克斯坦外商投资法》是外国投资企业在塔吉克斯坦设立和运营公司企业的主要法律根据，规定了企业设立的类型、经营活动规则、企业管理制度等基本内容和程序。

根据塔吉克斯坦《企业法》，本国和外国投资企业的类型，包括国有企业、私营企业以及混合所有制企业。企业应当依法登记，根据自有章程从事经营一般性活动，特别性经营活动则需要经过政府授权和许可。

在保护私营企业发展方面，2014 年 7 月，塔吉克斯坦议会通过了《企业经营国家保护支持法》。该法案规定创立 "企业经营国家支持基金"，旨在发展私营经营、创造就业岗位、吸引外商投资。2015 年 6 月，塔吉克斯坦颁布《经营实体活动检查法》，防止经营实体长期、无根据和重复的检查，保障企业检查工作的透明度。

1. 税收法律制度

塔吉克斯坦的税收体系，由国税和地税两大部分组成（表 4-5）。

表 4-5　塔吉克斯坦的主要税种

国税税种	地税税种
法人盈利税	零售税
个人所得税、消费税	不动产税
土地税、消费税	商品加工税
消费税	其他地方强制税
个人所得税	
矿产开采税	
公路使用税	

2. 外国投资法律风险

2016 年，在 176 个国家地区的清廉指数排名中，塔吉克斯坦名列第 151 位。可见，塔吉克斯坦的外国投资企业对其司法系统的担忧客观存在。而且，塔吉克斯坦并未签署《纽约公约》（《承认及执行外国仲裁裁决公约》），因此，也不承认国际仲裁裁决。塔吉克斯坦对自己国家法律的执行和解释相当随意，投资当地的外国企业应当聘请当地律师作为法律顾问，并通过关注典型案例来了解塔吉克斯坦法律条文的解释尺度、审判方法和执行情况，尤其是争议较多的税收案例。

塔吉克斯坦在吸引外国投资的政策执行方面常被诟病。20 世纪 90 年代初，塔吉克斯坦独立后即颁布的《塔吉克斯坦投资法》规定，企业雇佣员工中本国员工的比例不得少于 70%。后来为了加大外国投资的招商引资，塔吉克斯坦新颁布的《投资法》废止了这个 70% 比例的限制性规定。但是在当地的实际雇佣状况中，政府通过双方投资协议等方式变相强增用工比例的要求，有的地方执行着更高的本国员工雇用比例。2016 年，由于俄罗斯经济极度衰退，大量在俄罗斯务工的塔吉克斯坦劳工回归，导致严重的劳动力过剩，政府在就业方面压力越来越大，对外籍劳工的限制呈更加严格的趋势。

【相关案例】某中资企业与塔吉克斯坦企业签订了《设备设计与安装合同》，并付诸履行。合同履行过程中，塔吉克斯坦一方当事人资金链断裂，导致项目长期停工，给中方企业造成巨大损失，双方也均未投保相关投资经营险。

第四节　吉尔吉斯斯坦投资相关法律法规

1993 年 5 月，吉尔吉斯斯坦议会通过了独立后的第一部《宪法》，正式确立了吉尔吉斯斯坦是建立在法制、世俗国家基础上的单一制民主共和国，总统为国家元首，实行立法、行政、司法三权分立。2010 年，全民公决通过新《宪法》，吉尔吉斯斯坦的政体由总统制变更为议会共和制。议会实行一院制，由 120 名议员组成，任期 5 年。总统权力受到削弱，任期 6 年，不可连任。

吉尔吉斯斯坦在 1991 年颁布了《吉尔吉斯斯坦外国投资法》，1992 年颁布了《吉尔吉斯斯坦共和国对外经济活动基本法》《吉尔吉斯斯坦共和国自由经济区法》《吉尔吉斯斯坦共和国租让和租让给外国人企业法》，1993 年则修改了 1991 年制定的《外国投资法》，与此同时，《反垄断和保护竞争法》《海关关税法》也应运而生。吉尔吉斯斯坦在 1996 年修改 1992 年颁布的《自由经济区法》，1997 年颁布了新的《外国投资法》。吉尔吉斯斯坦也于 2003 年颁布新的《外国投资法》，2004 年签署新的《自由经济区法》。2018 年 6 月 6 日，两国元首共同签署了《中华人民共和国和吉尔吉斯共和国关于建立全面战略伙伴关系联合声明》，并见证了双边各项合作文件的签署。

一、立法体系

吉尔吉斯斯坦虽地处中亚，其立法体系却深受苏联和东欧国家的社会主义法律传统影响。具体到外国投资企业的相关法律法规，时有变动，并不稳定，法律环境的风险性较高。

吉尔吉斯斯坦的立法体系比较完善。宪法行政法领域有宪法、行政法、移民法、税法、海关法等；商业法领域有商业合同法、国际贸易法、商标法、版权法、国际贸易法等；经济法领域有土地法、能源法、消保法、产品责任法、环保法、反垄断法等。

二、诉讼程序制度

吉尔吉斯斯坦的法院体系分为宪法法院和普通法院，后者包括初级法院、中级法院和最高法院。普通法院都拥有三个庭审部门，分别是刑事案件和行政违法案件部、民事案件部、行政和经济案件部。普通案件实行两审终审。

1. 仲裁制度

外国投资企业与政府的投资争议，先依照双方的议定程序解决。没有议定程序的，由双方协商解决。三个月内协商解决不了，且没有任何一方申请仲裁的，则可以启动诉讼程序，由吉尔吉斯斯坦法院受理。申请仲裁的争议当事人可以选择国际投资争端解决中心、仲裁法院或者依照《联合国国际贸易法委员会仲裁规则》成立的临时商业仲裁法院中的任何一个机构，提交仲裁申请。

2. 司法协助

1997 年，吉尔吉斯斯坦与中国签署了《关于民事和刑事司法互助的条约》等一系列双边互助协议，并加入《承认及执行外国仲裁裁决公约》。依据该公约，争议主体有权申请吉尔吉斯斯坦法院承认并强制执行外国仲裁法庭的仲裁裁决。

但吉尔吉斯斯坦独立 20 多年来，国家政体经历了议会制到总统制，总统制再到议会制的多重变革，导致其司法行政和司法执行效率相对很低，地方法律变动频繁，整体法律环境较差。

3. 投资主管部门和投资行业限制

吉尔吉斯斯坦的外国投资主管部门是吉尔吉斯斯坦经济部，与国家管理委员会及行政机构，共同确立吸引外资直接投资的政策方针和优先行业。吉尔吉斯斯坦目前对外国投资者实行国民待遇，外资投资领域尚无任何行业限制。

三、企业法律制度

吉尔吉斯斯坦的《公司法》对该国公司的注册、管理、运营和破产情况做了具体规定，对公司责任、义务以及内部部门进行了划分。就企业的注册类型来说，主要包括个体企业、全合作形式、两合公司、有限公司、附加责任公司、股份公司、代表处和分公司。

企业注册登记方面，负责企业设立的主要有三个登记注册机关，分别是吉尔吉斯斯坦司法部、国家统计委员会和国家税务监察局。司法部在每个州区设有司法管理局，国家统计委员会则负责将注册资料登记入国家统一投资名录。

1. 外国投资法律制度

外国投资企业具备与吉尔吉斯斯坦本国投资者同等的法律地位，可以单独设立独资企业，也可以与吉尔吉斯斯坦或其他外国投资企业进行合资注册，从事商业贸易活动。同时，外国投资企业可以购买公司股票等有价证券，并有权参与国家私有化规划。

早于1992年，吉尔吉斯斯坦就与中国签订了《中华人民共和国政府和吉尔吉斯斯坦共和国政府关于鼓励和相互保护投资的协定》。2003年3月27日，《吉尔吉斯斯坦投资法》正式实施，主要内容包括投资者有权绕过国家内部程序，直接向国际仲裁委员会投诉；现有法律稳定十年不变的规定，包括投资、税收、环保等法律法规，投资者有权在其修改修订之日起10年内选择有利的条款遵守；保证外国投资企业与本土投资者享有均等的投资条件等。

2. 税收法律规定

吉尔吉斯斯坦的征税范围覆盖民商事主体的个人收入或商业利润、固定商品价值、自然资源使用、法人与自然人资产、产品增值、生产与服务收入，以及法律规定的其他税源（表4-6）。

表4-6 吉尔吉斯斯坦主要税种和税率

税种	税率
增值税	按商品总额的20%计提
零售贸易与居民服务税	按零售额与服务额的4%计提
公路税	按产品产值与服务额的0.8%，商品额的0.08%计提
紧急状态预防与消除规费	按自产产品销售额，或商品利润的1.5%计提
利润税	10%
所得税	20%
社会保险基金	员工支付工资基数8%的税额，雇主支付21%

企业所得税、增值税和个人所得税，是吉尔吉斯斯坦的主要税种。但外国投资企业在吉尔吉斯斯坦办理纳税的手续相当繁杂，实际很大程度增加了纳税负担，另外，税务管理制度

也有待进一步加强。

3. 外国投资法律风险

虽然吉尔吉斯斯坦政府大力吸引外资，倡导积极扶持外国投资企业，但却一直缺乏相应的优惠政策，实务中政策的执行落实率偏低。不少所谓的"中间人"针对外国投资企业急于打开吉尔吉斯斯坦国内市场的心理，虚假承诺帮助，对诸多投资企业进行商业诈骗。

【相关案例】吉尔吉斯斯坦政权动荡，经济下滑严重，每年均发生数起针对中国投资企业和个体工商户的刑事案件，最多的一年有22名中国企业人员被害，治安状况相当不好。

第五节　土库曼斯坦投资法

土库曼斯坦实行国家立法、行政和司法三权分立的政治制度和总统制。总统是国家元首和最高行政首脑，由全民直接选举产生。土库曼斯坦议会，即国民议会，是国家最高立法机构。内阁是国家最高行政机关，由总统直接领导。国家最高司法机构则由最高法院和最高检察院组成，大法官由总统任命，任期5年。实行宗教信仰自由，禁止宗教干预国家政治生活。

1992年，土库曼斯坦颁布了《土库曼斯坦外国投资法》和《土库曼斯坦外国投资活动法》，1993年通过了《总统关于保障外国投资和资本的决议》对《投资活动法》予以增补，2008年颁布新的《外国投资法》，2009年开始实施《土库曼斯坦海商法》。

2013年9月3日，中国和土库曼斯坦在阿什哈巴德签署了《中华人民共和国和土库曼斯坦关于建立战略伙伴关系的联合宣言》，同年11月，两国签署了《中华人民共和国和土库曼斯坦联合声明》。

一、立法体系

同其他四个中亚国家一样，土库曼斯坦也属于大陆法系国家，根据《土库曼斯坦法规法》，其立法体系则按照法律效力从高到低，由宪法、全民公决法律、法律、总统指令与命令、国民议会决议、内阁决议、各部委和国家中央管理部门的规章、市区长命令以及地区会议的决定共同组成。总检察院负责监督法律法规的一致性。立法机构制定的主要法律法规包括《外国投资法》《企业法》《股份公司法》《破产法》《境外国有资产法》《所有制法》等。

诉讼程序制度如下。

土库曼斯坦的司法体系由最高法院、仲裁法院、州法院、区法院和市法院构成。最高法院的设立和撤销依据宪法执行，其他法院的设立和撤销则依据总统法律执行。法院设立的数量和陪审员的任命是由总统根据最高法院院长的提名来决定的。

土库曼斯坦的司法执行效率较低，且有一定的司法腐败现象。司法协助方面，因为土库曼斯坦尚未参加1958年的《承认及执行外国仲裁裁决公约》，导致外国仲裁裁决在土库曼斯坦的执行存在一定障碍。

二、投资主管部门与投资行业限制

土库曼斯坦内阁和经济发展部共同负责协调管理外国投资者对本国的投资活动。内阁主要负责制定国际投资合作政策并监督落实和确定优先引资项目、领域和地区。经济发展部则负责协调外资领域的活动，建立和管理外商投资项目筹备和实施进度的资料库，组织对外商投资项目鉴定和注册，为外国投资者提供市场信息服务和咨询服务等。

土库曼斯坦将投资行业分为鼓励行业、限制和禁止行业及其他行业三大类。鼓励投资的行业包括纺织行业、矿场资源开采加工业、基础设施建设、旅游业等。限制和禁止的行业主要包括卫生制药、食品生产销售、能源产品销售、化工产品生产销售、危险品储藏运输、银行证券保险博彩、航空海河运公路运输、电力通信、建材建筑、教育出版印刷、有色金属、法律服务和文化传媒等。

三、企业法律制度

土库曼斯坦制定和颁布了《企业法》和《股份公司法》。依据这两部法律，土库曼斯坦企业的主要类型包括国有企业、个体企业、合作企业、社团企业、合伙公司和股份公司。

土库曼斯坦《股份公司法》规定了股份公司的设立、经营、变更、解散，并明确了股东的权利和义务。其中股份公司又分为开放型和封闭型两种。

1. 外国投资法律制度

2007年，土库曼斯坦颁布了《外国投资法》，规定了一系列鼓励和吸引外国投资的政策，包括在海关、进出口管理、税收等方面提供优惠措施，并鼓励外商投资进入矿产资源开采和加工矿业、基础设施建设等领域。2009年12月，土库曼斯坦和中国签署了避免双重征税协定。土库曼斯坦国际产能合作和装备制造业法律规定见表4-7。

表4-7 国际产能合作和装备制造业法律规定

允许外商投资的方式	与本国法人和自然人共同参股企业，设立外国投资全资企业、外国法人分支机构或获取现有企业的所有权，取得动产和不动产，提供外国借款和放贷，取得土库曼斯坦法律规定的产权和非产权
允许外商投资的形式	外汇、其他货币财富及土库曼斯坦货币，动产和不动产，股票、债券，任何有价值的知识产权，有偿服务，其他
鼓励的行业	纺织行业、矿产资源开采和加工、基础设施建设、旅游业等
限制或禁止的行业	卫生、制药、渔业、能源产品销售、食品生产和销售、危险品储藏和运输、航空、海运和内河航运、公路运输、电力、通信、化工产品生产和销售、建材生产、建筑、教育、出版和印刷、旅游、体育休闲、博彩、保险、证券、资产评估、银行、有色金属等

2. 税收法律制度

依据土库曼斯坦《税法》的规定，土库曼斯坦的主要税种及税率见表4-8。

表 4-8　土库曼斯坦主要税种及税率

主要税种	税率
分支机构利润税	20%
外国法人企业利润税	8%
出资红利税	15%
增值税	15%
财产税	1%
所得税	10%
社会保险	20%

3. 外国投资法律风险

由于土库曼斯坦国家货币马纳特的稳定性较差，目前仍旧处于进一步贬值预期之中，投资土库曼斯坦投资的外国企业，尤其应当注意规避汇率风险。而且，土库曼斯坦政府一直不断加强严格外汇管制，也在相当大的程度上影响了投资合作的两方企业的合作经营活动。外国投资企业与土库曼斯坦企业签订投资合作协议时，应合理规避使用土库曼斯坦马纳特作为合同计价货币。

【相关案例】投资实务操作中，中国投资土库曼斯坦的企业普遍面临企业注册难的问题，提交了完备的注册材料也往往被土库曼斯坦经济发展部和国家商品原料交易所拒批。

综上所述，中亚五国虽然在政治、经济、历史、文化和制度方面发展各不相同，但总体投资环境比较腐败，行政执法和司法独立效力都偏低，政府信用及透明度成为外国投资企业最为忌惮的方面。外国投资企业不可避免地面临着诸多方面的法律风险，主要可以归纳为五种类型。

（1）政治因素法律风险。外国投资的政治因素法律风险是指投资企业在东道国受政治因素影响，使企业的盈利或者既定目标产生波动的法律风险。因政治因素导致的法律风险是中国投资企业对外投资所面临的法律风险中最不可控的风险。当一些对外投资活动影响东道国重大利益时，东道国往往会对这些项目进行政治化处理，采用司法或行政手段对投资项目进行干预，主要表现为政府违约和以外汇管制、市场控制为主的经营性限制。

（2）政策和法律变动风险。政策和法律变动风险是中国投资企业从事对外投资活动中所面临的较为突出的风险。中亚五国因法律制度的频繁修改以及政策的频繁变动，在一定限度上导致中国投资企业的利益长期处于不确定状态。经济衰退、法律体系不完善、执政党理念不同等诸多因素，都有可能引发东道国的法律制度频繁修改和政策频繁变动。而法律制度和政策的频繁变动，往往会直接影响中国投资企业的经营活动，有时甚至直接损害中国投资企业的合法权益。

（3）双重征税与税收优惠法律风险。境外所得税收抵免制度和境外税收征收优惠政策事关国家税收利益的维护和纳税人税收利益的保护，必须兼顾税收效率与公平原则，才能更好地实现国家间税收利益的协调，使企业负担合理税负以鼓励和推动对外投资的深入和有效实施。现行企业境外所得税收抵免制度的法律风险将会阻碍资本、技术等生产要素在东道国的配置，难以较好地配合我国对外投资企业在东道国的投资以及进行国际竞争的现实需要。

（4）劳动雇佣法律风险。中亚五国作为发展中国家，为了通过吸收利用外国投资解决本国的就业问题和培训本国的技术力量，一般较严格地限制雇用外国人，尤其是通过外资立法对雇佣外国技术和管理人员加以限制，如《投资法》规定经营必须雇佣一定比例的本国雇员。若中国投资企业对东道国相关劳动立法，如雇佣制度、劳资标准、劳动强度标准等缺乏了解，则会导致与东道国雇员频繁发生劳资纠纷和劳工权益保障纠纷。

（5）环境保护法律风险。部分对外投资项目的性质决定了与东道国的环境保护有着密切的关系，如能源项目和基础设施建设相关的投资活动。中国对外投资企业对东道国的某些投资建设产生的大气污染、水体污染、土地资源污染、噪声污染、热污染、放射性污染、固体废物的污染等，会使当地的生态环境和自然资源遭到破坏，导致东道国政府、环境保护组织以及当地民众对投资项目的反对和阻碍，引发环境保护法律风险。

第六节　针对外国投资法律风险的防范措施

根据中亚五国投资法律风险的五种类型及其来源，外国投资企业可以有针对性地以优选投资项目、法律尽职调查、实地考察座谈、审慎签署投资协议、利用保险机构分散投资风险和选派高效管理团队等多项具体措施为主要考虑方向，从宏观到微观，从框架到内容，逐步建立起制度先进、结构合理、切实有效的外国投资中亚五国的法律风险防范机制。"一带一路"中亚产能合作前景广阔乐观，但是投资者依然需要"大胆假设，小心求证"，在众多风口中辨清方向。中国在中亚国家的直接投资正逐年扩大，随着投资的日益增加，投资争议问题也越来越多。哈萨克斯坦是中亚代表性国家，哈萨克斯坦解决投资争议的现行法律规则以单边、双边、区域、多边层次法律规范体系形式存在。目前，中资在哈萨克斯坦面临投资壁垒较多，法规修改频繁，政策多变，连续性和稳定性较差，利用政府强权干预市场等多种投资风险。中国政府应推动两国修订双边投资协定，扩大对投资的界定，对投资争议全面接受ICSID仲裁管辖权。中资企业应掌握并运用哈萨克斯坦的投资争议解决机制，维护自己的合法投资权益。中国政府应与中亚各国积极签订或修订区域性的投资准入与保护协定，以确保中资在中亚地区的合法权益与长远发展。中亚自由贸易区的法律要遵守《联合国宪章》，维持国际和平稳定及促进国际合作和尊重人权的宗旨，并且不能违背《联合国宪章》各会员主权平等、和平解决国际争端、各会员充分尊重联合国权利的原则。

一、优选投资项目

优良的投资项目是投资成功的一半。中国投资企业应在紧密结合中亚五国当地的市场需求和利用当地的投资环境的基础上，尽量准确掌握有关投资信息，考虑市场容量因素，对投资项目进行详细深入的可行性分析，做出客观全面的投资评估。尤其应该扬长避短选择投资方具有技术和成本相对优势的项目予以投资。针对中亚五国的投资政策在不断调整和完善的现状，投资规模建议采用循序渐进模式，中小型项目比大型项目较容易适应政策的持续变化。中国投资企业应当尽量选择投资少、回收快的项目予以投资，输出国内成熟的生产技术和生产设备，缩短见效周期，为后期进一步发展奠定基础。据有关数据显示，中国企业投资当地的合资项目在经营中出现的问题较多，建议有条件的中国投资企业尽量设立独资经营企业。

1. 注重尽职调查

尽职调查要求深入研究东道国的投资经营环境，充分做好股权投资、固定资产投资、金融产品投资和其他投资的法律风险评估。将法律论证与市场论证、技术论证、财务论证有机结合，实现从可行性论证到立项决策、从谈判签约到项目实施全程参与，确保法律风险防范全覆盖。了解东道国在政治、经济、法律法规、市场需求、投资、贸易、税收、环保、劳工、外汇、吸引外资政策、税收征管、外汇管理，以及东道国与投资相关的法律和投资争端解决机制等诸多重要方面的情况，做好信息收集和备案。建议聘请涉外律师或当地律师，从前期投资论证阶段的尽职调查，服务到后期投资实施阶段的穿透性商务尽职调查，包括但不限于投资架构设计、起草审查投资协议、合理避免双重征税等，出具专项法律意见报告等。

2. 进行实地考察和座谈

实地调查和座谈工作是对外投资活动成功与否的一项决定性行为。中国投资企业要尽量多地与东道国当地政府、管理部门交往，增进了解，并对消费市场、商业习惯、用工习惯和文化习俗进行实地考察。建议采用与当地相关企业的主要负责人员进行座谈、提出和分析实际问题，做出尽量客观准确的预判。同时，特别对当地的合作伙伴进行全面了解和深入沟通，了解合作方的资信状况，确保双方都有诚意和执行力，能够公平、公开、公正地商谈投资合作项目。与东道国主管投资的政府部门和投资合作方的充分座谈，可以判断合作伙伴是否可靠。中亚五国的投资政策和产业政策经常变化，以及税务司法海关等执法机关随意性大的现状，决定了可靠的投资合作方在整个投资运作中至关重要作用。

二、慎重签署投资协议

合法有效、清晰明确的投资协议能有效避免后期不必要的争讼，是防范法律风险的有力保障。慎重签订双边投资合作协议，准确表达协议条款内容，合作双方责权利确定分明。比如，投资经营活动可能涉及的利润汇出、劳务许可、优惠政策、知识产权等问题，在投资项目启动前应与合作方完成确认，写入投资协议，通过总统令的方式予以确认和保护。再如，东道国动乱、政治变动等风险写入投资合同中的不可抗力条款，并明确援引不可抗力条款免除责任的具体要求，增强适用不可抗力条款的可预期性和稳定性。最后，争端解决方面，尽量将与投资有关的争议，如知识产权、用工风险、环境保护、破产清算和争端解决方法、管辖机构等，都写入到仲裁争议条款中，防止产生由东道国法院进行管辖而使我国投资者陷入被动局面。

1. 充分利用保险机构分散投资风险

建议中国投资企业积极利用投资国和东道国的保险、担保、银行等金融机构和其他专业风险管理机构的相关业务，最大化地分散自身投资风险，保障自身权益。就中国投资企业而言，建议使用中国的政策性保险机构和政策性银行为对外投资的中国企业提供信用风险保障产品,如中国出口信用保险公司。作为由国家出资设立、支持中国对外经济贸易发展与合作、具有独立法人地位的国有政策性保险公司,中国信保公司主要提供的保险产品服务包括中长期出口信用保险、海外投资保险、短期出口信用保险、国内贸易信用保险、与出口信用保险相关的担保、应收账款管理及信息咨询等。成立十几年来,极大促进了对外经济贸易发展、国民经济增长、就业与国际收支平衡。

2. 选派懂法高效的高管团队

目前,就实际效果来看,哈萨克斯坦实施的法律与纸面上的法律相去较远,而这也是中亚其他各国的共同特征。因此,中国在中亚诸国的直接投资所面临的法律及其风险问题就表现为两个方面,一是可供指导与预测官方行为的纸面上的规则不够健全,或有却仅处于具文状态;二是实践中规则的适用不确定性较大,导致运营成本中非会计科目的异常花费增多。遵守东道国法律法规,合法投资、合法经营在中亚五国的投资项目是规避投资法律风险的诸多措施中最根本和第一位的。除了遵纪守法的条件要素,中国对外投资企业应当尽量选派无语言障碍,对东道国情况有所了解的企业高级管理人员,组建起边界清晰、有效运行的公司治理体系,负责投资企业或投资项目的日常合法经营。建议积极推动中国对外投资企业的总法律顾问制度落地,推动总法律顾问进董事会,全面落实总法律顾问一票否决权制度,将总法律顾问的任命方式,由过去的企业自行任命调整为与企业董事长、财务总监等高级管理人员相同的任免模式。

参考文献

[1] 徐卫东,闫泓汀."一带一路"倡议下的海外投资法律风险对策[J].东北亚论坛,2018(4):26-38.

[2] 林美薇.论中国跨境经济合作区的法律缺失与完善策略[J].亚太经济,2013(3):118-122.

[3] 任建芝."一带一路"背景下加强国有企业法制建设的重要性:国有企业海外投资的法律保障[J].中国律师,2017(3):58-61.

[4] 郭艳.投资中亚国家的法律提示[J].中国对外贸易,2014(5):46-47.

[5] 岳侠,钱晓萍.中亚五国投资环境比较研究:中国的视角[J].亚太经济,2015(2).

[6] 于飞.略论中亚国家外国投资法的基本内容与特点[J].法学评论,1999(1):95-100.

[7] 郭学兰.中亚五国企业法律概论[M].北京:知识出版社,2013.

[8] 石佑启,韩永红,向明华等."一带一路"法律保障机制研究[M].北京:人民出版社,2016.

[9] 段祺华,龚晓航等.涉外法律实务操作及深度分析[M].北京:法律出版社,2013.

[10] 中国出口信用保险公司."一带一路"65个国家风险状况分析[J].丝路经济,2017(4):83-84.

[11] 中国出口信用保险公司.2017年全球投资风险分析报告[M].北京:中国财政经济

出版社，2017.

[12] 国家开发银行.一带一路国家法律风险报告[M].北京：法律出版社，2016.

[13] 陈波.中亚投资法律风险与典型案例[M].北京：中国法制出版社，2016.

[14] 敬云川，解辰阳."一带一路"案例实践与风险防范：法律篇[M].北京：海洋出版社，2017.

[15] 涉外律师领军人才.涉外律师在行动："一带一路"法律实务特辑[M].北京：法律出版社，2016.

[16] 许亚清.中亚五国转型研究[M].北京：经济出版社，2003.

[17] 王晓峰，王林彬.中国在中亚直接投资所面临的法律及其风险探讨.

[18] 中华人民共和国商务部"走出去"公共服务平台.http://fec.mofcom.gov.cn/.

[19] 中国驻土库曼斯坦大使馆经济商务参赞处.http：//tm.mofcom.gov.cn/.

[20] 中国驻哈萨克斯坦大使馆经济商务参赞处.http：//kz.mofcom.gov.cn/.

[21] 中国驻塔基克斯坦大使馆经济商务参赞处.http：//tj.mofcom.gov.cn/.

[22] 中国驻吉尔吉斯斯坦大使馆经济商务参赞处.http：//kg.mofcom.gov.cn/.

[23] 中国驻乌兹别克斯坦斯坦大使馆经济商务参赞处.http：//uz.mofcom.gov.cn/.

[24] 上海合作组织区域经济合作网.http：//www.sco-ec.gov.cn/index.shtml.

[25] 全球法律法规网.http：//www.lawbase.cn/law/index.shtml.

[26] 中国国际贸易促进委员会.http：//www.ccpit.org/.

第五章 中亚国家投资环境与 投资安全研究

　　国际经贸理论是投资环境理论的重要来源。亚当·斯密的绝对比较成本学说（地域分工学说）、李嘉图的相对比较优势学说、赫克歇尔和俄林的要素禀赋学说、李斯特的动态比较利益学说从不同侧面和角度为投资环境的研究奠定了理论基础，并提供了评价一国投资环境的基本方法。区域经济理论是投资环境进一步深化研究的直接动因。区域经济学所要解决的问题和解决问题的方法对投资环境研究产生了深远广泛的影响，促使投资环境的研究由单一地从投资者的角度转变为也从引资者角度进行。形成于 19 世纪的区位理论是投资环境理论的经典理论来源。韦伯的工业论、廖什的市场区位理论以及杜能的农业区位论等概括出了产业布局的一般规律及区位选择的科学方法。其所考虑的基本要素涵盖工资、聚集、运费、市场区等区位因子是构成投资环境的因素。可持续发展理论为投资环境的研究注入了新鲜血液，人口、资源、环境和经济协调发展的思想为投资环境的研究开辟了新的理论空间。投资环境评价是一个系统的过程，评价不同类型投资环境的方法也不相同，因此，在具体评价时，要将评价类型和评价方法结合起来。对中亚五国投资环境的比较研究，属于宏观层面的评价。

　　中亚位于丝绸之路经济带核心区，加之能源资源丰富，具有重要的战略地位。中亚五国地处欧亚大陆腹地，西北部是欧亚的结合部，北靠俄罗斯，东部与中国接壤，东南和阿富汗相邻，西南部与伊朗毗连，西部与高加索地区隔里海相望，总面积约 400 万平方千米。地形总体呈现东南高、西北低的态势，气候以温带大陆性干旱、半干旱气候为主，区内地表径流贫乏，大部分地区为内流区或无流区，该区石油、天然气、天然纺织纤维资源丰富，多种矿产储量居世界前列，采矿业、纺织工业较为发达，农业以种植业与畜牧业为主。中亚地区民族众多，约有 130 多个民族，居民主体信奉伊斯兰教。但中亚国家经济基础薄弱、市场并不很成熟规范、社会波动起伏较大，中国纺织服装企业在中亚的投资建设、贸易往来，在成本收益、投资安全上面临较大的不确定性。实施"一带一路"倡议，加强与中亚国家的纺织服装投资与经贸合作，应树立市场风险防范意识，提前做好丝绸之路经济带沿线国投资环境和市场风险评估，建立风险规避机制。

第一节　中亚五国政治环境

　　在投资环境的构成要素中，政治环境处于首要地位。东道国的政治环境如何，直接关系投资的安全性，是对外投资者应当考虑的首要因素。其中针对东道国的政治环境，尤其要了解其政体和政权，还要考虑是否存在对外战争及国内是否会爆发内乱等影响社会稳定性的问题。政治环境具有覆盖面广、影响较强的特点。

一、政体与政局

哈萨克斯坦（哈）实行立法、司法、行政三权分立政体，议会是国家最高立法机构，总统集国家元首、最高国家官员、最高统帅于一身，总理由议会下院过半数选举产生。哈萨克斯坦虽然实行三权分立政体。政局整体保持稳定势态，政策实施的连续性较好。

吉尔吉斯斯坦（吉）的政局相对于其他四国是震荡的。吉尔吉斯政治生活较为活跃，总统、议会、总理三者之间，执政党和反对党之间以及中央政府和地方政府之间往往通过修宪、修改选举法的活动进行政治较量，以表5-1所示三次主要修宪为例，从独立后到1996年是总统权力不断加强的时期，在1996年修改宪法后达到顶峰；之后在反对派的压力下，总统权力又逐渐缩小。通过修宪，由总统制过渡到议会制。

表 5-1　吉尔吉斯斯坦独立以来三次主要修宪

时间	修宪内容（有关总统权利部分）	影响
1996.2.10	将议会改为两院制，规定总统任期为5年，更明确划分各权力部门的职能	扩大总统权力
2003.2.2	从总统制改为总统—议会制国家，两院制议会改为一院制议会	消减总统部分权力，扩大议会和政府的权限
2010.6	由总统制过渡到议会制	总统权力大幅消减，议会权力增加

（资料来源：李金叶等，中亚五国经济发展研巧报告）

吉尔吉斯斯坦政权更迭较其他几国频繁。目前来看，在议会制的框架下，政府更替能够有序进行，但由于受到社会结构、历史传统等的影响，议会制的政治基础还有待进一步巩固和加强。

塔吉克斯坦（塔）是一个总统制国家，总统由全民直接选举产生。塔吉克斯坦实行两院议会制度，议会是国家最高代表机关和立法机关，执政党占据大部分席位。塔吉克斯坦独立后，国内各种势力斗争激烈。目前政局基本稳定。

乌兹别克斯坦（乌）也是一个总统制国家，总统由全民直接选举产生，国家政治体制实行立法、行政和司法三权分立。但实际上，总统可以与宪法法院协商后解散议会，而议会却不能弹劾总统。乌兹别克斯坦宪法规定，要把维护社会稳定和深化经济改革作为工作重点，加强对国家和社会巨变过程中的管理和控制，重视社会保障，注意提高人民生活水平，且不允许出现破坏国家稳定和内外政策的政治反对派，因此，在独立后，没有出现大的动荡和内乱，国家政权机构不断得到巩固，政治局势稳定。

土库曼斯坦（土）宪法规定，国家实行立法、行政和司法三权分立的政治制度，管理形式为总统制的共和国。独立后，土库曼斯坦始终将捍卫独立、主权和领土完整、发展经济、保持社会稳定作为基本国策；积极探寻适合本国国情的发展道路；提倡民族复兴精神，重视民族团结与和睦；奉行积极中立、和平友好的外交政策，致力于同其他国家发展建设性合作关系；主张宗教信仰自由，禁止宗教干预国家政治生活。

目前来看，中亚五国政治形势总体趋稳，主要原因在于各国总统均对政权拥有较为牢固的掌控力。

二、社会稳定性

阿富汗问题使哈、吉、塔、乌四国都面临严重的社会稳定性问题。中亚国家独立后，各自经济发展中出现的贫困、失业等问题成为诱发社会矛盾的重要因素。根据世界银行数据显示，中亚五国 2015 年 GDP 增长率及人均 GDP 见表 5-2，人均 GDP 塔、吉、哈三国较 2014 年均下降，乌、土两国较 2014 年均上升。从人均 GDP 来看，吉、塔、乌三国都面临着贫困问题。居高不下的失业率、大量贫困人口的存在和严重的腐败问题，都可能引发民众的不满情绪，影响社会的稳定性。

表 5-2   中亚五国主要经济指标

国别	数量（个）	产业	经济增速 GDP（%）	通货膨胀（%）	进出口贸易（亿美元）	劳动力状况
乌兹别克斯坦	11	采矿业、石油化工、纺织、食品、农业	5.1（2018 年）	14.3（2018 年）	307（2018 年），中乌贸易 60 左右	450 万入俄务工
哈萨克斯坦	9	采矿业、农业、石油化工	4.1（2018 年）	5.3（2018 年），5~6（2019 年哈央行预测）	908（2018 年），1~9 月哈外贸顺差增长 50%，中乌贸易 125.9（2018 年 1~8 月）	素质高，失业率为 4.9%（2018 年）
塔吉克斯坦	4	采矿业、农业、纺织	7.3（2018 年）	5.4（2018 年）	40，中塔贸易 6 左右	105 万入俄务工
土库曼斯坦	5	采矿业、农业、石油化工	6.2（2018 年）	6.2（IMF）	236（2011 年），358（2015 年），中土贸易额达 69.4（2017 年）	失业率高，为 60%（2017 年）
吉尔吉斯斯坦	4	采矿业、农业	3.5（2018 年）	0.5（2018 年）	64，中吉贸易 10.539（2018 年上半年）	32 万入俄务工，失业率 2.3%（欧亚经济联盟）

各个国家也面临着不尽相同的社会问题。哈萨克斯坦由于对社会问题的关注不够多，导致社会不满情绪高涨，罢工、示威游行、骚乱在局部地区时有发生。2015 年 5 月，哈萨克斯坦建筑服务公司在西哈州奇纳列夫斯克矿区从事天然气处理厂建造项目的过程中，140 名员工由于对收入不满，从 5 月 10 日起举行罢工，局势处于可控范围。吉尔吉斯斯坦南部问题趋于复杂化，如民族矛盾、带日常生活矛盾色彩的冲突等。吉尔吉斯斯坦和塔吉克斯坦面临地区发展不平衡，其中吉尔吉斯斯坦居民南方和北方生活差距大，此外，吉尔吉斯斯坦和乌兹别克斯坦的水资源之争也亟待解决。

三、中亚国家与中国的关系

自古以来，中国与中亚国家便是亲密友好近邻，历史文化联系源远流长。张骞曾于 2100 多年前两次出使中亚，"使者相望于道，商旅不绝于途"的古丝绸之路从此开启，它东起长安，西至罗马，成为东西方文化交流的友好通途，也构成了横贯欧亚大陆的重要经济动脉。千百年来，古丝绸之路将中国与中亚各国紧密联结在一起，成为双方进行经济、文化、科技交流的重要载体。中国的商品和技术传播到中亚地区，提高了当地社会生产力和人民生活水平。而中国的部分民族与中亚民族语言相通、信仰相同、习俗相近，有天然的亲近感和共同语言。双方祖先在这条道路上相知相交，互通有无，结下了深厚的情谊。

中亚国家独立以来，虽坚持大国平衡的外交政策，但始终视中国为发展对外关系的优先方向。中亚各国曾多次表示，中国是他们的伟大邻邦，取得了经济建设和国家发展的伟大成就，改革发展的经验十分值得他们借鉴和学习，表示愿与中国进一步密切交往，造福地区和各国人民。

进入 21 世纪，中国与中亚国家政治高度互信，经贸紧密协作，各领域交流与合作持续扩大。政治上，双方有着频繁的高层交往，彼此理解和信任，不断加深双方在涉及彼此主权、安全、发展等重大核心关切上相互坚定支持，在国际和地区事务中密切配合、安危与共。中国始终不渝走和平发展道路，促合作、谋发展，坚持"与邻为善、以邻为伴"的周边外交政策，倡导"亲、诚、惠、容"理念，以实际行动赢得了各国的信任和支持。安全上，中国与中亚国家在双边、多边框架内共同打击毒品犯罪、武器贩运等安全威胁，开展了卓有成效的安全合作，为本地区人民营造了良好的生存与发展环境。当前，中方倡议的新安全观得到了各方的积极响应和广泛支持，这也将为中国与中亚地区构建一个更加科学、高效的安全体系制定新的行动指南。文化上，双方均高度重视文化交流与文明对话，支持并鼓励各界人士增加接触、取长补短、加强合作，使普通民众逐步克服了因种族、信仰、文化差异所带来的沟通障碍。近年来，双方增进了解、互学互鉴的愿望不断加强，探询合作、交流互动的热情持续高涨，为双边关系发展营造了和谐、友好、热烈的气氛。

2013 年 5 月，中塔两国成为战略伙伴，2019 年联合声明进一步深化全面战略伙伴；2013 年 9 月，中国与中亚各国的双边关系得到全面加强：中国与土库曼斯坦、中国与吉尔吉斯斯坦双边关系升级为战略伙伴；中国与哈萨克斯坦成为全面战略伙伴；中国与乌兹别克斯坦进一步发展和深化了战略伙伴关系，并签署了友好合作条约。至此，中国成了中亚五国的战略伙伴。可以说，中国与中亚国家已成为经受住历史考验、可信赖的、最真诚的合作伙伴和伟大邻邦，双方关系开启了"战略伙伴"的黄金期，成为唇齿相依、命运相系的好邻居、好朋友、好伙伴。

四、中亚国家间政治风险分析

中亚国家独立 20 多年以来，政治局势总体保持基本稳定，塔吉克斯坦和吉尔吉斯斯坦两个国家在一段时期里曾出现过较大动荡。塔吉克斯坦于 1992~1997 年发生了长达 5 年的内战，在长时间的内耗中，6 万人死亡，上百万人沦为难民，国家经济遭受了 70 多亿美元的严重损失。吉尔吉斯斯坦曾于 2005 年、2010 年发生过两次非正常政权更迭并发生大规模骚乱：

2005年3月，时任总统阿卡耶夫在全国骚乱中被推翻，导致吉尔吉斯斯坦一年多的时间里处于不稳定状态；2010年4月，时任总统巴基耶夫也在全国骚乱中被推翻。当年6月，吉尔吉斯斯坦南部发生了大规模流血冲突，吉尔吉斯族与乌兹别克族严重对峙，近十万人逃往邻国进行政治避难。此外，2005年5月，在乌兹别克斯坦发生了针对中央政府的地区骚乱——安集延事件，这一"颜色革命"的参与者成分十分复杂，且有暴力倾向，对乌兹别克斯坦政局稳定及中亚地区整体安全带来了较大冲击。目前，中亚各国局势总体平稳，但因各国面临政权过渡、阶级矛盾、民族宗教等复杂因素，充满了不确定性和不稳定性，很难抵御外来的政治风险。独立以来，各国政权结构不断调整，立法体制经常发生变化，加之社会两极分化和贫困问题严重，已经威胁到社会的稳定。近年来，各国顺应世界发展潮流，积极推动民主和法制建设，努力营造"民主"形象。2015年是中亚"选举年"，乌兹别克斯坦总统卡里莫夫、哈萨克斯坦总统纳扎尔巴耶夫在总统选举中胜选连任，其中，卡里莫夫77岁，纳扎尔巴耶夫75岁。上述二人均是自两国独立以来就统治至今的政治强人，也是政治老人，威信很高，但都没有明确自己的接班人及政权交接方式，这将可能导致未来围绕政权归属产生激烈斗争，导致政局脆弱。中亚国家独立20年来，除吉尔吉斯斯坦外，其余四国仍然保持着总统威权体制。大多数国家虽举行了名义的"大选"，但其实并未经历正常的权力轮换，领导人的个人政治威望仍是统治国家的权力基础。哈萨克斯坦总统纳扎尔巴耶夫、乌兹别克斯坦总统卡里莫夫、塔吉克斯坦总统拉赫蒙在任时间均已超过20年，"老人政治"问题将日益突显出其政治权力体系中的结构性和制度性矛盾，受政权过渡、阶级矛盾、民族宗教等问题错综复杂交织影响，中亚国家抵御外来政治压力的能力较差。一旦总统权力基础被削弱或者消失，其执政的合法性便会遭到质疑，政治结构体系的现有"平衡"也会相应被打破。而许多在"强人政治"时期被掩盖起来的社会弊病，在"后强人时代"就会被暴露无遗，成为社会动荡、政治震荡的源头。接班人和政权过渡问题，将深刻影响哈、乌两国的政局走向。而塔吉克斯坦也面临类似问题，吉尔吉斯斯坦也面临自身政治发展的诸多困扰。国内先后经历多次政变，政治发展进程不断遭受阻碍，吉尔吉斯斯坦国内南方和北方的矛盾十分尖锐，已出现多次季节性抗议，而这其中有吉尔吉斯斯坦国内各种矛盾积重难返的原因，也是境外势力幕后操纵的结果。中亚国家主体民族均信奉伊斯兰教，穆斯林占大多数，有较深的伊斯兰文化传统，特别是在人口稠密的费尔干纳地区。独立后，长期积攒的贫困问题为伊斯兰极端组织和极端思想的发展提供了土壤，境外宗教极端势力不断向中亚地区渗透。

在此背景下，各国坚定实行政教分离的政策，与宗教激进主义划清了界限，肯定了国家发展的世俗性，但下层却依然出现了伊斯兰教迅速复兴的状况，随着伊斯兰教的不断复兴，宗教极端势力开始突显，并冲击着中亚国家现行政权，成为各国面临的最大隐患和思想包袱。特别是在塔吉克斯坦、吉尔吉斯斯坦，由于社会经济不振、民生凋敝、贫富悬殊，民众容易受到极端势力煽动，将很可能出现伊斯兰政权。同时，出现了"三股势力"相结合的趋势。至今，这些势力仍在威胁中亚各国稳定，反对"三股势力"始终在各国国家治理中占据重要位置。近年来，在中东北非局势持续动荡的背景下，中亚国家虽基本保持稳定，但也出现了一系列比较复杂的问题，突发的群体性事件和恐怖事件依旧成为各国政府的"老大难"。为此，中亚国家多措并举打压反政府力量，特别是各种极端势力和恐怖组织，努力保持国内的社会稳定。由于中亚地区位于欧亚结合部，处在中国、俄罗斯两个大国与伊斯兰世界之间，无论从军事、交通运输，还是能源资源方面，都具有重要的战略意义。俄罗斯、美国、欧盟、日本、印度、土耳其、伊朗等各方势力都想让其按照自己的模式发展，同时，也以不同形式争取和拉拢中亚国家，争取在此"分一杯羹"。因此，中亚国家自独立以来就面临政治走向和发展模式的选择，这也成了影响中亚国家政治稳定的境外因素。

五、政治互信是实施"一带一路"倡议的重要基础

"一带一路"倡议标志着中国对外政治经济战略的大调整。"一带一路"倡议要取得成功，取决于两个因素：一是获得沿线国家的认可和配合；二是要应对区域外大国的阻挠或反对，因而政治互信在其中的作用是不言而喻的。沿线国家对"一带一路"倡议的误解和猜疑主要是两个层面：一是对中国崛起过程中安全政策不确定性的疑虑，这可能是中国推进"一带一路"倡议过程中面临的最大挑战；二是对遭受中国经济负面冲击的担忧，比如，担心中国人的大量涌入对当地就业的影响及中国廉价商品会摧毁当地市场等。区域外大国的阻挠主要体现在某些西方学者和媒体将"一带一路"倡议与欧洲复兴计划相提并论。针对这些负面言论，我国多次强调"一带一路"倡议首先是弘扬古代丝绸之路和平友好、开放包容的精神，不搞排他性制度设计，不针对第三方，不经营势力范围，任何有合作意愿的国家都可参与，它是一项互利共赢的合作倡议，并能够对发展中国家的经济提供支持援助。如果把"一带一路"倡议看作是一项区域性或区域间国际公共产品的话，实际上，区域和区域间集体认同在公共产品的供给过程中发挥着十分重要的作用，它能够为产品供给和完善提供持续性的国际平台。

第二节 中亚五国宏观经济环境与财政状况

一、宏观经济因素

宏观经济因素从总体上反映东道国的市场规模、发展水平等。根据对投资环境的不同影响，下面将其概括为经济规模、经济稳定性、经济活力、经济发展水平和对外贸易五个子因素。

1. 经济规模

经济规模主要反映一个国家或地区在一定时期内总供给与总需求的整体水平，它既反映了一个国家或地区总的生产能力，也反映了其市场的需求能力。截至 2014 年，乌兹别克斯坦总人口超过 3000 万，在中亚四国中位居第二位。哈萨克斯坦，总人口为 1742 万，吉尔吉斯斯坦、塔吉克斯坦、土库曼斯坦三国人口远远低于乌兹别克斯坦、哈萨克斯坦，约为 570 万、830 万、531 万。

根据哈萨克斯坦、吉尔吉斯斯坦、塔吉克斯坦、乌兹别克斯坦、土库曼斯坦五国 2015 年的 GDP 来看，中亚五国经济实力悬殊大，哈萨克斯坦 2015 年的 GDP 总量为 1838 亿美元，而吉尔吉斯斯坦、塔吉克斯坦、乌兹别克斯坦、土库曼斯坦四国依次为 65.72 亿美元、78.5 亿美元、677 亿美元、490 亿美元。哈萨克斯坦 GDP 总量多于其他四个国家之和，塔吉克斯坦经济规模相对较小,其发展对国际社会依赖程度高,其经济、社会保障甚至军事均需要外部援助才能维持。

2. 经济稳定性

一般一个国家经济越稳定,越容易吸引外资。经济的稳定性取决于总供给和总需求之间的平衡。

通货膨胀会扭曲商品相对价格,降低资源配置效率,高的通胀率会促发泡沫经济,动摇国家的经济基础。独立之初,1993~1994 年哈萨克斯坦、吉尔吉斯斯坦、塔吉克斯坦、乌兹别克斯坦的平均年通胀率分别高达 1532.13%、633.44%、1475.54%、1051.26%,属于恶性通货膨胀;1995 年以后,各国国民经济开始步出低谷,呈现出恢复性增长;1998 年,哈萨克斯坦、吉尔吉斯斯坦、塔吉克斯坦、乌兹别克斯坦的通胀率降至 1992 年以来的最低水平,分别是 7.29%、10.45%、43.18%、28.98%。根据表 5-3 可以看出,2010~2014 年,中亚四国的通货膨胀率整体呈下降趋势,通胀率最低和下降幅度最大的是塔吉克斯坦;通胀率最高的是乌兹别克斯坦,其通胀率在 2011~2013 年均为两位数;吉尔吉斯斯坦的通胀率虽然平均水平变化不大,但每年的波动幅度大;哈萨克斯坦通胀率变化不大,保持较低水平。2015 年在经历坚戈贬值后,哈萨克斯坦国内通胀率出现波动,10 月和 11 月通胀率分别是 5.2% 和 3.7%,全年通胀率也达到 13.6%,是四个国家中通胀率最高的。由于吉尔吉斯斯坦政府与吉尔吉斯斯坦国家银行进行合作,采取特殊的金融信贷政策,成功将 2015 年通货膨胀控制在 3.4% 的较低水平,是四个国家中最低的。塔吉克斯坦 2015 年的通胀率为 5.1%,2016 年一季度通胀率为 2.1%,塔吉克斯坦政府欲将 2016 全年通胀率控制在 7.5% 的水平。乌兹别克斯坦央行执行的货币—贷款政策保障了宏观经济稳定,抑制了通货膨胀,2015 年通胀率为 5.6%。

失业率与宏观经济的稳定性密不可分。人力资源的浪费、经济增长率低于其潜在增长率等都会引起失业。高的失业率也许会为外资提供相对廉价的劳动力,但是更主要反映的是宏观经济总体运行的不稳定性。根据表 5-3 列举的数据,哈萨克斯坦、吉尔吉斯斯坦、塔吉克斯坦、乌兹别克斯坦四国的失业率均保持较稳定的水平,整体呈下降态势。2014 年失业率由低到高排名依次是哈萨克斯坦、吉尔吉斯斯坦、乌兹别克斯坦、塔吉克斯坦。

表 5-3　2010~2014 年中亚四国失业率

	哈萨克斯坦（%）	吉尔吉斯斯坦（%）	塔吉克斯坦（%）	乌兹别克斯坦（%）
2010 年	5.8	8.6	11.6	10.9
2011 年	5.4	8.5	11.4	10.9
2012 年	5.3	8.4	11.1	10.8
2013 年	5.2	8.3	11.2	10.8
2014 年	4.1	8.1	10.9	10.6

二、经济发展水平

以人均 GDP 作为衡量经济发展水平的指标,FDI 和人均 GDP 存在正相关关系。如表 5-4 所示,2010~2014 年,中亚四国人均 GDP 整体呈上升趋势,哈萨克斯坦的人均 GDP 超过 1

万美元，属于中高等收入国家，吉尔吉斯斯坦、塔吉克斯坦、乌兹别克斯坦均属于中低等收入国家。从该指标来看，中亚四国的经济发展水平由高到低依次是哈萨克斯坦、乌兹别克斯坦、吉尔吉斯斯坦、塔吉克斯坦。

表 5-4　2010~2014 年中亚四国人均 GDP

	哈萨克斯坦/%	吉尔吉斯斯坦/%	塔吉克斯坦/%	乌兹别克斯坦/%
2010 年	9070.65	880.04	744.19	1377.08
2011 年	11357.95	1123.88	841.22	1544.83
2012 年	12120.31	1177.97	962.44	1719.04
2013 年	13611.54	1282.44	1048.66	1877.96
2014 年	12601.62	1268.86	1114.01	2036.69
2015 年	10520	1121	929	2615
2016 年	7714	1120	802	2567
2017 年	9247	1242	806	1826
2018 年	9812	1281	826	1532

三、宏观经济运行情况

1. 国民经济发展概况

自 1999 年以来，土库曼斯坦经济呈现快速增长态势，1999~2010 年 GDP 增长率均保持两位数增幅。固定资本投资逐年增加，对外贸易发展迅速，连续多年保持顺差，国际收支状况良好。2011~2014 年的 GDP 增长率均在 10% 以上，但受国际市场石油天然气市场低迷影响，2015 年 GDP 增长率下滑至 6.5%，2016 年 GDP 增长率为 6.2%（2011~2015 年土库曼斯坦主要宏观经济指标一览表见表 5-5）。

表 5-5　2011~2015 年土库曼斯坦主要宏观经济指标一览表

主要指标	2011 年	2012 年	2013 年	2014 年	2015 年
实际 GDP（亿美元）	232	258	285	460	490
GDP 增长率（%）	14.7	11.1	10.2	10.3	6.5
人口（万）	511	517	524	531	537
人均 GDP（美元）	3314	3686	4072	6572	7168
进出口贸易额（亿美元）	281.12	341.25	349.44	364.20	262.22
经常项目平衡（亿美元）	5.82	0.15	−13.39	−28.52	−49.45
占 GDP 比重（%）	2	0	−7.3	−5.8	−11.8
外汇储备（亿美元）	—	—	293	266.5	226.4
外债余额（亿美元）	4.54	5.09	5.03	4.41	—
中央财政收支平衡（亿马纳特）	—	63.51	14.15	8.03	0.33
通货膨胀率（%）	12.9	5.31	6.81	5.95	5.50
汇率（美元/本币）	2.85	2.85	2.85	2.85	3.50

（资料来源：世界银行、亚洲开发银行、Trading economics）

2016 年，土库曼斯坦 GDP361.8 亿美元，增速同比增长 6.2%，人均 GDP 6389 美元，其中，工业增长 1.2%，建筑增长 4.4%，交通通信增长 10.5%，贸易增长 14.3%，农业增长 11.6%，服务业增长 10%。粮食产量 160.45 万吨，棉花 107.1 万吨。通货膨胀率 CPI 6.165%。2017 年 GDP 379.26 亿美元，增速同比增长 6.5%，通货膨胀率 CPI6.129%，人均 GDP 6587 美元。2018 年 GDP 407.61 亿美元，增速同比增长 6.2%，通货膨胀率 CPI 6.2%，人均 GDP 6966 美元。2019 年通货膨胀率 5.6%。

2019 年前 7 月土库曼斯坦丝织品产量同比增长，2019 年 1 至 7 月土库曼斯坦丝、棉织物产量逾 550 万平方米，超过上年同期。同期，丝线产量超过 31 吨，同比显著增长。列巴普州高级丝原料产量创历史最高纪录，在生产计划（960 吨）基础上超额完成 282 吨。土库曼斯坦两家主要丝绸生产企业—阿什哈巴德缫丝厂和土库曼巴特丝绸生产联合体，已完全实现了生产现代化并配备了先进设备，其产品获得普罗迪夫国际博览会（保加利亚）金奖，丝线及边角料远销至中国、俄罗斯等国家。2019 年土库曼斯坦已生产 2262 吨蚕茧，超额完成预定计划的 11.5%。2019 年土库曼斯坦蚕茧收购价持续上涨，普通蚕茧价格 25 马纳特（7 美元）/千克，高品质蚕茧价格达 30 马纳特（8.5 美元）/千克，大幅提升了农户养蚕积极性。2019 年桑树种植园面积达 2300 公顷，共培育 2.4 万箱蚕种。2018 年收获棉花 109.9 万吨，其中，阿哈尔州采棉 23 万吨，马雷州 33.6 万吨，列巴普州 30.1 万吨，达绍古兹州 23.2 万吨。自 2019 年起土政府将对私人实行土地长期租赁政策，租期 99 年。其中 70% 的土地需按国家订购规定种植作物（棉花和小麦），剩余 30% 土地种植作物品种可自行决定。

2018 年土库曼斯坦接收了 200 台约翰迪尔（John Deere）公司生产的棉花采摘机。本次供货是在土方与该公司签署的 2017 至 2020 年间采购一批农机设备合同项下进行的。土方拟采购的农机设备包括粮食收割机、棉花采摘机、耕种拖拉机、播种机、耕犁等。

根据《2020 年以前土库曼斯坦政治、经济和文化发展战略》，2020 年以前，土库曼斯坦向纺织领域投资 6.5 亿美元，可创造 7 万人次就业机会。2020 年，土库曼斯坦皮棉深加工能力将达 50 万吨，棉制品种类大大增加：匹布、提花布、窗帘布、绒布、天鹅绒和亚麻细平纹布等。2010~2020 年，将建造 6 个纺织企业和综合体、8 个纺纱厂，改造阿什哈巴德市棉纺厂、马雷市 4 个纺纱厂、马雷市和土库曼纳巴特市制衣厂以及马雷市畜毛初加工厂。

土库曼斯坦经济持续增长的主要推动力源于高投资。高投资直接拉动油气、工业、建筑、建材、电力、纺织等产业稳步增长。2015 年土库曼斯坦固定资产投资为 590 亿马纳特，同比增长 7.8%。

2. 对外经济合作情况

（1）对外贸易。土库曼斯坦的主要贸易伙伴有俄罗斯、土耳其、伊朗、意大利、乌克兰、阿联酋、美国、德国、法国和中国等。在土库曼斯坦 85 个贸易伙伴国中，中国、俄罗斯、伊朗、土耳其为前四大出口目的地国；土耳其、中国为其最大进口来源国。2015 年土库曼斯坦进出口贸易额为 262 亿美元，同比下降 28%。其中出口为 122 亿美元，同比下降 38.5%；进口 140 亿美元，同比下降 15.5%。主要进口产品包括粮食、服装、纺织、食品、药品、家用电器、日用百货、机械设备、化工设备、有色金属、黑色金属轧材等。主要来自俄罗斯、乌克兰、土耳其、美国、德国、阿联酋、法国和中国等。主要出口产品包括天然气、原油、油品、棉花、棉织品、蚕茧、皮革原料、毛类、地毯、羊羔皮、水泵、冷塔式通风机、硫酸钠、硫磺、碘、过磷酸钙等。在土库曼斯坦出口结构中，能源产品所占比重最大。

（2）外国投资、外债及外汇储备情况。近年来，土库曼斯坦外汇储备逐年增加、外债负担较低，吸引了大量外国直接投资。据世界银行数据显示，2014 年土库曼斯坦外汇储备为293 亿美元。与外汇储备的逐年递增相对应的是土库曼斯坦的外债较少，外债负债率较低，2011 年之前一直在中亚五国中处于最低，但近两年外债负债率比率有所上升，尽管 2015 年土库曼斯坦外债总额由 2013 年的 5.03 亿美元降至 4.41 亿美元，但外债负债率仍超过了国际公认的 20% 的警戒线水平，在中亚五国中排名第四。

在相应外国直接投资方面，1995~2015 年，土库曼斯坦累计吸引外国投资 1172 亿美元，其中 2015 年吸引外国直接投资 42.6 亿美元（2011~2015 年土库曼斯坦外国投资情况见表 5-6）。外国投资主要集中在石油天然气生产（图 5-1）、纺织、建筑等领域，土耳其在土库曼斯坦投资最多，伊朗、俄罗斯和法国紧跟其后。截至 2015 年底，中国对土库曼斯坦累计直接投资额为 1.33 亿美元。

表 5-6　2011~2015 年土库曼斯坦外国直接投资情况　　　　　　单位：亿美元

年份	2011 年	2012 年	2013 年	2014 年	2015 年
外国直接投资	33.91	31.30	37.32	41.70	42.60

（资料来源：亚洲开发银行）

3. 塔吉克斯坦经济发展

塔吉克斯坦政府在内战结束后，集中精力与国际社会恢复和发展本国经济。2000 年 10 月成功发行国家新币索莫尼，初步建立国家财政和金融系统，开始逐步完善税收、海关政策。如图 5-2 所示，自 2000 年以后，塔吉克斯坦经济发展稳定、快速增长。

2018 年，塔吉克斯坦进口额增长 13.5%，出口额下降 10%，据塔吉克斯坦统计数据，2018 年，塔吉克斯坦外贸总额约为 42 亿美元。其中，进口额超过 31 亿美元，同比增长 13.5%，出口额约为 11 亿美元，同比下降 10%，外贸逆差约 21 亿美元。塔吉克斯坦主要出口矿产品和棉花等原料产品。2018 年，塔吉克斯坦主要贸易伙伴依次为：俄罗斯（双边贸易额约 10 亿美元）、哈萨克斯坦（8.36 亿美元）、中国（6.51 亿美元）、土耳其（4.02 亿美元）。

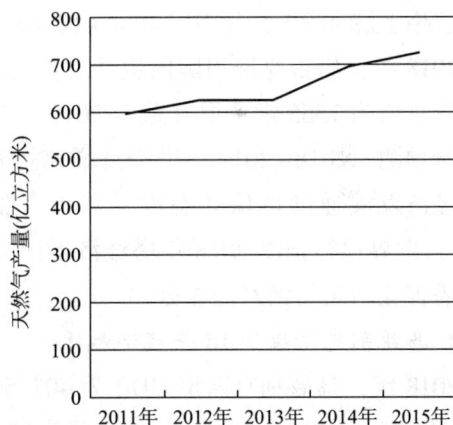

图 5-1　2011~2015 年土库曼斯坦天然气产量

2018 年，塔吉克斯坦国内生产总值增长 7.3%，据塔吉克斯坦统计数据，2018 年，塔吉克斯坦国内生产总值为 688.44 亿索莫尼（约合 73 亿美元），同比增长 7.3%。其中，农业产值占国内生产总值的比重为 18.7%，工业为 17.3%，贸易为 14%，交通运输为 10.8%，税务为 10.6%，建设为 9.7%。

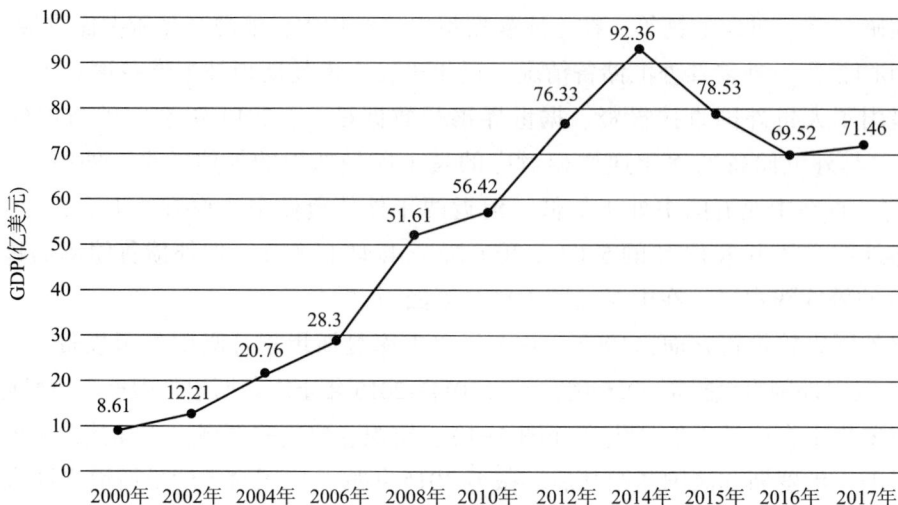

图 5-2 塔吉克斯坦 2000~2017 年 GDP 趋势图

(资料来源: https://www.kuaiyilicai.com/stats/global/yearly_per_country/g_gdp/tjk.html)

塔吉克斯坦 2018 年的通货膨胀率为 5.4%,据塔吉克斯坦统计署统计,2018 年,塔吉克斯坦食品价格上涨 5%,其中,圆白菜价格上涨 2 倍,胡萝卜上涨 51.8%,黄油上涨 9.9%;非食品商品价格上涨 6.4%,其中,汽油价格上涨 18.4%,压缩天然气上涨 6.6%;居民有偿服务价格上涨 4.9%,其中,电价上涨 14.9%,水价上涨 10.4%,机票上涨 6.4%。

2018 年,塔吉克斯坦国内生产总值为 688.44 亿索莫尼(73 亿美元),塔吉克斯坦人均国内生产总值为 7565 索莫尼(截至 2019 年初,塔人口约有 910 万),约合 802 美元。塔吉克斯坦政府预测,2018~2019 年塔经济增速将分别达到 7.3% 和 7%~7.6%。但一些国际金融机构对塔经济发展速度持保守态度,其中,亚洲开发银行预测 2018~2019 年塔经济增长率为 6.5%,世界银行预测 2018 年塔经济增速为 6.1%,2019~2020 年将放缓至 6%。(以上资料来自驻塔吉克斯坦使馆经商参处。)

4. 乌兹别克斯坦 2018 年经济概况

2018 年,乌兹别克斯坦 GDP 为 407.5 万亿苏姆,同比增长 5.1%。2018 年乌中贸易额为 64.28 亿美元,根据乌兹别克斯坦国家统计委员会公布的数据,2018 年,乌中贸易额约为 64.28 亿美元,同比增长 35.2%,占乌兹别克斯坦外贸总额的 19%,中国继续保持乌兹别克斯坦第一大贸易伙伴国地位。其中,中方进口 28.69 亿美元,占乌兹别克斯坦出口总额的 20.1%;中方出口约 35.59 亿美元,占乌兹别克斯坦进口总额的 18.2%,为乌兹别克斯坦第一大出口目的地国和第一大进口来源国,中方贸易顺差约为 6.9 亿美元。2018 年,乌兹别克斯坦外贸总额为 338.15 亿美元,同比增长 27.3%,其中,乌兹别克斯坦出口约 142.58 亿美元,增长 13.6%,进口 195.57 亿美元,增长 39.6%,贸易逆差为 52.99 亿美元。乌兹别克斯坦第二至第五大贸易伙伴分别为:俄罗斯,约 57.31 亿美元,同比增长 21.2%,占乌兹别克斯坦外贸总额的 16.9%;哈萨克斯坦,约 30.23 亿美元,增长 47%,占比 8.9%;土耳其,约

21.72 亿美元，增长 39.9%，占比 6.4%；韩国，21.37 亿美元，增长 54%，占比 6.3%。

乌兹别克斯坦国家统计委员会统计数据显示，2018 年，乌兹别克斯坦人均工资 182.22 万苏姆（按当年 1 美元＝8100 苏姆折算，为 232 美元），同比增长 25%。就各地州而言，人均工资最高的三州（直辖市、自治共和国）分别是塔什干市，257 万苏姆（317 美元），同比增长 27.8%；纳沃伊州，237.1 万苏姆（约 293 美元），增长 22%；塔什干州，206.3 万苏姆（约 255 美元），增长 31.7%。人均工资最高的行业为：金融业，350 万苏姆（432 美元）；通信业，334.75 万苏姆（413 美元）；工业，273.11 万苏姆（337 美元）；运输和仓储业，250.74 万苏姆（约 310 美元。）

乌兹别克斯坦国家统计委员会统计数据显示，截至 2019 年 1 月 1 日，乌兹别克斯坦总人口 3325.4 万人，同比增长 1.8%。其中，城市人口 1680.5 万人，占比 50.5%，农村人口 1644.9 万人，占比 49.5%。乌兹别克斯坦人口密度为 74.1 人/平方千米，其中，人口密度最大的三州为：安集延州，713.2 人/平方千米；费尔干纳州，544.8 人/平方千米；纳曼干州，370 人/平方千米。人口密度最小的州为纳沃伊州，8.8 人/平方千米。乌兹别克斯坦各州（直辖市、自治共和国）人口情况如下：撒马尔罕州 379.87 万人，费尔干纳州 368.31 万人，卡什卡达里亚州 321.33 万人，安集延州 306.67 万人，塔什干州 289.87 万人，纳曼干州 275.27 万人，苏尔汉河州 256.93 万人，塔什干市 250.08 万人，布哈拉州 189.95 万人，卡拉卡尔帕克斯坦自治共和国 186.97 万人，花剌子模州 183.55 万人，吉扎克州 135.21 万人，纳沃伊州 97.43 万人，锡尔河州 82.97 万人。

据乌兹别克斯坦新闻网报道，乌兹别克斯坦国家统计委员会公布 2018 年全年通货膨胀率为 14.3%，其中，食品类商品价格平均上涨 14.9%，非食品类上涨 12.5%，服务类上涨 15.8%。同时，还公布了 2018 年 12 月通货膨胀率为 2.1%，其中，食品类 3.2%，非食品类 1.3%，服务类 1.3%。食品类商品价格增长较为明显的包括：大米 62.5%、面包类产品 28.5%、肉禽鱼 21.7%、酒精饮料 15.8%、奶制品 12.9% 等。非食品类商品价格增长较为明显的包括：烟草产品 28%、燃料 23.4%、建筑材料 18.6%、书籍报刊 16.4% 等。服务类商品价格增长较为明显的包括：公共市政服务 25.6%、客运交通 14.8%、家政服务 12.2% 等。

截至 2018 年底，在乌兹别克斯坦的中国企业达 1121 家，乌兹别克斯坦国家统计委员会统计显示，2018 年，乌兹别克斯坦新增外企 2043 家，在乌兹别克斯坦外企总数 7560 家，同比增长 37%。其中，新增俄罗斯企业 392 家，土耳其企业 371 家，中国企业 309 家，哈萨克斯坦企业 229 家，韩国企业 127 家。据此，截至 2018 年底，在乌兹别克斯坦的俄罗斯企业 1427 家，排名第一；中国企业 1121 家，排名第二；土耳其企业 874 家，排名第三；韩国企业 637 家，排名第四；哈萨克斯坦企业 510 家，排名第五。

乌兹别克斯坦央行数据显示，截至 2018 年 10 月 1 日，乌兹别克斯坦外债 164.4 亿美元，比二季度末增加 6.34 亿美元。外债中，国债 87.3 亿美元，占总债务的 53%，比二季度末增加 11 亿美元，私债 77.1 亿美元，占比 47%，比二季度末减少 4.66 亿美元。乌兹别克斯坦央行表示，国债的增加主要因为使用外国贷款实施国家项目。2018 年 1~9 月，私债领域共使用外国贷款 5.36 亿美元，其中，银行贷款 3.4 亿美元，油气和电力企业 5780 万美元，纺织企业 2530 万美元，其他企业 1.13 亿美元。乌兹别克斯坦国家中央银行发布乌兹别克斯坦相关金融数据，截至 2018 年 11 月 1 日，乌兹别克斯坦黄金外汇储备总额为 264.9 亿美元，环比增加 9000 万美元。其中，外汇储备为 118.4 亿美元，环比减少 5.6 亿美元，黄金储备为 146.5 亿美元，环比增加 6.5 亿美元。

乌兹别克斯坦将进一步发展自由贸易和开放国内市场，乌兹别克斯坦外贸部部长霍贾耶夫表示，2018 年前三季度，乌兹别克斯坦与中亚区域经济合作机制国家相互贸易增长显著，其中，与阿富汗的贸易增长 11%，与土库曼斯坦的贸易增长 17%，与中国的贸易增长约 30%，与哈萨克斯坦、吉尔吉斯斯坦的贸易增长超过 45%，与塔吉克斯坦、阿塞拜疆的贸易增长近 60%，与巴基斯坦、蒙古的贸易增长超过 100%。

乌兹别克斯坦提出建议将中国"一带一路"倡议与韩国"新北方政策"、欧盟改善欧洲与亚洲关系新战略相对接。弗拉基米尔·诺罗夫表示："对接上述倡议（战略）将建立连接中国、韩国乃至整个东北亚、东南亚和南亚国家与中亚、俄罗斯和欧洲市场的运输—物流线路，使中亚国家获得出海口"。他强调，国际港口对包括乌兹别克斯坦在内的中亚国家非常重要。因地缘环境封闭，乌兹别克斯坦商品出口需支付的运输费用达商品价格的 70%~80%，又因海关程序烦琐，乌出口商品运输时间的 40% 耗费在海关手续上，上述因素给乌兹别克斯坦造成的损失达 GDP 的 20%。对此，乌兹别克斯坦认为，韩国提出的"新北方政策"非常及时，该政策是对复兴古老丝绸之路的一大贡献。"新北方政策"为扩大韩国与欧亚国家间合作开辟了新前景，通过共同的运输—物流体系和经贸联系将韩国与欧亚国家连接成一个整体，通过整合韩国现代化的技术和雄厚的资金与包括中亚在内的欧亚国家丰富的能源、原料和人力资源，可建立一个统一的经济空间，共同在包括中亚在内的欧亚地区实施合资项目。诺罗夫称，相信"新北方政策"将为韩国发展与中亚国家多、双边合作注入新动力。（以上资料来源：驻乌兹别克经商参处。）

5. 吉尔吉斯斯坦 2018 年经济概况

吉尔吉斯斯坦国家统计委员会数据显示，2018 年吉尔吉斯斯坦通货膨胀率为 0.5%，2017 年这一指标为 3.7%。据吉尔吉斯斯坦国家统计委员会发布数据，2018 年 1~12 月，吉尔吉斯斯坦 GDP 同比增长 3.5%，工业总产值 2510 亿索姆（约合 36.57 亿美元），同比增长 5.4%；农业同比增长 2.7%，固定资产投资同比增长 3.3%，同 2017 年 12 月相比，通货膨胀率为 0.5%。2018 年 1~11 月，吉尔吉斯斯坦出口同比增长 0.8%，进口同比增长 8.2%。2018 年 1~10 月，吉尔吉斯斯坦人均名义工资约为 15752 索姆，同比增长 6.3%。

吉尔吉斯斯坦国家统计委员会数据显示，2018 年 1~11 月，吉尔吉斯斯坦对外贸易进出口总额 59 亿美元，同比增长 6.2%。其中，出口增长 0.8%，进口增长 8.2%。从吉尔吉斯斯坦贸易国别方面看，同欧亚经济联盟国家的贸易额为 21 亿美元，同比下降 4.8%。其中出口下降 0.5%，进口下降 6.1%。在欧亚经济联盟国家中，吉俄贸易额占比 65.9%，吉哈贸易额占比 32.3%。自 2016 年欧盟给予吉尔吉斯斯坦普惠制待遇后，吉尔吉斯斯坦与欧盟的贸易快速增长，从 2016 年的 3.2 亿欧元增加到 2017 年的 4.58 亿欧元，增长了 40%。爱德华·奥尔说，吉尔吉斯斯坦商界有机会扩大对欧盟的商品出口，吉尔吉斯斯坦加入普惠制体系还不到三年，积极寻找欧盟合作伙伴和销售市场。

2018 年俄吉基金项目融资规模同比下降超 50%，据吉尔吉斯斯坦阿克哈巴尔财经网报道，俄罗斯—吉尔吉斯发展基金报告显示，2018 年，该基金为吉尔吉斯斯坦企业提供项目融资总额为 4240 万美元，与 2017 年相比下降 51.3%。与此同时，融资项目数量却大幅增加，由 2017 年的 185 个增加到 2018 年的 831 个。俄吉基金提供的项目融资资金年利率通常在 4% 以上。

吉尔吉斯斯坦国家移民局托克托博洛托夫在新闻发布会上称，吉尔吉斯斯坦有 70 万公民在境外务工，其中 45 万在俄罗斯。因此，吉尔吉斯斯坦国家移民局在俄罗斯的莫斯科、哈巴罗夫斯克、伊尔库茨克和秋明分别开设了代表处，将来还会在韩国和土耳其开设代表处。

2018 年 1~8 月统计结果表明，吉尔吉斯斯坦国家债务平摊至每位公民，则每位公民负债 697.6 美元，较上月减少了 8.1 美元。根据吉尔吉斯斯坦财政部的数据，截至 2018 年 8 月 31 日，吉尔吉斯斯坦国家债务达 43.9502 亿美元（3033.6123 亿索姆），其中外债 37.9738 亿美元（2621.1005 亿索姆），国内债务 5.9764 亿美元（412.5119 亿索姆）。2018 年 8 月，吉尔吉斯斯坦国家债务下降了 2024 万美元。吉尔吉斯斯坦最大债权人为中国进出口银行，债务额为 17.0051 亿美元，8 月该债务未发生变化。2018 年 8 月，吉尔吉斯斯坦国家债务在吉尔吉斯斯坦国民生产总值中占比 56.4%。截至 2018 年 8 月 1 日，吉尔吉斯斯坦国内共 630 万人，平均工资为 15793 索姆，这意味着，每位公民需付出 3.04 份平均工资，方可偿还国家债务。（以上资料来自中国驻哈萨克斯坦使馆经商参处。）

6. 哈萨克斯坦 2018 年经济概况

据哈萨克斯坦国民经济部统计委员会数据，截至 2018 年 12 月 1 日，哈萨克斯坦人口总数为 1837.6 万人，较去年同期增长 1.3%（23.89 万人）。统计期内，城市人口 1062.62 万人，占人口总数的 57.8%；农村人口 775 万人，占人口总数的 42.2%。2018 年 1~11 月，哈萨克斯坦迁入人口同比下降 20.5%，迁出人口同比增长 11.9%，人口流动主要集中在独联体国家。国内人口迁入较多的城市为奇姆肯特（38074 人）、阿拉木图（31738 人）和阿斯塔纳（17617 人）。

哈萨克斯坦国民经济部统计委员会发布数据称，据初步统计，2018 年哈萨克斯坦 GDP 增长 4.1%。2018 年 4 月，哈萨克斯坦议会通过《2018~2020 年预算案》，确定 2018 年哈萨克斯坦 GDP 增速目标为 3.8%，实际全年经济增长超过预期。2017 年哈萨克斯坦 GDP 增速则为 4%。

据哈萨克斯坦国民经济部统计委员会发布数据，2018 年 1~12 月，哈萨克斯坦工业生产增长与上年同期相比提升 4.1%。其中，采矿业增长 4.6%，制造业增长 4%，电、气、暖供应增长 2.4%，供水、污水处理和废物收集下降 1%。统计期内，原油、天然气和金属矿石产量增加，食品、烟草、炼油、化工、橡胶和塑料制品、冶金和机械制造实现增长，黑色冶金生产下降。哈萨克斯坦各地区工业生产均实现增长。

2018 年 1~11 月，哈萨克斯坦外贸额同比增长 20.5%，据哈萨克斯坦统计委员会发布数据，2018 年 1~11 月，哈萨克斯坦外贸额为 843.446 亿美元，同比增长 20.5%。其中，出口 546.735 亿美元，同比增长 26.4%；进口 296.711 亿美元，同比增长 11.1%。贸易顺差约为 250 亿美元，同比增长约 50%。哈萨克斯坦主要出口市场包括意大利、荷兰和中国，出口额占比分别为 29.5%、10.4% 和 10.3%；主要进口市场包括俄罗斯、中国和德国，进口额占比分别为 37.3%、16.7% 和 5.2%。

据哈萨克斯坦统计委员会发布数据，2018 年 1~11 月，哈萨克斯坦与欧亚经济联盟其他成员国的贸易额为 178.46 亿美元，同比增长 6.2%。其中，哈萨克斯坦出口 52.57 亿美元，同比增长 10%；进口 118.26 亿美元，同比增长 4.6%。从国别看，俄罗斯在贸易总额中的占比为 91.9%，吉尔吉斯斯坦为 4.4%，白俄罗斯为 3.6%，亚美尼亚为 0.1%；从出口商品结构看，矿产品占出口额的 37.2%，金属及其制品占 32.4%，化工产品占 13.7%，动植物源性产品及食品占 8.6%；从进口商品结构看，机械设备占进口额的 26.6%，化工产品占 15.9%，金属及其制品占 15.7%，矿产品占 14.5%，动植物源性产品及食品占 13.3%。

哈萨克斯坦央行预测 2019 年通胀率为 5%~6%，行长阿基舍夫表示，2018 年最后三个月，哈萨克斯坦通胀率一直保持在 5.3%。全年通胀率较 2017 年有所下降，主要原因是所有种类的消费品和服务价格涨幅都低于上年。目前，内需扩张仍是拉动经济增长的主要因素，2017 年和 2018 年推出的财政刺激政策为扩大内需提供了支撑。2018 年前 11 月，居民实际收入增长 4.4%。2019 年将进一步提高最低工资水平，减轻低收入群体税负，进一步扩大内需。哈萨克斯坦央行确定的 2019 年通胀目标区间为 4%~6%，但从目前的评估来看，全年通胀率将位于目标区间的上半区，为 5%~6%。

据哈萨克斯坦统计委员会发布数据，2018 年 12 月，哈萨克斯坦失业率为 4.9%，环比持平。失业人口总数为 44.51 万人。截至 12 月底，就业机关登记的失业人口总数为 9.16 万人，占全国劳动人口的 1%。（以上资料来自中国驻哈萨克斯坦使馆经商参处。）

21 世纪初，哈萨克斯坦的经济增长主要依靠其世界第十一大石油储备。世界银行 2018 年 4 月发布的报告指出，基于 2001~2016 年 GDP 平均增长率为 6.8%，哈萨克斯坦在降低贫困人口和打造中产阶级方面取得了令人印象深刻的成绩。哈萨克斯坦总统纳扎尔巴耶夫重新强调，该国经济必须过渡到新的增长模式，以保持竞争力。政府将继续推进制度改革和经济结构性调整，继续推动经济多元化，改善国内营商和投资环境。

2018 年前三季度，哈萨克斯坦平均工资水平上涨 9%，达到约 16.2 万坚戈（约合 436 美元），购买力有所上升。根据世界银行 2018 年 4 月发布的报告称，哈萨克斯坦的贫困率从 2006 年的 55% 降低到 2015 年的 20%，而中产阶级的比例则从 10% 上升到 25%。哈萨克斯坦政府通过《2020~2025 年工业创新发展国家规划》，哈萨克斯坦总统纳扎尔巴耶夫表示，哈萨克斯坦工业化第三个"五年计划"应集中发展加工业和出口产业。并表示："我们取得了不小的成绩，但当今世界的新挑战要求我们保持政策连续性，集中发展加工业和出口产业。到 2025 年，应将劳动生产率提高到目前的 1.7 倍，出口规模扩大 1.3 倍。"

哈萨克斯坦在税收方面的排名从 63 位降低到 66 位。哈萨克斯坦税法规定（表 5-7）：在哈萨克斯坦领土从事经营活动的哈萨克斯坦公司和外国公司的常设机构有义务对以下税种纳税。

表 5-7　哈萨克斯坦税法规定

税别	纳税规定
企业所得税	30%
增值税	14%

税别	纳税规定
消费税	不同商品，不同税率
土地税	5790 坚戈/公顷
财产税	1%
运输工具税	113607 坚戈
社会税	7.7%
个人所得税	10%

中国企业进入哈萨克斯坦市场投资安全建议如下。

（1）签订合同。首先要仔细斟酌合同条款，找出可能隐藏其中的法律陷阱。签证问题一直是困扰投资工程项目的主要障碍之一，根据哈萨克斯坦现行的引入外国劳动力许可证制度，许可证配额由各个州劳动与社会保障局掌控并执行。由于中国公司实施项目的地点主要集中在几个州，个别州的配额又有限，所以常常会在申请时遇到很多麻烦。为避免因签证问题耽误工期而受到不必要的损失，可以考虑将有关内容写进合同中，如将签证问题作为"不可抗力"等。

此外，还应明确哈萨克斯坦违约时相应的补偿和惩罚条款、出现争议时的仲裁条款。对带资承包项目，要明确落实有关担保条款，条件不成熟时不做。

（2）遵守哈萨克斯坦法律，避免误踏贿赂陷。根据哈萨克斯坦法律，外国人送给有利害关系的哈萨克斯坦政府及企业有关负责人有价证券和现金，属于商业行贿的违法行为，有些不良哈萨克斯坦人利用中国人爱交朋友的习惯设下圈套，让不明就里的中国公司的有关人员触雷，从而遭到哈萨克斯坦的法律制裁，这样的情况已经发生过。希望中国公司在派出代表和工作人员时加强这方面的教育，避免类似事件再次发生。

第三节　中亚五国产业结构状况

一、土库曼斯坦产业结构

在优越的农业生产条件和丰富的油气资源基础上，土库曼斯坦第一、第二产业发展很快，石油和天然气开采、加工和出口以及新兴的纺织工业是土库曼斯坦经济支柱产业。但由于历史和体制原因，第三产业的发展还相对比较缓慢。目前，工业占 GDP 的 46.6%，农业占 8.7%，建筑业占 15.6%，交通和通信占 5.9%，贸易占 7.1%，其他服务业占 16.1%。

1. 农业

土库曼斯坦现有农业用地 3900 万公顷，其中灌溉可耕地面积约 150 万公顷。主要农产品为棉花、小麦、稻米、瓜果和蔬菜。2014 年和 2015 年土库曼斯坦粮食产量分别为 120 万吨和 140.6 万吨，棉花产量分别为 105 万吨和 110 万吨。畜牧业在土库曼斯坦经济中占有重要地位。畜牧业以养羊业为主，其中卡拉库尔羊约占羊只总数的 70% 左右，其羔皮产量约占苏联的 20%，居第二位。阿斯图拉康羔皮，即优质的卡拉库尔羊羔皮，在国际市场上享有很高声誉。此外，还有养牛业、养马业、养驼业、养猪业和养禽业。除在国际市场享有盛誉的卡拉库尔羊羔皮外，土库曼斯坦还有闻名世界的阿哈尔捷金马。这种马能在缺水少食的情况下穿越广阔沙漠。阿哈尔捷金马曾多次获得国际比赛奖牌，成为土库曼斯坦人民的骄傲。

2. 工业

土库曼斯坦主要工业部门为石油和天然气开采、石油加工、电力、纺织、化工、建材、地毯、机械制造和金属加工等。

（1）天然气工业（表 5-8）。天然气开采工业是土库曼斯坦经济支柱产业，但土库曼斯坦本国天然气消费量较小，仅占总产量的 1/3，开采的天然气主要用于出口，出口国家主要有中国、伊朗和俄罗斯等。2015 年，土库曼斯坦向中国出口天然气 279 亿立方米，向伊朗出口天然气 65 亿立方米，向俄罗斯出口天然气 38 亿立方米。

表 5-8　2011~2015 年土库曼斯坦天然气产量一览表

年份	产量（亿立方米）
2011	595.5
2012	622.9
2013	623.5
2014	692.7
2015	724.0

（资料来源：土库曼斯坦能源部）

土库曼斯坦的天然气出口方向有 4 个，以管道运输为主：一是向南，对阿富汗和伊朗等国出口；二是向西，以海运的方式经里海向欧洲出口；三是向北，通过管道，经乌兹别克斯坦、哈萨克斯坦向俄罗斯出口；四是向东，通过中土天然气管道，经乌兹别克斯坦和哈萨克斯坦向中国出口。

（2）石油开采和加工工业。石油开采和加工工业也是土库曼斯坦国民经济的重要产业。独立后，土库曼斯坦的石油产量和加工能力不断提高，主要加工企业有 4 个，年石油加工能力为 1800 万吨：一是位于东部的谢津炼油厂，位于土库曼斯坦纳巴德市，是全国最大的炼油厂和石化工业基地，年加工能力 600 万吨（改造后达 1000 万吨），加工深度为 90%，生产汽油、柴油、重油、沥青、丙烯、电极焦炭、液化气等多种石油化工产品；二是位于西部的土库曼巴希市石油加工综合体，是全国第二大石油加工企业，年加工能力 600 万吨，生产汽油、柴油、重油、沥青、液化气等石油化工产品；三是巴尔坎纳巴特炼厂，年加工能力 300 万吨，主要生产成品油和液化气；四是切列肯炼厂，设计年产 250 万吨成品油，主要生产柴油和石脑油，同时加工本公司开采的石油。

（3）纺织工业。近年来，土库曼斯坦纺织业发展较快。其大型纺织企业的产品中有 90% 用于出口，并且大部分产品已达到国际标准。产品远销美、加、英、法、德、瑞士等工业发达国家。2014 年，土库曼斯坦皮棉生产增长 6.6%，棉纱增长 11.8%。主要纺织厂有阿什哈巴德纺织综合体、土库曼巴希市牛仔布综合体。

根据土库曼斯坦 2020 年前纺织工业发展规划，土库曼斯坦将投资 20 亿美元分别在全国每个产棉区新建一个出口加工企业，新建企业将全部采用意大利先进生产设备和工艺以及德国的质量检测设备。每个企业预计年生产能力：加工皮棉 1.66 万吨，生产各种花色棉纱 1.45 万吨，年产值 2400 万美元。

（4）电力工业。电力行业是土库曼斯坦重要的经济部门。电力资源充裕，不仅可以满足本国经济和社会发展需要，而且向伊朗、土耳其、阿富汗等国出口。2011～2015 年土库曼斯坦电力生产情况见表 5-9 和图 5-3。

表 5-9　2011~2015 年土库曼斯坦电力生产情况

年份	发电量（亿千瓦时）
2011	191
2012	201
2013	210
2014	231
2015	225

（资料来源：土库曼斯坦能源部）

土库曼斯坦现有 9 家热电站，总装机容量为 4104MW。500kV 的高压输电线共有两条，即马雷—卡拉库尔，长度为 370km；谢津—达绍古兹，长度为 379km。220kV 的输电线总长度为 2000km；110kV 的输电线总长度为 7600km。

（5）化工、建材行业。土库曼斯坦独立后，采取了一系列措施促进本国化工、建材工业发展。土库曼巴希市炼厂的石油加工能力为 1000 万吨。除传统的石油产品加工外，每年还生产道路沥青 90 万吨、欧Ⅳ和欧Ⅴ标准的润滑油年产量为 10 万～11 万吨；捷詹尿素厂年产尿素 35 万吨；马雷氮肥厂年产 40 万吨的尿素；土库曼纳巴德化工厂生产过磷酸铵、工业用硝酸和硫

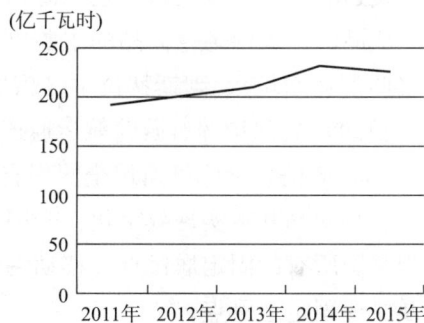

图 5-3　2011～2015 年土库曼斯坦电力生产情况

酸铝，年产化工产品 20 万吨；波亚达格碘厂，年产碘 100 万吨；丘库尔库碘厂，年产碘 100 万吨；阿哈尔水泥厂，年产水泥 100 万吨。2011 年，土库曼斯坦最大的氮肥厂新建项目在东部城市马雷开工，项目总投资 11 亿美元，设计生产能力为年产 40 万吨合成氨和 64 万吨尿素，项目建成投产后除满足国内需求外，50% 以上的产品用于出口。2011 年 12 月，卡尔留克钾肥厂项目完成勘探设计和部分厂房前期基建，该项目总投资 20 亿美元，拟分两期建设，一期实现产能 140 万吨，二期产能将增加至 400 万～450 万吨。

3. 交通通信

（1）公路。土库曼斯坦公路总长约 14000km，全长 546km 的阿什哈巴德—卡拉库姆—达绍古兹一级公路和全长 1400km 的土库曼巴希—法拉普一级公路分别为该国的南北动脉和东西动脉。土库曼斯坦公路网可覆盖全国所有城市和州、区两级行政中心及主要乡镇。与邻国

哈萨克斯坦、乌兹别克斯坦、阿富汗和伊朗的边界均有公路过境点，除短暂冰雪天气外，车辆可全年通行。

（2）铁路。土库曼斯坦境内现已基本形成东西贯通、南北相连的铁路布局，铁路运营总里程约4000km，其中1200km为独立后新建。土库曼斯坦与邻国乌兹别克斯坦、阿富汗和伊朗、哈萨克斯坦之间均有铁路相通。主要铁路有东西铁路干线：土库曼巴希—阿什哈巴德—马雷—土库曼纳巴特—法拉普，全长1170km。还有马雷—谢尔赫达巴特铁路，约320km；土库曼纳巴特—加扎恰克铁路，约320km；塔利马尔詹—科尔吉奇—基里夫铁路，约180km；捷鲁（土库曼境内）—谢拉赫斯（土伊境内）—马什哈德（伊朗）铁路，全长132km；土库曼纳巴德—阿塔穆拉特铁路，全长203km。"北—南铁路"北接哈萨克斯坦，南出伊朗至波斯湾，在土库曼斯坦境内全长697.5km。

（3）空运。土库曼斯坦航空目前经营的国内国际客运航线50多条，其中国际航线占60%，覆盖欧洲和亚洲主要城市，包括北京、莫斯科、伦敦、法兰克福、巴黎、伊斯坦布尔、迪拜、明斯克、阿拉木图等。主要机场有阿什哈巴德市国际机场、土库曼巴希国际机场、巴尔坎纳巴特市国际机场、马雷市机场、达绍古兹市机场和土库曼纳巴德市机场。

（4）水运。土库曼斯坦是内陆国家，水运主要是里海（内陆湖）和阿姆河（内河）的客、货运输。土库曼巴希港是里海东岸最大港口，可停靠7000t大型货轮，是土库曼斯坦原油、成品油、聚丙烯等商品的主要出口通道。土库曼斯坦与其他沿里海国家的港口——阿克套（哈萨克斯坦）、阿斯特拉罕（俄罗斯）、马哈奇卡拉（俄罗斯）、巴库（阿塞拜疆）和涅卡（伊朗）之间均辟有游轮航运通道。

（5）通信。土库曼斯坦全国现有程控交换设备总容量约100万线，其中数字交换机81万线，首都固网基本实现数字化，全国范围的数字化率则达到80%以上，固化网可覆盖土库曼斯坦全国所有的固定居民点。移动网络目前已基本覆盖全国，包括各州府城市、小城市、乡镇及主要固定居民点。

4. 财政状况

土库曼斯坦实施无赤字财政政策，财政收入主要来源是各种税收，财政支出主要包括三方面：一是政府向全民提供的高福利，包括水、电、气、油、食品等补贴，还有教育、住房、卫生、通信等；二是用于保障居民工资、退休金、补助和助学金的发放；三是在许多城市，特别是在首都开展的大规模的城市交通和其他基础设施建设以及大型能源企业购买国外机器设备的固定资产投资。2015年，土库曼斯坦国家财政收入为1089.69亿马纳特（约合311.34亿美元），为预算收入的100.06%；支出955.84亿马纳特（约合273.09亿美元），是预算支出的90%；实现财政盈余133.85亿马纳特（约合38.25亿美元），支出的78.7%资金用于社会领域。地方财政收入超额完成1.7%，支出96.4%。

土库曼斯坦于1993年11月发行本国货币马纳特。当时马纳特与美元的比价为2：1。不久，由于国内通货膨胀加剧和俄罗斯卢布大幅贬值的影响，马纳特也开始连年贬值，到1995年，与美元的比价已跌至200：1，2007年12月以来，官方汇率为1美元＝6250马纳特。2009年，土库曼斯坦政府发行新版马纳特，新马纳特面市以来，官方公布的兑美元汇率一直保持在2.85：1，而实际兑换汇率则基本稳定在2.84：1左右。2015年1月1日，土库曼斯坦央行宣布汇率上调至 3.5∶1。

自 2000 年以来，土库曼斯坦一直实行适度从紧的货币政策和严格的外汇管制。土库曼斯坦所有的进出口合同都必须在土库曼斯坦国家商品和原材料交易所（SCRME）实行登记，买卖双方都必须缴纳 0.2% 的合同登记费。登记合同将受到 SCRME 严格审查，如果 SCRME 认为合同价格偏离国际市场合理价格，或可能会损害当地消费市场，或所提交的单据不齐全，那么合同登记可能得不到批准。如果合同要求土库曼斯坦买方支付预付款，则在办理合同登记手续时需要提交预付款保函。在土库曼斯坦注册的外国公司可在土库曼斯坦银行开设外汇账户，但不允许提取大额现金，需用美元交费时只能通过银行转账。土库曼斯坦对外国人携带入境的美元数量无限制。

5. 金融与货币

土库曼斯坦的银行体系分为中央银行和商业银行及非银行金融机构两个层次。商业银行除国有商业银行之外，还有股份制、合资以及外国独资商业银行。非银行金融机构包括国家保险公司。目前，土库曼斯坦有关银行方面的法律有三个：《中央银行法》《商业银行和银行活动法》《抵押法》。根据 1992 年 6 月颁布的《中央银行法》，土库曼斯坦国家银行作为中央银行负责制定国家货币政策，发行货币，对商业银行业务进行监督。主要商业银行有土库曼斯坦银行、工业银行等。土库曼斯坦外经银行专门吸纳国外贷款，再向国内的国有企业发放贷款，管理外汇、黄金和管理出口企业的外汇，分配外汇贷款，提供外汇服务等。农业银行是专门向农业领域提供贷款的银行，它向任何所有制形式的农业生产者、国有农产品加工企业、农业服务领域的企业发放贷款。土库曼巴希银行专门为交通、通信、建设、石油住宅建设类企业贷款和融资，同时为被列入国家预算拨款的企业提供服务。1993 年，工行改制为股份制银行，服务网点遍布全国主要首府城市。其他银行还有土库曼斯坦开发银行、卡拉库姆银行、人民银行、Rysgal 银行。土库曼斯坦主要外资银行有巴基斯坦银行、土耳其—土库曼斯坦合资银行、伊朗出口银行。此外，德意志银行（Deutsche Bank）代表处根据其与土库曼斯坦政府所签订的协议，为土库曼斯坦政府提供保险服务、投资计划资助、咨询服务，以及训练金融专业人员计划。

土库曼斯坦于 1992 年加入国际货币基金组织和世界银行，但迄今未接受过世界银行和国际货币基金组织的贷款。土库曼斯坦是欧洲复兴开发银行成员，欧洲复兴开发银行对土库曼斯坦巴希市港口改造提供过贷款支持。目前，在土库曼斯坦开展金融合作业务的主要中国金融机构是国家开发银行。

二、塔吉克斯坦产业结构

黄群通过对塔吉克斯坦的三大产业进行分析，发现其产业结构有以下特点。

一方面，第三产业发展迅猛，比重不断上升，其增加值占 GDP 比重由 1991 年的 26.45% 增加到 2015 年的 53.5%，成为塔吉克斯坦第一大产业，国内生产总值一半以上来源于该产业；另一方面，第一产业与第二产业增加值占国内生产总值比重呈下降趋势。其中第一产业发展比较平稳，其增加值占 GDP 比重从 2000 年的 27.42% 下降到 2015 年的 21.9%。而第二产业总体发展处于萎缩状态，工业发展至今未回到独立前水平。增加值所占 GDP 比重从 1993

年的 46.53% 下降到 2015 年的 24.6%。

根据库兹涅茨针对发达国家工业化进程研究得出的结论,农业部门在总产值中的比重都出现了明显的下降,而工业部门和服务部门的产值占总产值的比重处于上升阶段。并且工业化初中期,工业部门产值比重大于其他部门。到了工业化后期,农业部门产值比重继续下降(10% 以下),工业部门产值比重开始下降,服务业部门比值比重增长较快,并超过工业部门。

再对比塔吉克斯坦目前的产业结构进行分析,塔吉克斯坦农业产值比重下降符合工业化进程初步阶段,但所占比例过大(21.9%)。而工业产值比重近些年来非但不增加,反而下降,对国民经济拉动作用较弱。服务业产值受居民收入购买力增强影响,近些年来发展迅猛。但服务业发展受外部环境影响较大,根据塔吉克斯坦国家银行统计,2015 年上半年,塔吉克斯坦接收侨汇数额比上年同期减少 32%(仅为 12 亿美元)。居民接收侨汇的减少对国内需求产生负面影响,进而使服务业发展处于下滑状态。由于侨汇减少抑制国内需求,2015 年上半年服务业比值较上年相比下降 5.3%。

马惠兰等在分析中指出,塔吉克斯坦三产虽然增长速度快(图 5-4),但质量不高,对城市化(图 5-5)的拉动力不够。分析其第三产业快速增长的原因主要是其劳务经济(劳动力输出)带动,2008 年塔吉克斯坦在俄罗斯务工人员超过 $1.0×10^6$,当年劳力外汇收入占国内生产总值的 55%,受国际金融危机影响及俄罗斯对外来劳务需求缩减,2010 年,塔吉克斯坦劳务外汇收入 $2.1×10^9$ 美元,仍占其国内生产总值的 37.23%。可以看出,劳务经济已成为塔吉克斯坦经济发展的主要支撑,但对推动本国城市化进程并没有起到很大的积极作用和贡献。

图 5-4　2007~2016 年塔吉克斯坦三产比例变化

（数据来源：世界银行）

三、哈萨克斯坦产业结构

哈萨克斯坦属中高收入国家,拥有丰富的自然资源和较雄厚的工业基础,是世界主要粮食出口国之一。高志刚和王彦芳在《哈萨克斯坦产业结构合理化与经济增长研究》一文中认为:自哈萨克斯坦建国以来,就已经意识到提高产业合理化水平、摆脱单一产业结构的重要性,并通过优化产业结构和提高竞争力等方式,实现稳定、均衡与可持续发展,提高防御国

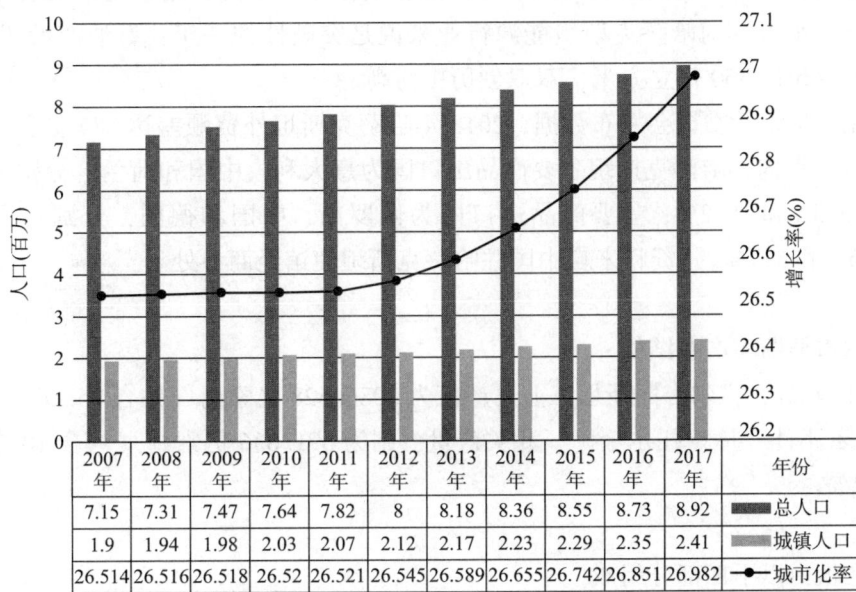

年份	2007年	2008年	2009年	2010年	2011年	2012年	2013年	2014年	2015年	2016年	2017年	年份
	7.15	7.31	7.47	7.64	7.82	8	8.18	8.36	8.55	8.73	8.92	总人口
	1.9	1.94	1.98	2.03	2.07	2.12	2.17	2.23	2.29	2.35	2.41	城镇人口
	26.514	26.516	26.518	26.52	26.521	26.545	26.589	26.655	26.742	26.851	26.982	城市化率

图 5-5　2007~2017 年塔吉克斯坦城市化率变化

际风险的能力。随着哈萨克斯坦经济步入快车道，产业结构呈现"三二一"型，但仍面临工业内部结构不合理、制造业落后、服务业发展质量低等问题。产业内部结构不合理导致就业结构失衡。

为加强基础设施建设，支撑服务业、制造业快速发展，2014 年 11 月，哈萨克斯坦政府提出"光明大道"新经济计划，并与中国就"中哈产能合作框架协议"达成共识。2016 年 9 月，中哈两国签订了政府间《"丝绸之路经济带"建设与"光明之路"新经济政策对接合作规划》，对中哈产能合作进行了顶层设计。中哈产能合作有利于打造经济新增长点，共同应对当前经济下行压力，提高产业合理化水平，助力哈萨克斯坦工业化进程，推动中国装备走出去，实现中哈双方的互利共赢和共同发展。哈萨克斯坦产业结构合理化对于经济的促进作用并不明显。因此，哈萨克斯坦政府应该加快发展加工制造业及交通基础设施等非资源产业，有效改善产业结构，平衡就业结构。

苏联时代，哈萨克斯坦主要承担原料生产和粮食基地的作用，仅有的部分工业也多是与工业原料有关的采矿业和矿产品初级加工业。因此，在工业转型发展中，结构调整成为哈萨克斯坦工业改革的重要内容。

为实现工业结构的合理化，哈萨克斯坦政府制订了工业转型的主要思路，即壮大原有优势产业，拓展既有优势产业的产业链条，并以此为基础发展轻工业和深加工业。具体措施主要包括：确立石油、金属冶炼工业的优先发展地位；加快改造军工企业步伐，将其成熟的生产工艺和现有设备转为民用生产；努力发展食品工业、轻工业和其他消费品工业，为本国民众提供更多的日用消费品，改变大量依赖进口的局面。此外，哈萨克斯坦还重点开展基础设施建设，主要是交通基础项目建设，以便为经济发展奠定基础。

统计期内，哈萨克斯坦原油、天然气和金属矿石产量增加，食品、烟草、炼油、化工、橡胶和塑料制品、冶金和机械制造实现增长，黑色冶金生产下降，哈萨克斯坦各地区工业生产均实现增长。2018年对哈萨克斯坦能源行业来说是突破性的一年，石油产量超过9000万吨，天然气产量超过550亿立方米，双双创历史新高。

据哈萨克斯坦统计委员会发布数据，2018年哈萨克斯坦外贸顺差达285亿美元，较上年增长50%。统计期内，哈萨克斯坦主要商品出口国为意大利、中国和荷兰，分别占出口总额的19.3%、10.3%和10.2%；主要商品进口国为俄罗斯、中国和德国，分别占进口总额的38.1%、16.5%和5.1%。（资料来自中国驻哈萨克斯坦使馆经商参处。）

四、吉尔吉斯斯坦产业结构

2018年1~6月，吉尔吉斯斯坦工业总产值为1086.528亿索姆（约合15.86亿美元），同比下降6%。若不计"库姆托尔金矿"相关产量，则为691.636亿索姆（约合10.1亿美元），同比增长5.1%。

1. 工业

工业总产值由以下四部分组成。

（1）采矿业产值为56.864亿索姆（约合8301万美元），占工业总产值的5.2%。

（2）加工业产值为823.229亿索姆（约合12.02亿美元），占工业总产值的75.8%。

（3）供电、供气及供热的产值为196.758亿索姆（约合2.87亿美元），占工业总产值的18.1%。

（4）供水及废料加工处理回收的产值为9.677亿索姆（约合1413万美元），占工业总产值的0.9%。2018年1~6月，吉尔吉斯斯坦工业总产值下降的原因是主要金属开采、机械、设备及交通工具类生产下滑造成的。

2018年1~6月，吉尔吉斯斯坦工业企业生产经营调查报告显示，吉尔吉斯斯坦474种工业品生产中，277种产品产量增加，占比58.4%；159种产品产量减少，占比33.5%；35种产品没有生产，占比7.4%。吉尔吉斯斯坦工业企业生产经营活跃度调查报告显示，2018年上半年，吉尔吉斯斯坦全国工业企业的平均运行负荷率为55.2%，负荷率最大的为电力生产和供配厂（89.3%），负荷率最低的为化工企业（28%）。工业企业运营困难的主要原因是资金不足、国内市场需求疲软、采购方支付困难、原材料欠缺、税收政策不稳定以及经常断电等。67.8%的企业对企业经营状况的评价是满意，22.7%的企业认为一般，9.6%的企业给的是差评。

2. 农业

2018年1~6月，吉尔吉斯斯坦国家农林牧渔业的总产值为556.559亿索姆（约合9.57亿美元），同比增长1.6%。其中，种植业占13.9%，畜牧业占81.5%，农业服务占4.3%，林业和渔业占0.3%。农业总产值增长的主要原因是种植业和畜牧业的发展，牲畜和家禽的存栏数增加，畜产品产量增长。2018年，吉尔吉斯斯坦全国播种面积121.49万公顷，同比增长0.7%。2018年1~6月，畜牧业同比增长1.5%，吉尔吉斯斯坦生产畜禽肉17.77万吨，同比增长2.1%；牛奶73.27万吨，同比增长2.2%；鸡蛋28338万枚，同比增长8.1%；羊毛1.26万吨，同比增长1.7%。

3. 建筑业

2018 年 1~6 月，吉尔吉斯斯坦建筑业总产值 441.193 亿索姆（约合 6.44 亿美元），同比增长 6.3%。

吉尔吉斯斯坦国家统计委员会发布数据称，2018 年 1~11 月，吉尔吉斯斯坦国内生产总值约为 4745 亿索姆（按平均汇率 1 美元兑换 68.64 索姆计算，约合 69.13 亿美元），同比增长 3.1%。在吉尔吉斯斯坦国内生产总值的构成中，服务业产值约占比 45%，工业产值约占比 19%，农业产值约占比 13%，建筑业产值约占比 8%。2018 年前 9 个月，吉尔吉斯斯坦黄金公司生产金合金 36.6kg，同比下降 22.4%。据预测，2018 年全年，库姆托尔金矿将生产 16t 黄金，较去年相比减少 1.5t。吉尔吉斯斯坦经济部称，2018 年 1~8 月，吉尔吉斯斯坦共出口黄金 229.27 亿索姆（或 3.23 亿美元），黄金出口量同比减少 4.9%，吉尔吉斯斯坦黄金主要出口至英国、土耳其、中国和意大利四国，其中向英国出口 227.41 亿索姆（或 3.22 亿美元），占比 99.9%。

吉尔吉斯斯坦政府强调发展纺织工业对吉尔吉斯斯坦经济至关重要。其一，吉尔吉斯斯坦的纺织缝纫业每年产值约 1.9 亿美元，其中约 1.6 亿美元的产品出口到俄罗斯和哈萨克斯坦，是吉尔吉斯斯坦附加值较高的产业和出口产品；其二，该行业绝大多数为中小型私营企业，提供就业岗位约 20 万，占吉尔吉斯斯坦轻工业总人口的 2/3。然而，与此同时，吉尔吉斯斯坦每年进口纺织品约 3.7 亿美元，是出口纺织品总额的 1 倍多，这主要是因为吉尔吉斯斯坦国内缺乏纺织缝纫的原料。为发展好该行业，吉尔吉斯斯坦需要建立本国具有竞争力的产业链条，从棉花加工到成衣生产等。为此，吉尔吉斯斯坦政府拟采取措施，如为纺织业投资项目提供便利条件、制订本国纺织产业保护机制、严格进口纺织品清关程序等，从而推动本国纺织业的发展。

根据吉尔吉斯斯坦国家统计委员会最新统计数据（表 5-10），截至 2017 年底，在吉尔吉斯斯坦运营的中资企业 574 家，其中合资企业 177 家，独资企业 397 家。中资企业数量在吉尔吉斯斯坦外资企业中占第二位，仅次于俄罗斯（688 家）。截至 2017 年底，在吉尔吉斯斯坦运营的外资企业总数为 3107 家，其中合资企业 1328 家，独资企业 1779 家。80% 的外资企业集中在首都比什凯克市。外资企业就业人数达 6.25 万人，占吉尔吉斯斯坦实体经济就业人数总额的 31.3%。

表 5-10　2017 年吉尔吉斯斯坦外资企业数量统计表

序号	国家	企业总数	合资企业	独资企业
1	俄罗斯	688	397	391
2	中国	574	177	397
3	哈萨克斯坦	436	232	204
4	土耳其	420	113	307
5	韩国	143	44	99

五、乌兹别克斯坦产业结构

根据初步统计结果，2018 年乌兹别克斯坦 GDP 为 407.5 万亿苏姆（按 1 美元=8100 苏姆汇率折算，为 503 亿美元），同比增长 5.1%，人均 GDP 约 1236.6 万苏姆（1526.6 美元），增长 3.3%。三大产业中，工业产值 130.4 万亿苏姆（160.96 亿美元），占 GDP 的 32%，比重上升 4.1 个百分点；服务业产值 145.1 万亿苏姆（179.1 亿美元），占比 35.6%，比重下降 2.5 个百分点；农业产值 132 万亿苏姆（162.94 亿美元），占比 32.4%，比重下降 1.6 个百分点。

乌兹别克斯坦的优势和特色产业如下。

1. 农牧业

乌兹别克斯坦是中亚古老的灌溉农业国，农业产值占国内生产总值的 25% ~ 30%，出口创汇额占 60%，从业人员占全国的 30% 左右，在国民经济中占重要地位。近几年经济结构的调整导致粮食种植面积减少，农业产值占国民生产总值的比重下降。现有农业用地 2237 万公顷（33555 万亩），其中耕地面积 403.4 万公顷（6051 万亩），牧场面积 1285 万公顷（19275 万亩）。粮食产量基本保持在 600 万 ~ 650 万吨，主要产品有小麦（约占粮食作物产量的 90%）、大米。2018 年乌兹别克斯坦农业生产以种植和养殖业为主，分别占乌兹别克斯坦农业产值的 51.4% 和 45.2%，其他领域产值占比分别为：林业 2.4%，渔业 0.5%，狩猎和农业服务 0.5%。

2018 年种植业和养殖业主要产品产量如下。

种植业方面，谷物产量 637.5 万吨（小麦约 548.9 万吨，玉米 37.6 万吨，大米 22.3 万吨，豆类约 21.7 万吨，其他谷物 7 万吨），同比下降 12.5%；土豆产量 275 万吨，下降 1.6%；蔬菜 963.5 万吨，下降 5.7%；瓜果约 190.5 万吨，下降 6.2%；水果约 259 万吨，下降 1%；葡萄约 156.5 万吨，下降 3.8%；籽棉 230 万吨，下降 19.7%。

养殖业方面，肉产量 241.7 万吨，下降 5.7%；产奶约 1048 万吨，增长 4.3%；产蛋 73.6 亿枚，增长 16.2%；羊毛 3.5 万吨，下降 3.7%；蚕茧 1.79 万吨，增长 43.5%。牛存栏数约 1272.7 万头，增长 2%，其中，奶牛 452.2 万头，增长 4.3%；羊 2128.7 万只，增长 3.1%；禽类约 8153.9 万只，增长 8.9%。

2. 石油、天然气开发现状

乌兹别克斯坦石油、天然气资源比较丰富，总储量在苏联 15 个加盟共和国中占第 3 位，天然气储量与荷兰和印度尼西亚的天然气储量相差无几，属于世界上 15 个拥有丰富天然气资源的国家之一。石油预测工业储量 53 亿吨，已探明 5.84 亿吨；天然气储量 54.3 亿立方米，已探明 20.55 亿立方米，居世界第 14 位。

天然气和黄金等大宗商品是乌兹别克斯坦主要出口创汇商品，2018 年，天然气出口额约 26.65 亿美元，同比增长 65.8%，占出口总额的 18.7%；黄金出口约 29.1 亿美元，下降 10.7%，占出口总额的 20.4%。2018 年全年开采总量将达 610 亿立方米，石油化工行业全年原油加工总量将超过 300 万吨。捷米罗夫指出，乌兹别克斯坦能源开采和加工效率的提升得益于地质勘探力度加大、先进科学生产技术运用、国际知名能源企业参与等因素，曾在 22 个月内，新增石油天然气田多达 10 处，其中，7 处位于布哈拉州，2 处位于卡拉卡尔帕克斯坦自治共和国，1 处位于费尔干纳州。目前，乌兹别克斯坦天然气产量能满足国内需求，且 20% 用于出口，未来将继续保持这一出口比例。乌兹别克斯坦油气公司在乌国民经济中发挥着重要作用，产值约占国内生产总值的 15%，国家预算的五分之一来自乌油气公司。乌兹别克斯坦天然气开采能力约 700 亿立方米/年，液态烃开采能力 80 万吨/年。然而，由于技术损失和储量的减少，在过去的 15 年，乌兹别克斯坦油气开采规模出现了实质性的下降：2017 年天然气开采量 564 亿立方米，同比增长仅 0.5%，石油开采 80.6 万吨，下降 6.3%。

乌兹别克斯坦国家统计委员会工业统计局发布数据，2017 年乌兹别克斯坦原油开采总量为 80.6 万吨，同比下降 6.3%。车用汽油年产量下降 2.5%，为 110 万吨，柴油年产量下降 4.5%，为 96.29 万吨。为缓解市场供应紧张局面，乌兹别克斯坦已自 2017 年 11 月起自俄进口原油，11 月进口量约 3 万吨，12 月进口量约 5 万吨。同期，乌兹别克斯坦天然气开采总量为 564 亿立方米，增长 0.5%。但近年来，乌兹别克斯坦国内市场天然气需求剧增，幅度超过 30%，年需求量约 500 亿立方米。据乌兹别克斯坦国家石油天然气公司表示，目前该公司天然气年开采能力可达 700 亿立方米和 1120 万吨液态烃，完全可以保障国内市场需求和执行对外出口合同。乌兹别克斯坦石油探明储量 1 亿吨，2015 年石油开采 300 万吨，同比下降 3.1%，日均 6.4 万桶；消费 280 万吨，同比增涨 0.1%，日均 5.9 万桶。

2018 年，乌兹别克斯坦采矿业中，煤炭开采 417.4 万吨，增长 3.4%；石油 74.46 万吨，下降 9.2%

3. 铀矿开发现状

乌兹别克斯坦是中亚地区第二大产铀国。国际原子能机构（IAEA）统计，目前对约 40 座铀矿床进行勘探，其中有 27 座为大型矿床。2007 年共产铀 2338t，居全球第 7 位。据乌兹别克斯坦国家地质和矿产资源委员会数据显示，境内这 27 个铀矿产地均分布在克孜勒库姆沙漠地区，已探明和评估的铀储量为 18.58 万吨，其中 13.88 万吨为砂页岩矿，4.7 万吨为黑页岩矿；预测的铀远景储量为 24.27 万吨，其中砂页岩矿 18.88 万吨，黑页岩矿 5.39 万吨。20 世纪 90 年代初，在乌兹别克斯坦拥有铀矿开采、加工及出口专营权的"纳沃伊矿山冶金联合体"（以下简称"联合体"）每年生产 3000~3500t 贫铀。2005 年，因"联合体"硫酸生产出现技术问题而导致铀减产；2006 年铀减产到 2260t，下降 1.8%；2007 年产铀 2270t，同比增长 0.5%；计划在 2010 年前将年产量提升至 3000t。

乌兹别克斯坦没有自己的核工业，铀原料全部出口。随着国际铀价的高涨，日本、韩国、中国、俄罗斯、美国等国家的能源企业也纷纷向乌兹别克斯坦提出合作开发铀矿的意向。铀矿业成为乌兹别克斯坦提高国际地位和经济发展的重要手段。

4. 有色金属开采和冶炼

乌兹别克斯坦境内蕴藏着储量可观的钛、锰、铬、铅、锌、钨、钼、锡、汞、锑、铀、铜以及金、银等金属。其中黄金已探明储量 2100t，前景储量 3350t，居世界第 4 位，年产量 80 多吨，居独联体国家第 2 位、世界第 8 位；铜勘探储量 30 多亿吨，居世界第 10 位，年开采量 5000~6000t，居世界第 11 位；钼储量占世界第 8 位；镉开采量占世界第 3 位；锌、钨砂、镍、钡等有色金属产量均占苏联 40% 以上。黑色金属矿藏较为贫乏，因而在采矿冶金工业中，有色金属工业相对发达。2010 年有色金属总产值 37839 亿苏姆。已发现的 41 处金矿床中 33 处矿石品位较高，9 处正在开发。纳沃伊冶金联合体、阿尔马雷克冶金联合体和黄金生产联合公司是乌兹别克斯坦三大生产黄金和其他稀有金属的企业，其冶金工业和生产能力在中亚地区位列第一。铜矿主要分布在乌塔（塔吉克斯坦）交界处的库拉明山脉，目前，开发了卡尔马克尔铜矿、萨雷—切库铜矿和达利涅耶铜矿。"联合体"为乌兹别克斯坦黄金主要生产部门，开采黄金 80t，生产黄金 57～59t。阿尔马雷克冶金联合体生产全国 90% 的银、20% 的金，是乌兹别克斯坦唯一的铜生产商，有权开采铜钼矿和铅锌矿，生产精炼铜（阴极）、金属锌、铅精矿等产品，2009～2013 年阿尔马雷克公司将投资 1.8 亿美元改造铜选矿厂。同时，乌兹别克斯坦与俄罗斯、美国、英国等国展开有色金属的开采和冶炼方面的合作。

5. 机械制造业现状

乌兹别克斯坦的机器制造业是随着苏联中部地区机械制造厂疏散而建立起来的。经历了从修配到制造、从仿制到自行设计的发展过程，成为部门较齐全的工业体系，经过调整产业结构，植棉和轧棉设备制造业具有优势。国内有 300 多家机械制造企业，其中大型机械厂 94 家。机械制造业占工业总产值的 14%，固定资产比重为 16%，从业人员占全国工业就业总人数的 25% 左右。农业机械、轧棉机械、纺织机械、电机、石油化工机械、飞机制造、汽车制造、无线电通信、电器产品、日用技术等机械制造业主要集中在塔什干、撒马尔罕、安集延等城市。喀什干为机械工业的中心，许多大型机械制造工业企业设在该市。中亚地区三分之二的机器制造产品是在乌兹别克斯坦生产的，也是中亚地区唯一生产丝织和纺纱机械的国家。

2015 年农用机械领域：乌兹别克斯坦与德国克拉斯和雷肯农机公司，美国 Case New Holland 公司建有 "UzCaseTractor" "UzCLAAS Agro" "LEMKEN Chirchiq" 合资厂。在家电领域：与三星、LG、美的、霍尼韦尔等公司合作生产一系列家用电器，包括电冰箱、空调、LED 电视和显示器、洗衣机等。此外，石油化工、石油天然气机械、铁路机械、纺织工业、建材工业、制药、家具生产等行业也迅速发展。机械设备类产品依然是乌兹别克斯坦第一大进口商品，2018 年进口额 82.24 亿美元，同比增长 64.6%，占乌兹别克斯坦进口总额的 42.1%，比重上升 6 个百分点。乌兹别克斯坦机械设备类商品进口主要来自中国、韩国、俄罗斯等国，其中，中国是其机械设备类产品第一大进口来源国，2018 年中国对乌出口机械设备 21.73 亿美元，增长 37.9%，占乌机械设备类商品进口比重的 26.1%；韩国排名第二，15.03 亿美元，增长 64.4%，占比 18.1%；俄罗斯排名第三，6.85 亿美元，增长 57.9%，占比 8.2%。

目前，乌兹别克斯坦已经成为中亚地区汽车制造业最发达的国家，在未来一段时间仍将领跑整个中亚地区的家用汽车制造业。作为汽车制造业的领军企业，乌兹别克斯坦汽车工业有限公司美国通用公司 2004 年组建了通用乌兹别克斯坦公司，乌方控股 75%，通用公司控股 25%。2010 年通用乌兹别克斯坦公司的汽车销售量大约是 14.3 万辆。除满足国内市场外，乌兹别克斯坦生产汽车还出口到俄罗斯和乌克兰等独联体国家（以上资料来自正点国际）。

为适应当代经济发展需求和提升经济管理体系效率，乌兹别克斯坦决定在原经济部基础上组建经济和工业部，为国家制定和实施国家社会经济、工业发展和投资战略领域政策的权威政府机构。新成立的经济和工业部主要职能包括：分析宏观经济指标，提出预测性发展建议，制定主要产业发展战略；促进民营经济发展，改善营商环境，降低"影子"经济份额；在合理分配生产力和有效利用各地区自然、经济资源基础上制定国家工业发展战略；实施系统性措施确保商品市场平衡；以增加国民经济出口潜力为导向研究制定发展对外经济活动战略方向；积极出台城市化领域国家政策，确保国家有效调控城市化进程；参与制定和执行国家积极投资政策；全面分析研究并制订提升人力资本水平和质量的措施；引进现代信息和通信技术，确保国家经济机构日常工作运转；确保由国家预算和国有专用基金拨款支持的项目高质、按时实施。

第四节　对中亚五国投资的风险分析

一、自然环境对投资环境的影响

一个国家的自然环境是由其特定的地理位置和资源享赋决定的，也会对投资环境产生不同的影响。随着世界交通网迅速发展，矿产资源对投资环境的影响大幅降低，但大宗商品及能源价格波动大，对中亚五国经济影响大，因此，通过对各国主要矿产资源的介绍能帮助外国投资者合理预期各国未来宏观经济走向。环境因素对投资环境产生另一种影响：自然条件好、适宜居住，则东道国对外国投资者的吸引力增大。

哈萨克斯坦是中亚地区国土面积最大的国家。位处欧亚大陆中部，属于北温带，共有四个自然带：森林草原带、草原带、沙漠带和半沙漠带。平原面积占国土面积的三分之二，山区和丘陵占三分之一。从北到南，年均日照时间为 2000~3000h。全国平均水资源为20000m³/km²。哈萨克斯坦是农业较发达的内陆国家，自然气候条件较好，耕地面积辽阔。苏联时期，哈萨克斯坦农业基本实现了规模化、机械化经营，为种植业和养殖业的发展奠定了较为坚实的基础。哈萨克斯坦位于北温带，是典型的大陆性气候，因其幅员辽阔，南北温差大。哈萨克斯坦很多河流只有在化雪季节才有水流，故其河流虽多但仍属于缺水的国家。哈萨克斯坦的自然资源丰富，不少矿藏储量占全球储量的比例很高，如钨超过 50%，铀为25%，铅为 19%。哈萨克斯坦石油储量非常丰富，已探明储量居世界第七位，独联体占第二位。

吉尔吉斯斯坦是欧亚大陆的腹心地带，是东西方商路的要冲。吉尔吉斯斯坦水资源较丰富，在中亚四国中仅次于塔吉克斯坦。吉尔吉斯斯坦境内多山，全境位于天山构造带上，矿产资源非常丰富，虽然总量上不及哈萨克斯坦、乌兹别克斯坦。吉尔吉斯斯坦的锑产量居独联体国家第一位和世界第三位，锡和汞的产量居独联体国家第二位。目前，吉尔吉斯斯坦矿藏资源开发利用量低，许多资源的储量和分布情况值得进一步探明。

塔吉克斯坦境内多山，约占国土面积的 93%，是大陆性气候，水资源丰富，约占中亚地区的一半，人均水资源拥有量居世界第一位，但开发量不足 10%。塔吉克斯坦矿产资源也很丰富，有世界上第二大银矿区，锑矿产量在亚洲居第三位。塔吉克斯坦共探明有 140 处建材原料矿，已开采 40 处，多处的储量可维持 20~25 年甚至更长时间，为生产砖、水泥等建材提供了原料保证。塔吉克斯坦有储量为 1.2 亿吨的石油和 8800 亿立方米的天然气，由于资源多埋藏较深（多在 7000m 以下）和缺少战略开采者，塔吉克斯坦 95% 以上的石油和天然气依赖进口。

乌兹别克斯坦是中亚地区人口最多的国家。乌兹别克斯坦属严重干旱的大陆性气候，干燥少雨，阿姆河和锡尔河是乌兹别克斯坦农业灌溉的重要水源，但是因灌溉和蒸发而大量流失，一些支流在沙漠中消失，水资源短缺问题在短时间内难以解决。乌兹别克斯坦资源丰富，国民经济支柱产业是黄金、棉花、石油、天然气，是世界第五大棉花生产国和第二大棉花出口国。截至 2015 年 10 月，乌兹别克斯坦天然气开采量居世界第十一位，黄金开采量居第九位，铀矿开采量居第五位。乌兹别克斯坦盛产棉花，素有"白金之国"的美誉。从古至今，乌兹别克斯坦的棉花生产都是世界上最重要的棉花生产基地之一。20 世纪末，为满足粮食生产自给自足，逐步减少棉花种植面积，从而导致棉花产量骤降，近年来，棉花种植情况基本可以保障在万亩左右。一直以来，乌兹别克斯坦的棉花产业都是出口的重要组成部分，是主要增加外汇的产业。目前，乌兹别克斯坦的棉花产量位居世界棉花生产量的前五位，其棉花出口量更是高居世界第二位，是世界第二大棉花出口国。

土库曼斯坦 80% 的国土被卡拉库姆大沙漠覆盖，除里海沿岸地区和山地以外，属典型的大陆性气候，夏季干燥炎热，冬季寒冷少雪，春秋短促。年温差、昼夜温差大，蒸发量高、年均降水仅 161mm。石油、天然气资源丰富。

中亚五国都是资源丰富的国家，同时也由于地理位置的原因，面临着不同的问题，如哈萨克斯坦、乌兹别克斯坦和土库曼斯坦缺乏水，吉尔吉斯斯坦和塔吉克斯坦矿产资源面临开发难的问题。

二、吉尔吉斯斯坦经济存在的问题

丹尼尔（Kerimov Daniiar）认为由于受到传统计划经济的影响比较大，使处于经济转型期的吉尔吉斯斯坦存在着明显的经济结构不合理现象。近年来，国家一直在开展国民经济结构的改善工作，并通过出台一系列的经济发展战略，制订了经济发展的优先领域。独立之后，国民经济中农业的地位逐渐提升，但是，由于经营方式粗放、生产技术落后等原因，使其农业的发展后劲不足，而工业生产又受到国内资金匮乏、产业机构单一等影响，使其在产业结构中所占比重明显地下降，这使吉尔吉斯斯坦还没有形成具有影响力的民族产业。在外贸策略上，为了能够实现工业化发展，逐渐开展原料出口向成品出口的转变，并将产业结构的优化与工业发展作为一项非常重要的发展任务。但是，从整体上来讲，虽然吉尔吉斯斯坦的经济改革在发展过程中取得了一系列成就，但是由于在私有化进程中，经济受到了较大影响，国民生产值出现了较大波动，使其还没有建立起可持续发展的经济。

1. 私有化

在吉尔吉斯斯坦的经济改革过程中，非常重要的一点就是私有化，这涉及国家管理权利的转换，私有化改革最先是在农业部门中开展，1991～1993 年，吉尔吉斯斯坦 97.2% 的日常服务企业与餐饮企业、86.7% 的商贸企业都已经实现了从国有到私有的转变，随着私有化进程的加快，整个国家中，私有企业所占比重越来越大，并逐渐在国民经济中占有非常重要的地位；2000 年，吉尔吉斯斯坦政府又推出了一些私有化企业的纲要与名单，涉及私有化改造的企业主要集中在热力、电力、航空、电信等领域中，在长达 20 年的改革中，过去纯粹的国有制逐渐被个体工商业、集体工商业、混合所有制代替。

Muratov Bektur 认为，在私有化进程中，由于经验缺乏和立法滞后，没有建立起有效的监督机制，国有企业被贱卖，少数人得利，出现了庞大的贫困者群体，两极分化。涉及国家命脉的大型国企、单位的对外开放，造成国家对经济的控制能力明显减弱，国民生产总值波动较大。

2. 外资引进不理想

为了能够有效弥补国内资金的需求，吉尔吉斯斯坦在经济发展过程中希望能够引进外资投入，并且通过引进国外先进管理经验与生产技术来促进本国经济发展，吉尔吉斯斯坦经济转型过程中一个非常重要的组成部分就是吸引外资，另外，经济转型发展的好坏，对于投资环境与外资引进又具有较大的影响，一个良好投资环境的形成，不仅是能够很好吸引外资的重要条件，也是经济转型成功的直接体现。

根据吉尔吉斯斯坦国家统计委员会公布的数据，2017 年 1~12 月，吉尔吉斯斯坦外商直接投资总额为 5.9 亿美元，同比下降 27.5%。按投资领域划分，主要集中在加工业、职业教育和科技、金融中介和保险、矿业开采等领域；按照投资国别划分，独联体以外国家对吉尔吉斯斯坦投资 5.16 亿美元。其中，中国对吉尔吉斯斯坦投资 2.7 亿美元，同比下降 10.4%，为吉尔吉斯斯坦第一大投资来源国。加拿大对吉尔吉斯斯坦投资 1.18 亿美元，同比下降 0.6%。独联体国家对吉尔吉斯斯坦投资 7453 万美元，同比下降 76.3%。其中，哈萨克斯坦对吉尔吉斯斯坦投资 4767 万美元，同比增长 206.3%；俄罗斯对吉尔吉斯斯坦投资 2389 万美元，同比下降 91.8%。外商投资主要集中在首都比什凯克市、楚河州、伊塞克湖州和贾拉拉巴德州。

三、塔吉克斯坦经济发展问题

塔吉克斯坦国土面积为 14.31 万平方千米，国内长度在 10km 以上的河流有 947 条，总长 2.8 万千米，河网密度达 0.6km/km²。已知矿产有 50 多种，银、铅、锌、铀等矿产资源在中亚储量占第一位。近年来，塔吉克斯坦得到了来自俄罗斯、中国，以及世界银行、亚洲开发银行、欧洲复兴开发银行、伊斯兰开发银行等国际金融机构的大量投资和援助，发展前景较为乐观。

1. 受制于地域限制

塔吉克斯坦地处亚欧大陆腹地，距离海洋较远，与外界的联系主要通过陆路进行。塔吉克斯坦与中国贸易往来最有利的条件就是口岸，通过中国新疆口岸等来展开投资贸易合作，与中国的贸易在塔吉克斯坦的贸易中占主导地位，中国在塔吉克斯坦贸易的 70% 是通过中国新疆与塔吉克斯坦的往来完成的。但中国新疆属中国欠发达地区，经济规模较小、经济发展水平较低、市场容量有限，因基础设施相对落后，加之气候要素以及运输技术和运输方法的局限性，物资运送速度普遍不高，这些因素致使塔吉克斯坦仅仅从边界的口岸与中国进行贸易往来。

各行政区间以及海关口岸等政治管辖因素限制了其贸易往来的便利性。这对提升中国在塔吉克斯坦投资贸易水平，引进、吸收来自中国的先进产品、技术，促进塔吉克斯坦国内产业结构升级、落实政府间达成的贸易多元化协议都是不利的，而且这种来自贸易空间布局上的制约，将会越来越明显地阻碍中国在塔吉克斯坦投资贸易层次的持续提升。

2. 融资、居留等问题凸显

塔吉克斯坦在外籍人员居留和融资等方面还存在问题。为保证本国人民就业市场，塔吉克斯坦严格控制外籍移民，实行工作许可和签证双轨制度，外资企业用人的外籍劳工与本国劳工比为：普通企业 9∶1，工业企业 8∶2。非法雇用外国劳务将被处以数额相当于最低工资标准 30~300 倍的罚款。同时，在塔吉克斯坦获取融资的难度和成本较中亚其他地区更大，投资者往往无法筹措到足够资金。

四、乌兹别克斯坦经济发展问题

1. 投资营商风险

中方企业在乌兹别克斯坦投资时必须要重视执法不严、外汇管制、政策变更、汇率变化、企业拖欠及不安全的风险。虽然，乌兹别克斯坦政府在利用外资方面给予外资企业税收及各种费用征收的优惠政策和金融支持政策，但是在实际执行过程中却发生了乌兹别克斯坦相关部门逼税、罚款、毁约等事件，乌兹别克斯坦承诺的减免税费政策在具体执行过程中经常不能兑现。中亚地区的恐怖暴力事件，成为影响中乌企业贸易活动的一个不安全因素。中资企业应该充分利用中乌两国所签署的投资合作文件《中国和乌兹别克斯坦政府关于鼓励和相互保护投资协定》《中华人民共和国政府和乌兹别克斯坦共和国政府关于对所得避免双重征税和防止偷漏税的协定》《中国政府和乌兹别克斯坦政府经济技术合作协定》《中国政府向乌兹别克斯坦政府提供优惠贷款的框架协议》《中国政府和乌兹别克斯坦政府扩大经济贸易、投资和金融合作备忘录》《中国石油天然气集团公司与乌兹别克斯坦国家石油天然气公司在石油天然气领域开展互惠合作的协议》《中乌关于海关互助的协定》等，维护中资企业应得的权益和利益。

2. 政策法律多变

乌兹别克斯坦根据经济社会发展的需要，在 20 多年先后采取了两种投资立法指导思想，这也使同一套投资法律前后呈现较为明显的差异，造成法律适用上的分歧甚至矛盾。

（1）第一阶段：1991~2000 年，经济衰退与走向复苏阶段。独立初期，乌兹别克斯坦的本国资金匮乏，急切地需要海外资金帮助本国复苏经济并构建完整的经济体系。因此，这一阶段的外资法立法指导思想为：为外资的进入设置"低门槛"，最大限度地运用外资，有利于在短时间构建独立的经济体系。由此，乌兹别克斯坦先后颁布实施了《外国投资法（1991年）》、《对外经济活动法》（1991 年）、《外商投资和外商投资活动保障法》（1995 年）等与投资相关的基础性法律，构建起乌兹别克斯坦投资法律的基本框架。

（2）第二阶段：2001 年至今，经济持续稳定回升阶段。在 2000 年以后，乌兹别克斯坦国投资法立法思想有所改变，即通过调整投资立法实现经济结构和产业结构的优化升级、发展进口替代型产业，以引进他国先进的生产要素和管理经验。因此，这一阶段的投资立法不再单纯地吸引外资，而是通过颁布《合伙企业法》《民营企业法》等更具针对性、更为细化的法律制度对外资准入门槛、企业注册程序、税收等问题加以规范，从而有针对性地选择符合发展需要的外资企业进入本国。

乌兹别克斯坦虽然已逐渐形成了以基本法为基础、以总统令及内阁文件为补充的法律体系来保障外国投资者的相关权益，但在实际的执行过程中，法律的效力远低于总统令和内阁文件，导致政策多变，法律所固有强制性降低。投资者十分重视法律和政策的一致性及持续性，法律、政策的多变是乌兹别克斯坦吸引投资者方面的严重缺陷。

3. 通货膨胀恶化

近十年来，乌兹别克斯坦的货币政策持续宽松，通货膨胀率上升。2015 年和 2016 年，乌兹别克斯坦官方统计的通货膨胀率分别为 5.6% 和 5.7%。IMF 等机构认为实际通货膨胀水平远超官方统计数据，常年保持在 11.5% 左右，2015 年通货膨胀率为 10%，2016 通货膨胀率为 12%，且未来呈加速上行之势。

高通货膨胀导致信贷增速和 M2 增速不断升高。高水平的通货膨胀率导致乌兹别克斯坦经济体系中贷款总量高速增长以及苏姆不断贬值。2016 年，乌兹别克斯坦国内信贷增速为 14%，M2 增速为 24%，预计 2017 年乌兹别克斯坦的国内信贷将进一步增加，信贷增速和 M2 增速分别为 20% 和 30%。

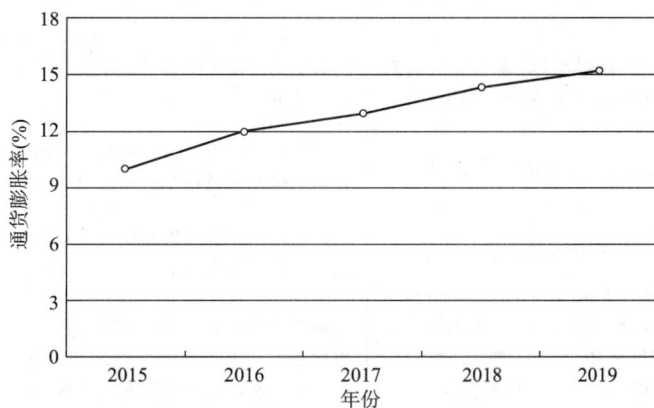

图 5-6　乌兹别克斯坦 2015~2019 年通货膨胀率

近年来，受高通货膨胀等因素影响，乌兹别克斯坦苏姆兑换美元官方汇率持续贬值。2016 年，苏姆的年均汇率为 1 美元兑 2966.6 苏姆，年末汇率为 1 美元兑 3205 苏姆，均贬至历史低值，2017 年汇率仍将进一步贬值，汇率下行压力加大。

五、哈萨克斯坦经济发展与"一带一路"倡议

哈萨克斯坦与中国山水相连，中哈两国不但在经济供求方面有很强的互补性，而且在地缘关系上也独具优势，这为双方经贸合作创造了良好的基础。中国与欧盟之间 8% 的商品贸易将经过哈萨克斯坦的"西欧—中国西部"公路运输走廊。凭借扼守欧亚地区十字路口的地理位置优势，哈萨克斯坦是"丝绸之路经济带"沿线上的重要国家。

但是，从中哈边境经贸的合作区域分布来看，中国与哈萨克斯坦等中亚国家开展贸易交流主要集中在中国的西部省份，新疆对哈萨克斯坦贸易将近占中哈贸易总额的 80%。中国东南部沿海城市占中哈贸易往来比率很低。新疆与哈萨克斯坦的紧密合作与经贸往来主要是由于地理位置和宗教信仰等原因。但是新疆在中国并不属于发达地区，其科学技术和制造业水平都远低于东部地区，这导致两国之间的合作还仅局限于农业和资源开发领域。哈萨克斯坦要想得到技术方面的全面进步与发展，就要与中国东部地区开展更加紧密的经贸与科技合作。

1. 基础设施分析

虽然哈萨克斯坦具有不可替代的重要战略位置，但是其基础设施相对比较落后，交通运输问题较难解决，没有足够的货运设备来应对未来快速增长的跨境运输需求。哈萨克斯坦目前的经济生活主要是依赖铁路、公路和管道运输三种形式，但是这三种运输方式又有明显的缺陷。交通网络的覆盖率较低、规模较小、道路条件较差。铁路运输占据哈萨克斯坦货运总量的70%，但是其铁路系统并不发达。并且哈萨克斯坦的铁路执行的是俄罗斯宽轨标准，与中国的相关标准还有很大不同，所以，中国的货物不能通过铁路直接运送到欧洲，货物在经过口岸时必须要从中国铁路换装到哈萨克斯坦，这样极大地降低了跨境货物运输的效率，同时提高了货物运输的成本（表5-11）。

表5-11　近年来中哈两国在口岸基础设施建设中的合作情况

时间	协议/公告	内容
2013年9月7日	中哈连云港过境货物运输通道及货物中转分拨基地项目合作及协作协议	启动连云港中哈物流场站，开通连云港中哈物流基地的国际货运业务
2014年12月14日	中哈总理第二次定期会晤联合公报	完善口岸设施建设，提升中哈两国阿拉山口—多斯特克口岸和霍尔果斯阿腾科里口岸过货能力
2015年7月8日	中哈拓展双边航权安排谅解备忘录	深化民航基础设施合作；强化航空安全，分享技术应用；加强航空技术人员合作
2015年8月31日	共同发展哈萨克斯坦"霍尔果斯—东门"经济特区和中国连云港上合组织国际物流园区项目战略合作框架协议	加强中哈（连云港）物流合作开发；推动连云港国际货运班列建设；加强哈萨克斯坦"霍尔果斯—东门"经济特区场站—仓库基础设施建设和工业区项目发展
2016年9月2日	"丝绸之路经济带"建设与"光明之路"新经济带新经济政策对接合作规划	将交通基础设施建设列为第一合作重点，提高双方公路、铁路运输能力；优化完善航线网络，提高航空通达水平
2017年4月22日	关于深化中欧班列合作协议	推动铁路基础设施建设发展，加强运输组织，提高运输速度

公路运输的规模相对较小，同时条件较差。现存哈萨克斯坦的大部分公路都已经不能承受经济的快速发展，虽然现在在公路上也有一些投资，但是工程较大，耗时太长，短时间之内无法完全改善哈萨克斯坦的公路现状，这将成为制约中欧快速陆路运输通道建设的主要瓶颈。

作为内陆国家，哈萨克斯坦并不重视其他的运输方式。在水运方面，哈萨克斯坦位于全球最大的内陆湖——里海的西部，虽然其港口的数量较多，但是海上运输主要依靠阿克套国际贸易港、诺港及库雷克港三个港口。且2014年水运货运总量仅为363万吨，仅占全国货量运输的0.1%，并且近两年还有下降的趋势。

2. "光明之路"计划与丝绸之路经济带建设的对接

哈萨克斯坦是中国丝绸之路经济带沿线上的重要国家，是中国"一带一路"建设的必经国家，并且占据着十分重要的战略地位。哈萨克斯坦主要想改进基础设施的建设，中国在基础设施建设方面有着极其丰富的经验，中国是其在基础设施建设方面可靠并且成熟的合作伙伴，并且，哈萨克斯坦在提出"光明之路"计划之前，就已经采取重要举措协调"一带一路"倡议，中国可以利用哈萨克斯坦现有的基础交通设施进一步建设丝绸之路经济带的具体路线。

中国在各个方面对哈萨克斯坦的大量投资，是哈萨克斯坦"光明之路"计划能够取得成功的重要保障，对于中国来说，钢铁等物资产能过剩，而对哈萨克斯坦的建设需要大量的设备和材料，刺激了中国机械和金属制品行业的发展，能够实现双方的互利共赢。丝绸之路经济带与"光明之路"计划比较见表 5-12。

表 5-12　丝绸之路经济带与"光明之路"计划比较一览表

项目		丝绸之路经济带	"光明之路"计划
不同点	制定国家	中国	哈萨克斯坦
	时间	2015 年 3 月 28 日，中国多个部委联合发布文件《推动共建丝绸之路经济带和 21 世纪海上丝绸之路的愿景与行动》	2014 年 11 月 11 日，哈萨克斯坦总统纳扎尔巴耶夫正式提出这一经济计划
	目的	与沿线国家构建涵盖政治、经济、文化等多个领域的共同体关系	哈萨克斯坦本国的经济结构转型与发展
	辐射范围	范围广泛，几乎横贯整个亚洲大陆	相对狭小，以哈萨克斯坦本国为主，对周边有带动作用
共同点		其期望均包括对经济发展与社会和谐的促进 其内容均涉及基础设施建设，主要包括公路、铁路、航空、管道等运输系统的建设 其实现方式均包含通过投资带动经济转型	

"光明之路"计划最重要的技术支撑是数字化的实现，也是哈萨克斯坦推进国家现代化建设的主要内容。但是，哈萨克斯坦资金和技术都相对落后，其目标在实现的过程当中困难重重。中国在信息技术方面具有的优势刚好可以弥补他们的不足。中国的信息技术在世界都处于领先水平，有着较多的开发和应用经验，并且，在丝绸之路经济带沿线国家推广应用信息和数字技术本来就是中国的初衷。信息领域合作的开展对两国都有着特殊的意义。

六、土库曼斯坦经济发展问题

1. 自然地理与民族宗教

土库曼斯坦是仅次于哈萨克斯坦的第二大中亚国家，位于伊朗以北，东南面和阿富汗接壤、东北面与乌兹别克斯坦为邻、西北面是哈萨克斯坦，西邻里海，与中国相隔塔吉克斯坦和乌兹别克斯坦。官方语言为土库曼斯坦语，通用语言为俄语。土库曼斯坦国土面积约 49.12 万平方千米，人口约 700 万。

土库曼斯坦是多民族国家，其中土库曼族约占 77%。各民族之间相处和睦，没有民族纷争。苏联解体后，由于民族、文化背景原因，伊斯兰教发展较快。

2. 资源

土库曼斯坦矿产资源丰富，石油和天然气储量居世界前列，天然气理论储备列世界第四，约为 26.2 万亿立方米, 年均开采量达 2400 万立方米; 石油理论储量 208 亿吨, 年均开采量达 8000 万吨, 石油天然气工业为该国的支柱产业。土库曼斯坦是世界上最大的能源出口国之一, 也是世界上发展最快的经济体之一。

3. 土库曼斯坦经济结构

2008~2014 年, 土库曼斯坦经济增速较快, 2015 年 GDP 总额大幅下降, 根据国际货币基金组织的新闻通报, 主要原因是由于原油和天然气价格下跌、俄罗斯经济衰退、中国经济降温和美元汇率大幅升高。2017 年, 土库曼斯坦国民生产总值为 423.55 亿美元, 同比增长 10.3%, 人均国民生产总值为 6138 美元。其 2008~2017 年 GDP 总额如图 5-7 所示。

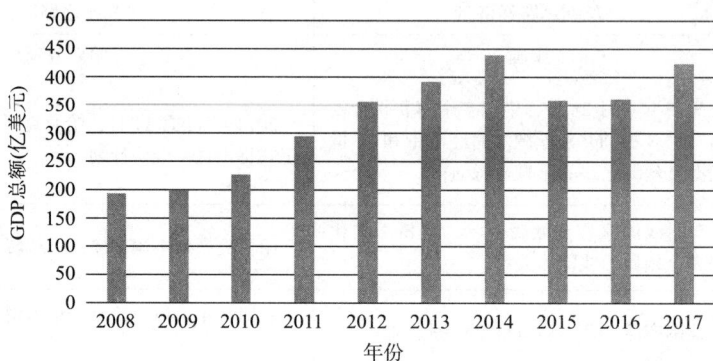

图 5-7　土库曼斯坦 2008~2017 年 GDP 总额

作为土库曼斯坦国民经济支柱的油气产业出口势头良好: 2012 年土库曼斯坦天然气出口量达到 410 亿立方米, 占总量的 63.08%; 石油出口量为 270 万吨, 占总量的 27%; 石油天然气资源出口总额占外汇总收入的 70% 以上。2009 年, 随着中国—土库曼斯坦天然气管道项目的完成, 每年出口中国的天然气近 300 亿立方米, 占土库曼斯坦天然气总出口量的 61%, 中国已成为土库曼斯坦最大的天然气进口国。土库曼斯坦以种植棉花和小麦为主, 2015 年, 土库曼斯坦小麦产量约为 140 万吨, 棉花产量约为 110 万吨, 小麦、棉花种植的产量增长较快。近年来, 土库曼斯坦纺织业发展迅速, 其出口的棉纺织品占棉纺织品总产量的 90%。

4. 土库曼斯坦的封闭

作为永久中立国, 土库曼斯坦的国家政策比较封闭, 对外开放程度很低。

土库曼斯坦国内政局总体稳定, 社会秩序良好。现任总统尼亚佐夫作为国家最高行政首脑, 集党、政、军大权于一身, 在人民群众中享有极高威望。国内唯一的合法政党即执政的民主党, 从中央到地方掌握着各级政权, 在群众中具有不可动摇的领导地位。

土库曼斯坦实行计划经济, 基于对能源工业的高度依赖, 总统对资源开发具有绝对控制权, 油气工业和矿产资源部在对外能源合作中的地位较高, 对外能源政策和决策更多的是基于政治考虑而非纯粹的商业行为, 具有很大的不确定性。经济自由度指数 (Index of Economic Freedom) 显示土库曼斯坦在 178 个国家和地区中排名 171 名, 说明土库曼斯坦的经济不够市场化。所以, 在土库曼斯坦经济发展和市场化改革的道路中可能会调整能源进出口策略或市场机制, 这些调整对中国与其天然气贸易合作会存在风险。

土库曼斯坦奉行中立国和全方位外交政策，故此，土库曼斯坦政府领导层和民间团体向来只是选择性地参加区域联盟活动。土库曼斯坦对出口贸易实行计划配额管理，由国家统一经营，进口方面通过关税措施进行调节，口岸建设缓慢，通关时滞，部门与部门之间协调困难等，没有建立健全有效的贸易平台，这些都严重制约着我国与土库曼斯坦的贸易往来。

第五节　中亚五国宗教对投资环境的影响

一、中亚国家主体宗教

纵观中亚地区历史，希腊人、匈奴人、突厥人、阿拉伯人、蒙古人、俄罗斯人等的扩张和征服行动使中亚社会一次次被推动进步，也一次次地被注入了多元文化基因。中亚是一个多宗教地区，这里信仰各种宗教的教徒众多，教派林立。除伊斯兰教外，还有东正教、基督教、犹太教、佛教等。中亚地区最主要的宗教是伊斯兰教。伊斯兰教传入中亚地区已有1000多年的历史，公元7世纪后期，阿拉伯人进入中亚开始传播，到以后的蒙古帝国、沙俄政府时期，统治者皆对中亚的伊斯兰教采取宽容和支持态度，这期间伊斯兰教得到了广泛传播。十月革命后，苏联政府废除了宗教的一切特权，尤其是从20世纪20年代起对宗教采取严格控制的办法，此后直到苏联解体前后，这一地区的宗教状况才发生了巨大变化。20世纪90年代初，这一地区大约有3850万穆斯林，约占苏联穆斯林总人数的70%，是世界主要的穆斯林居区之一。

该地区五大主体民族：哈萨克人、乌兹别克人、吉尔吉斯人、土库曼人、塔吉克人，以及鞑靼人、维吾尔人和东干人等民族都信奉伊斯兰教（多属逊尼派，只在塔吉克斯坦戈尔诺—巴达赫尚自治州有6万~10万塔吉克人是什叶派支派——伊斯玛义派的追随者）；生活在中亚地区的俄罗斯人、白俄罗斯人和乌克兰人主要信奉东正教；朝鲜人信奉佛教和基督教；德意志人信奉基督教；犹太人信奉犹太教，等等。

在中亚地区，信奉伊斯兰教的人数最多。20世纪90年代初，苏联解体前夕，中亚地区大约有伊斯兰教徒3850万人，占苏联伊斯兰教徒总数（5500万人）的70%。伊斯兰教是中亚地区颇具影响的主要宗教。乌兹别克斯坦为政教分离的伊斯兰国家。88%的居民信奉伊斯兰教，多属逊尼派，其次为东正教（约占9%）。除逊尼派外，乌兹别克斯坦还有什叶派、苏菲派、瓦哈比派等15个宗教派别和非传统教派。乌兹别克人的伊斯兰信仰在中亚五国中居首位。乌兹别克斯坦长期受困于乌伊运、伊扎布特等宗教极端势力，且乌兹别克斯坦正处于人口增长高峰，失业率高，普遍存在的政治贪腐现象极易激发底层民众的不满，进而为宗教极端主义的传播提供了基础。塔吉克斯坦和土库曼斯坦90%以上的居民信奉伊斯兰教，多属逊尼派。哈萨克斯坦主要信仰伊斯兰教，属逊尼派。伊斯兰教作为哈萨克斯坦第一大宗教，信徒人数约占哈萨克斯坦居民总人数的69%；东正教是哈萨克斯坦第二大宗教，信徒人数约占总人口数的30%，主要信徒为俄罗斯族、乌克兰族等。吉尔吉斯斯坦是伊斯兰教占主要地位的多宗教国家，该国有伊斯兰教、东正教、基督新教、犹太教和佛教等教派。吉尔吉斯人多信奉伊斯兰教，属逊尼派。信奉伊斯兰教的还有乌兹别克族、哈萨克族、鞑靼族、维吾尔族、塔吉克族和东干族等民族。俄罗斯人、乌克兰人和白俄罗斯人信仰东正教。

二、中亚宗教特点

1. 宗教对国家政治的影响

王慧敏在《中亚宗教问题的经济分析》一文中认为：伊斯兰教对中亚国家社会生活和国家政治的影响越来越大。中亚国家的主体民族基本上是全民信仰伊斯兰教，现在政府要职大部分为主体民族干部担任，这些国家干部制定的政策不可避免地要受伊斯兰教义的影响甚至支配。中亚五国宗教团体数目和信仰人数猛增，宗教教育机构猛增，清真寺和其他寺院越建越多，各国领导层对宗教活动的支持力度上升，国家总统、各级地方官员进出寺院、发表讲话、会晤宗教人士等活动都在增多。外部势力插手中亚地区宗教事务严重，这一地区已成为外国宗教团体发展势力竞赛的舞台，各种宗教在中亚地区不断扩充自己的队伍。中亚某些地区的伊斯兰复兴党十分活跃，且信奉原教旨主义，该党在乌兹别克斯坦虽被禁止，但在塔什干地区仍拥有 5000 多名党员。在塔吉克斯坦，伊斯兰复兴党于 1990 年 6 月成立，并于 9 月取得合法地位，该党在各地建立基层组织，现在党员人数已达 7 万之众。可以说，当前中亚各国伊斯兰教已全面复兴。

2. 宗教对国家社会生活的影响

安铁宝在《中亚战略地位的重要性》一文中分析提出：中亚地区有 100 多个民族，族际关系复杂，历史上曾经发生过民族仇杀的悲剧。另外，中亚地区的宗教状况也比较复杂，存在多种宗教并存的情况，有伊斯兰教、东正教、佛教、基督教等。民族、宗教矛盾交互作用，再加之贫困，极容易出现恐怖主义、民族分裂主义、宗教极端主义。在这一地区活动的除车臣残匪、"东突"势力外，主要是目前在塔吉克斯坦、乌兹别克斯坦和吉尔吉斯斯坦交界处的费尔干纳地区活动的一支 2000 多人的极端主义武装组织。费尔干纳盆地成了恐怖、分裂、极端三股恶势力的策源地，该地区聚集中亚各类极端分子，以及来自南亚、车臣等地有实战经验的恐怖分子，中亚各国及其相邻地区发生的一系列绑架、贩毒、走私、暴力等恐怖活动多由这股势力所策划。在国际恐怖势力的支持或呼应下，中亚三股势力的活动已由秘密走向公开，由零星而呈一定规模，目前，虽不至于动摇中亚安全，但季节性威胁一旦变成经常性威胁，将牵动中亚地区安全局势并波及周边国家尤其是中国西北边陲。

中国与中亚国家在上海合作组织框架下开展了打击"三股势力"的合作。中亚的极端势力、东突恐怖势力和国家恐怖势力在中亚南部和中国新疆制造了一系列恐怖事件，给该地区造成巨大人力和财力损失，中国与中亚国家进行了实质性安全合作，联合打击破坏地区稳定的恐怖势力和有组织犯罪。在上海合作组织框架内，中国与中亚国家按照签订的各项相关协议，共同努力，紧密合作，维护了中亚地区和中国西北部的稳定。

三、宗教对中亚经济的影响

1. 产能合作方兴未艾

2014 年底，中国与中亚各国首次提出产能合作倡议，得到了各方积极支持。目前，中国与中亚各国均拟定了规模不等的合作清单，包括采掘业、制造业和农业等。其中采掘业包括中哈钢铁、有色金属等；制造业有江淮汽车制造厂等；农业领域则有中国与哈、吉、塔的粮食合作，等等。应该说，在平等互利互惠的原则下，将中国优质产能与中亚工业建设缺口结合的模式开创了区域合作的新局面，提升了中国与中亚国家的合作水平。处于世界欧亚非各大文明中心交流、碰撞十字路口的特殊位置，历史上，曾在欧亚大陆上形成的几乎所有强权中心无一例外地向中亚渗透、覆盖、征服，形成一次次中亚文明发展路径的改写。这一过程客观上也带动了中亚社会文明的进步与发展，成为域内民族实现国际化和现代化的重要条件。

2. 地缘政治，经济环境差异大

中亚各国因地缘政治和经济环境差异大，导致利益诉求难以统一，各国的异质性涉及经济社会环境、地理地貌、政治经济体制、民族结构、宗教信仰、社会制度形态、人文历史等方面，在推动区域经济和社会发展的目标以外，寻求共同的利益焦点难度很高，使得推动贸易合作乃至一体化的交易成本太高。首先是缺乏成熟且有效协调的区域分工来促进区域贸易自由化；其次是因各国产业结构的雷同性和其他因素，中亚各国很难达成以产业结构合作协议推动国际专业化分工协作来消化多余产能，使得贸易合作深化缺乏产业基础；再次是因各国市场化程度低，市场经济发展不充分以及发展思路的局限，保护主义思维使得弱化关税壁垒的政策协作难以达成；最后是各国出于本国产业积累和利益纷争，使得区域贸易合作深化的谈判持久反复。而且，中国—中亚各国的合作机制建设本身也值得探讨和进一步发展，尽管中亚各国出于发展经济的目的对"一带一路"倡议做出了响应，但很多方面仍处于非正式协议的低级化阶段，自由贸易协定等高级合作形态尚待建立。

3. 不可忽视俄罗斯的影响

尽管中俄是全球性战略合作伙伴，且同为上合组织成员国，但两国的中亚战略存在一定的竞争关系。中亚是俄罗斯的传统势力范围，使得俄罗斯对其他大国涉足中亚本能地带有抵触和排斥心态。俄罗斯经济学博士奥列格·切尔克维茨在2015年1月29日的《真理报》上发文指出，几年之前，上合组织成员国就成立发展银行事宜达成一致，但目前仍无实际性进展的原因在于中俄之间存在关于实务及地位的原则性分歧。俄罗斯既希望中国在中亚积极活动，从而为地区稳定提供帮助，同时又要防止中国在中亚的势力扩大；既愿上合组织有所作为，又担心它对独联体内的合作造成冲击。因而，虽然中国在上合组织框架下的互动进程中积极推进成员国在经济贸易和社会文化领域的合作议程，但俄罗斯更趋向于将上合组织作为一个政治和安全合作对话机构，俄罗斯的立场和政策可能会对丝绸之路经济带的建设产生影响。

参考文献

[1] 李琪. 中国与中亚创新合作模式、共建"丝绸之路经济带"的地缘战略意涵和实践[J]. 陕西师范大学学报：哲学社会科学版，2014（4）：5-15.

[2] 孙壮志. 中亚五国对外关系[M]. 北京：当代世界出版社，1999：187-208.

[3] 张忆南."丝绸之路经济带"在中亚的实现路径及思考[J]. 晋中学院学报，2015（4）：8-11.

[4] 李海."丝绸之路经济带"建设中的中亚因素[J]. 世界知识，2015，32（12）：8-11.

[5] 吴宏伟，孙力. 丝绸之路经济带建设与中亚国家发展战略载于中亚国家发展报告（2015）[M]. 北京：社会科学文献出版社，2015：210-221.

［6］ 包毅. 中亚国家政治发展进程中的政治稳定与政治危机［J］. 俄罗斯中亚东欧研究，2016（1）：91-103.

［7］ 谢兰璋. 投资环境的理论探讨：投资环境四维分析［J］. 经济研究导刊，2007（5）：10-11.

［8］ NASRULLAEV OYBEK. 中国与乌兹别克斯坦双方贸易关系研究［D］. 南京：南京大学，2017.

［9］ 张新. 乌兹别克斯坦投资环境分析［D］. 兰州：兰州大学，2017.

［10］ 土库曼斯坦：加大引资力度［J］. 中国对外贸易，2014（5）：52-54.

［11］ 张艳松，倪善芹，陈其慎，等. 基于地缘战略中国同土库曼斯坦资源合作分析［J］. 资源科学，2015，37（5）：1086-1095.

［12］ 乌兹别克斯坦经济与商业环境风险分析报告［J］. 国际融资，2018（4）：65-67.

［13］ 迪罗姆. 中国对塔吉克斯坦投资存在的问题与对策研究［D］. 沈阳：辽宁大学，2017.

［14］ 蒲开夫. 塔吉克斯坦共和国居民的生活状况［J］. 俄罗斯中亚东欧市场，2013.

［15］ 权衡，张鹏飞. 亚洲地区"一带一路"建设与企业投资环境分析［J］. 上海财经大学学报，2017，19（1）：88-102.

［16］ 法鲁赫. 中国在塔吉克斯坦投资贸易现状与问题研究［D］. 南京：南京师范大学，2017.

［17］ 程云洁，武杰. 巴基斯坦和中亚四国农业投资环境评析［J］. 克拉玛依学刊，2018，8（3）：49-55.

［18］ 孙放. 乌兹别克斯坦共和国投资法律制度问题及启示［J］. 对外经贸实务，2018（10）：17-20.

［19］ 爱努尔. "丝绸之路经济带"背景下的哈中经贸合作问题与对策研究［D］. 大连：大连海事大学，2018.

［20］ 高洋. 中国对哈萨克斯坦基础设施建设的投融资研究［J］. 新疆财经，2017（4）：67-73.

［21］ 高洋. 中国对哈萨克斯坦基础设施的投融资模式研究［J］. 宏观经济管理，2017（S1）：305-306.

［22］ 邓羽佳，秦放鸣. 中国"丝绸之路经济带"建设与哈萨克斯坦"光明之路"计划对接研究［J］. 改革与战略，2017，33（6）：57-60+72.

［23］ PIVKINA Anzhelika（安哲丽卡）. "一带一路"背景下中国对哈萨克斯坦投资现状、前景及对策研究［D］. 杭州：浙江大学，2018.

［24］ 李秋娟. 中国与哈萨克斯坦经贸合作面临的新机遇与新挑战［J］. 对外经贸实务，2018（9）：29-32.

［25］ 刘海田，孙静，高珏，等. 吉尔吉斯斯坦共和国矿业投资环境及风险分析［J］. 矿产勘查，2013（3）：336-340.

［26］ 尤立杰，朱倩. 哈、乌、土三国能源投资环境评价［J］. 俄罗斯中亚东欧市场，2013（5）：70-77.

第六章 中国与中亚国家纺织产能合作的载体

产业园的定义并不统一,指一个国家或地区的政府根据自身经济发展的内在要求,通过行政手段划出一块区域,聚集各种生产要素,并在一定空间范围内进行科学整合,从而提高工业化的集约强度,突出产业特色,优化功能布局,使之成为适应市场竞争和产业升级的现代化产业分工协作生产区。海外产业园的投资与建设对于中国与中亚国家的产能合作都具有非常重要的意义,一方面有助于我国纺织产能和技术转移至中亚国家,促进我国产业升级;另一方面也有助于园区所在国家、地区的经济社会发展,就业人口增加。在"一带一路"倡议背景下,以海外产业园区建设为抓手,实现资本、人才、技术、材料、交通等多方面资源的点状汇聚,以点带面,优势互补,实现真正的"利相通、心相融"。产业园区是在全球化竞争条件下,在城市新型工业化发展中,在城市工业发展布局调整的过程中产生的,园区内纺织、服装、轻工产业链相关产品、相关产业共同发展,共享资源,具有高效的配套服务体系,生产要素、市场要素得到优化配置且高度集中。产业园最突出的优点在于资金、人才、技术等要素高度集中、资源共享、办事效率高、生产成本低、经济增长快、具有企业集聚效应和产业孵化器效应。因此,加快海外产业园区建设,有利于实现资源的优化配置,提高纺织服装企业集约化程度,推动中亚国家工业化和产业化的进程,对促进中亚区域经济发展起着不可代替的作用。

第一节 产业园区(工业园区)的相关理论

一、产业集聚理论

Alfred Marshall(1890 年)是第一个推出产业集群理论的学者,阐述了原材料共享,运输条件以及技术外溢等"外部经济"性是产业相对集中的主要原因。Alfred Weber(1929 年)在《工业区位论》一书中认为区位因素包括聚集因素和区域因素两个方面。他强调,集聚可以通过企业自身规模的扩大,即规模经济或者通过各企业之间相互联系而实现。胡佛(Hoover,1975 年)则定义产业群是企业群体的"集聚体"。克鲁格曼认为产业集群是位于同一地方的经济活动,他是从劳动力市场的角度定义的,该经济活动中的任意两种经济活动的从业人数是否相关是其断定的标准;派克认为产业集聚通常是在地方社区的一个产业内,在生产过程时各个企业相互关联从而形成的企业集聚;Porter 同样认为地理位置临近的相关企业必将互相集聚在一起。我国最早进行产业集聚理论研究的北京大学的王缉慈教授,他强调产业群中区域分工的重要性，发挥区域内各种资源的整合能力的作用，尤其是技术进步与技术创新的作用，是一种适合中国国情的区域发展理论。王缉慈教授还结合工业园区和高新技术产业开发区等区域的发展、纺织服装以及电子信息等产业部门的发展、传统重化工业和机械工业区的改造等现实问题，进行产业集群与区域发展的研究。

二、循环经济理论

随着经济的发展，全球正逐步陷入生态危机，环境不断恶化。我国学者吴季松对循环经济的定义为：循环经济就是在人与自然资源以及科学技术的大系统内，在资源投入、企业生产、产品消费及其废弃的全过程中，不断提高资源利用效率，把传统的、依赖资源净消耗线性增加的发展，转变为依靠生态型资源循环来发展的经济。循环经济的目的是实现经济的可持续发展，企业在资源节约与循环利用的运作机制下，通过清洁生产、生态工业、持续农业、绿色消费、废物处理五个环节使物质处理和能量达到循环流动和平衡。要大力发展园区能源节约行动，提高资源综合回收利用率，加强重点行业资源的消耗管理，努力降低消耗，提高资源利用率；强化污染预防和全过程控制，推动不同行业合理延长产业链，加强对各类废物的循环利用，推进企业废物"零排放"等。

三、增长极理论

增长极理论最初是经济学家讨论地区均衡增长模式时的产物，后来越来越受到区域学家的重视。法国经济学家弗朗索瓦·佩鲁（F. Perroux）的增长极理论的核心观点为地区的经济增长并不是均匀分布的，而是首先现有一个或者两个增长点，再从这个点向外扩散。增长极理论的核心观点在于先集聚后溢出，先集中后扩散，强调极化核心的带动作用。揭示了在区域内投资建立或嵌入推动型产业之后，会形成集聚经济，通过乘数效应而带动其他产业的发展，从而使本区域经济得到迅速增长，并带动周围其他区域甚至全国经济增长。高科技园区规划建设者的主要任务是创造各种有利条件尤其是营造优越的创业环境，以加速高科技产业的集聚和扩散。"增长极理论"对于推动传统工业园区的转型发展有切实的重要意义，首先，从园区内部发展来看，需要挑选一到两个核心产业或者主要企业，发展成为园区内部的经济增长极。其次，园区在转型发展的过程中也要充分发挥其辐射带动作用，推动区域一体化发展。

四、核心边缘扩散理论

弗里德曼认为，任何一个国家都是由核心区域和边缘区域组成。核心区域是一个城市或城市集群及其周围地区所组成。边缘的界限由核心与外围的关系来确定。根据"核心—边缘"理论，在区域经济增长过程中，核心与边缘之间存在着不平等的发展关系。总体上，核心居于统治地位，边缘在发展上依赖于核心。核心区依赖技术等优势从边缘区获取剩余价值，使边缘区的资金、人口和劳动力向核心区流动的趋势得以强化，构成核心与边缘区的不平等发展格局。核心区与边缘区的边界会发生变化，区域的空间关系会不断调整，经济区域空间结构不断变化，最终达到区域空间一体化。用核心边缘扩散理论解释园区经济发展，可以认为园区是空间结构的核心区，它具有更大的集聚效应，使人、财、物等各种资源向园区集中，成为经济发展的核心。同时，它还发挥巨大的扩散效应，带动边缘地区经济的快速发展。

五、中国产业园区建设的理论应用

1. 孵化器理论

孵化器理论又称苗床理论，它是关于在新生产部门发生和发展的最初阶段所需要的地理条件的假说。孵化器理论强调，高科技园区必须大力扶持新创办的中小型高技术企业来发展高技术产业，高科技园区中首先应设有科技企业孵化器。园区是以高科技的劳动和大量研究与开发活动的集聚为特征，按照苗床理论，园区是孵化器的最佳选址。园区中包含有为新生企业提供的孵化空间，孵化器又称创业服务中心，是一种孵化高新技术企业和企业家的新型社会经济组织，通过为创业企业和企业家提供场地、设施等良好的创业环境、资金、管理、信息等诸多优质服务以及塑造创新的文化氛围，降低创业成本和创业风险，帮助新兴中小企业"出壳"并迅速成长。随着"调结构、转增长"的呼声与需要，孵化器理论引起了我国企业家、投资金融机构以及政府的高度关注。以清华科技园为例，清华科技园有一批企业孵化器，如今清华科技园的孵化器包括清华创业园、清华留学人员创业园、生物技术孵化器、IC设计孵化器、国际园—日本和国际园—韩国。为了更好地借鉴清华科技园在科技园区建设、管理、经营的模式和经验，充分发挥和利用大东区政府和启迪股份双方的优势，支持清华科技园在沈阳的辐射发展，沈阳市大东区人民政府和清华大学国家大学科技园于 2005 年 12 月共同组建了区政府直属的清华科技园沈阳孵化中心，以努力促进将清华科技园在沈阳辐射园区建成国内一流的创新创业企业孵化、人才引进和教育培训、高新技术成果转化的基地，促进清华科技园事业和大东区及沈阳市科技、经济与社会的全面发展。

2. 三元参与理论的应用

三元参与理论认为高科技园区是科技、高等教育、经济和社会发展的必然产物。政府是园区内外环境创立者和园区组织机制启动者，大学与科技界是高技术和高素质人才之源，企业是科研资金提供者和新兴市场开拓者，三方在共同利益的基础上进行强有力的协作，开发高技术产业，促进地区经济发展，促进综合国力增强，这就是三元参与理论的基本点。在中国，比如中关村、深圳高新技术园区、成都高新技术产业开发区等拥有一大批创新创业大学，积极开展产学研合作，高效发挥大学技术研发优势，促进企业技术发展，是三元参与理论的主要表现。清华科技园有强大的高校背景和政府资源，清华科技园的建设和发展得到了政府大力扶持和支持，作为政府积极推动的大学科技园事业，清华科技园紧邻三大科学高校——清华大学、北京大学和中国科学院，数十个国家工程研究中心、国家重点实验室和开放实验室遍布周围。

六、中国海外产业园区建设的实践

高水平海外产业园区能够为"一带一路"倡议提供实践平台。"一带一路"倡议提出和推进以来，海外园区是成为我国与沿线国家合作的主要内容和重要名牌。在有条件的国家和地区建设一批海外园区，因地制宜发展园区经济，推动沿线国家发展，带动我国高端装备、先进技术标准和优势产能向境外转移，是"一带一路"建设的重点内容。我国与"一带一路"沿线国家开展产业合作离不开相应的产业载体作为支撑。为了在中亚范围内构建产业配套体系，我国应考虑在丝绸之路经济带沿线国家和地区优先布局一批高水平产业园区，这样不仅能够加强我国与这些中亚国家和地区的经贸往来，缔结更紧密的战略合作关系，也契合国家战略意图，延续甚至增强中国产业全球竞争优势。

建设高水平海外产业园区是我国纺织服装产业"走出去"和国际产能合作的需要。海外产业园作为国际产能合作的平台，既能系统解决企业"走出去"所面临的政治、法律、经济、文化等障碍，又能有效形成抱团、降低风险、保障企业海外资产的安全，已经成为中资纺织服装企业"抱团出海"——在海外发展的最佳载体。在我国大力推进"一带一路"倡议、国际产能合作等背景下，中资企业参与海外园区建设方兴未艾。为此，打造一批高水平海外产业园区，既能为"走出去"的企业提供舒适的生产空间，进而降低投资风险，又能从国家层面加强统筹协调，开展实质性的国际产能合作，促进产业内外协作联动。

中国与中亚国家纺织产能合作是"一带一路"建设的重要内容，也是中国纺织服装企业"走出去"的有效路径，丝绸之路经济带沿线国家的产业集聚度普遍不高，各种资源要素与中国国内互补性很强，可以大力推动中亚国家产业园区建设，可以有效借鉴国内产业园区发展的成功经验，依托一批产业特色鲜明、产业链较完整、技术水平较高的骨干纺织服装企业和相关中小企业建立产业园区，进而促进相关产业快速发展。海外产业园区建设，有利于同合作国达成发展共识，提升互信度；有利于形成谈判机制，为中国企业争取超值待遇；有利于降低企业走出去的成本，提升整体效率；有利于我国纺织服装产品和服务进入欧亚国家市场。

第二节　中亚纺织产业园区规划

一、纺织产业园区产能合作示范

经过实地调研，目前，乌兹别克斯坦纺织企业除了韩国大宇30万锭纺纱工厂以外，本土纺织企业规模与分布见表6-1。

表6-1

序号	企业名称	纱锭数目（万锭）	短/长车	环锭	织机数量（台）	气流纺
1	Amin Invest	1.1	短车	√		
2	Boston Mega	1.8	长车	√		
3	Asaka Tex	1.8	短车	√		
4	Astera	1.2	短车	√		
5	Boytug Tex	2.2	短车	√		
6	Tagus Tex	1.6	短车	√		
7	Hamza Expro					√
8	Genmark LLP	1.0	短车	√		
9	Daka Sam Tex	2.2	短车	√		

续表

序号	企业名称	纱锭数目（万锭）	短/长车	环锭	织机数量（台）	气流纺
10	Inshoot Turxol				10（毛巾织机）	
11	Madaniyat Tex					√
12	Mirzachol				60（喷气织机）	
13	Namtex					√
14	Humo Tex	2.2	短车	√		
15	Osiyo Tex					√
16	Fayz-m Tex	1.5	长车	√		
17	Rishton Tex	2.7	短车	√		
18	Marhamat	1.4	短车	√		
19	Sahavot Tex	1.3	长车	√		
20	Sam Antep Gilam	2.7	短车	√		
21	Zarbdor Tex				100	
22	Bobur M&F	8.0	短车	√	200	
23	Shijoat Tex（毛巾生产）					
总计		32.7	—	—	370	

由表6-1可以看出，乌兹别克斯坦现有的纺织企业大部分设备落后、规模小、集中度低。

1. 乌兹别克斯坦卡什卡达里州卡尔希利泰国际纺织公司

此公司为中资企业（图6-1），总投资额2亿美元，规模为24万紧密纺纱锭，具有200台喷气织机。二期工程已经开工，该州年产25万吨棉花。

图6-1　中资企业（沙漠上的纺纱工厂）

当前，乌兹别克斯坦共有 14 个工业园，包括 7 个自由经济区和 7 个针对特殊行业的工业区。在这 14 个工业园中，有 11 个都是今年新建的。乌兹别克斯坦宣布取消实施多年的外汇管制政策。在乌兹别克斯坦，有 700 多家与中国企业合资的企业。乌兹别克斯坦在华投资项目达 94 个，累计投资金额达 1175 万美元。乌兹别克斯坦工商会副主席表示，将向园区内企业提供关税优惠及税收减免等优惠政策，优惠期根据投资额不同会有所差异。据了解，投资 30 万~300 万美元给予 3 年优惠期，300 万~1000 万美元给予 5 年优惠期，1000 万以上的给予 7 年优惠期。

据乌兹别克斯坦纺织服装企业协会的统计，2017 年乌兹别克斯坦纺织品出口额达到 11 亿美元，出口到 50 多个国家和地区，高附加值产品的比重超过 40%，增长主要来自 64 家外资公司。根据乌兹别克斯坦的规划，未来该国纺织业发展的主要模式之一是建立纺织产业集群，涵盖原棉生产、初加工和深加工以及纺织终端产品。据统计，2017 年乌兹别克斯坦出口企业从 293 家增加到 350 家。

2017 年，乌兹别克斯坦现有的企业完成了 34 项升级和扩产计划，轻工业总产值超过 3.56 亿美元，出口潜力预计达到 1.517 亿美元。乌兹别克斯坦专家已经制定了棉纺织产业集群中期发展规划。纺织业发展已成为该国政策优待项目之一。乌兹别克斯坦规划建 112 家现代化工厂，扩大升级 20 家现有工厂，使纺织业的出口潜力达到 25 亿美元，创造 2.5 万个就业岗位。

据乌兹别克斯坦国家统计委员会统计数据显示，2018 年一季度，乌兹别克斯坦纺织品出口额达到 3.17 亿美元，同比增长 14.7%。纺织品占该国外贸出口比重为 7.8%，主要出口品种是棉纱，占比达 58.9%，货值 1.865 亿美元。丝绸出口额为 1000 万美元，同比增长 92.3%。2017 年 12 月，乌兹别克斯坦对纺织业进行了彻底的调整，整合了产业链，包括棉花生产、初加工、深加工和生产高附加值纺织终端产品等，并建立了棉纺织产业集群。2018 年，乌兹别克斯坦新增 14.09 万公顷土地用于建设棉纺织品集散地。卓郎设备如图 6-2 所示。

(a) 卓郎往复式抓棉机　　　　　　　　(b) 卓郎细络联(一)

(c) 卓郎细络联(二)

图 6-2　卓郎纺织设备

2. 卡尔希本地 3 万锭立达全流程工厂

设备如图 6-3 所示。

(a) 舒坦纺纱公司厂门

(b) 立达细络联(一)

图 6-3

(c) 立达细络联(二)   (d) 立达接头器

(e) 立达粗细联

图6-3 卡尔希设备

3. 塔吉克斯坦丹加拉中泰一期6万锭立达全流程工厂

2018年11月5日，位于塔吉克斯坦哈特隆州丹加拉区的中泰（丹加拉）新丝路纺织产业有限公司［以下简称："中泰（丹加拉）纺织公司"］隆重举行二期5760头（8.64万锭）气流纺生产启动仪式暨三期织布项目奠基仪式，塔吉克斯坦总统埃莫利·拉赫蒙与中国驻塔吉克斯坦大使岳斌共同出席仪式并致辞。流程生产线设备如图6-4~图6-11所示。

图 6-4　立达清梳联

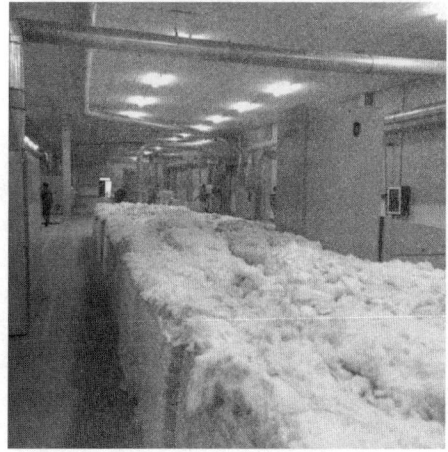

图 6-5　立达清梳联

图 6-6　立达精梳机

图 6-7　立达粗细联

图 6-8　立达粗纱传输系统

图 6-9　立达细络联

图 6-10　立达细纱机

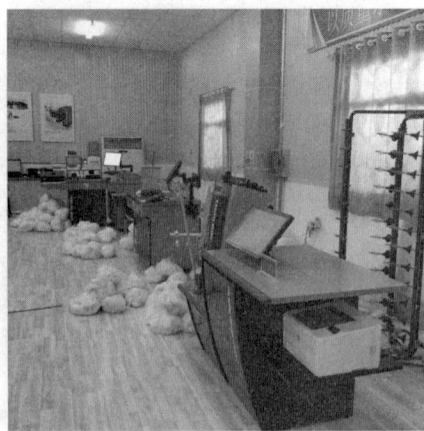

图 6-11　乌斯特棉花与纱线测试仪器

4. 中泰气流纺车间

车间设备及相关情况如图 6-12~图 6-20 所示。

图 6-12　立达样板工厂标志

图 6-13　塔吉克斯坦总统剪彩照片

图 6-14　中泰气流纺车间

图 6-15　立达气流纺机

图 6-16　立达气流纺成纱

图 6-17　立达并条机

图 6-18　立达梳棉机

图 6-19　特吕茨勒混棉机

图 6-20　特吕茨勒往复抓棉机

二、塔吉克斯坦库洛亚布中塔纺织产业园项目规划

中塔库洛亚布中塔纺织产业园项目，中方总投资额 3 亿美元，第一期投资额 1.3 亿美元，建设用地 200 公顷，25 万纱锭智能化纺纱工厂，5 万 m^2 标准化厂房，纺织行业"一带一路"国际合作发展研究中心专家担纲总设计、总规划。

三、乌兹别克斯坦锡尔河州中乌纺织产业园项目规划

2017 年 7 月，中国农业农村部部长韩长赋在乌兹别克斯坦考察访问期间与乌方达成全面合作共识，并指示尽快开展与乌兹别克斯坦的棉花科技合作，签署《中乌关于建立棉花研究联合实验室意向的备忘录》。为积极落实韩长赋部长访乌兹别克斯坦重要成果，农业部国际合作司和中国农业科学院国际合作局迅速组织由中国农业科学院棉花研究所（简称中棉所）所长任团长的中方代表团，于 2017 年 8 月 13~18 日对乌兹别克斯坦农业资源条件、棉花产业发展现状、中乌开展棉花领域合作的可行性进行了实地调研，并与乌方相关政府部门、科研机构进行了深入沟通交流。

2017 年 9 月 13~14 日，乌兹别克斯坦农业和水利部副部长一行 8 人到中棉所考察访问，双方就推动深度战略合作进行了深入研讨，签署了《中乌合作意向协议》，细化制定了《中乌棉花联合实验室建设方案》。双方在中国—乌兹别克斯坦棉花联合实验室建设、棉花科技人才培养交流、棉花种质资源交流、棉花科技示范园区建设和棉花产业园区建设 5 个方面达成合作意向，重点就推动中乌棉花联合实验室建设、成立工作机构、设置研究部门、制订平台建设方案等进行了细致安排和部署。

2018 年，作为中乌棉花联合实验室工作内容之一的试验示范园区首先启动，中棉所与乌兹别克斯坦棉花育种、种子繁育及农业技术科学研究所和乌兹别克斯坦鹏盛工业园区联合制定了"1+3 模式"试验示范地布局（即在锡尔河州设立主试验示范区，750 亩；在纳曼干州、费尔干纳州、安集延州设立辅助试验示范区，各 90 亩）、技术方案规划（化学除草、地膜覆盖、节水滴灌、化学调控、测土配方施肥、生物化学植保等技术）、农资及装备准备等工作。

目前，试验示范园区建设和展示已取得重大进展，尤其是锡尔河州的综合技术试验，全生育期每公顷的耗水量只有 1500m^3、耗肥 600kg，乌兹别克斯坦经济部农业经济研究所预测产量达到 6000kg/公顷，增产 200%（锡尔河州平均每公顷棉田耗水 4500m^3，耗肥 800kg，单产 2000kg）。相关试验及配套技术已经受到乌方的关注和重视，并对中棉所的工作给予高度肯定。乌兹别克斯坦由创新部牵头，联合乌兹别克斯坦农业部、经济部、石油部、科学院、农业大学成立中国植棉技术引进委员会，负责引进中国植棉技术，2019~2021 年，全国 10% 的棉田（150 万亩）开始推广中国植棉技术。创新发展部也专门邀请中棉所驻乌兹别克斯坦专家协助其制定全国棉花发展规划。

第三节　中亚纺织服装产业投资与产业聚集实践探索

一、中国在乌兹别克斯坦投资纺织和产业园区实践

1. 利泰纺织 24 万锭纺纱项目

利泰纺织公司位于乌卡什卡达里州卡尔希市府，本地区棉花年产量 25 万吨，水源紧张。该项目于 2014 年开始前期调研，2015 年一期工程开工建设。公司占地 30 公顷，总投资 1 亿美金，计划 24 万锭，一期 12 万锭精梳紧密纺纱项目于 2015 年 7 月 28 日举行奠基仪式并动工，并于 2017 年 7 月建成并实现运营投产。年产量达 2.2 万吨棉纱，大部分成品销往国外，出口量营业收入超过 7000 万美元，目前拥有当地员工逾 700 人就业，其中 95% 是本地员工，60 多名年轻人已在利泰丝路中国新疆库尔勒园区通过实习培训。目前，正在推动第二期项目规划，2019 年底投产，能带动 650 名当地人就业。公司还计划建立纺织工业园区，带动纺织相关上下游企业抱团"走出去"，形成规模效应。

2. 鹏盛工业园区

鹏盛工业园区位于乌锡尔河州锡尔河区，距首都塔什干市 70km，园区占地约 102 公顷，交通便利。2009 年 3 月，由温州市金盛贸易有限公司和乌兹别克斯坦兴隆公司共同出资成立，同年 5 月，与乌兹别克斯坦外经贸部签署投资协议，并获得乌兹别克斯坦总统签发的总统令，对园区的建设和生产所需设备、材料等予以免税。该项目是首个由中国民营企业直接在乌兹别克斯坦投资并获得中乌两国认可、批准的大型项目。已经申报国家级境外经贸合作区。

园区累计完成投资约 9940 万美元。已经建成包括标准厂房、办公大楼、员工宿舍以及后勤服务中心在内的建筑共 22 万多平方米，同时还建成了铁路专用支线、天然气变送站、110kV 双回路专用变电站、污水处理系统、产品检测中心和海关监管仓库等完善的配套设施。园区能够保证 24h 供电，属一级用电。

目前，园区已入驻 9 家企业，员工总计 1500 人，其中乌兹别克斯坦当地 1300 人，中方员工 200 人（基本在重要生产和管理岗位）。主要产业有瓷砖、制革、制鞋、手机、水龙头阀门及卫浴、宠物食品、肠衣制品等。2013 年 3 月被乌兹别克斯坦政府批准为吉扎克自由经济区在锡尔河的分区；2016 年 8 月经商务部、财政部确认为中国国家级境外经贸合作区，是商务部"丝路明珠"项目。

目前，园区还没有纺织服装类企业入驻，希望有能处理废棉、棉秸秆产品的企业加入。在园区内投资的企业可以免除财产税、利润税、统一支付税、改善和发展社会基础设施税、共和国道路基金税以及乌兹别克斯坦不生产的设备、成套配件和材料的海关关税（海关手续费除外）。

3. 雪阳公司棉纺项目

雪阳公司位于乌兹别克斯坦安集延州，东北部和南部与吉尔吉斯斯坦接壤。2014 年集团随河南南阳政府到乌兹别克斯坦考察，2015 年通过分期付款，在乌兹别克斯坦收购企业，并

已完成全部手续。原企业 2002 年建厂，最初由瑞士、土耳其、乌兹别克斯坦投资，后瑞士退出，被乌兹别克斯坦民族银行收购，乌兹别克斯坦轻工部派人管理，工厂一直处于生产状态。厂房虽显破旧，但管理完善有序，车间干净整洁，除粗纱机外，均为立达 2002 年设备。工厂员工 500 人，规模 3 万锭，棉纱主要出口到河北高阳、山东和韩国；企业还有针织、印染和皮衫成品车间，皮衫成品出口到中国、土耳其、俄罗斯等地。

4. 乌兹别克斯坦华南阳红棉天使纺织有限公司

2009 年，南阳红棉天使纺织有限公司收购安集延州阿玛棉纺厂，10 月，公司以 100%控股形式在乌兹别克斯坦注册成立乌华红棉天使纺织有限公司，2016 年初，河南南阳木兰花家纺有限公司接手该公司。公司员工 450 人，设备均为国产设备，包括浙江泰坦络筒机、经纬清洁器、天门并条机、青岛宏大梳棉机等。2009 年投产气流纺，2012 年投产环锭纺，目前规模约 2.6 万锭，环锭纺产品均运回国内销售。公司牛仔布厂也已经投产。

5. 中乌天鹅棉业有限责任公司

2010 年，中国山东省天鹅棉业机械股份有限公司投资 650 万美元，与乌兹别克斯坦相关单位合作成立中乌天鹅棉业有限责任公司，承担乌兹别克斯坦未来 3~5 年内 100 多家棉花加工企业的棉机设备更新改造，提供棉花加工技术"一站式"服务。由于乌兹别克斯坦棉花加工业基础良好，且乌棉与新疆棉品质类似，天鹅棉机的最新技术可直接加以应用，成功实现了国内优势产能的境外转移，开启了中乌棉花加工技术合作"优势互补，互惠共赢"的新篇章。

6. 金昇纺织工业园区

2014 年 10 月，江苏省常州市金昇实业有限公司在乌兹别克斯坦签订投资协议，计划投资 1 亿美元在当地建设纺纱项目。项目位于卡什卡达里亚州首府卡尔希市，占地面积 30 公顷，首期开发面积 15 公顷，新建 12 万锭环锭纺纱厂，2016 年底前投产。同时，将利用其余的 15 公顷土地建设"金纺织工业园区"，带动常州市纺织相关上下游企业抱团"走出去"，形成规模效应，成为乌兹别克斯坦现代化程度最高的纺纱厂之一，提升当地纺织工业水平；带动超过 6000 万美元高端纺机设备进口；解决当地近 700 人就业；为建设金昇乌兹别克斯坦智能纺织园区奠定基础。棉花深加工企业对乌兹别克斯坦国家经济发展起到了巨大的推动作用。这是中国棉纺企业积极利用乌兹别克斯坦的优质产业资源，开展跨国产业布局，特别是打造"中国国内+周边国家"布局模式的区域性突破。

二、中国在哈萨克斯坦投资纺织和产业园区项目实践

1. 中哈产业园咸阳纺织工业园区

工业园区位于哈萨克斯坦南哈州西姆肯特市经济特区的中哈（陕哈）产业园咸阳纺织工业园区项目，是一个集针织、服装、家纺、印染、物流、电子商务、装备制造、产业用纺织品等为一体的综合性产业园区。2017 年签署合作备忘录，目前园区办公室已经挂牌，13 公顷土地已经划拨，咸阳纺织集团 10 万纱锭项目已经启动，该项目是由咸纺集团与南哈州奇姆肯特棉纺工业公司合作建设的。

2. 中国在塔吉克斯坦投资纺织和工业园区项目情况

（1）中泰塔吉克斯坦农业纺织产业园/中泰（丹加拉）新丝路纺织产业有限公司。中泰纺织是中泰集团公司投资 3.2 亿元在塔吉克斯坦丹加拉市设立的全资子公司，项目分三期建设，一期建设 16 万锭纺纱、1.5 万公顷棉花种植，配套两座轧花厂。二期以织布、印染为主，同时在规划的 100 公顷农业土地上建成了具有世界先进水平的农业产业示范观光园。三期以成衣为主，引进中国先进的制衣公司，大力解决塔吉克斯坦的就业问题。目前，一期项目已经投产，二期项目正在建设中，预计 2018 年 5 月投产。

丹加拉市距离塔吉克斯坦首都杜尚别 100 多公里，这里是塔吉克斯坦总统拉赫蒙的故乡。中亚地区最大的纺织企业，中泰塔吉克斯坦农业纺织产业园就坐落在这里。

丹加拉地区自然条件良好，曾是优质长绒棉的产地。但是由于基础设施落后，棉花品种得不到改良，这里的棉花产量一直很低，纺织等下游产业发展乏力。

2014 年，在"一带一路"倡议带动下，中国中泰集团、新疆生产建设兵团和塔方企业共同建设的中泰塔吉克斯坦农业纺织产业园项目正式启动。产业园总投资 20 亿元人民币，三期工程一共配套 20 万亩棉田、3 座轧花厂，一期 6 万环锭纺、5740 头气流纺项目已于 2016 年投产。2019 年，针织、机织、印染和服装项目即将开工建设。随着设备更新，生产能力不断提升，农业纺织产业园已成为塔吉克斯坦出口创汇第一大户。

截至目前，产业园累计加工籽棉近 3.7 万吨，生产皮棉 1.2 万余吨、纯棉纱线 0.98 万余吨。2017 年，公司累计销售纱线 0.71866 万吨，完成销售额 2144.3 万美元。项目全部建成后，预订年销售额将达到 10 亿元人民币。

纺织产业园二期项目即将于 2018 年 8 月正式投产，届时产业园的棉花加工能力将从目前的年产 0.7 万吨增加到年产 1.9 万吨。未来产业园还将采用世界领先水平的环保工艺生产成衣，形成一条全产业链。这也将对塔吉克斯坦增加就业、革新技术等方面起到重要的促进作用。

（2）新疆利华集团公司投资塔吉克斯坦金谷农业种植棉花。公司在塔吉克斯坦再次获批 8800 公顷（13.2 万亩）棉花种植基地，加上已经获批的 2600 公顷（3.9 万亩）棉花种植基地，合计获批 11400 公顷（17.1 万亩），达到并超过公司预期在塔吉克斯坦 1 万公顷的棉花种植基地建设计划。目前，本次获批的这 8800 公顷土地是塔吉克斯坦未利用的最好的土地，较去年获批的土地单块面积更大、更平整、更适合机械化作业。能再次顺利获批如此大规模的土地，得益于公司在塔吉克斯坦投资取得的显著成绩和为塔吉克斯坦棉花产业做出的突出贡献：一是，公司在塔吉克斯坦种植棉花带动当地棉花平均亩产由 150kg 增加到 270kg，让塔吉克斯坦克人民看到了中国农业技术的先进；二是带动当地近 1000 人闲散劳动力就业增收近 4000 元/（人·年）；三是通过公司一期 1.7 亿元投资的投入运营，为当地财政收入和解决劳动力就业问题做出的积极贡献，也让塔吉克斯坦看到了企业的实力。目前，这 0.88 万公顷土地的前期开发工作正在紧张进行，并已完成 1 万多亩土地的平整和部分水利设施的建设工作，现阶段正积极联系国内设计院和相关企业修建自动化喷灌设施和电力设施以及后续水利设施的建设，公司将把这 0.88 万公顷土地建设成高标准的、设施先进的五个农业示范园区，预计将继续投资 1 亿元。

目前，金谷农业公司是塔吉克斯坦农业方面投资最大的外国企业，截至目前已完成一期投资 1.7 亿元，建成了世界最先进的第一棉花加工厂并已投产。自行种植的 0.3 万公顷棉花和与棉农合作种植的近 1 万公顷棉花也已开始采摘，并获得了巨大的收获成果。通过公司对塔吉克斯坦种植技术的输入，使该国的棉花产量增加了一倍多。单株棉花结桃数量由原来的不到 10 个提高到 30 多个。同时，通过企业对棉花产业的投入，也大大促进了塔吉克斯坦闲置土地的重新利用，当地的闲散劳动力也重新实现了就业，并获得了丰厚的收入，真正实现了与塔吉克斯坦的优势互补和合作共赢。金谷农业公司在塔吉克斯坦的投资是为积极响应中央建设新丝绸之路的号召而启动的，其目的不仅仅是为增加企业收益，扩大企业规模，更重要的是要为塔吉克斯坦棉花产业做出贡献，能有这样的成效，真正达到了为国家建设新丝绸之路经济带做贡献的目的。后续，金谷农业公司将继续追加二期投资 4.5 亿元建设第二个棉花加工厂，一个国际标准的食用油加工厂，自行种植棉花达到 1 万公顷，与棉农合作种植棉花达到 3 万公顷，将继续为塔吉克斯坦的棉花产业和经济发展做出更大贡献。

三、园区产业投资管理与产业投资基金

乌兹别克斯坦政府对工业园建设给予厚望，该国政府在自由经济区内推行优惠的税收、居留及海关政策，希望中国企业积极参与自由经济区的投资建设。

免税期限：引入投资额 30 万~300 万美元免税 3 年；引入投资额 300 万~500 万美元免税 5 年；引入投资额 500 万~1000 万美元以上免税 7 年；引入投资额 1000 万美元以上免税 10 年，后续 5 年利润税和统一税对半缴税。免除税种：土地税、利润税、法人财产税、改善和发展社会基础设施税、统一支付税、共和国道路基金税、教育医疗基金税、海关关税（海关手续费除外），包含乌兹别克斯坦国内不生产的设备、成套配件和材料。

1. 园区产业投资管理与产业投资基金

国际货币基金组织（International Monetary Fund，简称 IMF）是根据 1944 年 7 月在布雷顿森林会议签订的《国际货币基金协定》，于 1945 年 12 月 27 日在华盛顿成立的。与世界银行同时成立、并列为世界两大金融机构之一，其职责是监察货币汇率和各国贸易情况，提供技术和资金协助，确保全球金融制度运作正常。其总部设在华盛顿，人们熟悉的"特别提款权"就是该组织于 1969 年创设的。

该组织宗旨是通过一个常设机构来促进国际货币合作，为国际货币问题的磋商和协作提供方法；通过国际贸易的扩大和平衡发展，把促进和保持成员国的就业、生产资源的发展及实际收入的高低水平，作为经济政策的首要目标；稳定国际汇率，在成员国之间保持有秩序的汇价安排，避免竞争性的汇价贬值；协助成员国建立经常性交易的多边支付制度，消除妨碍世界贸易的外汇管制；在有适当保证的条件下，基金组织向成员国临时提供普通资金，使其有信心利用此机会纠正国际收支的失调，而不采取危害本国或国际繁荣的措施；按照以上目的，缩短成员国国际收支不平衡的时间，减轻不平衡的程度等。

2. 主权担保

主权担保指的是国家以主权为担保向其他国家或国际金融机构融资、借贷。主权担保融资形成的债务属于我国政府或有主权外债，由财政部纳入主权外债统一归口管理。

3. 中亚国家银行

（1）乌兹别克斯坦。乌兹别克斯坦国家银行（National Bank of Uzbekistan，简称 NBU）是中亚地区最大的投资机构，于 1991 年根据乌兹别克斯坦总统令成立，是乌兹别克斯坦国际银行体系名片。其主要任务是为外贸业务提供服务，增加本国出口潜力和吸引外国投资。

随着市场化改革进程，乌兹别克斯坦国家银行成功结合了项目融资、投资和储蓄银行功能，并有助于以市场为导向的经济发展。乌兹别克斯坦第一家银行采用国际会计准则，拥有96 个分公司，它在银行家评出的 1000 家全球最大的银行名单中排第 862 位。

乌兹别克斯坦国家银行在莫斯科的子公司名为亚洲投资银行，是俄罗斯 200 强银行之一。该银行拥有超过 560 家代理行，为超过 70% 的乌兹别克斯坦外贸成交额提供担保，福费廷，保理和直接贷款给国内出口商。它使用由欧洲复兴开发银行、亚洲开发银行和国际金融公司提供的信贷额度。

（2）塔吉克斯坦。塔吉克斯坦国家银行（National Bank of Tajikistan，简称 NBT）是塔吉克斯坦的中央银行，也是塔吉克斯坦索莫尼的发行机构，由国家全资拥有，向塔吉克斯坦议会下院负责；但同时，它也依法作为一个独立的法人实体，独立安排及执行任务活动，不受任何行政机关干涉。

塔吉克斯坦国家银行的法定主要目标为维持国家货币塔吉克斯坦索莫尼购买力的稳定，发展和巩固共和国的银行体系，维持结算系统的高效、平稳运行。主要职能是制定和实施货币政策；担任政府的银行，代理政府处理财政事务；开展经济和货币数据统计及分析，并以此为据，为政府行政提出经济方面的建议；监督和规范商业银行和其他金融机构的活动；在迫不得已的情况下，担任运营不当的商业银行以及其他金融机构的最后贷款人；促进银行同业支付系统的高效运行；垄断货币发行权，发行货币并组织流通；管理国家的外汇储备；代表塔吉克斯坦共和国负债；保持国家的收支平衡等。

（3）哈萨克斯坦。1991 年 12 月 16 日，哈萨克斯坦共和国独立，开始建立独立的金融体系。1993 年 4 月 13 日颁布实施了《哈萨克斯坦共和国国家银行法》，1995 年 8 月 31 日颁布实施了《哈萨克斯坦共和国银行与银行经营法》。根据上述两个基本法律的规定，哈萨克斯坦实行二级银行体制，哈萨克斯坦共和国国家银行（National Bank of Kazakhstan，以下简称国家银行）作为中央银行，为哈萨克斯坦银行体系的第一级，商业银行和其他性质的银行处于银行体系的第二级，因此，在哈萨克斯坦通常将除国家银行以外的各银行称作二级银行。

哈萨克斯坦共和国国家银行作为哈萨克斯坦的中央银行，根据国家的授权代表国家与其他国家的中央银行、商业银行、国际性银行和国际性金融机构开展交往活动。哈萨克斯坦实行的是高度集中的金融监管体制，国家银行作为中央银行，独自行使金融监管职能，监管范围包括银行、保险公司、证券公司及其他非银行金融机构。国家银行归哈萨克斯坦共和国总统直接领导，在法律赋予的权限范围内独立运作。国家银行行长和副行长由总统任免，国家银行的组织结构、人员编制和薪酬制度由总统批准，国家银行的章程、年度报表、发行货币的设计式样由总统批准。

哈萨克斯坦国家银行的基本目标是确保哈萨克斯坦共和国物价稳定。为实现该基本目标，国家银行承担如下职能：制定并实施国家货币政策，保证支付体系的稳定运作，实施外汇调控与外汇监管，促进并保障金融系统的稳定，调节、控制和监督金融市场和金融机构，确保金融服务消费者的合法权益，开展货币统计和对外部门统计领域的活动。

哈萨克斯坦国家银行关注的重点领域包括公司业务发展战略、信用风险、操作风险、合规风险、反洗钱等。

（4）吉尔吉斯斯坦。吉尔吉斯斯坦的银行监管机构为吉尔吉斯共和国国家银行（National Bank of the Kyrgyz Republic，简称 NBKR），即吉尔吉斯斯坦的中央银行，负责发行货币吉尔吉斯斯坦索姆。其属于非营利性质的独立法人实体，对外代表吉尔吉斯共和国参与国际活动。1997 年 7 月 29 日发布的《吉尔吉斯共和国国家银行法》规定了吉尔吉斯共和国国家银行的总体目标是通过实施适当的货币政策来实现和维持物价稳定；因此，其首要任务是维持国家法定货币吉尔吉斯斯坦索姆的购买力，并保持国家银行支付系统的稳定运作。为了执行其分配的任务，吉尔吉斯共和国国家银行依法独立管理，并从事以下活动：制定、确定并实现金融政策；调控和监管银行和金融信贷机构；研究、开发并实施统一的货币政策；全权负责发行货币；促进支付系统的有效运作；制定开展银行业务、银行体系核算及报告的法规。

2014 年，为稳定吉尔吉斯斯坦国内货币市场上索姆对美元的汇率，吉尔吉斯斯坦国家银行出售外汇总金额达 5.27 亿美元，创历史最高纪录。据悉，此前四年，吉尔吉斯斯坦国家银行出售外汇的金额分别为：2010 年 2.63 亿美元、2011 年 2.81 亿美元、2012 年 0.43 亿美元和 2013 年 0.15 亿美元。尽管如此，2014 年 1~12 月吉尔吉斯斯坦索姆对美元和欧元仍然大幅贬值，贬值幅度分别为 19.7%（从 1 美元：49.2 索姆到 1 美元：58.9 索姆）和 6.4%（从 1 欧元：67.7 索姆到 1 欧元：72.1 索姆）。

此外，为维持吉尔吉斯斯坦国内货币市场的外汇供需平衡，2014 年前 11 个月吉尔吉斯斯坦国家银行便已动用外汇储备总额达 2.68 亿美元。2015 年 1 月 27 日，吉尔吉斯国家银行宣布将银行贴现率提高 5 个基点，达到 11%。

（5）土库曼斯坦。土库曼斯坦实行二级银行体制，土库曼斯坦中央银行（Central Bank of Turkmenistan，简称 CBT）为一级银行，成立于 1991 年，是土库曼马纳特的发钞行，也是二级银行（除央行外其他银行）的监管行，其总部位于阿什哈巴德，主要目标是维持土库曼马纳特的购买力以及稳定，开发及强化土库曼斯坦的银行系统。主要职能是建立必要的法律条件和保证土库曼斯坦的银行体系稳定运行，发布实施货币政策，发行货币并组织其流通，确保支付系统有效运作，监管商业银行和金融机构，维持物价稳定，保护债权人和信贷机构的存款人的利益，对犯罪和恐怖主义的募集资金依照法律充公，管理外汇储备。

四、中国产业投资资金来源与担保

1. 中国国家开发银行

中国国家开发银行成立于 1994 年，是直属国务院领导的政策性银行。2008 年 12 月改制为国家开发银行股份有限公司。2015 年 3 月，国务院明确国家开发银行定位为开发性金融机构。

国家开发银行注册资本 4212.48 亿元，股东是中华人民共和国财政部、中央汇金投资有限责任公司、梧桐树投资平台有限公司和全国社会保障基金理事会，持股比例分别为

36. 54%、34. 68%、27. 19%、1. 59%。

国家开发银行主要通过开展中长期信贷与投资等金融业务，为国民经济重大中长期发展战略服务。截至 2015 年末，资产规模 12. 3 万亿元人民币，不良贷款率连续 43 个季度低于 1%，保持一流的市场业绩。穆迪、标准普尔等专业评级机构，连续多年对国开行评级与中国主权评级保持一致。

国家开发银行是全球最大的开发性金融机构，中国最大的对外投融资合作银行、中长期信贷银行和债券银行。2015 年，在美国《财富》杂志世界企业 500 强中排名第 87 位。

国家开发银行在中国内地设有 37 家一级分行和 3 家二级分行，境外设有香港分行和开罗、莫斯科、里约热内卢、加拉加斯、伦敦、万象 6 家代表处。全行员工近 9000 人。旗下拥有国开金融、国开证券、国银租赁和中非基金等子公司。

2. 中国丝路基金

中国丝路基金是由中国外汇储备、中国投资有限责任公司、中国进出口银行、国家开发银行共同出资，依照《中华人民共和国公司法》，按照市场化、国际化、专业化原则设立的中长期开发投资基金，重点是在"一带一路"发展进程中寻找投资机会并提供相应的投融资服务。

首期资本金 100 亿美元中，外汇储备通过其投资平台出资 65 亿美元，中国投资有限责任公司、进出口银行、国家开发银行亦分别出资 15 亿、15 亿和 5 亿美元。

2014 年 12 月 29 日，丝路基金有限责任公司在北京注册成立，并正式开始运行。

2015 年 12 月 14 日，丝路基金称，已与哈萨克斯坦出口投资署签署框架协议，并出资 20 亿美元，建立中国—哈萨克斯坦产能合作专项基金，这是丝路基金成立以来设立的首个专项基金。2017 年 5 月 14 日，在"一带一路"国际合作高峰论坛开幕式上，中国宣布将加大对"一带一路"建设资金支持，向丝路基金新增资金 1000 亿元人民币。

3. 中国欧亚基金

2013 年 11 月，在塔什干举行的上海合作组织成员国总理会议上，中国提出"愿设立面向本组织成员国、观察员国、对话伙伴国等欧亚国家的中国—欧亚经济合作基金"的倡议。2014 年 9 月，在上海合作组织杜尚别峰会上，中国宣布中国—欧亚经济合作基金启动。基金突出共同发展理念，以"共商、共建、共享"为原则，对接欧亚地区各国发展需要，积极履行企业社会责任，打造地区内开发性股权投资机构；基金坚持专业性和商业可持续，保证基金资金安全和合理收益，作为财务投资者，坚持价值投资理念，与被投企业共同实现价值增长；基金积极探索投资模式创新，根据地区特点，综合利用各种政策、金融和经贸工具，充实企业资本金、改善财务结构、提升企业融资能力，协助企业改善公司治理，跨境延展产业链，为被投企业提供全方位金融支持；基金加强对外同业合作，积极建立与国际金融机构和本地区投资机构的联系，与相关机构共同推进合作项目实施。

中国欧亚基金秉持中长期价值投资理念，通过投资企业或项目，适度参与被投资企业管理，以基金在欧亚地区的专注，为企业提供金融、经贸、市场和管理等各方面的增值服务，帮助企业在欧亚地区更好地发展与成长，同时实现基金合理投资收益。

4. 中国进出口银行

中国进出口银行是由国家出资设立、直属国务院领导、支持中国对外经济贸易投资发展与国际经济合作、具有独立法人地位的国有政策性银行。依托国家信用支持，积极发挥在稳增长、调结构、支持外贸发展、实施"走出去"战略等方面的重要作用，加大对重点领域和薄弱环节的支持力度，促进经济社会持续健康发展。截至 2016 年末，在国内设有 29 家营业性分支机构和香港代表处；在海外设有巴黎分行、东南非代表处、圣彼得堡代表处、西北非代表处。

截至 2015 年末，中国进出口银行在"一带一路"沿线国家贷款余额超过 5200 亿元人民币。有贷款余额的"一带一路"项目 1000 多个，分布于 49 个沿线国家，涵盖公路、铁路、港口、电力、通信等多个领域。

5. 中国出口信用保险公司

中国出口信用保险公司（简称中国信保）是中国唯一承办出口信用保险业务的政策性保险公司，2001 年 12 月 18 日正式揭牌运营，现有 15 个职能部门，营业机构包括总公司营业部、18 个分公司和 6 个营业管理部，已形成覆盖全国的服务网络，并在英国伦敦设有代表处，向俄罗斯、巴西、南非和迪拜派驻了工作组。

公司成立以来，出口信用保险对我国外经贸的支持作用日益显现。尤其在国际金融危机期间，出口信用保险充分发挥了稳定外需、促进出口成交的杠杆作用，帮助广大外经贸企业破解了"有单不敢接""有单无力接"的难题，在"抢订单、保市场"方面发挥了重要作用。截至 2012 年末，中国信保累计支持的国内外贸易和投资的规模约为 1 万亿美元，为数万家出口企业提供了出口信用保险服务，为数百个中长期项目提供了保险支持，包括高科技出口项目、大型机电产品和成套设备出口项目、大型对外工程承包项目等，累计向企业支付赔款43. 4 亿美元。同时，中国信保还累计带动 160 余家银行为出口企业融资约 1. 5 万亿元人民币。

第四节 中亚国家自由贸易区的政策研究

在经济全球化的背景下，世界都在积极地开拓对外交流的贸易渠道，中亚国家也不例外，而自由贸易区则是当前中亚各国都非常重视的一种对外发展经济和产能合作的平台，中亚国家非常重视对自由贸易区的建设。自由贸易区是一个特殊的由海关进行监管的区域，在区内实行特殊的政策加快国际货物流通速度，增加市场吸引力，从而达到发展本国经济的目的。

国际多边体制框架下的自由贸易区（Free Trade Area，简写为 FTA），是指两个或两个以上国家或地区通过签署协定，相互开放市场，分阶段取消绝大部分货物的关税和非关税壁垒，在服务领域改善市场准入条件，从而形成贸易和投资自由化、涵盖所有成员全部关税领土的"特定区域"。国际单边体制下的自由贸易区（Free Trade Zone，简写为 FTZ），是指在主权国家或地区的关境以外，划出特定的区域，准许外国商品豁免关税自由进出，并免于实施通常的海关监管的单方的、一国主权项下的制度（自由港、出口加工区、保税区等海关特殊监管区），是一个国家划定的、实施"境内关外"特殊海关监管政策的特定区域。区内允许外国船舶自由进出，外国货物免税进口，取消对进口货物的配额管制，是一个国家对外开放的一种特殊的功能区域。WTO 规则下的自由贸易区明确要求成员国"在国内法律法规、管理程序上与附约中所规定的责任保持一致"，因此，自贸区的法律组织形式必须符合 WTO 的相关要求。WTO 新成员的加入明确定有自贸区适用的四类规则：非歧视性、补贴、贸易相关的投资手段（TRIMs）和贸易相关的知识产权（TRIPs）。

一、自由贸易区和中亚自由贸易区的内涵研究

1. 自由贸易区的内涵

关于自由贸易区概念的界定，目前，全球还没有一个统一的标准，经济学家都是从自己的研究出发给出自己的概念。不过比较公认的是联合国经济贸易发展组织给出的概念，即自由贸易区（Free Trade Area）。它通常是指：两个以上的国家或地区，通过签订自由贸易协定，相互取消绝大部分货物的关税和非关税壁垒，取消绝大多数服务部门的市场准入限制，开放投资和市场，从而促进商品、服务和资本、技术、人员等生产要素的自由流动，实现优势互补，促进共同发展。

全球的自贸区主要包括以下三种类型：第一种是物流型自贸区，它们充分依托与利用海空港优势，开展以港口、航运、贸易、仓储、物流、保税为主的业务，并从事展示、分类、分级、包装、维修等货物处置的增值业务，并以此带动金融、保险、租赁、货运代理、信息、运输、税务、报关、会计、旅游、房地产、餐饮、购物、娱乐等现代服务业和服务贸易的发展；第二种是出口加工型自贸区，在贸易物流的基础上，此类自贸区更注重发挥本国或地区的制造业技术与产能优势，积极拓展高附加值活动，以实施"委托加工"或"代工"贸易起步，逐步实现产业的升级；第三种是综合型自贸区，此类自贸区在航运、转口、贸易、物流的基础上，结合自身独特的区位优势不断向高附加值、高人力资本、高技术密集度的部门或领域提升，使自身获得多元化的全球运筹管理功能。

当前，国外对于自由贸易区的研究方向，周广涛和张静静在《自由贸易区国内外研究现状》一文中归纳为以下五方面。第一是关于自由贸易区法律法方向的研究，主要代表人物是美国的经济学家哈默达（Hamada），该派别主要是研究自由贸易区的相关政策，国家如何设立法规增加货物的保护程度，另外，还研究企业进入自由贸易区的影响因素以及决策过程。第二是关于如何设立自由贸易区的研究，以经济学家 Rodriguez 和 Tumbull 等为代表，研究内容为如何建立自由贸易区，建立之后如何发展才能提高对周边区域的影响力，继而如何壮大自由贸易区。第三是对自由贸易区内货物进出口贸易的研究，代表人物是经济学家 Barovick 和 Daponte，该派别在研究自由贸易区时首先提出相关理论，即对区内的货物出口和进口如何设置特殊的监管手段，怎样设置进出口产品的属性以达到该国政府扩大出口的目的。第四是研究自由贸易区对于国际投资的吸引过程，由于自由贸易区内对于国外产品有很多的优惠，因此，在该区域内进行的投资活动就减少了成本，即该区域投资的产出效应较大，同时，投资也带动了模仿效应，促进了劳动力投资（教育及培训）。对这个派别做出较大贡献的是以 Warr 和 Johansson 为代表的经济学家。第五是关于自由贸易设立区域选择研究，以 Huayang 为代表，理论家从两个方面研究自由贸易区的选择，一种是从投资的视角、经营增值的大小来

进行选择；另一种是从地理位置等自然要素方面进行选择，比如，对多个地点进行比较，然后优中选优。经济学家通过一段时间的研究后得出结论，这两个方面是互相作用、相辅相成的，在建立自由贸易区时应该综合考虑。

2. 全球自由贸易区的发展

自由贸易的先驱是美国。20 世纪 50 年代初，美国就明确提出：创建自由贸易区发展以出口加工为主的制造业，这就是北美自由贸易区的前身。随后，一些发展中国家也利用这一形式，并将它建成为特殊的工业区，逐步发展成为出口加工区。到 20 世纪 80 年代，许多国家的自由贸易区开始向高技术、知识和资本密集型方向发展，出现了一大批"科技型自由贸易区"。这些年来，由于 WTO 多哈谈判久拖未决，甚至出现胎死腹中的迹象，各国为了扩大开放，区域性的自由贸易区建设方兴未艾，如火如荼。据不完全统计，截至 2013 年，全球已有 1200 多个自由贸易区，其中 15 个发达国家设立了 425 个，占 35.4%；67 个发展中国家共设立 775 个，占 65.6%，相比之下，我国的自由贸易区建设显得滞后，在大陆地区，仅有 2013 年国务院批准的上海自由贸易区一家。中国已经加入的自由贸易区是中国—东盟自由贸易区。目前，中国谈判在建自由贸易区有 18 个，涉及 31 个国家和地区。其中，已签署自由贸易协定的 12 个，涉及 20 个国家和地区。正在谈判的自由贸易协定 6 个，涉及 22 个国家。

我国在十七大报告中首次提出把自由贸易区建设作为国家级战略实施，明确提出，要"实施自由贸易区战略，加强双边多边经贸合作"。十八大进一步强调要"加快实施自由贸易区战略"，指出这是全面提高开放型经济水平的一条现实途径和重要方式。十八届三中全会通过的《中共中央关于全面深化改革若干重大问题的决定》中强调，要"加快自由贸易区建设，坚持世界贸易体制规则，坚持双边、多边、区域次区域开放合作，扩大同各国各地区利益汇合点，以周边为基础加快实施自由贸易区战略"。指出要形成面向全球的高标准自由贸易区网络，加快实施自由贸易区战略顺应了全球自由贸易区快速发展的形势。截至 2014 年 1 月 22 日，全国已经有 12 个地方申报的自由贸易区获得国务院批复，进入到多部委联合调研的阶段。

3. 中亚自由贸易区的内涵界定

所谓中亚自由贸易区，是指涵盖中国和中亚五国（哈萨克斯坦、塔吉克斯坦、吉尔吉斯斯坦、乌兹别克斯坦、土库曼斯坦）构成的自由贸易区。即中国与中亚五国在 WTO 最惠国待遇基础上，通过签订自由贸易协定，相互取消绝大部分货物的关税和非关税壁垒，取消绝大多数服务部门的市场准入限制，相互进一步开放市场，分阶段取消绝大部分货物的关税和非关税壁垒，在服务业领域改善市场准入条件，实现贸易自由化；开放投资，从而促进商品、服务和资本、技术、人员等生产要素的自由流动，实现优势互补，促进共同发展。

中亚自由贸易区发展的宗旨是指主导思想和根本理念。中亚自由贸易区发展的宗旨就是中亚自由贸易区未来发展的指导思想、主导思想和根本理念。它为中亚自由贸易区的发展指明方向，确定目标。中亚自由贸易区的发展宗旨应当是：在尊重各国主权和民族利益，尊重和保护世界文明及发展道路的多样性的基础上，根据中亚区域形势发展的客观需要，从维护成员国人民根本利益出发，中亚各国全面深化和拓展政治、安全、经济、人文等各领域的务实合作，本着平等与合作精神，共同努力促进本地区的经济增长、社会进步和文化发展；遵循正义、国家关系准则和《联合国宪章》，促进本地区的和平与稳定。

中亚自由贸易区发展的宗旨，是以当前世界成熟运行的北美自由贸易区、欧洲联盟和中国—东盟自由贸易区为借鉴，结合中国西部大开发战略、中国向西开放战略、丝绸之路经济带发展要求和中亚各国的经济社会发展实际、共同利益诉求而确定的。自由贸易区的理论从古典到现代，阐述的都是一个区域内部实现资源优化配置、生产要素与市场的自由流动和合理分配，国家之间、地区之间互相合作，互惠互利，促进共同发展、共同繁荣。中亚自由贸易区发展的宗旨，体现了自由贸易区的基本要求。

中亚自由贸易区发展的总体目标如下。

（1）按照成员国人民共同发展、共同富裕、睦邻友好的愿望，根据本地区形势发展的客观需要，从维护成员国人民根本利益出发，中亚自由贸易区成员国要全面深化和拓展政治、安全、经济、人文等各领域的务实合作，将积极致力于将本地区建设成一个持久和平、共同繁荣的和谐地区，实现成员国之间世代友好、永不为敌、永保和平，共同维护并加强中亚区域的安全与稳定。

（2）成员国坚持执行在联合国框架下的国际《不扩散核武器条约》《全面禁止核试验条约》和《禁止生物武器公约》，这些条约都是经历了时间考验的，在抑制核武器扩散和抑制大规模杀伤性武器方面发挥了重要作用，为各国走上裁军的道路创造了条件，为开展和平利用原子能方面的国际合作提供了保障。成员国要把和平核设施置于国际原子能机构的国际保障之下，并在和平使用核能方面提供技术合作，保障成员国和平利用核能的权利。

（3）积极支持成员国开展民主、法制和宪政制度建设，为中国和中亚各国居民提供公正、民主与和谐的和平环境。

（4）致力于经济一体化建设，构建稳定、繁荣和统一的中亚市场和生产基地，实现商品、服务和投资自由流动，促进商界人士、技术人才和劳动力的自由往来；增强合作互助，在本地区消除贫困，缩小贫富差距。

（5）加强开发人力资源，鼓励社会各部门参与，增强中亚大家庭意识。

以上提出的五大目标，既是成熟自由贸易区的成功实践，又是结合中国和中亚国家实际、有利于促进中国和中亚国家合作发展所提出的目标。前三条是建立中亚自由贸易区的前提条件和基础，为中国和中亚国家实现共同繁荣、共同富裕、睦邻友好、和平发展的目标，从政治、安全、经济、人文等各领域确定了合作发展的任务和目标，后两条则是中亚自由贸易区发展的实质内容，即从经济、技术、服务、资源、劳动力等生产要素的自由流动、合理配置等方面，促进中国和中亚国家的共同发展，致力于将本地区建设成一个持久和平、共同繁荣的和谐地区，共同维护中亚区域的安全与稳定。

二、中亚国家自由贸易区介绍

1. 哈萨克斯坦

免签证是中国和哈萨克斯坦在 2012 年达成的一项协议结果。根据该协议，两国建立一个占地三平方英里的经济特区，由两国领土共同组成。多年来，中国设立了很多特区，但都位于中国境内，且只面向中国人和持中国签证的外国人开放。

这个横跨两国的经济特区名为"中哈霍尔果斯国际边境合作中心",有望成为在贸易带动下繁荣起来的地方,以展示哈萨克斯坦与中国的合作,并帮助两国贫穷的边境地区富裕起来。

作为建立在中哈两国霍尔果斯口岸的跨境经济贸易区和区域合作项目,该经济特区是中国与其他国家建立的首个国际边境合作中心,也是上海合作组织框架下区域合作的示范区。其中心实行封闭式管理,主功能为贸易洽谈、商品展销、仓储运输、宾馆饭店、商业服务设施、金融及举办各类区域性国际经贸洽谈会等。

在"一带一路"倡议与"光明之路"计划背景下,哈萨克斯坦政府决定在中哈边境地区规划建立"霍尔果斯—东方之门"经济特区项目。

"霍尔果斯—东方之门"经济特区管理服务费规定如下。

(1)供电费用为 0.4~0.5 元/(kW·h)(不含增值税)。

(2)供水费用为 2.7~2.8 元/m³(含增值税)。

(3)排水费用为 1.3~1.4 元/1000m³(不含增值税)。

(4)2019 年供气费用为 1.9 元/m。

2018 年霍尔果斯口岸进出口贸易量价齐增。据霍尔果斯海关统计,2018 年,中哈边境霍尔果斯口岸进出口货运量达 3574 万吨,同比增长 23.3%;进出口贸易额为 1352 亿元,同比增长 22.2%。数据显示,中国高新技术、纺织服装、机电产品和农产品出口增速较快,主要出口地为中亚五国和俄罗斯。同时,中方进口天然气、甘草、葵花籽、毛皮等商品数量逐步增长。随着"一带一路"建设深入推进,中国与周边国家合作日益加强,为外国企业提供了新的机遇。此外,霍尔果斯海关通过改善通关环境、优化商品结构、落实优惠政策等措施,有效促进了口岸进出口贸易发展。

2. 乌兹别克斯坦

2017 年 6 月,在塔什干成立了 Anabarsky 创新科技园,包括 3D 打印机、仿生假肢、在线票房、微处理器模块和机器人学校的制造商。哈斯纳巴德是乌兹别克斯坦唯一的科技园,尽管科技园称为 Area,Sergeli Area 和工业区。居民免征土地税、所得税、法人实体财产税,改善和发展社会基础设施税,10 年单一纳税(这是居住期限)。不用为非乌兹别克斯坦生产的设备、原材料、试剂支付海关费用,并且可以根据自己的生产需要进口这些材料。工业园区地区的居民将能够以折扣价租房。此外,The yashnabad Technopark 理事会帮助居民吸引合作伙伴和投资者,并保护他们的知识产权。

乌兹别克斯坦工业区的潜力巨大,乌兹别克斯坦位于中亚的地缘政治中心,位于欧亚通信从东到西、从北到南的重要十字路口。人口超过 3000 万,自然条件优越,能源资源丰富。此外,乌兹别克斯坦富含黄金、棉花(白金)、石油(黑金)和天然气(蓝金),因此,被称为"四种黄金之国"。

在乌兹别克斯坦在苏联时期就形成了机械工程、冶金、石化、棉纺织工业、原材料的生产和加工等行业,其在中亚的工业份额为 2/3。此外,乌兹别克斯坦是棉花和丝绸生产的基地,也是水果和蔬菜的主要供应国,占苏联棉花产量的 70%。

近年来,乌兹别克斯坦的经济保持了约 8% 的高增长率。为了进一步吸引投资、扩大国际合作、促进经济总体发展，乌兹别克斯坦相继建立了三个工业园区，各种利益和措施得到了国家的支持。

自由工业区 Navoi 成立于 2008 年 12 月，占地 564 公顷，距离塔什干 467km，位于与土库曼斯坦接壤的西海岸西部地区。该地区的采矿业、冶金、能源、化工、食品工业、建筑材料和其他工业都在发展（该地区在乌兹别克斯坦工业生产中的份额约为 50%）。天然气和黄金储量丰富，四通八达，公路、铁路和航空运输齐全。

2018 年 9 月 17 日，中国华立集团计划以 2 亿美元在塔什干创建一个工业园区。华立集团于 1970 年在中国杭州成立，如今，该公司的分支机构位于北美、东南亚、欧洲和非洲。新工业区计划吸引大型中国公司在纺织工业、制药领域微电子发展，这将创造 1 万个工作岗位。为了开设这样一个工业区，中国投资者需要在 Bektemir 区（binokor 村）拥有 150 公顷土地，建立社会基础设施、物流中心以及办公楼，这将促进制造商之间的合作。值得注意的是，将在 Technopark Holley Tashkent 生产的出口量将达到每年 15 亿~20 亿美元。

3. 吉尔吉斯斯坦

吉尔吉斯斯坦亚洲之星农业产业合作区总占地面积 5.67 平方千米，建筑面积 19 万平方米。该合作区位于吉尔吉斯斯坦共和国楚河州楚河区伊斯克拉镇，本合作区采用"内引外联、组团发展、产业链条一体化"的发展模式，建成了包括农业种植、畜禽养殖、饲料加工、屠宰加工、速冻食品、物流仓储、农机配件、农业自贸保税区、国际贸易等中心板块的"吉尔吉斯斯坦亚洲之星农业产业合作区"。该合作区也是目前在"一带一路"中亚地区产业链条最完整、基础设施最完善的农业产业合作区。

4. 塔吉克斯坦

塔吉克斯坦目前有 4 个自由贸易区，胡占德自由贸易区已经成立，帕米尔、丹加拉和潘祖自由贸易区都有 10 年历史，其中丹加拉自由贸易区中国企业投资规模最大，园区内有中塔石油、奥丰有限公司等中资企业。中塔工业园区于 2014 年 4 月 3 日在塔吉克斯坦北部索格特州的伊斯提克洛尔（Istiklol）（距第二大城市苦盏又称胡占德 Khujand30km）奠基。中塔工业园实施"一园多区"发展规划，以铅、锌采选产业区为战略基础，以冶炼产业区为战略延伸，以索格特自由经济区为战略依托，逐步在各州科学布局设立多个产业区，通过招商引进中国优势产能，积极推动中资企业入园投资。着重招商骨干项目支撑税收的快速增长，大力孵化中小企业贡献充分的就业岗位。中塔工业园资源产业（冶炼）区占地面积 69 万平方米，将以铅锌等有色金属冶炼为主，结合产出的副产品延伸综合加工产业链，涉及冶炼、化工、建材等多个行业。按规划，该项目预计总投资 5 亿美金，2017 年建成后将为当地创造超过 2500 个就业机会。

中塔工业园是由上海海成集团与塔吉克斯坦工业和新技术部合作的建设项目。园区以塔中矿业的矿山为依托，向矿山上下游延伸产业链。作为中塔工业园的首个入园项目，塔中矿业冶炼厂已于 2017 年 11 月正式启动，它使塔吉克斯坦精炼铅、锌、铜的水平提高了 20 倍，填补了塔吉克斯坦有色金属冶炼领域的多项空白。

根据塔吉克斯坦发展需要和建议，目前，该合作项目又获得进一步扩建升级。塔中双方联合将中塔工业园提升为塔吉克斯坦北部有色金属产业园区，园区由现 69 公顷的范围进一步扩大，建设一园多区，范围覆盖塔吉克斯坦北部地区，引进有实力的中资企业，共同进行资源综合开发。

作为一个综合型产业园区，将形成 600 万吨的年采选处理能力，年产铜、铅、锌等金属 35 万吨，形成矿山资源开发、矿山服务配套、上下游企业及其他相关企业集群，园区将吸纳塔吉克斯坦近万人就业，有效推动塔吉克斯坦的工业现代化，促进中塔两国的经贸合作，加速推动"一带一路"倡议在中亚地区的落地。

上海海成集团积极借助塔吉克斯坦北部丰富的矿产资源，在中国贸促会和中国国际经济合作投资公司的支持下，继续扩大投资，与塔方共建"塔吉克斯坦北部有色金属产业园区"，实现"一带一路"建设同塔吉克斯坦"2030 年前国家发展战略"的深度对接。据塔吉克斯坦 Avesta 网报道，中国企业在塔吉克斯坦自由经济区投资中表现最为积极，已在塔吉克斯坦"丹加拉"和"喷赤"等自由经济区投资建设一系列工业企业，涉及石油冶炼、棉花加工、建材生产、皮革加工等领域。中塔两国在能源资源、劳动力供给、技术水平、资金实力、市场容量等方面各有优势，经济结构互补性很强，而且普遍处于经济结构调整转型升级的关键阶段，有着开展互利合作的基础。近些年来，中国多个企业如华新水泥、中国黄金、中国路桥等均在塔吉克斯坦投资。据塔吉克斯坦统计署数据，截至 2014 年 6 月底，塔吉克吸引外资总额为 26.59 亿美元，中国对塔投资额为 4.67 亿美元，是塔吉克斯坦第二大投资来源国。

自由经济区作为国家独立区域，享有特殊、优惠的关税和税收制度以及简化的注册程序等政策，具体规定如下。

（1）不论企业所有制形式，对区内产品免征关税和除社会税外的所有税。

（2）对本国市场提供的服务业只征收增值税。

（3）对当地雇员免征个人所得税；外籍雇员在工作许可证有效期内，如在自己国家已交纳当前收入的个人所得税，并附以证明，可免交纳个人所得税，如在本国未交纳个人所得税，则应交纳所得税，但可以减半交纳。

（4）土地租金为每平方米每年 1 美元。

（5）外国企业、自然人的经营利润和工资可以自由汇出，并且不交纳税。

（6）对国家或当地项目贷款所得不征收利息税。

（7）在区内从事供水、供电、排水等业务不征收增值税及其他税等。

5. 土库曼斯坦

2018 年前 8 个月，土库曼斯坦内生产总值（GDP）增速为 6.2%，工业增长 4.4%，零售额增长 19.5%，实现各类投资约 12 亿马纳特。土库曼斯坦各地区完成了 77 个社会项目、32 处饮水净水设施和逾 22.35 万平方米住房建设。土库曼斯坦居民月平均工资同比上涨 9.2%，工资、养老金、国家津贴和奖学金均足额按时发放。

油气领域、石油和凝析油开采量完成了计划的 100.8%，石油加工为 103.6%，天然气出口为 101.1%。汽油产量同比增长 2.3%，柴油增长 0.3%，聚丙烯增长 1.9%。油气领域实现投资同比增长 20.4%。

2018 年，土库曼斯坦棉花种植面积达 54.5 万公顷，计划收储棉花 105 万吨，其中阿哈尔州 20.7 万吨，达绍古兹州 23 万吨，列巴普州 30 万吨，马雷州 31.3 万吨。阿哈尔州、列巴普州和马雷州棉花采收工作于 9 月 5 日启动，达绍古兹州则拟于本月 16 日启动相关工作。

棉花种植是土库曼斯坦农工领域主要产业之一，为土库曼斯坦实施进口替代和出口导向计划作出重要贡献。为支持棉花种植，土库曼斯坦政府采购大量农机设备。2016 年，土库曼斯坦总统别尔德穆哈梅多夫签署总统令，授权土库曼斯坦农业水利部与约翰·迪尔公司签订购买 1350 台各类农用机械合同，其中包括 400 台棉花收割机。土库曼斯坦还从乌兹别克斯坦塔什干农机厂购买了 500 台棉花收割机。此外，土库曼斯坦政府还以优惠价格提供棉花种植所需农机、种子、矿物肥料、灌溉用水和其他相关服务。土库曼斯坦购买了 200 台约翰迪尔（John Deere）公司生产的棉花采摘机，发展机采棉。土方拟进口的农机设备包括粮食收割机、棉花采摘机、耕种拖拉机、播种机、耕犁等。

土库曼斯坦与罗马尼亚商定加强政治外交合作，推动签署关于建立里海—黑海过境运输走廊的政治宣言，将黑海康斯坦察港打造为连接里海和黑海过境运输走廊。康斯坦察港有望成为来自土库曼巴什港及哈萨克斯坦、乌兹别克斯坦等国货物运往欧洲的中转站，将为土库曼斯坦及其他中亚国家商品进入欧洲市场开辟新通道。近年来，土库曼斯坦海洋河流运输管理局也在研究将液化气等产品运往康斯坦察港的可能性，建议路线为经里海至阿塞拜疆巴库后，通过铁路抵达格鲁吉亚黑海港口巴统或波季，再经海运抵达罗马尼亚。

土库曼斯坦议会审议通过《国家农业发展管理法》。该法主要内容包括提高农业产业竞争力、确保农村可持续发展、人口就业、形成新的农村经济关系、为各类经济实体创造良好的竞争环境以及投资环境。发展农工综合体旨在确保土库曼斯坦粮食安全，满足居民基本需求；保障工业用原材料需求，以提高国民经济的出口潜力。2018 年，土库曼斯坦生产 160 万吨小麦和 150 万吨棉花。小麦种植面积约 76 万公顷，棉花种植面积约 54.5 万公顷。

2018 年 5 月 4 日，土库曼斯坦总统别尔德穆哈梅多夫签署总统令，授权土库曼斯坦纺织工业部与 Cotam Enterprises Ltd. 公司（注册地为英属维京群岛）签订设计施工合同，在阿哈尔州巴巴达伊汗市建设纺织综合体。该综合体将采用先进设备，预计年产 0.33 万吨细纤维纱线，2000 万平方米高品质缝纫布料（包括 1800 万平方米染色布料），3500 件缝纫制品。合同内容还包括改善周边环境，建设后勤管网设施，人员培训，提供已安装技术设备在交付使用后两年内维护所需零配件。根据合同，该纺织联合体将于 2018 年 5 月开工建设，2021 年 5 月交付使用。

达绍古兹州土库曼巴什萨巴尔穆拉特区新建棉纱厂，土库曼斯坦总统别尔德穆哈梅多夫强调，纺织业是土库曼斯坦加工业优先发展方向之一。加大对该领域投资将促进高品质天然棉品产量提高，满足国外消费者需求。该项目将创造新的就业岗位，促进当地经济发展，要加强对这一工作的监督力度。土库曼斯坦每年种植棉花超过 100 万吨，为纺织业发展提供了生产原料。目前，土产出的棉纤维超过半数用于纺织业加工，可年产 11.8 万吨棉纱，1.78 亿平方米布料，1.1 万吨针织布，0.72 万吨毛巾布和 1 亿件缝纫和针织服装。上述产品不仅满足土库曼斯坦国内需求，而且主要用于出口，其中 70% 纺织品出口至其他国家，在土库曼斯坦出口中占很大比重。

纺织工业是土库曼斯坦非能源领域重要的产业，土库曼斯坦棉纺织品，尤其是 Ring 牌棉纱在国际市场上享有良好的声誉。自 1991 年独立至 2010 年的 19 年里，土库曼斯坦共投资 13

亿美元，新建了 30 家拥有国际先进设备的纺织企业，对老企业进行了设备更新改造，使纺织工业整体水平得到大幅提升。皮棉加工能力已从原来的 3% 提高到 51%，出口产品质量明显改善。目前，土库曼斯坦纺织系统共有各类企业 72 家，纺织品平均年产值为 3 亿美元。

为扩大出口，土库曼斯坦制定了 2020 年前纺织工业发展规划。按照规划，未来 10 年内土库曼斯坦将投资 20 亿美元在全国每个产棉区新建一个加工企业，用来生产出口产品。新建企业将全部采用意大利的先进生产设备和工艺以及德国的质量检测设备。

自 2007 年以来，土库曼斯坦政府加大了对农业生产的扶持力度，除大量采购农业机械，加大水利设施建设外，还积极采取一系列利农、惠农政策，包括改善农村基础设施条件、提高粮食收购价等措施来提高农民生产积极性。土库曼斯坦棉花生产受惠上述政策，产量不断上涨，去年达到 94.3 万吨，较 2006 年增长 11.7%。土库曼斯坦政府强调了农业改革对棉花生产的促进作用，指出要继续做好棉花生产组织工作，特别是提高采棉机使用效率，改变人工采棉仍占主要比例的现状。有关专家预计，在继续加强生产组织，积极垦荒和提高机械采棉率的情况下，土库曼斯坦棉花产量将有望继续保持增长势头。

土库曼斯坦纺织部和工商会每年联合举办"土库曼斯坦纺织工业走向新时代"国际展会，展出各种棉麻、棉纱、棉布、缝纫、针织、真丝、丝绒及其制品，牛仔布服装，手工丝织地毯等。纺织工业在土库曼斯坦经济中占据重要地位，增加产品竞争力、吸引外资是纺织行业结构改革的主要目的。近年来，土库曼斯坦投资 16 亿美元创建了数十家纺织企业，棉麻制品产量增长 51%。大部分产品远销美国、加拿大、德国、英国、俄罗斯、意大利、土耳其、中国、乌克兰。

土库曼斯坦 2012 年棉花生产方面打破了纪录。80% 的地区为沙漠的土库曼斯坦，生产了1235 万吨棉花。棉花是土库曼斯坦重要的出口产品，也是土数十家现代纺织企业的生产原料。2013 年土库曼斯坦棉花产量 113 万吨，其中 50% 自用，50% 出口。2014 年，土库曼斯坦棉花种植面积为 54.5 万公顷，2014 年度土库曼斯坦棉花种植面积为 54.5 万公顷，棉花产量达到 106.5 万吨。2015 年土库曼斯坦棉花产量为 140 万吨；2016 年土棉花产量为 107.1 万吨；2017 年棉产量为 105 万吨；2018 年土库曼斯坦已收获棉花 109.9 万吨；2019 年土库曼斯坦棉花种植面积达 55 万公顷，收储棉花超 100 万吨；土库曼斯坦总统宣布 2020 年棉花产量将增加至 125 万吨。土库曼斯坦将完全停止原棉出口，以促进棉制品生产供应。土库曼斯坦纺织业盈利能力仅次于石油天然气工业，且能创造大量就业岗位，提高棉花加工能力将促进本国公民就业和高附加值产品出口。近期土库曼斯坦建设部发布阿哈尔州吉奥科德佩区年产3 万吨轧花厂和日产 300 吨棉籽加工厂 2 个大型项目招标，旨在提升原棉加工能力。

土库曼斯坦每年有地毯节，国有联合公司"土库曼地毯"和土库曼斯坦贸易工业部联合举办土库曼斯坦手工地毯国际展览会，地毯生产是土库曼斯坦经济的重要领域。2015 年，国有地毯生产企业共生产 42860 平方米地毯制品，其中大部分用于出口，如俄罗斯、德国、中国、土耳其、沙特阿拉伯、阿联酋、伊朗、巴基斯坦等国。

土库曼地毯国家联合会实行私有化，要求举行相关招标，并准备实施地毯行业非国有化的所有必要文件。土库曼斯坦地毯国家联合会包括全国各地（州）生产带有其民族图案的手工地毯及其制品的艺术地毯织造企业。土库曼斯坦地毯国际驰名，是其国家著名品牌之一。

地毯行业私有化为该领域发展提供了新的机遇。土库曼斯坦积极实施经济改革政策，大力发展私有经济。自 2014 年起，分期分批将若干国有企业进行私有化拍卖，已初见成效。据中立报消息，目前，土库曼斯坦共有 25000 家私有企业，在国内生产总值（不包括油气行业）中占比为 68%。

土库曼斯坦农业和水资源部统计，阿哈尔州、列巴普州、马雷州 2017 年土库曼斯坦棉产量为 105 万吨，棉花种植面积约 54.5 万公顷，棉花及其制品将供应给全国 38 家轧棉厂、棉纺厂、纺织厂及制油厂。棉花是土库曼斯坦重要的出口产品，也是数十家现代纺织企业的生产原料。2016 年土库曼斯坦棉花产量为 107.1 万吨。外国棉花进口商与土方签署了总价 3032 余万美元的订单，其中包括瑞士 Paul Reinhart、Carvon Commodities、Rezana Trading C. A.，土耳其 Çalyk Pamyk，新加坡 Olam International 等公司。

为促进农业领域发展，国家向农场联合体、农业股份公司、土地承租人提供如下优惠贷款：向畜牧业、养禽业、农产品生产加工业及服务业项目提供 10 年期贷款，年利率为 5%；向购买农业机械设备和工具以保障合理利用水资源的用户提供 10 年期贷款，年利率为 1%；土库曼斯坦食品工业联合体、工业家企业家联盟成员单位在获得土地修建畜牧和养禽综合体、种植饲料作物时，国家商行"农场银行"可提供年利率 2% 的 10 年期贷款；从国家稳定基金中拨款 3 亿马纳特给国家开发银行，用于股份制商行"富裕银行"向工业家企业家联盟成员单位提供年利率不超过 1% 的贷款。

土库曼斯坦自独立以来，共发电 325.12 万千瓦。目前，其能源部属燃气涡轮电站发电能力达 309.12 万千瓦，相当于设定功率 543.24 万千瓦的 56.9%。近年来，土库曼斯坦发电水平突飞猛进，到 2020 年前发电量可达 263.8 亿千瓦时。别尔德穆哈梅德夫总统签批的《土库曼斯坦 2013~2020 年电力行业发展方案》对实施国家社会经济改革战略起到重要作用。该纲领性文件规定，土库曼斯坦将新建 14 座发电站，总产能将达到 385.4 万千瓦；自文件签发之日起，短短 3 年时间已经建成了 6 座燃气涡轮发电站，上述文件规定的计划预计近期完成。目前，土库曼斯坦共有 13 座电站发电，包括 14 组蒸汽机组和 32 组燃气机组。近年来，土库曼斯坦电力主要出口到乌兹别克斯坦、哈萨克斯坦、阿富汗、伊朗、土耳其和亚美尼亚等国家。近年来，纺织业成为土库曼斯坦经济优先发展方向之一。1991~2016 年，加工棉织品所占比重逐年提高，从 3% 上升到 51%。目前，纺织行业中有 70 余家企业，生产不同种类的棉纱、棉布、毛巾布、混织布、针织布以及由这些布缝纫的制成品。此外，还有丝绸加工企业、鞋厂、真皮处理厂等。目前，土库曼斯坦纺织行业有 3 万从业者。

土库曼斯坦纺织业与欧洲复兴开发银行、日本国际合作银行、Mitsubishi Corporation（日本）公司均有合作，推广先进高效技术设备，保障生产高质、具有市场竞争力的产品。土库曼斯坦纺织企业配备的先进设备来自世界知名外国公司，如 Rieter（瑞士）、Trutzschler、Schlafhorst、Zincer、Monfrost、Kusters（德国）、Marzoli、Mario、Crosta、Reggiani、Arioli、Savio（意大利）、Juki、Muratec、Tsudakoma（日本）、Picanol（比利时）、Monarh（英国）等。

2013 年，阿什哈巴德纺织染联合体家纺床品生产二期工程投产使用。2014 年，塞金、土库曼纳巴特、库尼亚尔金棉纱厂投产使用。2016 年 2 月，在阿什哈巴德棉纱联合公司基地由

Lonati（意大利）公司提供设备的袜品生产车间（产能 250 万双/年）投产使用。年初，由 ShimaSeiki 公司（日本）提供设备的针织衫生产车间（产能 23000 件/年）投产使用。2000～2015 年，棉纱产量增长 2.4 倍，棉布产量增长 4 倍。超过 70% 的纺织品出口到了美国、欧洲国家、俄罗斯、乌克兰、土耳其、中国、波罗的海国家及其他国家。2000～2015 年，纺织产品出口量增长了 3.2 倍。其成品主要订货商为 IKEA、Sears、Wall-Mart、Miss Erika、Foot Locker 等世界品牌。

土库曼斯坦发展民族丝绸工业，每年部署蚕茧生产计划，土库曼斯坦政府要求进一步发展民族丝绸工业，2016 年计划哈尔州生产 155t，巴尔坎州生产 25t，达绍古兹州生产 470t，列巴普州生产 950t，马雷州生产 400t，共计 2000t。

土库曼斯坦政府已经完成对巴尔坎州两个玄武岩矿区工业矿藏储备量的综合评估。目前，土库曼国家地质公司和土库曼天然气矿藏国家康采恩的专家正在做建设两个工厂的可行性报告和项目资料，生产国家新型产品——超细玄武岩纤维及其制品隔热建筑材料。《土库曼斯坦国家社会经济发展 2011～2030 年纲要》里规定的任务之一，是必须积极扩大工业领域基础设施建设，首先关注的是开发各种矿产资源，包括固体矿石和矿物，以提高生产各种建筑和工业产品的可能性。

玄武岩纤维具有极高的强度，是钢的 2.5 倍以上、玻璃纤维的 1.5 倍以上，轻巧、耐极高温和低温、耐锈蚀、抗酸、抗碱及其他化学物质。基于以上特性，玄武岩及其制品被广泛应用在隔音和隔热材料，使用寿命为 50～100 年，特别是用在工业建筑和社会设施、石油天然气、航空、化学工业、管道工业、汽车和工程机械、电力、冶金、农业、造船、石油化工等行业。玄武岩纤维被归类为环保、安全产品，世界上许多国家都在积极开发生产。土库曼斯坦拟筹备建厂生产玻璃纤维，对土境内石英砂岩产地调研并做可行性报告后进行国际招标。

为扩大国内工业领域进口产品替代品的种类（品级），确保国内企业和机构用当地原料生产并将产品出口到国际市场，土库曼斯坦总统向其工业部门提出了用石英砂和玄武岩生产玻璃纤维的课题。玻璃纤维具有独特的特性，抗压和抗拉强度非常高，耐热性强，不燃，低吸水性，抗腐蚀性好。玻璃纤维制品耐高温，绝缘性好，隔音，机械强度高。

土库曼斯坦工业家企业家联盟（以下简称联盟）成立于 2008 年，最初有 500 个成员单位，现在已经发展成为不断壮大的商务团体。目前，该组织成员超过 14000 家，在私企就业的人数超过 15 万人。联盟先后创建了"雷斯加尔（富足）"股份制商业银行、企业家学校和"雷斯加尔（富足）"报。

联盟业务遍布各行业，公共饮食、农业、食品工业、纺织、缝纫、家具、鞋帽生产、教育、旅游和运动、广告和出版业；此外，联盟单位还参与了上百个社会文化领域项目建设，包括现代化的住宅楼、学校、幼儿园、运动设施等。

土库曼斯坦制定了《国家支持中小企业法》《土库曼斯坦工业家企业家联盟法》，对非国有经济的发展给予了强有力的支持，对私有企业、个体户、农产品生产者提供优惠贷款，税收方面给予最大的优惠待遇、简化进出口业务手续，积极创建有利的经营环境，促进本国优质商品生产，扩大民族产品出口，提高私有经济在国家经济中的比重。截至目前，非国有经济占国家 GDP（不包括油气）比重的 62%，其中工业板块私有经济占 54%，农业占 70%，建筑占 77%，交通通信占 72%，贸易超过 93%。

近年来，联盟不断扩大国际合作，与俄罗斯、奥地利、土耳其、保加利亚、乌兹别克斯坦、哈萨克斯坦等签订了合作协议。产品不断走向国际市场，如糖果出口到 7 个国家，阿富汗约有 70 个商场销售土库曼私企生产的商品。2015 年，该联盟还在中国设立代表处，在格鲁吉亚开设了贸易中心。此外，联盟产品还参加了世界各地展会，如中国上海 2013 年世博会，中国西安"丝绸之路"博览会，土耳其伊兹弥特展会，意大利米兰 2015 年世博会。在俄罗斯莫斯科 2014 年金色秋天博览会上，土库曼斯坦的企业家凭借优质产品荣获 3 枚金牌。

三、中亚国家自由贸易区的制度与政策

中亚国家自由贸易区的政策主要包括以下几点。一是中亚自由贸易区关税同盟政策和共同外贸政策。在中亚自由贸易区区域内，各成员国实行统一的海关税率。取消成员国之间的商品关税和进口配额、限额，建立关税同盟。确立中亚自由贸易区单一市场的共同贸易制度，代之以一些旨在保护高科技产业的措施。二是实行共同的农业保护和发展政策。例如，实行农产品统一价格，取消农产品内部关税和统一的农产品贸易货币补贴保护制度。三是建立政治联盟和政治合作制度。例如，在外交领域进行政治合作，用一个声音对世界说话，协调统一国际事务立场。建立中亚自由贸易区区域内的永久战略伙伴关系。实行共同的外交和安全政策，并将最终实行共同的防务政策。建立内部统一大市场，逐步取消各种非关税壁垒，实现商品、人员、资本和劳务自由流通等。

中亚自由贸易区未来优先合作的方向和领域主要包括能源、交通运输、电信、农业、旅游、银行信贷、水利和环境保护等领域，以及促进中小企业实体间的直接交流等。以上领域关乎中亚自由贸易区成员国的共同发展问题，也是各成员国经济贸易发展的基础领域和关键领域。具体包括开展石油、天然气能源领域的勘探、开发和生产加工合作，开展煤炭的勘探、开采和煤化工生产的合作，提高现有能源生产能力和能源网络的效益；加深成员国在地质勘探研究领域的合作，开发矿产和原料资源；在现有运输基础领域开展合作，开展铁路、高速公路、机场、管道等交通运输基础设施建设的合作并对成员国境内运输和服务市场体系进行现代化改造；在采用高级信息和电信技术、完善相应基础设施方面开展合作；开展本地区农牧业生产开发合作，重点在农牧业科学育种、防病防疫、运用现代先进科学技术等方面的合作，促进区域内成员国农牧业生产精细化、精准化和农业产业化的发展；开展金融运作、金融管理、金融创新等方面的合作；积极开展中西亚区域的自然生态环境保护、治理方面的经验交流与协作等。

中亚自由贸易区的议事构架、贸易争端调解机构和机制、对内对外制度与政策，以及优先合作领域与方向的设计与确定，其依据主要是参照中国—东盟自由贸易区的经验。中国—东盟自由贸易区是中国在东南与东盟 10 国建设的自由贸易区，至今已经运行了四年，取得了有目共睹的良好发展成果和双赢效应。东盟成立于 1967 年，是东南亚地区（10 个国家）以经济合作为基础的政治、经济、安全一体化合作组织，有一系列完善的合作机制。2001 年 3 月，中国提出建立中国—东盟自由贸易区的建议，受到东盟的欢迎，当年成立了中国—东盟

经济贸易合作联合委员会,对中国与东盟建立自由贸易区问题进行了充分研究,认为建立中国—东盟自由贸易区对东盟和中国是双赢的决定,建议中国和东盟用10年时间建立自由贸易区。中国—东盟自由贸易区签署实施以来,中国和东盟之间的经贸关系发展迅速,多数年份下,中国与东盟的贸易增速高于中国对外贸易平均增速。宏观经济计量分析表明,中国—东盟自由贸易区相当程度上推动了双边经贸关系的发展,自贸区的建立使双方贸易额都有了大幅增长。2010年1月1日,拥有19亿人口、GDP接近6万亿美元、世界最大的自由贸易区即中国—东盟自由贸易区正式建立。自从中国—东盟自由贸易区建立以来,中国和东盟之间的贸易交往迅速提高。建立当年,根据中国海关总署的统计数据,2010年1~11月,中国与东盟双边贸易总值达2630.1亿美元,同比增长了40.6%,速度大大超过了中国对外贸易的整体增长速度。2012年,中国与东盟的进出口总额达到4001亿美元,较2011年增长52.13%。2013年,中国与东盟的贸易总额达到4436亿美元,比上年增长11%。中亚自由贸易区同属于中国与中亚发展中国家建立的自由贸易区,同中国—东盟自由贸易区具有相同的性质和可比性。而且,进入21世纪的十多年,世界普遍经济增长乏力,而这一地区却犹如寒冬里的一枝红梅,经济高速增长,一枝独秀。因此,参照中国—东盟自由贸易区设计议事构架、贸易争端调解机构和机制、对内对外制度与政策,以及优先合作领域与方向,一定会促进中亚自由贸易区的健康成长和各成员国经济的持续高速健康发展。

参考文献

[1] 刘发善.工业园区及相关概念探讨[J].决策参考,2005(10):14-15.

[2] 戴东强.新形势下我国都市工业园创新机制与模式研究[D].武汉:武汉理工大学,2012.

[3] 张敦富.区域经济学导论[M].北京:中国轻工业出版社,2013.

[4] 丁生喜.区域经济学[M].西宁:青海人民出版社,2012.

[5] 王兴文.传统工业园区转型发展对策研究[D].上海:东华大学,2016.

[6] 丁洪建,梁留科,吴次芳.温州市工业园区布局调整初探[J].中国软科学,2003(3):122-126.

[7] MARSHALL A. Principles of Economics:Unabridged Eighth Edition[M]. New York:Cosimo, Inc., 2009.

[8] WEBER A. Theory of the Location of Industries[M]. Chicago:University of Chicago Press, 1929.

[9] HOOVER E M. Location Theory and The Shoe Leather Industries[M]. Cambridge:Harvard University Press, 1937.

[10] 王缉慈.地方产业群战略[J].中国工业经济,2002(3):47-54.

[11] 吴季松.解决生态危机"绿水青山就是金山银山"的理论创新是基础[J].中国战略新兴产业,2018(45):84-86.

[12] 吴季松.发展循环经济,解决能源问题[J].世界环境,2007(03):31-33.

[13] 刘军山,孙宏元,魏兴华.从三元参与者与大学科技园的互动博弈看大学科技园

的发展[J].科技管理研究，2006（8）：67-69.

[14] RUSTAM Lalkaka，Business incubators as a means to small enterprise creation and growth ［C］.International Small Business Congress，1994：318.

[15] PERROUX F. Note on the Concept of Growth Poles. In：MCKEE D，DEAN R D，LEAHY W H. Regional Economics：Theory and Practice［M］.New York：The Free Press，1970：93-104.

[16] 谢国忠，杨松华.高科技园区展理论探讨[J].中外企业文化，2000，16.

[17] 董晓靖，张纯，崔璐辰.创意文化背景下的传统工业园区转型与再生研究：以美国北卡烟草园和北京798园区为例[J].北京规划建设，2018（1）：123-127.

[18] 佚名.中关村：抢占前沿科技创新制高点[J].中关村，2018（1）：19.

[19] 李莉娜.国外自由贸易区发展的经验及其启示[J].价格月刊，2014（2）：47-54.

[20] 黄添.上海自由贸易区的功能及其前景探析[J].西部论坛，2014（4）：30-36.

[21] 王常华.自由贸易区税收政策刍议[J].税务研究，2014（6）：87-88.

第七章 中亚五国的外汇管理政策与区域性人民币国际化

中国与中亚五国中的哈萨克斯坦、吉尔吉斯斯坦、塔吉克斯坦三国边境线长达 3300km。与中亚五国已经开放了 17 个一类通商口岸和 12 个二类口岸。双方发展经贸合作具有明显的地缘优势。中国对中亚五国经常项目顺差主要是通过进出口贸易顺差实现的，金融合作和经济发展存在相互促进、相互制约关系，因此，探讨加强中国与中亚国家金融合作对于降低贸易和投资成本、增强抵御风险能力和共同打击金融犯罪，打造新丝绸之路经济带，从而提升经贸合作水平、区域经济发展具有重要现实意义。

第一节 哈萨克斯坦外汇管理

一、基本情况

外汇管理部门：哈萨克斯坦共和国国家银行（以下简称哈萨克斯坦国家银行）是哈萨克斯坦的中央银行，也是托外汇管理部门，并授权代理机构共同实施外汇管理。代理机构是指有权开展银行外汇交易的授权银行和非银行金融机构。

主要法规：《哈萨克斯坦共和国国家银行法》《哈萨克斯坦共和国投资法》《哈萨克斯坦共和国外汇管理和外汇管制法》等。

主权货币及汇率形成机制：哈萨克斯坦的法定货币为坚戈。1999 年 4 月开始实行有区间限制的浮动汇率制度，自 2015 年 8 月 20 日起，哈萨克斯坦国家银行取消汇率波动区间限制，开始实施坚戈自由浮动汇率，并减少外汇市场干预。

二、外汇管理政策

（一）经常项目外汇管理政策

货物贸易：哈萨克斯坦对居民和非居民在境内购汇没有限制。但对于进口付汇业务，要求向授权银行出示相关合同、协定或协议，并由授权银行向进口企业核发交易许可证，在交易完全结束前要受海关和授权银行的监管。对出口通期未收汇行为，授权银行要及时向哈萨克斯坦国家银行报告，由其负责查处违规企业。

服务贸易、收益和经常转移：支付外籍员工工资和境外使用信用卡均无须事前审批，也无金额限制，但超过 1 万美元需提供相关证明文件。服务贸易项下的外汇收入需在交易条款规定的期限内调回国内，金额超过 5 万美元的收入调回需遵守国内相关要求。

（二）资本和金融项目外汇管理政策

哈萨克斯坦对资本项目外汇收支实行管制，与资本流动有关的外汇业务在哈萨克斯坦国家银行办理登记获许可后方能进行。授权银行可向居民和非居民的合法实体和个人提供外币贷款。但自 2016 年 1 月 1 日起，只允许向申请贷款前连续 6 个月获得相应货币收入的个人发放外币贷款。对于居民在境外和非居民在境内进行房地产交易均无限制。

资本项下的跨境资金流动方面，只要双方有协议，在办理登记手续后，资本即可自由进出。但跨境资金流动规模超出一定限制时，需要履行申报手续，如居民向非居民支付资本项下金融产品费用（包括直接投资、证券投资、货币市场工具、信用工具等）超过 10 万美元，或非居民向居民支付相关费用超过 50 万美元（除衍生金融产品仅需超过 10 万美元）时，居民须向哈萨克斯坦国家银行报告。其中，超过 180 天的商业信贷和金融信贷需要在哈萨克斯坦国家银行登记备案。

（三）个人外汇管理政策

居民个人和非居民个人可直接在银行、有经营许可证的外币兑换所进行外币兑换业务，但在汇出和携出境外环节实行一定的管制。在欧亚经济联盟成员国之间，自然人携带外币或本币现钞（贵金属硬币除外）、旅行支票出入境无需向海关申报。但个人携带来自其他国家的外币或本币现钞（贵金属硬币除外）、旅行支票进入联盟成员国，或携带外币或本币现钞（贵金属硬币除外）、旅行支票出境至其他国家，若总额超过等值 1 万美元，须向海关申报。

三、金融机构外汇业务管理政策

哈萨克斯坦国家银行负责向商业银行发行外汇交易许可证。截至 2015 年底，共有 38 家机构持有银行营业执照。哈萨克斯坦国家银行也向非银行机构发放外汇交易许可证。这些机构可以从事与本企业有关的外汇现钞业务，但不得开展其他外汇交易。银行在证券交易所及银行间市场开展即期交易。

银行和授权机构独立设置各自的汇率水平，但哈萨克斯坦国家银行就坚戈兑美元以及坚戈兑欧元的现钞买卖差价规定了上限。哈萨克斯坦国家银行规定自 2016 年 2 月 1 日起，在银行和经授权的机构换汇点进行坚戈买进卖出外汇业务的，差价区间将提高为 6 坚戈/美元、7 坚戈/欧元。授权机构依照其许可或者依法办理外汇交易。哈萨克斯坦国家银行为银行外汇流动性设置最小值限制，流动性系数由银行月平均资产与月平均负债的比率计算而来。对金融机构的海外投资业务的投资比例进行限制，并需告知监管机构。非居民银行、保险公司和经纪人不得在哈萨克斯坦设立分支机构。哈萨克斯坦外汇管理情况见表 7-1。

四、哈萨克斯坦货币与外汇

哈萨克斯坦于 1993 年 11 月 15 日开始发行本国货币坚戈，包括面值从 1 到 10000 不等的纸币和硬币。哈萨克斯坦已于 1999 年实现了本币与外币的自由兑换，2013 年 9 月，中国银行正式在新疆推出人民币兑坚戈现钞汇率并挂牌，在同行业中率先办理了直接汇率项下的坚戈现钞兑换业务。哈萨克斯坦大城市部分兑换点可以兑换人民币。

表 7-1 哈萨克斯坦外汇管理情况表

项目	经常项目外汇管理政策	资本和金融外汇管理政策	个人外汇管理政策	金融机构外汇业务管理政策
汇兑限制	所有出口收入需汇回；对出口逾期未收汇行为，授权银行要及时向哈萨克斯坦国家银行报告，由其负责查出违规企业；服务贸易项下外汇收入须在交易条款规定的期限内调回国内			
跨境资金流动限制			除欧亚经济联盟成员国外，任何国家自然人出入哈萨克斯坦，携带总额超过 1 万美元的外币或本币现钞（贵金属硬币除外）、旅行支票需进行申报	
额度管理	支付外籍员工工资和境外使用信用卡超过 1 万美元需提供相关证明文件。	居民向非居民支付资本项下金融产品费用超过 10 万美元，或非居民向居民支付相关费用超过 50 万美元时，居民须向哈萨克斯坦国家银行报告		哈萨克斯坦国家银行为银行外汇流动性设置最小值限制，流动性系数的计算是指银行资产的月平均量与负债总额的比率
广义托宾税				
歧视性多重汇率				
国别间歧视		欧亚经济联盟成员国自然人出入哈萨克斯坦，携带外币或本币现钞（贵金属硬币除外）、旅行支票出入境无须向海关申报		
企业资质限制	进口业务需由授权银行核发交易许可证	2016 年 1 月 1 日起，只允许向申请贷款前连续 6 个月获得相应货币收入的个人发放外币贷款		非居民保险公司和经纪人不得在哈萨克斯坦设立分支机构

（资料来源：驻哈萨克经商参处）

哈萨克斯坦经常项目和资本项目均实行有条件的可自由兑换。具体来说，经常项目下的交易应在 180 天完成，如到期不能完成，还可延期。资本项下，只要双方有协议，在办理一定手续后，资本即可自由进出。从 2007 年 7 月 1 日起，哈萨克斯坦外汇管理制度执行欧洲国家标准，取消外汇业务许可制度，实行通报制度。企业在缴纳各项应缴税费后，可以自由汇出利润，除银行收取的必要汇费外，无须缴纳其他费用。个人和法人均可通过银行向境外汇出其合法的外汇收入，但必须提供以下证明：

个人：兑换水单、收入来源证明、从境外接受馈赠或遗产证明、外汇带入报关单。

法人：贸易合同、交纳有关税收的证明。

个人和法人在银行开设账户、办理存款、汇款等业务必须有税务登记号。

2010 年 3 月 9 日，哈萨克斯坦开始实施《反洗钱法》，加强了对银行外汇流动的监管。凡超过 1 万美元的金融业务都将进行监管，包括个人在外币兑换点兑换外币的业务。另外，还要求各银行完善客户资料，加强外汇汇出的申报，一个账户 7 个工作日内汇出外汇超过 700 万坚戈（约 5 万美元）的，银行必须向金融监管委员会报告。

第二节　乌兹别克斯坦外汇管理

一、外汇管理基本情况

外汇管理部门：乌兹别克斯坦中央银行是乌兹别克斯坦的外汇管理部门，负责执行汇率政策，对外汇储备进行管理。此外，财政部、税务委员会和海关也具有一定的监管职责。

主要法规：《乌兹别克斯坦共和国中央银行法》《乌兹别克斯坦共和国外汇管理法》《进出口交易的外汇管制规定》（强制出售外网所得的规定）等。

主权货币及汇率形成机制：法定货币为乌兹别克斯坦苏姆。乌兹别克斯坦实行多重汇率操作，由于官方利率和平行的市场利率之间存在利差，使外汇交易存在额外成本。乌兹别克斯坦中央银行发布的官方汇率根据前一周银行间交易系统汇率的平均值计算，有效期为一周。其法定汇率机制为有管理的浮动汇率制度，法定货币苏姆的汇率根据外汇供求确定，由于其95% 的贸易由美元计价，故以美元为汇率定价基准。为防止汇率大幅波动影响本国宏观经济走势和货币政策，乌兹别克斯坦中央银行直接参与美元、欧元等国际货币的外汇交易。

二、外汇管理政策

乌兹别克斯坦居民和非居民企业及个人均可在乌兹别克斯坦境内开立外币账户，但对于本外币兑换实行较为严格的管制。乌兹别克斯坦实行强制结汇制度，即除特殊情况外，50%的外汇收入均需卖给国家换成本币苏姆。

（一）经常项目外汇管理政策

货物贸易：境内进口企业购汇时必须提交申请和相关合同，由国家预算支持的进口合同还需在对外经济关系、投资和贸易部进行登记。所有的进出口合同均须向银行申报，出口合同还须向海关申报。

如上所述，乌兹别克斯坦强制要求出口商以官方汇率向国内银行出售其所有出口外汇收入的 50%（其中对于棉花出口该比例为 100%，农产品和野生植物出口为 25%）。若相关外汇通过以下方式获得，符合条件的企业可以申请免除或减轻上述强制性要求：一是小微企业通过出口自营产品获得的外汇收入（除农产品等部分特殊产品外）；二是主营生产消费品 5 年以上的企业，如果外国资本超过该企业注册资本的 50%，则可以豁免出口收入强制结汇的要求。此外，通过兑换购买的外汇，以及由于未履行进口合同而返还的进口预付款等，也无须强制结汇。

服务贸易、收益和经常转移：外资企业可以在当地设立外汇账户，法律规定与投资相关的利息和收益等可自由汇出入，但企业利润汇出时需缴纳 10% 的所得税。

（二）资本和金融项目外汇管理政策

直接投资：关于对外直接投资，境内投资者在对外经济关系、投资和贸易部登记后，可在境外设立企业。关于外商直接投资，境外投资者在司法部登记后，可在境内设立外国投资企业或区域办事处。达到资本、投资金额比例和参与者身份等要求的可称为外国投资企业，否则只能作为办事处。

资本和货币市场工具：有关资金转移均需乌兹别克斯坦中央银行批准，出售证券需通过证券交易所，禁止出售未在证券交易所交易的证券、公司权益和可转让收益。非居民可在乌兹别克斯坦境内进行证券投资，非居民在境内发行证券的金额不得超过同类证券总额的 25%。居民机构投资者可在规定限额内投资境外证券，居民在境外发行证券金额同样不得超过同类证券总额的 25%。

债券业务：经政府担保的非居民提供的外汇贷款，需在财政部登记备案。其他外汇贷款须向乌兹别克斯坦中央银行申报并登记许可。

（三）个人外汇管理政策

允许居民个人在境外停留或活动期间在境外银行开立账户。居民个人境外账户情况需按要求上报，在结束境外活动时需关闭账户并将余额转回国内。从境内个人账户到境外个人账户的付款，一次允许最多等值 5000 美元，但没有交易次数限制。居民和非居民个人携带本币出入境不得高于最低工资的 50 倍。境内非居民个人可在境内开立外币账户，并且可向境外汇出不高于之前汇入境内资金的额度。

居民个人携带外币出境不得高于等值 2000 美元，等值 2000～5000 美元需得到乌兹别克斯坦中央银行或授权银行许可，高于等值 5000 美元需得到乌兹别克斯坦中央银行许可。如超额将征收一定比例的手续费，未申报则进行罚款。非居民个人携带外币出境不得高于携带入境时向海关申报的金额，超出则需要乌兹别克斯坦中央银行或授权银行许可。居民和非居民个人携带外币现钞入境无金额限制，但需完成海关申报手续。

（四）金融机构外汇业务管理政策

经乌兹别克斯坦中央银行许可的授权银行可在双方协议的基础上与客户开展外汇交易。个人外币兑换业务必须在授权银行的兑换部门或外汇兑换局进行。目前有 332 个兑换部门和 405 个外汇兑换局。外汇兑换局只可经营外币现钞买卖业务，且须在商业银行监管下运作。

乌兹别克斯坦外汇管理情况见表 7-2。

表7-2　乌兹别克斯坦外汇管理情况表

项目	经常项目外汇管理政策	资本和金融外汇管理政策	个人外汇管理政策	金融机构外汇业务管理政策
汇兑限制	所有出口商以官方兑换汇率向国内银行出售其所有出口外汇收入的50%		居民个人境外账户情况需按要求上报,在结束境外活动时需关闭账户并将余额转回国内	
跨境资金流动限制				
额度管理		非居民在境内发行证券的金额不得超过同类证券总额的25%	居民和非居民个人携带本币出入境不得高于个人收入的50倍;居民个人携带外币出境不得高于等值2000美元,等值2000~5000美元需得到乌兹别克斯坦中央银行或授权银行许可;高于等值5000美元需得到乌兹别克斯坦中央银行许可;从境内个人账户到境外个人账户的付款,一次允许最多等值5000美元	
广义托宾税	外资企业利润汇出时需缴纳10%的所得税			
歧视性多重汇率				
国别间歧视				
企业资质限制	由国家预算支持的金进口合同需在对外经济关系、投资和贸易部进行登记	经政府担保的非居民提供的外汇贷款,需在财政部登记备案;其他外汇贷款须向乌兹别克斯坦中央银行申报并登记许可,境外投资者在司法部登记后,可在境内设立外国投资企业或区域办事处		外汇兑换局只可经营外币现钞买卖业务,且须在商业银行监管下运作

(五) 汇率市场化改革

2017年9月,乌兹别克斯坦开启了汇率市场化改革。此次改革的内容涉及外汇交易的全环节,其目的在于消除汇率双轨制和资本管制对于乌兹别克斯坦涉外经济发展的负面影响。本次改革主要有以下几方面的内容。

1.统一外汇汇率的设定

根据对2003~2017年影响汇率相关因素所进行的分析测算,确定苏姆的平均汇率应在

1 美元兑 8000~8150 苏姆，并明确 9 月 5 日苏姆对美元的官方汇率为 8100∶1，较前一天贬值 48%，以准确反映苏姆的市场价值。对本币苏姆汇率的调控，是汇率市场化改革的最重要环节。乌兹别克斯坦央行主动调控汇率区间，旨在彻底解决苏姆汇率实际存在的汇率双轨制问题。这一举措与 2014 年哈萨克斯坦央行主动调控坚戈汇率、大幅贬值本币的政策举措高度相似。

2. 取消出口收汇强制结汇

2017 年 2 月之前，政府要求出口商将 50% 的出口收汇按照官方汇率兑换成苏姆。2017 年 2 月之后，乌兹别克斯坦央行将某些商品和服务的出口商的强制结汇比例减少到 25%。改革之后，彻底取消了出口收汇强制结汇的要求，使外汇使用的自由度增加，外汇交易主体的自主性增强，有利于提高外贸积极性，保护出口商的利益。

3. 放开对外汇交易银行的牌照要求

《实施细则》允许商业银行根据合同双方签订的协议，建立外币贷款的发放和接收条件；银行购买和出售外币有关的佣金由银行自行确定；放开了外币经营业务资格管制，经营外币业务的银行不再需要执照。这些举措的实施，增加了外汇市场交易主体，放宽了交易限制，完善了市场机制，提升了竞争和服务水平。

4. 在一定范围内允许自由换汇

在外汇交易环节，保障法人和自然人的自由换汇权利。乌兹别克斯坦法人企业可以在被授权商业银行不受数额限制地自由购买外汇，用于国际贸易业务付款（包括商品和服务进口、跨国劳务、利润返还、贷款偿还、旅行费用支出及其他非贸易性质的资金转移）。同时规定，该国境内所有自然人均可在官方认可的外币兑换网点或被授权商业银行，按照有关规定自由兑换外币，但是需将兑换的外币存入具有国际支付功能的银行卡，才可在国外不受任何限制地使用。自然人自由购汇增加了居民使用外汇的便捷性，使用银行卡的限制则利于掌握资金流向，防控套汇、洗钱等风险。

5. 强化在乌兹别克斯坦境内使用本币的相关规定

禁止在境内使用外汇支付货款（劳务或服务费用），但允许按照国际交易规则，使用有跨国支付功能的银行卡付款；货物、劳务及服务的价格和运费标准，以及注册当地法人企业的最低资本金要求，均以本国货币进行定价；国家关税和其他强制性支付只能以当地货币进行缴纳。

汇率市场化改革覆盖了乌兹别克斯坦外汇操作的全流程，对制约外汇自由流动的不利因素进行了修正，有利于形成外汇从商品交易到外汇与本币的结算、再回到银行业体系的良性循环过程，回归了外汇交易的市场属性，提升了外汇使用效率。

三、乌兹别克斯坦在自由经济特区内实施的特殊外汇管理制度

2016 年 12 月 20 日，乌兹别克斯坦政府在网站上公布《关于确认在自由经济特区内实施特殊外汇管理制度》的政府令草案，通过网络广泛征求各方意见。乌兹别克斯坦政府此举旨在改善投资经营环境，加大外资吸引力度，为在其投资的外国企业提供更多的优惠政策和条件，同时，以国家法律的形式确认此前许下的在自由经济特区内实施特殊外汇管理

制度的承诺。

该政府令的受益对象为在自由经济特区登记注册并从事生产活动的经营主体，乌兹别克斯坦政府转变了此前强制结汇与限制换汇的外汇调节管理方式，保障私有财产的自由支配权，对区内拥有外汇的经营主体持开放和保护态度。按照该政府令的草案条款，区内经营主体有权任意选择一家或多家乌兹别克斯坦商业银行开设外汇账户，同时也可按乌兹别克斯坦法律规定程序在境外银行开设外汇账户，从事出口业务（包括商品、劳动、服务）获取的外汇收入，应计入其在乌兹别克斯坦商业银行开设的外汇账户项下，上述外汇收入也可按乌兹别克斯坦法律规定程序存入其境外银行外汇账户。

区内经营主体可享有以下优惠政策：按既定程序使用其外汇账户中的资金进行进出口业务支付和结算；除特定出口业务外，其他商品、劳动和服务出口所得外汇收入无需强制结汇；自由使用外汇支付乌兹别克斯坦侨民为法人的经营主体提供的商品、劳动和服务；在外汇管理法框架内可自由选择便利的条件和形式对进出口业务进行支付和结算；按乌兹别克斯坦法律规定程序可自主支配其在乌兹别克斯坦商业银行外汇账户中的资金。

乌兹别克斯坦国家中央银行 2017 年 9 月 4 日发布消息，乌兹别克斯坦总统签署《乌货币政策自由化首要实施细则》总统令，自 9 月 5 日起，在乌兹别克斯坦全境内取消外汇兑换管制政策，所有法人和自然人均可自由兑换外币。但外汇兑换比价等具体细节尚未明确。根据上述总统令，乌兹别克斯坦境内所有法人均可在被授权的商业银行不受数额限制自由兑换外币，用于支付国际商业行为（包括商品和服务进口费用、跨国劳务、利润返还、贷款偿还、差旅费支出及其他非贸易性质兑换）。乌兹别克斯坦境内所有自然人均可在官方认可的外币兑换网点，或被授权商业银行换汇办公室按照有关规定自由兑换外币，即需将上述兑换的外币存入具有国际支付功能的银行卡，然后才可在国外不受任何限制使用。未注册法人的个体经营者，在支付国际商品贸易货款时，将适用于针对自然人的有关规定，需通过银行账户操作换汇行为，同时获得的外币收入，也可从银行账户中提取现金。在乌兹别克斯坦境内严禁使用外币支付商品、服务、劳务等，但按照国际惯例使用国际银行卡完成的支付行为除外。

四、乌兹别克斯坦外汇管理操作与应用

（一）中国企业在乌兹别克斯坦进行贸易的注意事项

（1）注重产品质量，杜绝假冒、粗制滥造的产品出口。

（2）签订合同中要准确注明产品的品名、型号、包装、交货期等，所交的货物品质要与所提供的样品相同，避免引起对方索赔。

（3）要求对方一定要开出保兑信用证，保证中方安全收汇。

（4）在合同中尽量避免"货到付款"的条款，防止诈骗。

（5）合同中规定"负责安装和调试"的条款中一定要准确列明双方各承担的责任，避免在当地的安装过程中出现责任不清、延误合同期限等问题。

（6）要深入和全面了解客户的资信等情况，选择信誉好的客户。

【案例】某中国企业与乌兹别克斯坦一家合作企业签订了"货到付款"合同，货发至乌兹别克斯坦后，无法与合作企业取得联系，出口设备被合作企业据为己有，但设备款无法收回。

承包工程方面：目前，在乌兹别克斯坦承包工程的企业遇到的主要问题有：当地货币贬值严重、原材料紧缺，导致企业施工成本增加，乌兹别克斯坦主管部门对项目合同反复核查、压低价格，海关、银行等部门效率不高，乌兹别克斯坦支付工程款不及时甚至拖欠等。

（二）在乌兹别克斯坦开展承包工程业务注意事项

（1）详细了解承包工程项目的资金来源和各项条款内容。

（2）必要时，实地考察了解承包项目所在地的自然地理、交通及所涉及项目实施等情况。

（3）认真做好标书的技术和商务部分的准备工作（标书的齐全和完整、所采用的国际术语要标准化等），尤其是对采购产品的来源、运输、交货地点等进行详细说明。

（4）充分考虑承包项目在当地实施的艰巨性，做好标书项目的报价工作。不能为中标而降低价格，导致提供的产品品质低劣，造成不良影响。

（5）与当地业主密切配合，相互沟通，以取得外方的支持和帮助，保质保量，按期完工。

（6）办理中资企业人员赴乌兹别克斯坦的各种劳动许可手续，如劳动许可、居留许可等。

（7）尽可能多雇佣当地的工人，实现本土化经营。

（8）按照乌兹别克斯坦的规定为项目注册代表处或子公司，避免逃税嫌疑。

【案例】某中资企业在乌兹别克斯坦承包工程项目，获得的总统令中关于分包企业和免税设备清单与实际有出入，花费数月时间申请修改总统令，才得以继续进行项目，货物因此在海关滞留数月之久。

（三）外汇管理要点

外资企业在乌兹别克斯坦当地银行开立账户需向银行提供如下文件。

（1）关于开立何种账户的申请。

（2）企业注册登记证明复印件。

（3）企业负责人和会计的签字样本以及两份圆形公章印鉴。

（4）企业成立文件复印件，外企还需提交成立文件公证件。

（5）根据2006年5月24日《关于企业注册登记》的总统令，企业注册登记证明应在企业提交注册登记申请及相关文件后两个工作日内予以发放。

乌兹别克斯坦实行较严格的外汇管制，近年来虽有所改善，但在购汇及汇出方面仍存在一定困难。外资企业可以在当地设立外汇账户，法律规定外汇可自由汇进汇出，但企业利润汇出时需缴10%的所得税。乌兹别克斯坦政府维持"强行结汇"制度，即对入账的外汇仅允许50%提现，另50%必须卖给国家（换成苏姆），且不得随意提取，导致中国企业应收账款难以收回。

外国人出境时携带外汇数额不能超过其入境时申报的数额，否则，一经查出，全部没收。外国人入境时，若携带美金数超过5000美元，则除填报关单外，还需单独填报海关工作人员提供的单据。

（资料来源：正点国际）

第三节　土库曼斯坦外汇管理

一、基本情况

外汇管理部门：土库曼斯坦中央银行是土库曼斯坦的外汇管理部门，负责实施汇率政策等。

主要法规：《土库曼斯坦对外经济关系外汇管理和管制法》（2015年）、《土库曼斯坦中央银行法》（2011年）、《银行账户管理规定》《外商投资法》（2008年）等。

主权货币及汇率形成机制：法定货币为马纳特，采取传统的钉住汇率制度安排。2015年1月1日起，土库曼斯坦中央银行将马纳特汇率设置为3.5马纳特兑换1美元。银行间外汇市场买入价和卖出价汇率相对于官方汇率的波动幅度分别不允许超过0.5%和0.25%，土库曼斯坦中央银行参与银行间外汇市场以减少汇率波动。

二、外汇管理政策

根据《土库曼斯坦对外经济关系外汇管理和管制法》规定，居民与非居民交易所获得的外汇收入必须调回境内。

（一）经常项目外汇管理政策

货物贸易：除100万美元及以下的独资企业进口付汇外，其他外贸交易均需在国家商品交易所登记，且本外币均可使用。只有在进口商提供报关单证明进口货物已被土库曼斯坦海关放行后，银行才可办理进口付汇。进口商品实行负面清单管理，武器、毒品等不得进口；酒精、香烟、珠宝、汽车等进口需征收消费税。对棉花和其他原材料出口设定一定的配额，以保证国内供给。国有企业进口货物和服务的预付款不得超过25%，且需由一级银行担保；私有法人实体可以根据交易协议条款预付100%的进口款项。国有企业需分别将出口天然气、石油和石油产品外汇收入的50%和40%交至货币储备局，用于补充外汇储备。此外，国有企业还需将一定比例的外汇收入提交至土库曼斯坦中央银行以便进行货币干预。

服务贸易、收益和经常转移：旅游支出存在事前批准、配额等限制。外籍工人工资支付无限制。外商投资企业利润付税后可以在土库曼斯坦重新投资，以本币或外币形式存入国内银行账户，或转移到国外。

（二）资本和金融项目外汇管理政策

居民与非居民之间资本流动超过限额的外汇交易须经土库曼斯坦中央银行登记和备案，

涉及国有居民法人实体和非居民之间资本流动的外汇交易需由政府部门授权。

直接投资：境内居民对外直接投资须经登记后方可实施，非居民法人机构境内直接投资没有限制，但投资机构和投资项目都要按经济和发展部法人实体和投资项目国家登记处的要求进行注册登记。居民在国外购买房产、非居民在国内购买房产、非居民在国内出售房产均受管制。

证券投资：资本市场证券发行和流通需在财政部登记备案。非居民在境内投资资本市场证券、货币市场工具和集合投资证券等金融工具均存在管制，居民在境外投资资本市场金融工具也存在管制。

信贷业务：信贷机构在土库曼斯坦中央银行的许可下运营，商业信用、金融信用、抵押、担保和财政援助措施都受到管制。

(三) 个人外汇管理政策

个人经常项目：居民个人之间的结算和付款只能用本国货币支付。经常项下居民和非居民通过外币存款账户进行的支付和现金转移需到授权信贷机构进行备案，并提供相关证明材料。个人项下捐赠、遗产、移民境外、债务清偿、资产转移、博彩和奖金收入转移无限制。居民个人和非居民个人出入境携带本外币现钞金额超过土库曼斯坦中央银行设定的限额须向海关申报。

个人资本项目：居民个人和非居民之间资本项目贷款受到限制。

(四) 金融机构外汇业务管理政策

目前，土库曼斯坦有188个外汇兑换局，由授权信贷机构在土库曼斯坦中央银行许可的基础上开设。

商业银行和其他信贷机构的国外借款、境外账户维护、向非居民发放金融或商业信贷、本地外汇借款、购买当地发行以外币计价的证券均需土库曼斯坦中央银行许可。对外汇存款账户准备金、流动性和额度管理均有不同要求，对非居民持有的存款账户准备金、流动性、利率和额度均有管制。

保险公司、养老基金、投资公司和集团投资基金等机构投资者均有严格的资本项目管理规定，视不同情况由中央银行或经济发展部许可。

土库曼斯坦外汇管理情况见表7-3。

表7-3　土库曼斯坦外汇管理情况表

	经常项目外汇管理政策	资本和金融外汇管理政策	个人外汇管理政策	金融机构外汇业务管理政策
汇兑限制	除100万美元及以下的独资企业进口付汇外，外贸交易需在国家商品交易所登记		居民个人之间的结算和付款只能用本国货币支付	
跨境资金流动限制		境内居民对外直接投资须经登记后方可实施		

续表

	经常项目外汇管理政策	资本和金融外汇管理政策	个人外汇管理政策	金融机构外汇业务管理政策
额度管理	国有企业进口货物和服务的预付款不得超过 25%；国有企业出口天然气、石油需分别将外汇收入的 50% 和 40% 交至货币储备局，用于补充外汇储备		居民个人和非居民个人出入境携带本外币现钞金额超过土库曼斯坦中央银行设定的限额须向海关申报	
广义托宾税				
歧视性多重汇率				
国别间歧视		非居民在和出售房产均受管制		
企业资质限制				商业银行和其他信贷机构的国外借款、境外账户维护、向非居民发放金融或商业信贷、本地外汇借款、购买当地发行以外币计价的证券均需土库曼斯坦中央银行许可

三、投资法相关条款

土库曼斯坦投资法第二十三条提出，外国投资者利润使用担保，外国投资者的利润在完税后归其支配，可用于在土库曼斯坦境内再投资。外国投资者有权在土库曼斯坦的银行开设土库曼斯坦货币或外币的流水账户及结算账户。外国投资者有权在土库曼斯坦国内外汇市场用土库曼斯坦货币购汇。对外国投资者和外国工作人员财产保证有自由转移境外的权利。外汇、支付凭证、有价证券的过境制度由土库曼斯坦外汇调节法确定。但是土库曼斯坦为维持货币稳定，2016 年 2 月规定每人每月限购外汇 1000 美元。2016 年 1 月起，土库曼斯坦推广非现金支付方式，土库曼斯坦央行宣布，为强化国际金融系统，推广国际支付体系，现正在为银行卡支付创造条件，如增设自动取款机和支付终端等。此前曾报道，土库曼斯坦已经发行 VISA 和 MasterCard 国际银行卡和本国银行卡"金色世纪"。报道称，根据土库曼斯坦央行规定，自 2016 年 1 月 12 日起，各外汇兑换点停止销售现金外币。

四、在土库曼斯坦投资的注意事项

（一）贸易方面

必须熟悉当地贸易程序和支付方式，土库曼斯坦自产产品出口大多须通过国家商品原料交易所以竞卖方式进行，因此，买方不仅要与卖方建立通畅的业务联系，还需了解交易所竞卖程序（支付上，土库曼斯坦一般要求 100%预付款）。在交易所对合同注册完毕后，买方须向卖方提供的土库曼斯坦中央银行指定账户汇入全额货款，之后凭央行出具的付款凭证提货。

此外，买方还需另缴纳交易所手续费（合同金额的1‰~2‰，必缴）以及交易所掮客服务费（合同金额的0.1‰~0.6‰，如需此项服务）等，并承担全部运输费用（土库曼斯坦境内和境外）。土库曼斯坦自国外进口一般要求货到付款。少数情况下，土方会先行支付不超过20%的定金，但同时要求供货方提供国际A级银行开具的预付款保函。土库曼斯坦很少采用信用证方式。提高售后服务水平并培训当地人员，土库曼斯坦高度关注产品售后服务和本国技术人员培训问题。在土库曼斯坦业务开展较好的国际知名公司（如俄罗斯卡玛斯公司、美国约翰·吉尔公司）均在土库曼斯坦设有售后服务中心（维修中心），并定期对土库曼斯坦员工进行技术和专业培训。这种做法不仅赢得了土库曼斯坦的信任，更为今后合作奠定了基础，值得中国企业学习、借鉴。

土库曼斯坦自2016年起严格限制外汇交易，换汇额度为合同额的2%~10%，且换汇周期延长。另外，土库曼斯坦对企业在银行的提现额度进行限定，并需要支付比例为1.8%的银行手续费。

（二）承包工程方面

根据土库曼斯坦总统令规定，国家投资项目一律采用国际公开招标方式，但招投标方式不完全与国际惯例接轨，总统令特批的情况除外。对外国公司投标参与工程项目并无统一规定，也未建立工程投标许可证制度。外国公司无论是否在当地注册，均可参与项目投标。当地项目审批程序特殊、复杂，土库曼斯坦对工程承包项目虽也实行招投标制度，但其做法与国际惯例有很大差别。首先，外国企业承揽（中标）工程项目必须经总统令批准。总统令的法律效力高于其他任何法律文件，一旦下达很难更改。总统令中会明确规定项目甲乙方单位、工期、价格、是否免税等要素。只有获得总统令后，项目双方才能签订商务合同。其次，商务合同在签订前、后均要通过土库曼斯坦交易所、财政部等多个政府部门的审批、注册，且所需时间都被计算在工期之内（因总统令已经生效）。因此，中国企业在承诺项目工期时要特别注意该问题，避免被动。

根据正点国际提供的资料介绍，土库曼斯坦当地建筑规范十分独特，与中国以及苏联的建筑规范均不相同，在内部建构、外观和功能设计等方面均有自己的规定。企业在承揽建筑项目时应对此予以充分重视。土库曼斯坦方面选择合作伙伴习惯"用熟不用生"，在选择合作伙伴时，除看重价格、工期等要素外，更愿意选择有过合作经历且已得到认可的外国企业进行再合作，给中国新进企业在土库曼斯坦承揽项目造成了一定困难。选好经营方式，拓宽融资渠道。土库曼斯坦方面资金实力有限，许多项目要求带资承包，给企业提出了更高的要求。中国公司在融资方面拥有一定优势，但也应进一步拓宽融资渠道，避免融资单一化。此外，土库曼斯坦当地劳动力素质有限，而且法律在项目经营管理以及劳动力使用等方面存在众多限制性条款，因此，建议中国企业谨慎选择经营方式，尽可能避免参与项目后期经营管理（如BOT方式），采用"交钥匙"方式为宜。要量力而行，避免大包大揽。土库曼斯坦工程承包市场潜力巨大，招标项目众多，但要真正执行好项目，难度同样很大。因此，中国企业应客观评估自身实力，一方面，谨慎选择市场切入点，避免盲目投标；另一方面，也要做好充分的困难准备，切实执行好承揽项目，真正赢得土库曼斯坦方面的信任，争取更大的市场空间。

第四节　塔吉克斯坦外汇管理

一、基本情况

外汇管理部门：塔吉克斯坦国家银行是塔吉克斯坦的中央银行，也是其外汇管理部门，承担发布法律法规、发放或收回外汇经营许可证、确定外汇业务限额、确定本币汇率等外汇管理职能。

主要法规：《外汇管理与监督法》（1995 年 11 月 4 日施行，2013 年 6 月 13 日修订）。

主权货币及汇率形成机制：主权货币为索莫尼。在法律上，塔吉克斯坦实行有管理的浮动汇率制度，市场汇率由外汇市场供求决定，塔吉克斯坦国家银行不设定市场汇率波动区间，通过干预市场调节汇率。但由于其官方汇率与市场汇率价差超过了 2%，因此，塔吉克斯坦实际上属于双重汇率制度。索莫尼兑美元的官方汇率根据前一天银行间外汇市场上外汇买卖价格加权平均计算；索莫尼兑欧元等其他主要货币的汇率根据其他货币兑美元交叉汇率规则计算。

二、外汇管理政策

（一）经常项目外汇管理政策

货物贸易：居民应在合同规定的时间内，通过其在塔吉克斯坦国家银行授权从事外汇业务的银行开立的账户收付经常项目相关款项，如未能在合同规定时间内收付汇，居民需通知被授权银行，并提供相关证明材料。若进口货物未实际交付，进口商应在合同规定的时间内收回之前支付的货款。

服务贸易、收益和经常转移：居民对非居民的经常转移付款需要提供证明材料。与商业活动无关的经常转移，居民和非居民可以不开立银行账户，每个工作日支付限额为等值 2.8 万索莫尼。符合反洗钱和反恐怖主义融资相关规定的情况下，个人或法人机构可以不开立账户，支付等值 50 万索莫尼的货物、工作和服务等进口费用。

（二）资本和金融项目外汇管理政策

塔吉克斯坦按居民与非居民对资本项下交易进行管理。居民在办理对外直接投资、购买证券投资基金和股票、参与投资其他衍生证券、获得或发放期限超过一年的商业信用、在外资银行开设银行账户，以及其他按照国际标准被视为资本流动的外汇经营活动时，须向塔吉克斯坦国家银行报告。超过等值 500 万索莫尼和期限超过 12 个月的资本交易，居民需要在实际交易发生前在国家银行登记；达到等值 500 万索莫尼和期限 12 个月的资本交易，居民需要在 5 个工作日内向国家银行报告。非居民购买非金融机构股票没有限制，但直接或间接持有金融机构股份需要在 30 天内向塔吉克斯坦国家银行书面报告。非居民在国内发行或销售股票须向财政部登记，并由塔吉克斯坦国家银行批准。

（三）个人外汇管理政策

除特殊规定外，禁止居民之间进行外汇交易。个人携带外币出境实行限额申报许可制度。

个人携带超过等值 3000 美元外币现钞出入境需要书面申报，入境携带超过等值 3000 美元外币现钞还需征收一定的关税。其中，居民个人携带超过等值 1 万美元出境需要书面申报并获得许可，非居民个人携带超过等值 3000 美元外币现钞出境需要书面申报并获得许可。金融机构对现钞交易的真实性进行尽职审查。个人购买外汇不需要提供购汇用途文件证明，但支付时需要提供证明文件。2015 年 4 月起，转账金额超过等值 1.4 万索莫尼，个人客户需提供外汇来源的证明材料。

（四）金融机构外汇业务管理政策

根据《银行法》，金融机构法定资本需以本币计价。只有经塔吉克斯坦国家银行授权经营外汇业务的金融机构才能从国外借款。从非居民获得或向非居民发放外汇信贷超过等值 500 万索莫尼或者期限超过 12 个月需要在塔吉克斯坦国家银行登记。本外币存款准备金率实行差别化管理。自 2015 年 10 月 1 日起，本币存款准备金率为 1.5%，外币存款准备金率为 7%。金融机构通过银行进行境外投资金额不得超过其法定资本的 10%。各类外汇敞口头寸不得超过金融机构法定资本的 8%，外汇敞口总头寸不得超过银行资本的 10%。

塔吉克斯坦外汇管理情况见表 7-4。

表 7-4　塔吉克斯坦外汇管理情况表

项目	经常项目外汇管理政策	资本和金融外汇管理政策	个人外汇管理政策	金融机构外汇业务管理政策
汇兑限制				
跨境资金流动限制	要求居民在合同规定的时间内，通过其在授权银行开立的账户收付经常项目相关款项，居民对非居民的经常转移付款需要提供证明材料		个人购买外汇不需要提供购汇用途文件证明，但支付时需要提供证明文件；转账金额超过等值 1.4 万索莫尼，个人客户需提供外汇来源的证明材料，除特殊规定外，禁止居民之间进行外汇交易	居民个人携带超过等值 1 万美元出境需要书面申报并获得许可，非居民个人携带超过等值 3000 美元外币现钞出境需要书面申报并获得许可
额度管理	与商业活动无关的经常转移，每个工作日支付限额为等值 2.8 万索莫尼	超过等值 500 万索莫尼和期限超过 12 个月的资本交易，居民需要在实际交易发生前在国家银行登记；达到等值 500 万索莫尼和期限 12 个月的资本交易，居民需要在 5 个工作日内向国家银行报告	个人携带超过等值 3000 美元外币现钞需征收一定的关税，其中，居民个人携带超过等值 1 万美元出境需要书面申报并获得许可，非居民个人携带超过等值 3000 美元外币现钞出境需要书面申报并获得许可	金融机构通过银行进行境外投资金额不得超过其法定资本的 10%，外汇敞口头寸不得超过金融机构法定资本的 8%，外汇敞口总头寸不得超过银行资本的 10%
广义托宾税				
歧视性多重汇率				

续表

项目	经常项目外汇管理政策	资本和金融外汇管理政策	个人外汇管理政策	金融机构外汇业务管理政策
国别间歧视		非居民直接或间接持有金融机构股份需要在30天内向塔吉克斯坦国家银行书面报告		
企业资质限制		非居民在国内发行或销售股票须向财政部登记，并由塔吉克斯坦国家银行批准		只有经塔吉克斯坦国家银行授权经营外汇业务的金融机构才能从国外借款

三、相关外汇管理规定

根据塔吉克斯坦《投资法》规定，投资者有权在塔吉克斯坦开立本币及外币账户，完税后有权将塔吉克斯坦本国货币自由兑换成其他货币，同样可认购其他外币用于支付其境外业务。外汇汇进汇出自由，投资者和外国工作人员有权将合法投资和经营利润所得外币收入和工资汇出境外，无需交纳特别税金。携带3000美元以上现金出入境需要申报。

塔吉克斯坦央行继续打击外汇市场违法行为。2015年12月2日，塔吉克斯坦央行与反贪局对塔吉克斯坦首都及主要城市外汇市场进行联合检查，继续打击外汇市场违法行为。塔吉克斯坦外汇市场剧烈波动，美元兑换索莫尼汇率达到1美元兑换7.3索莫尼，塔吉克斯坦央行认为这与各个兑换点的非法倒卖外汇有关。目前，塔吉克斯坦央行决定，关闭所有外汇兑换点。1~10月，塔吉克斯坦本币索莫尼兑美元贬值26.7%。

塔吉克斯坦本币索莫尼持续贬值，塔吉克斯坦本币索莫尼兑美元汇率持续呈下跌态势。索莫尼贬值在外汇市场引发一定程度的波动，部分银行出现美元严重不足情况。塔吉克斯坦央行将本币持续贬值归咎于投机者，他们在银行大量购入美元并非法高价卖出。据塔吉克斯坦央行分析，在市场心理和投机因素影响下，官方与非官方美元现金交易汇率差引发了在信贷机构大量买入美元以获取投机利益的行为。目前，塔吉克斯坦采取措施限制美元出售：每人每次在一家银行凭身份证件换取金额不得超过200美元。

塔吉克斯坦放松向境外汇款管制，塔吉克斯坦国家银行对《对无银行账户个人的汇款程序》规定进行修改，放松向境外汇款管制。修改后，塔吉克斯坦公民每天向境外汇款上限为8.75万索莫尼（约1万美元），且无需提交随附文件。

（资料来源：驻塔吉克斯坦使馆经商参处）

2016年5月，当塔吉克斯坦一些商业银行出现财政危机后，塔吉克斯坦开始限制向境外汇款，其公民每天向境外汇款上限为2.7万索莫尼（约3000美元）。

第五节　吉尔吉斯斯坦外汇管理

据吉尔吉斯斯坦国家银行数据显示，截至2017年8月底，吉尔吉斯斯坦的国家外汇储备余额为 20.916 亿美元。2015 年底，吉尔吉斯斯坦国家外汇储备余额为 17.782 亿美元，2016 年底，其国家外汇储备余额增加 2.084 亿美元，达 19.866 亿美元。截至 2017 年 4 月底，国家外汇储备余额为 19.848 亿美元，7 月底，外汇储备余额为 20.617 亿美元。吉尔吉斯斯坦国家银行 2017 年 5 月用于外汇交易市场的资金总额为 406 亿索姆，比上月增加 14.3%。

一、基本情况

外汇管理部门：吉尔吉斯共和国国家银行是吉尔吉斯斯坦的外汇管理部门，负责制定汇率制度和外汇管理政策，行使外汇管理职能，进行外汇市场干预，并对涉汇金融机构实施监管。

主要法规：《吉尔吉斯斯坦共和国法》《吉尔吉斯斯坦共和国外汇交易法》《吉尔吉斯斯坦共和国国家银行法》《吉尔吉斯斯坦共和国政府和非政府债务法》。

主权货币及汇率形成机制：法定货币为索姆。在法律上，吉尔吉斯斯坦实行浮动汇率制度。国家银行参与银行间外汇市场交易，可根据需要进行干预以平滑汇率波动，并在网站上公布每日的外汇交易信息。但由于其官方汇率与市场汇率价差超过了 2%，因此，实际上属于双重汇率制度。

二、外汇管理政策

（一）经常项目外汇管理政策

货物贸易：经常项下外汇收支业务基本开放。但对进出口实行负面清单管理，其中，酒类进出口需要配额，贵金属、活物、武器、麻醉药品和精神药品等货物进出口需要许可证。

（二）资本和金融项目外汇管理政策

直接投资：所有直接投资企业均须向司法部、统计机构、社会基金和税务监察局登记。直接或间接拥有 20% 以上的银行投票权或成为银行控制人的机构或个人，均需从吉尔吉斯共和国国家银行获得事前许可。非居民收购境内不动产须经司法部批准。

资本和货币市场工具：非居民可按照现行规定买卖股票和其他证券、债券。发行人需按规定，在披露信息之日起 3 个工作日内，向授权的政府机构提交有关重要事实及其披露信息。居民在境外销售或流通的股票，需按照法律进行事前登记。

衍生品及其他工具：吉尔吉斯斯坦法律规定证券市场包括衍生品证券，但未制定监管其发行和交易的具体条文。因此，在相关法律条文出台之前，不能在国内发行和交易衍生品证券。

信贷业务：所有非政府机构均须向统计部门报告接受和发放的商业信贷。居民从非居民获得的信贷需遵守以下规定：一是负有非政府外债的居民再次借用外债的，必须由财政部或由国家银行担保；二是发货后 180 天之内需完成短期贸易或结算交易的支付；三是若需偿还的信贷总额超过投资基金信贷协议签署日净值的 10%，则投资基金不得借款。信贷期限不得超过 6 个月，不得展期。

（三）个人外汇管理政策

个人经常项目：银行、信用社、专门贷款机构和小额信贷公司经授权可与个人进行交易，若个人兑换的外币超过限额，需要提供相关身份证明。个人进出口贵金属需许可证。携带超过等值 3000 美元的外币现钞出境需书面申报，超过等值 1 万美元的外币现钞或旅行支票入境需书面报关。

个人资本项目：国内金融和信贷机构禁止向居民个人提供外币消费和抵押贷款。

（四）金融机构外汇业务管理政策

银行业：银行经营外汇业务和进行外汇交易需要综合授权，提供外汇贷款的信贷机构需要附加许可。银行单一投资不得超过其资产的 20%，全部投资不得超过其资产的 60%。银行任一外汇币种的短期或长期头寸敞口不得超过净资产的 15%，所有币种的整体外汇头寸敞口不得超过银行总净资产的 20%。为防范国内外汇贷款违约风险，自 2015 年 5 月 2 日起，吉尔吉斯共和国国家银行将本币贷款损失准备金降至零，并根据客户本外币收入结构将其外汇贷款损失准备金提高至 2.5%、5% 或 7.5%。借款人外汇收入占比少于 50% 时，外汇贷款损失准备金由 7.5% 增加至 10%。银行本币存款准备金率为 4%，外汇存款准备金率为 12%，亚美尼亚德拉姆、白俄罗斯卢布、俄罗斯卢布、哈萨克斯坦坚戈、中国人民币的存款准备金率为 4%。

保险机构对外投资不能超过保险准备金的 20%，投资于外汇资产的金额不得超过保险准备金的 10%。养老金不得对外投资。

吉尔吉斯斯坦外汇管理情况见表 7-5。

表 7-5　吉尔吉斯斯坦外汇管理情况表

项目	经常项目外汇管理政策	资本和金额外汇管理政策	个人外汇管理政策	金融机构外汇业务管理政策
汇兑限制				
跨境资金流动限制		所有直接投资企业均须向司法部、统计机构、社会基金和税务监察局登记，不能在国内发行和交易衍生品证券	国内金融和信贷机构禁止向居民个人提供外币消费和抵押贷款	养老金不得对外投资
额度管理		个人需要兑换的外币超过阈值，需要提供相关身份证明，携带超过等值 3000 美元的外币现钞出境需书面申报，等值 1 万美元的外币现钞或旅行支票入境需书面报关	银行任一外汇币种的短期或长期头寸敞口不得超过净资产的 15%，所有外汇头寸敞口不得超过银行总净资产的 20%，保险公司境外投资不能超过保险准备金的 20%，投资于外汇资产的金额不得超过保险准备金的 10%。养老金不得对外投资	
广义托宾税				
歧视性多重汇率				

项目	经常项目外汇管理政策	资本和金额外汇管理政策	个人外汇管理政策	金融机构外汇业务管理政策
国别间歧视		非居民收购境内不动产须经司法部批准		外汇存款准备金率为12%，亚美尼亚德拉姆、白俄罗斯卢布、俄罗斯卢布、哈萨克斯坦坚戈、中国人民币的存款准备金率为4%
企业资质限制			个人进出口贵金属需许可证	

三、吉尔吉斯斯坦外汇特点

1. 外汇经常性波动

吉尔吉斯斯坦为防止索姆汇率出现剧烈波动，其国家银行在2019年首次干预外汇市场，1月16日出售1880万美元。上一次国家银行干预外汇市场是2018年12月28日，出售1930万美元。从2018年全年看，索姆汇率从年初1美元兑68.9索姆到年底1美元兑69.7索姆，索姆汇率波动平稳，全年贬值幅度不大。2018年，吉尔吉斯共和国国家银行总共进行10次外汇市场干预，其中出售美元8次，共计16265万美元；回购美元2次，共计2055万美元。

2. 侨汇收入是吉尔吉斯斯坦外汇收入的重要来源之一

根据吉尔吉斯共和国国家银行发布数据，2018年1~10月，吉尔吉斯斯坦侨汇收入22.43亿美元，比去年同期增长1.6亿美元。其中来自俄罗斯的侨汇收入22.03亿美元，占总额的90%以上；其次，来自美国的侨汇收入2180万美元。2018年10月，侨汇收入2.71亿美元，同9月相比，增加了4350万美元。

3. 吉中贸易

根据吉尔吉斯斯坦国家统计委员会公布的数据，2018年1~6月，吉尔吉斯斯坦与中国的贸易额为10.539亿美元，同比增长50.3%。其中向中国出口3120万美元，同比下降38.5%；从中国进口10.227亿美元，同比增长57.2%。中国是吉尔吉斯斯坦第一大贸易伙伴国（占吉尔吉斯斯坦外贸总额的32.4%）、第一大进口来源国（占吉尔吉斯斯坦进口总额的41.9%）。吉尔吉斯斯坦对华贸易逆差9.915亿美元。2018年1~11月，吉尔吉斯斯坦对外贸易总额59亿美元。吉尔吉斯斯坦国家统计委员会数据显示，2018年1~11月，其对外贸易进出口总额59亿美元，同比增长6.2%。其中，出口增长0.8%，进口增长8.2%。从吉尔吉斯斯坦贸易国别方面看，同欧亚经济联盟国家的贸易额为21亿美元，同比下降4.8%。其中出口下降0.5%，进口下降6.1%。在欧亚经济联盟国家中，吉俄贸易额占比65.9%，吉哈贸易额占比32.3%。

4. 吉尔吉斯斯坦国家债务

吉尔吉斯斯坦财政部数据显示，截至2018年6月30日，吉尔吉斯斯坦的国家债务总额44.11亿美元（3007.4406亿索姆）。其中内债为5.8533亿美元（410.3349亿索姆），占吉尔吉斯斯坦 GDP（2017 年吉尔吉斯斯坦 GDP 按照 4944.443 亿索姆计算）的 8.3%；外债为 38.0919 亿美（2597.1058 亿索姆），占吉尔吉斯斯坦 GDP（2017 年吉尔吉斯斯坦 GDP 按照 4944.443 亿索姆计算）的 52.5%。根据吉尔吉斯斯坦国家统计委员会提供的数据，截至 2018 年 1 月 1 日，吉尔吉斯斯坦登记人口数量为 625.67 万人。2018 年 5 月平均工资水平为 15397 索姆。2018 年 1~6 月，吉尔吉斯斯坦人均债务水平为 705 美元。中国进出口银行是吉尔吉斯斯坦第一大债权方。

第六节 中亚区域人民币国际化的探索

一、我国人民币跨境结算的发展现状和存在的问题

1. 我国人民币跨境结算试点的发展现状

试点五年以来，跨境贸易人民币结算额从 2009 年的 36 亿元发展到 2013 年的 4.6 万亿元。中国人民银行 2014 年 6 月 24 日公布《2013 年中国区域金融运行报告》，报告指出，2013 年，我国银行累计办理跨境贸易人民币结算业务 4.6 万亿元，同比增长 57%，其中货物贸易结算额 3.0 万亿元，同比增长 47%。新疆一般贸易主要采用人民币结算。从 2005 年中哈两国签署《中国人民银行与哈萨克斯坦国际银行关于边境地区贸易银行结算协议》开始，中国与中亚各国相继签署了双边本币互换协议，同时，中国与吉尔吉斯斯坦、哈萨克斯坦等周边部分国家也签订了双边本币结算协议，这在一定程度上推动了一般贸易人民币结算。作为目前世界上最大的能源消费国和世界第一大能源进口国，中国需要向中亚进口大量石油，而跨境贸易人民币结算主要用于原油进口支付业务，占跨境贸易人民币结算总额的 90% 以上。

2. 我国新疆边境贸易规模

中国实行的是以市场供求为基础的、有管理的浮动汇率体制。人民币在不同地域的可兑换程度存在较大差别。在我国沿海地区，特别是毗邻中亚的新疆地区，由于便利的地理条件和频繁的经贸、人员往来，有关人民币可兑换的制度限制很容易被突破。中国与中亚国家在资源禀赋、产业结构、市场需求等方面有较强的互补性，开展经贸合作的潜力巨大。我国新疆毗邻中亚国家，是我国与中亚国家经贸合作的平台和通道。迪丽努尔·阿西木在《新疆与中亚五国贸易障碍分析》一文中认为，新疆与上海合作组织成员国贸易呈现出高速增长势头，2012 年，新疆的对外贸易额达到 251.7 亿美元，比 2011 年的 228.2 亿美元增加了 10.3%。新疆与哈萨克斯坦的贸易额于 2012 年达到 201.2 亿美元，比 2011 年的 192.35 亿美元增加了 8.85 亿美元，占我国与哈萨克斯坦贸易总额的 42.45%；新疆与吉尔吉斯斯坦的贸易额于 2012 年达到 38 亿美元，比 2008 年的 0.99 亿美元增加了 37.01 亿美元，占我国与吉尔吉斯斯坦的贸易总额的 76.47%，2008 年达到最高额度为 79.7 亿美元，年均增长率为 39.34%；新疆与塔吉克斯坦的贸易额于 2012 年达到 17.22 亿美元，比 2008 年的 0.071 亿美元增加了 17.149 亿美元，年均增长率为 64.83%，占我国与塔吉克斯坦总额的 83.24%。即便是增长速度最低的新疆与哈萨克斯坦的贸易，也在 4 年间增长了 5.6 倍，增速远高于同期我国进出口贸易发展，而且从贸易规模来看，始终是新疆与各国贸易中规模最大的。新疆与吉

尔吉斯斯坦的贸易规模虽然一直是仅次于与哈萨克斯坦的贸易，但5年间新疆与吉尔吉斯斯坦的贸易增长高达39.3倍，从而大大缩小了与新哈贸易规模的差距。新疆与塔吉克斯坦的贸易规模在2008年本是最小的，但经过4年，增长了120倍，所以，2012年新疆与塔吉克斯坦的贸易规模跃居第四位。

二、我国新疆与中亚边境贸易及结算特点

孙靖帮在《新疆与中亚五国经济贸易发展研究》一文中总结了新疆与中亚五国贸易发展的特点如下。

1. 边境小额贸易为主要贸易方式，一般贸易快速增长

新疆外贸方式的结构呈现边境小额贸易为主，一般贸易为辅，加工贸易和其他贸易为补充的特点。边境小额贸易进出口商品管理制度较为宽松，近十年来，边境贸易占据新疆外贸的半壁江山，也是新疆对中亚贸易发展的优势所在，2011年新疆的边境贸易额为128.36亿美元，占外贸总额的56.2%，边民互市、旅游购物作为新疆边境贸易的优势和特色，有力地推动了新疆的对外开放。

2. 哈萨克斯坦为主要贸易国

哈萨克斯坦已连续多年保持中国新疆第一大出口市场和第一大进口来源地地位。哈萨克斯坦矿产资源丰富，冶炼及畜牧业较发达，属于资源生产和输出性国家。近年来，该国坚持"资源立国"战略，以扩大资源类产品的出口带动本国经济发展。由于从哈萨克斯坦进口资源运距短、价格相对较低，进口哈萨克斯坦资源类产品被中国越来越多的战略家和企业家所看好，进口贸易额逐年扩大。同时，哈萨克斯坦对中国轻工产品存在多重需求。

3. 贸易商品以初级产品和劳动密集型产品为主

新疆对中亚五国的进出口商品结构逐渐发生改变，边境贸易商品品种增加。机电与高新技术产品出口突破30亿美元，创历史新高，吸引了中集车辆、陕西重汽、中国重汽和三一重工等一批机电企业来新疆投资发展，出口商品结构也得到进一步优化。2011年，新疆出口机电产品31.33亿美元，同比增长14.2%，新疆对中亚五国贸易中，出口所占比重为73.56%。传统大宗商品出口保持较快增长，新疆出口服装及衣着附件54.11亿美元，同比增长14.4%；鞋类19.2亿美元，同比增长22.3%。另有纺织纱线、织物和制品、农产品，这些商品具有物美价廉的优点，非常符合当前居民的消费需求。

4. 贸易结算方式落后，支付手段单一

贸易交易成本居高不下，大部分结算方式以借贷和现金结算完成，在双方边境口岸缺乏相应的贸易结算机构，加大了贸易双方的交易风险；其次，双方尚未建立有效解决双方涉外经贸问题的仲裁机构，对进出境限制较多；加上中亚地区赋税多杂、外汇管制苛刻，办理签证、劳务许可等手续繁复且办理时间较长，货物运输成本高、安全性差、通关效率低，影响了双边贸易的进一步发展。杨肃昌和于淑利在《中国与中亚五国区域金融合作研究》提出，推进本币结算，促进双边金融合作。区域货币合作不仅能够实现双边货币直接挂钩，减少汇兑成本，而且货币合作作为金融合作的先导，往往能够扩大金融合作的领域，丰富金融合作的内涵。此外，以区域和全球性合作组织为平台深化金融合作。以次区域、区域或全球性的

合作组织下属的支付结算体系已经成为便利成员国实现投融资的重要载体，例如，提升上海合作组织等经济与金融功能。因为投融资不仅能够有效促进我国与中亚五国经济发展，而且能够提高国家金融开放水平，增加区域内部金融业务往来进而加深中国与中亚五国区域金融合作。

三、中亚五国边境贸易中人民币区域化探索

1. 人民币区域性国际化对我国经济的有利影响

可以提升我国的国际地位和在中亚国家中的国际影响力，一种货币之所以能成为国际货币，是因为支持该货币的国家具有强大的经济实力，当然作为一种国际化的货币，与国际金融有着密不可分的联系。可以促进与中亚边境贸易的发展，人民币的区域性国际化会让企业在贸易活动中减少汇率变动带来的风险和损失，可以进一步提高我国对外贸易的投资额，真正实现中国纺织服装企业更好的"走出去"战略。可以减少国际贸易的汇率风险，由于汇率对国际贸易的结算和支付有直接的影响，所以汇率的变动会加大贸易风险，对中亚国家投资的经营产生影响。而人民币区域性国际化之后，边境国际贸易结算和支付可以直接用本国货币支付和结算，大大降低了汇率变动带来的风险。

2. 人民币区域性国际化的步骤

人民币国际化的路径在使用范围上遵循周边化→区域化→国际化"三步走"的战略：积极与目标国家签订人民币货币互换协议，扩大货币互换协议规模；简化审核流程，方便银行与企业使用人民币跨境结算；促进人民币区域化、国际化；合理规划跨境直接投资地域布局，加速人民币走出去的步伐。倡导和参与区域经济和货币合作。可以通过建立双边或多边自由贸易或货币合作协议，在区域经济或货币合作组织中加强双边或多边经济和货币合作，进一步扩大人民币在中亚的影响，提高人民币的地位。

3. 人民币区域性国际化措施

（1）加强与中亚周边国家的经济合作。积极参加中亚国家的货币合作，努力推进人民币在中亚国家的流通，加强中亚国家对人民币的认知，加大人民币的使用并在部分贸易中承担货币结算职能。

（2）加强对中亚国家或周边地区的直接投资。只中亚国家进行商务贸易时采用人民币进行交易结算。与此同时，在中亚国家首都设立银行，从而可以宣传鼓励使用汇票、支票等非现金交易工具，同时也可以对当地的公司进行放贷，扩大人民币的使用范围，新疆边境地区的外汇指定银行应按照中国人民银行和国家外汇管理局的有关规定，在平等协商的基础上，与中亚五国边境地区银行建立代理行关系，寻求新的业务合作方式。应该与中亚国家银行建立人民币同业拆借的关系，实现银行之间短期资金的借贷，推动中亚人民币区域化。扩大人民币的影响力。

（3）建立人民币回流机制，推动中亚人民币区域化。这是国际认可和接受人民币的必经之路，所以，为了使人民币更加畅通地回流我国市场。应该在中亚国际贸易中加大人民币支付结算额，允许中亚国家使用人民币结算。

（4）我国应有条件地放宽人民币到中亚五国的投资限制，研究制定相应的管理办法，对

人民币境外投资的来源、利润分配、风险审查等作出具体规定，明确人民币境外投资的范围和重点，控制投资规模。

参考文献

[1] 中亚智库.中亚五国外汇管理政策一览.

[2] 刘文翠.乌兹别克斯坦汇率市场化改革问题研究[J].俄罗斯研究，2018（1）：120-121.

[3] 闫玉玉，李萌.土库曼斯坦外国投资市场准入法律制度解析[J].新西部：下旬·理论，2017（3）：11.

[4] 邵勉也.人民币国际化、进展、挑战和应对之策[J].南方金融，2015（10）：45-51.

[5] 吴秀波.人民币加入 SDR 货币篮子的前景和意义[J].价格理论与实践，2015（10）：21-24.

[6] 舒锐，彭鹏.浅谈人民币纳入 SDR 货币篮子的利弊[J].商，2015（9）：185.

[7] 王朝阳.加入 SDR 货币篮子的条件[J].金融博览，2015（13）：14-15.

[8] Bending，not breaking；China's currency[J].The Economist，2016（9），419（8992）：71[Infotrieve].

[9] Fight or flight；free exchange[J].The Economist，2016（6），418（8972）：84[Infotrieve].

[10] JAYJIT Roy. On the robustness of the trade-inducing effects of trade agreements and currency unions[J]. Empirical Economics，2014.

[11] HARALD Badinger，KEMAL Türkcan. Currency Unions，Export Margins，and Product Differentiation：An Empirical Assessment for E uropean M onetary U nion[J]. Review of International Economics，2014.

第八章　中国与中亚国家纺织产能合作的机遇与挑战

中亚国家天然纺织材料资源丰富，与中国的棉花、丝绸等纺织材料资源互补性强，但棉花、丝绸生产技术落后，投资匮乏。过去十年，中国与中亚国家在棉花、丝绸领域的合作取得较大进展。随着"一带一路"倡议推进，设施联通、贸易畅通等为纺织产能合作提供了良好的基础。但由于中亚政治环境不稳定、政策不连续、贸易壁垒增加、棉花种植投资更趋敏感等不利因素，制约了中国与中亚国家棉花产业合作。建议中国与中亚国家以"一带一路"倡议为契机，以棉花种植技术合作为先导，以政策、金融、信息服务为保障，将中亚国家建成中国境外棉花、丝绸原料生产基地。中亚五国在地理区位、资源禀赋、经济开放度、经济发展水平、金融市场发展水平等方面存在相似的基础。纺织投资与产能合作是世界发展中国家和地区有效参与国际分工和生产要素配置的重要方式，在经济全球化进程中发挥着越来越重要的作用。在世界经济深度调整的关键时期，世界发展中国家和地区优势互补、密切合作，做大做强实体经济，持续扩大总需求和总供给，才是全球经济走出困境、通往可持续增长的必由之路。中国纺织服装企业将坚定实施"走出去"战略，坚持企业的境外投资主体地位，努力提高中亚国家纺织、化学纤维和服装投资质量和效率，增强中国纺织服装企业国际化经营能力。

第一节　中国与中亚国家纺织产能合作模式

目前，中国已同哈萨克斯坦、吉尔吉斯斯坦、塔吉克斯坦先后签署共建"丝绸之路经济带"双边合作协议，"丝绸之路经济带"已与哈萨克斯坦"光明之路"计划、乌兹别克斯坦"福利与繁荣年"规划、土库曼斯坦"强盛幸福时代"、塔吉克斯坦"能源交通粮食"三大兴国战略以及吉尔吉斯斯坦"国家稳定发展战略"实现了对接。这些发展战略的对接为中国资本、产业输出以及中亚国家摆脱经济困境提供了机遇。在国内消费市场缺乏活力、欧美市场疲软、美国构筑岛屿封锁链的情况下，与中亚国家进行能源合作，输出产能、资本、技术、装备等，既释放了合作潜能实现优势互补，也为我国开辟了新的战略空间。而中亚国家与我国的合作可以为本国带来经济发展急需的资金与技术支持，创造更多就业机会及更广阔的市场空间，提升经济竞争力、推进经济的多样化和现代化以及提高居民的福利水平。"丝绸之路经济带"建设项目的实施正进入密集期，亚洲基础设施投资银行、丝绸之路基金、中国—欧亚经济合作基金等的建立，为中国与中亚合作发展注入了新动力、开启了新的窗口，有助于破解当前经济发展困局，提升中国与中亚国家合作的效果与影响力。

产业发展是带动区域发展的核心驱动力，而产业结构更是与当地经济增长速度、经济发展质量等有着直接关系。众所周知，在不同的地缘环境、自然资源、周边环境等因素的影响下，会形成不同的资源禀赋，在禀赋差异的基础上进一步形成了各地区各国家独具特色的产业结构。显然，表8-1说明中亚国家纺织原料优势明显，尤其是乌兹别克斯坦的棉花、丝绸资源以及土库曼斯坦的棉花原料资源。

表8-1　中亚五国天然纤维（棉、丝、毛）资源禀赋

国别	籽棉（万吨）	衣分（%）	皮棉（万吨）	羊毛（万吨）	羊绒（万吨）	蚕茧（万吨）
哈萨克斯坦	45	33.3	15	2.5（粗羊毛31%，半细羊毛6.1%）		
乌兹别克斯坦	330~350	35~37，29.73%~31.25%	110~125，100~120	2.44（细羊毛半细羊毛70%），150万张卡拉库尔羊羔皮		2.3~3，生丝
土库曼斯坦	300（2010年），145~120（2014~2018年）	30	90（2010年），36（2014~2018年）	2，120万张卡拉库尔羊羔皮		0.2
吉尔吉斯斯坦	10	32	3	4（87%美丽奴）	Jaidari山羊绒	
塔吉克斯坦	83—35—107.1（2016年）—105（2017年）	32	11~18—32			

从表8-1可以分析出，中国纺织企业对中亚国家直接投资的目标模式应是资源获取型投资及市场占有型投资并举，这是由中亚国家与中国双方在资源上的供求关系和制造业上技术差异所决定的。

一、资源获取型投资

我国是人均资源不充裕的国家，资源约束对我国经济可持续发展的影响日益明显。通过对资源充裕的中亚国家和地区投资发展资源密集型产业，既可以充分利用和发挥这些地区丰富的资源优势来弥补国内资源缺口，又可以获取良好的经济效益。中国在中亚国家的对外投资具有地缘政治、经济、文化等有利因素。中亚地区丰富的石油、天然气、铁、钾盐等自然资源对我国有着巨大的吸引力。特别是上海合作组织框架下贸易与投资便利化进程的加快，将进一步促进中国企业在中亚国家的直接投资，巨大的内部市场和丰富的自然资源都将为中国企业在该地区进行资本、商品和劳务的跨国流动带来较大的便利和商机。该地区投资基础良好，市场潜力大，易于发挥我国企业的比较优势和竞争优势，与我国互补性强，投资前景广阔。

二、市场占有型投资

目前，中亚国家的制造业还处于低层次的技术结构上，而我国制造业无论是小规模优势、适用技术优势还是特色技术优势，如轻工纺织、家电、食品、电子、建材、机械、农业等部门的相当一部分产品技术性能和质量稳定，具有比较优势，很适合中亚国家的市场需求，都适合于在本区投资（段秀芳，2007 年）。并且这些产业部门的生产出现了总供给过剩而国内市场相对饱和的情况，尤其是我国东部目前正面临产业结构调整和加工贸易转型升级的压力，具备了向中亚国家实现"梯度转移"的条件。此外，这类产业基本上都是劳动密集型，劳工素质也无需太高，很容易就地转化，同时，创造大量就业机会，较大地满足中亚国家扩大就业和产业结构调整的需要，做到互惠互利，使投资顺利进行。

三、上海合作组织框架下中国与中亚纺织产能合作

虽然上海合作组织从安全起步，但是区域经济合作作为该组织发展的重要支柱越来越受到各成员国的关注，并成为该组织合作的重要领域。2003 年 5 月莫斯科峰会期间，六国政府首脑签署了《上海合作组织多边经贸合作纲要》，标志着上海合作组织区域经济合作开始步入机制化轨道。上海合作组织青岛峰会进一步把中国与中亚国家在上海合作组织的平台上大力开展经贸、金融、能源、交通、通信、农业等务实合作，共同抵御金融危机、应对全球化挑战，在实现贸易投资便利化、实施互联互通项目方面将取得更大成果，从商品结构上看，中国主要向中亚国家出口机械设备、通信设备、交通工具、家用电器、纺织品、日用品和食品等，主要从中亚国家进口石油和石油产品、有色金属及金属制品、化工产品、棉花、羊毛、皮革等，在发展区域经济合作方面取得重大进展。

区域经济合作从低级到高级有五种形式，一是优惠贸易安排、二是自由贸易区、三是关税同盟、四是共同市场、五是经济一体化。从人口与土地面积来讲，上海合作组织是目前世界上最大的区域合作组织。但从区域合作的内容、形式、质量、水平来看，上海合作组织还处于刚刚起步的低级阶段，即优惠贸易安排阶段，有待未来继续发展。全面的经贸合作是上海合作组织未来的着眼点，提升区域经济合作的等级和水平，朝建立自由贸易区方向发展，是深化本区域经济合作、适应世界区域经济发展的必然选择。

四、纺织产能合作的模式

在"一带一路"倡议背景下开展国际纺织产能合作是中国纺织产业主动适应经济新常态的一项重要战略举措，也是中国纺织服装企业积极适应经济全球化，参与国际产业分工，利用两个市场、两种资源的必然选择。"一带一路"沿线国家众多，各国经济、文化、民族情况迥异，客观上要求一个包容开放的创新模式。"一带一路"倡议尊重各国发展现状并与各国共同设计具体合作方式，并将重点合作领域设定为政策沟通、设施联通、贸易畅通、资金融通和民心相通的"五通"。

纺织本质上仍是劳动密集型行业，因此，追求更便宜的劳力、原料资源仍是产业转移的重要动机，然而，现代纺织服装业的产业范畴与早期有很大区别，资本不仅仅是实物资本，包括智力资本、要素资源，如人才不仅仅是一般劳动力，还包括设计、研发等知识人才，以

及信息资源。中国纺织投资者在调研过程中必须回答以下几个问题。

（1）中亚投资是采用合资还是独资方式？

（2）投资中亚国家纺织服装项目是单个境外办工厂还是抱团投资高水平境外产业园区？

（3）是投资纺织产业还是投资全产业链？

（4）与中亚国家利益集团的关系怎么处置？

通过对已经在乌兹别克斯坦投资成功的鹏盛工业园区、塔吉克斯坦丹加拉中泰丝路农业科技园区的案例研究，认为"棉花种植+纺织产业园"模式是目前在中亚投资纺织服装产业的最佳模式，从棉花种植开始，到纺织服装深加工，形成完整的纺织产业链。同时，促进本地产城一体化的建设。产业链整体转移的特征越来越明显。由产业链的关键环节（企业）为先导，通过产业链的整体转移和建设，充分利用当地资源，在当地发展配套或关联产业，实现生产、加工和供应的本地化，使技术、产品和服务能够迅速满足市场的各种需求，也能够实现对企业生产环节的配套支持，降低企业生产成本。这种产业链的整体转移带动了相关产业的同步转移和发展，有利于提高企业的资源配置能力和配置效率，推动产业转移速度的加快和规模的扩大。

第二节　中国对中亚国家纺织服装产业直接投资的选择

中亚和中国都处于经济上升期的亚洲，中国和中亚毗邻，交通方便。中国与哈萨克斯坦有 5 条公路、2 条铁路，两国边境有 5 个口岸，都相当繁忙；两国是实现"一带一路"倡议中的重要合作伙伴。虽然能源资源是中亚地区最大的优势，而且矿产资源也较丰富，但是，中亚地区如今的产业结构依然单一化、低级化，凭借充足的矿产资源和能源资源，五国以矿物开采和工业原料生产为主，而轻工业、加工工业、食品工业明显落后，机械制造也不发达。总体经济规模仍然偏小，多年来，其丰富的资源和经济发展极不相称。中亚各国的纺织服装业相对落后，中国纺织服装业迫切需要进行产能优化，在"一带一路"倡议下，中国与中亚各国纺织服装业合作具有可行性，在现有合作的基础上，中国对中亚纺织服装业的投资应加强对外投资服务体系建设，完善运行管理机制，增强风险意识，拓展商品市场。

一、投资纺织服装产业的可行性

根据中亚国家鼓励外资重点领域、我国竞争优势、"走出去"战略以及国家产业发展指导思想，今后应加大对中亚国家的石油化工产业、汽车产业和通信产业的投资。同时，积极鼓励拥有传统工艺技术、中间成熟技术和劳动密集型技术的企业到中亚国家投资，发挥我国企业在中亚国家和地区投资的比较优势和竞争优势。具体而言，中国企业对中亚国家投资的重点主要应该在石油天然气、有色金属矿产资源开发，电力、电信、铁路建设及改造，家用电器、轻纺、日用品生产、农产品加工等领域，可充分发挥我国先进技术、工艺、设备的优势。

1. 投资的产业

在轻纺工业、食品工业、民用品工业，中国可利用明显的资金、技术、设备、管理等优势投资需求和潜力巨大的中亚市场。中亚国家目前建材需求旺盛，但当地建材品种少、档次低，我国企业可利用比较优势，开展建材的投资和贸易合作。中亚国家目前农业生产经营规模和资金均不大，农机制造水平和数量较低，而我国在中小型农机制造方面有很大优势；另外，中亚一些国家能够生产和供应一定量的棉花、水果、蔬菜等农产品，发展畜牧业也有很好的条件，但其加工设备、工艺技术相对落后，缺乏资金。近年来，中亚国家计算机、移动电话机等通信产品需求增加较快，但中亚各国国内这类产品生产能力很弱，需自外国进口并希望外商投资这一领域。

哈萨克斯坦是中国在中亚国家中投资最多的国家，大部分在能源领域。主要投资于石油勘探开发、加油站网络、农副产品加工、皮革加工、电信、餐饮服务、贸易等领域。乌兹别克斯坦是我国实施"走出去"战略的重点国家。近年来，中乌两国经贸关系发展势头良好，我国对乌兹别克斯坦投资主要从事食品加工、纺织与丝绸生产、餐饮、贸易等。中国在吉尔吉斯斯坦的投资主要涉及轻工、农产品和食品加工、农业种植、养殖、矿产资源开发和冶炼、承包工程、通信服务、运输、房地产开发、餐饮服务等多个领域和行业。但多数项目规模较小，目前，单个项目中方投资额超过百万美元的企业约有10余家，国内投资主体多为民营企业。

中国对塔吉克斯坦的投资主要涉及电信、轻纺、农业等领域。近年来，中塔经济技术合作逐步深化，双方在输变电线建设、道路交通、电信等领域的合作取得了积极进展，一系列大型合作项目已经完工或启动实施。利用中国向上海合作组织成员国提供的9亿美元优惠出口买方信贷实施的220kV输变电工程于2008年6月25日竣工，杜尚别—恰奈克公路项目已经竣工。500kV南北输电线路项目于2009年11月提前1年竣工。中国对土库曼斯坦的投资主要在能源、资源开发、通信、化工、铁路、纺织、建筑、农业、丝绸等领域的合作取得成效。

纺织服装业是典型的劳动密集型产业，对劳动力需求量大，并且在劳动力配置方面有着明显的性别偏好度。随着中国"人口红利"的消失，东部用工荒逐步凸显，劳动力工资水平逐渐升高。与此相比，中亚五国总人口为69509万人，15~65岁的适龄劳动人口所占比例平均为656%，劳动力充足；并且0~14岁的人口所占比例平均为298%，在下一个10年里劳动力补充依然充足；五国人口中女性约占512%，工业女性就业率占女性总就业率均不足12%，女性劳动力开发潜力大；中亚地区劳动力工资水平仅占中国平均工资水平的1/2，且劳动力受教育水平较高，入学率（小学）平均为98%。充足廉价的劳动力资源是吸引中国纺织服装业开拓中亚市场的最主要因素。

2. 中国对中亚纺织服装业投资重点区域

中亚地区的棉花主产区集中分布在阿姆河与锡尔河流域，皮毛产区则与各国的畜牧业分布区一致。影响纺织服装企业投资区位选择的因素，一方面是原材料的分布状况及获取的便利程度，另一方面是东道国的优先发展区域是否存在政策优惠和产业集聚效应。另外，境外经贸合作区也是企业投资选择的重点区域。因此，中国对中亚纺织服装企业投资的重点区域主要集中在哈萨克斯坦、乌兹别克斯坦和吉尔吉斯斯坦。哈萨克斯坦投资重点应该以棉纺、毛纺和服装为主，乌兹别克斯坦投资重点纺织工业园区为主，包括棉纺、机织、印染和针织、针织服装；塔吉克斯坦投资重点在纺织产业园区和以棉纺、服装制造为主；吉尔吉斯斯坦投资以棉纺为主；土库曼斯坦投资以毛纺、棉纺织为主。

中亚是世界重要的棉花产区之一，棉花质量上乘，以中绒陆地棉和长绒棉为主；畜牧业发达，以养殖细毛羊和羔皮羊为主。2012年，乌兹别克斯坦、塔吉克斯坦和哈萨克斯坦三国的皮棉出口量占世界皮棉出口总量的9.2%，五国羊毛出口总量为1.062万吨。中国国内外棉花供需失衡，差价高达5000元/吨，严重削弱了中国棉纺织业的产业链竞争力，迫使企业为降低生产成本向外寻求发展。中亚地区优质丰富的棉毛资源成为中国纺织服装企业急需的原料来源。

电力是目前世界上使用最广泛的清洁能源，中亚地区拥有丰富的水力、煤炭等发电能源资源，建设大型电源基地潜力巨大，仅塔吉克斯坦境内江河湖泊的水利资源总蕴藏量就在6400万千瓦以上，其中有经济利用价值的达1250亿千瓦时。中国纺织服装业机械设备总体向着智能化、数字化及高速高产化发展，出口单价仅为国际市场上同类产品的1/3，依靠其实用性、性价比高等特点已逐步打开海外市场。对中亚各国纺织服装业进行投资、输出纺织机械、淘汰中亚地区落后陈旧磨损严重的纺织业设备，可以扩大中国纺机出口市场，还可为中亚地区提供大量的就业岗位作出贡献。

一方面要重视技术设备创新研发，在生产中增加科技元素，提高产品科技附加值，提高产品质量和档次，优化产品结构，实现产品升档升级；另一方面将先进技术设备以投资建厂和纺织产业园区的方式输出到中亚地区，开拓中亚市场，实现"走出去"。在中亚地区投资建厂、招工，对工人进行必要的岗前培训，定期为企业管理人员和技术工人提供赴中学习深造机会，方便人才交流，促进当地就业，建立双方亲密友好的关系以缓解当地人的排外情绪，防止出现恶性事件，有效推动双方更深层次的投资。承接丝绸之路经济带的建设，开拓对中亚五国的贸易市场，有目的地发展面向中亚市场的纺织服装出口加工区和产业园区，以纺织服装产业带动纺织品贸易、以贸易刺激纺织服装产业升级的良性产业链发育，一方面可以与我国东部长三角发达地区相连接，成为东部地区的纺织服装中转点；另一方面，更重要的是打造一条新的产业链，利用中亚资源，承接中东部地区的纺织服装产业转移，打造纺织品对外贸易新的突破点。

二、中国农业种植技术转移是投资纺织产业的重要前提

中国在大宗粮食作物、经济作物如粮棉油的种植技术上与中亚各国相比具有明显的相对优势。在棉花的生产方面，中亚最大的棉花生产国乌兹别克斯坦的产量仅为新疆的1/3，在蔬菜种植方面，中国的绿色蔬菜种植、温室栽培、反季节蔬菜的种植技术已经达到较高的水平。在畜牧业方面，虽然这些是中亚各国的传统产业，但他们的优势主要是羊的选育与养殖等，规模效应不明显，而中国在品种选育、畜产品肉食培育加工方面具有相对优势，表明中国和中亚在畜牧业技术方面具有很大的互补性。

中国在遗传育种、动物营养与饲料方面通过几十年的研究不仅积累了重要的经验，而且技术较先进，尤其在杂交育种方面处于世界领先地位。在棉花、畜产品品种、杂交育种方面与中亚农业技术有着广泛的交流并且研究层次较高。全国众多农业高等院校集聚了大批专门

研究中亚、新疆自然条件下的农业技术的专业人员。

中国农业技术发展水平逐步提高，在物化技术如种业培育、滴灌、喷灌等节水农业技术、光伏农业技术、农作物栽培技术等方面具有较高的水平，非物化技术如生物技术、农业栽培经验、农作物的管理技术和管理制度等方面探索出了一套行之有效的方法，中亚农业急需相近的农业技术的补充来巩固中亚农业的基础地位，维护中亚经济的稳定发展。

中国农业科学院棉花研究所（中棉所）是中国唯一的国家级棉花专业科研机构和全国棉花科研中心。面向全国开展棉花应用和应用基础研究，着重解决棉花生产中的关键技术问题，开展国际棉花科技合作与交流，培养棉花科技人才，为发展现代化植棉业服务。

中国农业科学院棉花研究所在棉花科研平台、育种、扩繁、种植、病虫害防治上占据多重优势。

（1）棉花生物学国家重点实验室挂靠中棉所，主要围绕棉花生物学重大科学问题开展基础和应用基础研究工作，为棉花基础创新提供源动力、为棉花重大前沿问题的解决提供支撑、为棉花高层科研人才培养和交流提供平台。

（2）种质资源优势。依托国内唯一、世界第二的棉花种质资源中期库和野生棉种质圃，形成了系统的棉花种质资源收集、鉴定、评价和利用技术体系，收集并保存国内外棉花种质资源 11333 份、野生种 41 个、野生资源材料 520 份。2006 年，"野生与特色棉花遗传资源的创新与利用研究"获得国家科技进步二等奖。

（3）品种选育优势。中棉所累计培育"中棉所"系列棉花品种 106 个，其中，中棉所 16、中棉所 19 分别获得国家科技进步一等奖，中棉所 12 获得国家技术发明一等奖。20 世纪 90 年代，"中棉所"系列品种连续数年占全国棉田面积的"半壁江山"。尤其在西北内陆棉区的发展过程中，"中棉所"系列品种也发挥了举足轻重的作用。

（4）栽培、植保技术优势。中棉所在棉花高产、高效、轻简化、机械化现代植棉技术方面具有明显的领先优势，建立了防控效果显著的棉花盲蝽象、烟粉虱和黄萎病等棉花重大病虫害生态调控体系；"棉花工厂化育苗和机械化移栽"2011 年获中国农业科学院科技进步一等奖。

（5）种子和纤维品质检测优势。农业部棉花种子和纤维品质检测中心以中棉所为依托，建立了棉花纤维和种子品质的质量标准，这对棉花质量检测和监督，进行棉花和种子的国际贸易具有重要意义。根据国家"一带一路"建设的战略布局，2014 年 2 月 21 日，由中棉所提出的"技术走出去，棉花引进来""开拓我国与中亚国家棉花产业合作，助推建设丝绸之路经济带"的棉花西进中亚发展建议，得到了时任国务院副总理的肯定。随后，中棉所积极拓展与中亚各国的实质性合作，取得了开创性成果。

第三节　基于 SWOT 法中国与中亚纺织产能合作可行性分析

SWOT 是一种分析方法，用来确定本身的竞争优势（strength）、竞争劣势（weakness）、机会（opportunity）和威胁（threat）。SWOT 分析法最重要的是通过评价强势、弱势、机会、威胁，最终得出以下结论：在现有的内外部环境下，如何最优地发挥自己的优势；如何建立未来的资源。下面就中国与中亚的纺织服装产能合作方面运用 SWOT 进行分析，建立未来的中亚发展战略。

一、中亚纺织服装区域竞争优势分析

根据中亚五国工业园区（经济自由区）数量与主要经济指标来分析竞争优势（表 8-2）。可以看出中亚与中国毗邻，可以借助该地区天然纤维资源的地缘优势，在激烈的欧亚国际纺织服装竞争中迅速站稳脚跟，而且可以使中亚纺织服装产业与我国逐渐西移的长时间经济力量密切配合，有利于中国纺织企业"走出去"战略的实现。

表 8-2　中亚五国工业园区（经济自由区）数量与主要经济指标

国别	数量（个）	产业	经济增速（%）	通货膨胀（%）	进出口贸易（亿美元）	劳动力状况
乌兹别克斯坦	11	采矿业、石油化工、纺织、食品、农业	5（IMF），5.2~5.3（乌央行）	19.2（IMF）16~17（乌央行）	307（2018 年），中乌贸易 60 左右	450 万人俄务工
哈萨克斯坦	9	采矿业、农业、石油化工	3.8（世界银行）	4.6（2018 年 1~11 月），5~7（欧亚开发银行）	908（2018 年），1~9 月哈外贸顺差增长 50%，中乌贸易 125.9（1~8 月/2018 年）	素质高，失业率为 4.8%（2018 年）
塔吉克斯坦	4	采矿业、农业、纺织	6.1（世界银行）	5（IMF），7（经济发展部）	40，中塔贸易 6 左右，	105 万人俄务工
土库曼斯坦	5	采矿业、农业、石油化工	6.2（2018 年 6 月）	6.2（IMF）	236（2011 年），358（2015 年），中土贸易额达 69.4（2017 年）	失业率高，60%（2017 年）
吉尔吉斯斯坦	4	采矿业、农业	2.5（亚开行）	3.8（亚开行）	64，中吉贸易 10.539（2018 年上半年）	32 万人俄务工，失业率 2.3%（欧亚经济联盟）

中国与中亚各国的友好关系为开展纺织产能合作创造了前提。中国和中亚国家都是发展中国家，主张建立公正、合理的国际政治经济新秩序，对许多国际问题的看法一致或相似。主要体现为中国—中亚纺织服装产能合作将有助于推动"一带一路"伟大战略构想中"政策沟通、道路联通、贸易畅通、货币流通、民心相通"伟大实践，推动各国形成命运共同体。

可以发挥新疆的地缘优势，在中国与中亚棉花技术转移中起到桥梁与桥头堡的作用。新疆是连接中国与中亚市场的重要桥梁，是中国农业棉花科技向西走出去战略的桥头堡。新疆可以以其现有的棉花技术基础和优越的地缘优势，积极形成相应承接转移机制和对中亚的棉花技术出口基地，从而加速转化先进棉花种植技术。中亚与中国毗邻，可以借助该地区天然纤维资源的地缘优势，在激烈的欧亚国际纺织服装竞争中迅速站稳脚跟，而且可以使中亚纺织服装产业与我国逐渐西移的长时间经济力量密切配合，有利于中国纺织企业"走出去"战略的实现。

中国纺织服装企业进行中亚纺织产能合作布局可以与国内产业协同互补。目前，我国纺织企业对外投资的生产能力以棉纺和服装加工为主，主要是利用中亚、东南亚和非洲地区棉价及劳动力成本优势，有效缓冲国内制造成本压力，巩固国际市场份额。在乌兹别克斯坦、塔吉克斯坦和吉尔吉斯斯坦等中亚国家投资棉花、棉短绒浆等原料基地，解决国内纺织原料资源紧缺和价格高的问题。在美国、英国、德国、日本等发达国家投资成熟品牌、分销渠道、研发中心以及收购高端制造企业，为国内企业加强创新发展提供更有效的高端资源。企业海外投资与国内产业资源互补，合理布局，提高发展效率与市场竞争力。

二、中亚纺织服装产能合作区域劣势分析

投资环境是中亚国家招商引资的前提。随着招商理念不断成熟，旧的园区、资源、优惠政策和商务成本等环境内容已经扩展到自然、社会、经济、法律、科技、文化等诸多方面。特别是核心城市的综合环境成为吸引投资方的主要因素，只有核心城市才有充足的资源和条件带动产业集群的发展，才能为项目提供良好的环境。中亚中心城市基础设施建设薄弱，城市产业定位不明确，难以吸引产业集群落地。此外，中亚国家地方政府服务不到位，政府公务流程长，服务水平低。科技创新能力和人才支撑能力较弱，缺乏拥有多语言能力的人才以及培训的开展不足。大多数中亚国家将俄语作为书面语，口头交流用民族语言，专业翻译人员奇缺，商务沟通非常困难，且效率很低。

中亚国家的安全环境、民族关系及文化心理等因素的影响。中亚国家民族众多，由于历史的原因，一些中亚国家内部存在较大矛盾。在安全环境上，处于内忧外患的境地。中亚的地理位置是受恐怖主义威胁严重的地区，安全形势的不稳定导致这一地区的经济形势比较脆弱，阻挠中亚经济的发展。

三、中亚纺织服装产能合作区域机遇分析

中亚国家拥有价格低廉的原材料，高素质的劳动力，广阔的市场潜力，无论从地缘战略还是经贸发展来说，对中国都具有重要的经济意义。当前，中亚各国迫切希望通过丝绸之路经济带带动本国经济发展，中国企业"走出去"面临新一轮机遇。

市场机遇：中亚各国纺织服装有与中国合作的需要。中亚是一个典型的内陆区，需要借助其他国家获得出口通道或出海口，与世界市场建立紧密的联系。中国是中亚国家天然纤维产品和深加工产品资源向东流动的必经之地，将日本和韩国的市场与中亚连接，同时，中国又是亚太地区最大的新兴市场，对中亚国家来说有巨大的吸引力。

政策机遇：中国和中亚国家拥有良好的合作平台。我国是上海合作组织的创始国之一，上海合作组织成员国基本上都是彼此接壤的邻国，利于各成员国改善贸易的基础设施，缩短运输距离，降低贸易成本。上海合作组织各成员国从各自的地缘经济利益出发，对开展区域经济合作产生了强大的内在需求，能源合作是经济合作的重要内容。

转移机遇：目前，中亚国家急于发展纺织服装产业来解决就业问题，出台了许多优惠政

策发展纺织产业。同时，中亚国家的天然纤维产业产量还有提升的空间，化学纤维产业还有待开发。我国纺织、化学纤维、服装技术和纺织装备产能需要更大的国际空间来承接产业转移。

中亚纺织原料生产业实力较强，而纺织业则相对落后。中亚五国独立之后，政府相继把纺织业列为国民经济的基础产业，并努力采取措施重振本国纺织业，但纺织产业基础薄弱。原因主要包括三方面。一是以出口原材料为主。塔吉克斯坦和乌兹别克斯坦都有丰富的棉花资源，乌兹别克斯坦是世界第五大产棉国，第二大皮棉出口国。虽然大量出口棉花，却以出口原棉为主。哈萨克斯坦虽然原料基础不发达，但原料出口也占轻纺产品出口的绝大部分。二是纺织业产值不高。在哈萨克斯坦的加工工业中，轻工业是唯一一个生产不断下滑的行业。纺织业产值占工业总产值的比重不到5%，仅占GDP的1%左右。吉尔吉斯斯坦纺织服装业对GDP的贡献率低于0.1%。三是设备磨损严重，工艺落后。据统计，中亚五国轻纺企业设备磨损程度在60%~80%，大部分设备为20世纪80年代末的产品，需要进行现代化改造。由于设备陈旧，又缺乏必要的专业技术人员和现代化的管理人才，中亚五国的纺织产品无论在品种、工艺技术还是价格上都无法与中国商品竞争。

中亚五国拥有非常丰富的纺棉资源，品质优异，在对外贸易中创汇贡献大。棉花质优价廉，2017年哈萨克斯坦籽棉收购价格约为4元/kg，而新疆棉花价格为9元/kg。哈萨克斯坦甚至整个中亚的棉花品质特征与我国新疆地区的棉花相类似，原棉色泽好、纤维长、品质高。加工业相对落后，目前，哈萨克斯坦仅有13家棉花加工企业，其中较新的加工厂3家，其余的10家都是很老的加工厂，且生产技术、加工设备落后，自身加工能力不足。

乌兹别克斯坦盛产棉花，目前，已经成为全世界纺织行业重点投资地区之一。除了新加坡、韩国的企业在乌兹别克斯坦投资生产纺织品外，中国纺织企业已经在吉扎克工业区投资建设了南阳木兰花、河南sine、Pinmian等6家工厂，于2015年底正式运营，主要生产棉布、针织布、服装等，80%的产品将用于出口。乌兹别克斯坦生产的品质良好、价格低廉的棉花以及吉扎克工业区的优惠政策为这些企业提供了良好产业发展基础。

四、中亚纺织服装产能合作区域威胁分析

通常，国家风险可以分为政治风险、法律风险、社会稳定风险、金融债务风险四类。

1.大国博弈，多元角力的政治风险

中亚区域的利益博弈集结了美国、俄罗斯、中国、欧盟、日本、韩国、印度等各大经济体，其就利益形成的纵横交错的供应与需求关系，将严重影响该区域的投资安全。中亚国家与欧亚经济联盟的关系更为密切，吉尔吉斯斯坦和塔吉克斯坦已经完成加入步骤。如果再加上中国的"丝绸之路经济带"倡议，本地区各种合作项目或构想交织，如何平衡与制约不同利益体系，稳定该区域投资安全，将成为未来影响中国与该区域开展经济合作的战略因素。多元角力、内外博弈是该时期中亚地缘政治格局的主要特征。中亚国家所处的敏感地理位置，以及潜在的资源优势对资源需求国家造成的影响，导致中亚国家陷入一个区域性合作的战略交汇重叠区。这种重叠，一方面，容易激发经济合作的恶性竞争甚至对抗，另一方面，也将左右处于核心区的中亚国家在战略利益的选择和布局上受到误导，不能正确审视和对待合理性、持续性的合作利益。

同时，由于历史原因，土耳其、印度和韩国在中亚纺织服装领域有先天的投资合作优势。印度曾经与中亚地区有着特殊而密切的关系，如今却落后于其他大国。近年来，印度就此进行了深刻反思，并提出"连接中亚政策"，以推行新的中亚战略。

日本认为，中国的"丝绸之路经济带"倡议，必然随着中国政治影响力与经济实力的增强，延伸向西乃直至整个欧亚大陆。对此，日本将中亚经济援助型外交调整为战略规划型外交。

俄罗斯借助其在中亚各国的历史、文化、经济上的联系，切实维护俄罗斯在中亚的战略利益。另外，俄罗斯总统在独联体峰会上签署了与中亚国家的人文合作宣言，主要体现在人文、社会和公共安全领域。加强人文领域方面的合作将有利于俄罗斯扩大在中亚的影响，同时，也可以达到维护中亚地区安全与稳定的战略目标。例如，俄罗斯拨专款在比什凯克成立俄—吉斯拉夫大学，扩大俄语在中亚的影响力。

欧盟通过援助中亚的各项计划，力图改变中亚国家落后的面貌，促进中亚经济发展，同时，促进中亚国家进行经济体制改革和改造中亚国家的基础设施，进而改变欧盟和中亚国家的投资环境，促进双边贸易的发展。1991年7月15日，欧共体理事会通过第2157/91号决议，决定正式实施对独联体国家的技术援助计划，又称"塔西斯计划"，该计划的目的之一就是要发展独联体国家的经济，支持基础设施建设和私有部门发展，减少贫困，提高生活质量。欧盟支持中亚国家加入世界贸易组织，认为这是中亚国家融入国际经济和贸易体系的重要途径。欧盟通过"塔西斯计划"支持中亚国家经济改革，改善投资环境。

2. 区域内社会稳定安全风险

在欧盟看来，中亚是重要的能源和资源来源地以及欧亚大陆的交通枢纽。欧盟在与中亚交通和能源合作方面提出两个计划和一个倡议，即欧洲—高加索—亚洲交通走廊计划、欧洲国际油气运输计划（INOGATE）和《巴库倡议》。早在1993年的布鲁塞尔大会上，欧盟就提出了欧洲—高加索—亚洲运输走廊（TRACE 以）的构想，即打造一条广阔的东—西走廊。

此外，中亚跨文化管理风险比较高。中亚国家的宗教信仰，与中国在文化、习俗与价值观上差异较大。民众对中国的态度不如官方，对中国人不友好的行为也时常发生，即使是政府部门，对于涉及土地、矿产或基础设施等敏感因素的外国投资也通常持谨慎态度。在劳动中，中亚国家劳动者与中国劳动者的工作习惯也有不同，工会及其他劳动者权益组织的影响较大。由于严格的外国劳动力准入制度，中国直接投资企业的管理部门会尊重当地劳动者的信仰、习俗与劳动制度。此外，企业也有必要谨慎对待当地工会、媒体。一些中亚国家和地区的工会组织较强势，罢工运动较频繁，使中国企业在适应中亚国家政治生态、与当地社会沟通方面存在诸多挑战，容易出现"水土不服"。

3. 货币贬值与金融债务风险

中亚五国经济基础薄弱，经济结构单一，经济增长内生动力不足，其资源性经济对国际市场的依赖性很强，容易受域外经济波动的影响。中亚国家币值的不稳定加大了我国企业国际化经营的金融风险，使海外资产安全受到威胁，直接关系我国海外投资项目的生产经营和可持续发展。此外，中亚国家融资难、成本高。中国"走出去"的企业在中亚国家较难获得贷款支持，而国外的融资成本又非常高。如哈萨克斯坦存款利率为12%，商业贷款利率高达25%。在债务问题上，由于中亚国家经济结构调整和经济转型存在很大不确定性，部分国家内部面临政治稳定及经济转型压力，外部面临经济再平衡和资本外逃风险，信用水平表现相对较弱，政府财政赤字较高，债务繁重，偿债能力令人担忧。

中亚国家支付手段单一，贸易结算方式落后，货款拖欠现象普遍，外汇换汇程序复杂，效率低，投资者合法收益常常不能如期如数返还转出，严重影响交易资金周转及经济效益，影响企业正常经营。

4. 法律风险

中国在中亚国家的直接投资正逐年扩大，随着投资的日益增加，投资争议问题越来越多。哈萨克斯坦是中亚代表性国家，哈萨克斯坦解决投资争议的现行法律规则以单边、双边、区域、多边层次法律规范体系形式存在。中资在哈萨克斯坦面临的投资争议风险主要包括以下几方面：鼓励与限制并存，各种投资壁垒较多；法规修改频繁，政策多变，连续性和稳定性较差；执法随意性大；利用政府强权干预市场等。

中亚国家普遍存在法律法规不完善、行政执法透明度低、行政机构对企业随意进行干预等现象，对外国投资者的投资活动造成不同程度的困难和阻力。同时，企业运营配套基础设施建设不足，导致企业适应市场能力弱。

面对不确定的政治风险，中国企业必须重视海外投资保险的作用。我国和乌兹别克斯坦都是多边投资担保机构（MIGA）的成员国，我国的自然人或法人打算在乌兹别克斯坦进行的投资，只要具备经济合理性，与该国宣布的发展目标和重点保持一致，在该国可以得到公正平等待遇和法律保护，就可以向MIGA申请投资保险。但是，MIGA非常重视投资项目的环境和社会可持续发展，并且有一套评价标准。同时，中国出口信用保险公司也针对中国企业的海外投资提供海外投资保险业务，对战争及政治暴乱、征收、汇兑限制、政府违约造成的经济损失给予赔偿，且申请条件要远低于MIGA。

中国和中亚国家多边纺织服装产业投资合作，机遇和风险并存。认识到足够的风险，才能推动一个健康持续的多边机制的形成。这种风险既包括中亚国家内部、多国竞争等因素，也包括国际上政治时局、经济安全独立以及非传统安全等因素，因此，研究的视野和范畴还有待进一步开拓。

第四节　中亚纺织服装产能合作存在的问题与建议

一、中亚纺织产能合作目前存在的问题

1. 对中亚纺织服装投资一哄而起、扎堆而行

在中亚国家纺织原料资源增长有限的资源条件约束下，在中亚国家投资政策不确定性因素多和竞争越来越激烈的约束下，中国纺织投资者要谨慎而行。例如，乌兹别克斯坦计划在2019年禁止棉花出口，到2025年放弃棉纤维出口，全面供应其在国内市场的加工。

据乌兹别克斯坦纺织协会数据显示，该行业计划在2018~2021年内实施价值25亿美元

的多元化和现代化整改方案。计划将纺织品产量增加到现有水平的 2.6 倍，到 2025 年将纺织品出口量增加 3.7 倍，达到 71 亿美元。据悉，乌兹别克斯坦每年生产约 350 万吨原棉和近 120 万吨棉纤维。其中，近一半的棉纤维用于出口。2017 年，棉纤维出口量达 47.7 万吨，较上年下降 25.2%，出口占比降至 3.4%，国内棉纤维产量较上年下降 8%，达 95.19 万吨。近年来，乌兹别克斯坦纺织业飞速发展，全国共有 7000 余家纺织企业，其中外国独资和合资企业超过 150 家，累积吸引各类投资超过 31 亿美元，其中超过 40% 为外国直接投资，已建成 15 个纺织产业集群，未来还将再建 50 个产业集群。

2. 对纺织服装项目投资研究肤浅，投资合同感情因素大

必须认真研究投资项目，一旦签订合同就必须诚信履行协议和合同。签定合同之前要充分做好前期准备工作，有效防范投资风险，是纺织服装企业"走出去"投资的共同经验。应该细致了解国内外相关法律制度，实地调查中亚投资国的投资环境，充分借助专业中介机构经验，全面评估投资项目的可行性和不确定性，提前做好中亚国家发展所需的语言、技术、管理等人才储备等准备工作。

3. 法律风险

对于国际纺织产能合作国而言，能否平等享有产出利益是维持合作关系的关键。若是只为追求自身利益最大化，将直接导致合作关系的破裂。面对潜在的不确定因素，为实现对合作关系的维持必须首先构建对称互惠的利益共生模式，有取有予、义利结合。例如，土库曼斯坦法律制度体系与国际惯例相差较远，还在不断地制定和颁布。对于投资的外商来说，需要及时地学习和了解其法律和税收政策，预防由于不了解法律而造成的经济损失。

4. 外汇管制严，政策法规多变

中亚国家外汇管理与控制都比较严。例如，乌兹别克斯坦虽然实行经常项目外汇自由兑换，但实际操作中对外汇管制十分严格，乌兹别克斯坦企业、银行每年因"调汇"问题拖欠中资企业债务 5000 万美元以上。由于乌兹别克斯坦央行要求企业外汇收入的 50% 强制结汇，而在企业用汇时又很难兑换，客观上造成中资企业被迫将外汇收入在乌兹别克斯坦进行再投资，难以将收入汇回国内。同时，乌兹别克斯坦政策法规多变，审批程序复杂，政府部门时常易人，办理劳务许可和签证程序复杂，给外资企业开展投资合作增加了难度。

二、中亚纺织服装产能合作的其他建议

1. 纺织文化交流先行

"一带一路"倡议从一开始就注重文化与经济共同发展，以经济为依托推动更广泛的文化交往，以文化为灵魂促进更深度的经济合作，从而实现二者的辩证统一，继续谱写丝绸之路文明交往新篇章。纺织服装高等教育是中国与中亚文化交流的载体之一，国内纺织服装类高等院校纷纷与中亚国家的相关大学建立了交流合作机制，中国政府每年都给中亚国家奖学金项目。鼓励中亚国家留学生到中国留学，同时，中国纺织专家也应邀去中亚国家大学授课。与中亚国际化纺织教育层次进一步加深，深度和广度进一步增加。国际纺织合作与交流的合作形式逐步丰富，由目前的互派访问学者留学、举行国际学术研讨会、学术资源共享等形式向共同合作研究、组建国际合作研究机构等形式转变。

2018 年 11 月，东华大学与中国驻乌兹别克斯坦大使馆共同发起塔什干国际时尚周"中国文化日"活动，推广中国纺织服装时尚文化，乌兹别克斯坦主流媒体纷纷进行新闻报道，在中亚国家引起了强烈反响，获得了一致好评。

2. 展开纺织科技合作

随着丝绸之路经济带建设的逐步推进，中国与中亚地区的深入合作将进入一个新的时期。中亚是丝绸之路经济带的核心区域，中国与中亚国家纺织和农业科技的许多领域，面临大量的共同课题，合作与发展的潜力很大。20 多年来，中国与中亚国家的科技合作交流已建立起长期、互信的合作关系，进入了多元化发展阶段，并取得了实质性的进展。随着中国与中亚国家科技、经济合作的深入开展，迫切需要培养一支具有高素质、高水平、高语言能力的科技合作队伍，为扩大中国与中亚区域的科技合作提供人才基础和保障。例如，中国农业部项目，总投资 5000 人民币，计划在乌兹别克斯坦、吉尔吉斯斯坦、塔吉克斯坦三个国家建设中亚国际棉花联合实验室，同时有棉纱试纺实验室。由中国棉花研究所、纺织行业"一带一路"国际合作发展研究中心、东华大学联合实施。

3. 把中亚纺织产业园区设计规划与中亚国家的自由贸易区相结合

中亚国家纺织服装科技园区建设是中国与中亚国家纺织产能合作的平台，是中国纺织企业在中亚投资纺织服装项目、产业集聚的载体。中亚国家的自由贸易区是中亚改革开放、发展经济的试点区域，优惠政策比较集中，先行先试。要利用这个机遇把纺织产业园区建设和中亚国家自由贸易区建设的优惠政策结合起来。例如，塔吉克斯坦中塔库洛亚布市纺织产业园区项目：总投资 3 亿美元，200 公顷土地；1 万公顷棉田；第一期投资 1.3 亿美元，25 万纱锭智能化纺纱工厂，5 万平方米标准厂房；配套轧花工厂。由纺织行业"一带一路"国际合作发展研究中心、国机集团旗下中机建和中国建筑上海设计院联合实施。

4. 加强与乌兹别克斯坦棉花科技和纺织产业园的建设

乌兹别克斯坦的棉花产量、品质和纺织文化传统都非常适合开展纺织产能合作，是中国纺织产能合作的首选国家。棉花受制于环境、政策和产业格局客观限制，国内棉花产需缺口约 300 万吨/年，此前主要靠 89.4 万吨的进口配额和储备棉轮出平抑产需缺口，目前，国储棉去库存任务已经完成，储备棉库存仅剩约 275 万吨，长期来看，棉花就属于国内紧缺的农产品，预计 2019 年增发棉花进口配额的概率很大。这对国际棉花市场来说是出口需求增加的利好，国际贸易流的改变可能使内外价差缩窄。2019 年中央一号文件指出，实施重要农产品保障战略。加强顶层设计和系统规划，立足国内保障粮食等重要农产品供给，统筹用好国际国内两个市场、两种资源，科学确定国内重要农产品保障水平，健全保障体系，提高国内安全保障能力。第二大部分"夯实农业基础，保障重要农产品有效供给"，第二条"完成高标准农田建设任务"，其中提及"恢复启动新疆优质棉生产基地建设"。新疆的自然和政策条件有利于优质棉花生产，新疆棉的机械化生产规模、田间管理水平、单产情况已达世界一流水平，进一步巩固新疆棉优质生产基地建设对于保障国内优质棉花供应有重要意义。第五条"实施重要农产品保障战略"，其中提及"在提质增效基础上，巩固棉花、油料、糖料、天然橡胶生产能力。加快推进并支持农业走出去，加强'一带一路'农业国际合作，主动扩大国内紧缺农产品进口，拓展多元化进口渠道，培育一批跨国农业企业集团，提高农业对外合作水平"。因此，中国与中亚棉花科技和产能合作空间广阔。

中长期看，结合"纺织产业集聚区"建设，优化纺织企业在中亚国家的全产业链布局，鼓励有海外战略的企业，围绕天然发展原料到纺织服装供应链寻求市场，谋求全产业链的国际布局。结合国际产能合作"纺织服装产业集聚区"建设，按照市场需求，提高面向战略用户的全球布局。例如，从棉花种植、丝绸资源供应—纺纱、缫丝—织造、染整深加工—服装制造—销售网络的完整产业链进行优化布局。在中亚资源丰富的地区建立资源供应基地；在纺织服装需求旺盛的国别建立深加工基地；以生产基地为核心，多元化扩大销售网络，实现全产业链有机布局。中方应进一步发挥产业园区经验，积极搭建纺织服装产业园区平台，形成纺织产能合作示范区，为中国与中亚纺织产能合作打造重要载体和成功样板。

5. 加强纺织产能合作信息与咨询服务平台与融资支撑平台建设，强化外交保障

中国纺织服装产能合作国际联盟要建立包括企业信息、项目信息的信息平台，为纺织服装企业投资合作提供优质服务。发挥智库机构、行业协会、研究机构的优势，研究分析不同国别的投资环境和投资政策，为投资企业提供培训服务，同时，负责举办纺织产能合作相关对话会、论坛、研讨会、推介会等工作。借鉴国际经验，在国家层面设立国际产能合作基金，加大对纺织服装龙头企业海外投资的融资支持。加强对国际贸易保护的国家干预与协调，进一步完善海外投资监督管理、考核评价、海外投资保险等制度，调整出国人员签证制度，支持中国纺织企业走向中亚市场。

鼓励有条件的纺织龙头企业加强海外优质资产与品牌的并购，增强中国纺织服装企业的国际竞争力。形成几家拥有不同类别高端核心产品的纺织服装航母企业，联合"出海"参与国际竞争。加强培育本土化的中国中介机构，逐步摆脱海外并购过程中麦肯锡、波士顿咨询集团等，抓住国际纺织市场与服装行业低迷的机遇，加强海外并购，进行全球资产配置布局。同时，加强纺织行业生产加工与下游服装行业需求对接，研发设计高端产品，提高国际竞争力。

"一带一路"倡议提出以来，中国出资 400 亿美元成立的丝路基金于 2014 年年底正式启动运作。2017 年 5 月 14 日，中国宣布将加大对"一带一路"建设的资金支持，向丝路基金新增资金 1000 亿元人民币。从业务范围上，丝路基金投资主要支持"一带一路"框架下的合作项目，支持各类优质产能"走出去"和技术合作。两年来，丝路基金的主要工作围绕着以股权投资支持企业"走出去"和实体经济发展。目前，股权投资占丝路基金投资的比例已超过 70%。丝路基金的投资保障了中国装备和技术"走出去"，充分体现了"中国元素"。

在推进"一带一路"建设中，加强国际产能和纺织装备制造合作，将是我国培育新业态、保持经济增长活力的重要措施之一，同时也将为丝绸之路经济带沿线国家提供新的发展机遇。这是中国优质纺织产能"走出去"的重大历史机遇。

未来，随着"一带一路"建设向纵深推进，中外合作产能基金及丝路基金的优势将进一步确立，并将推动我国纺织企业的优质产能向"一带一路"沿线国家释放。这既是在践行国内供给侧结构性改革，也是在加强国际产能合作。

6. 积极履行社会责任，扩大国际纺织产能合作的示范效应

第一，要注重保护当地的生态环境。保护当地的生态环境，既是当地政府对企业的环保准入要求，也是中国纺织服装企业在开展国际产能合作时应履行的社会责任。中国向中亚国家转移优质纺织产能，要特别规范企业的生产经营行为，始终坚持绿色、清洁生产，保护当地生态环境。

第二，要积极融入当地社会。中资纺织服装企业在生产经营中要尊重当地的风俗习惯、宗教信仰，建立良好沟通，树立良好的企业形象。在丝绸之路经济带国家和地区的中资纺织服装企业要重点关注企业中的当地员工，使其对中资企业产生认同感和归属感，构建起中资企业和当地民众的友谊桥梁。

第三，要积极帮助当地提升经济发展水平。中国开展国际纺织服装产能合作的中亚国家和地区大部分是发展中国家甚至是落后国家，非常需要通过国际产能合作完善公共设施，改善当地贫困状况，例如，塔吉克斯坦和吉尔吉斯斯坦甚至将提高当地就业岗位以及改善当地公共设施列入外国投资者的准入清单和投资协议中。因此，要引导中国纺织服装企业积极帮助当地发展经济，提高就业率。

参考文献

[1] 张洁.中国周边安全形势评估[M].北京：社会科学文献出版社，2015.

[2] 李宁.丝绸之路经济带区域经济一体化的成本与收益研究[J].当代经济管理，2014（5）：53-56.

[3] 程云洁.丝绸之路经济带建设给我国对外贸易带来的新机遇与挑战[J].经济纵横，2014（6）：92-96.

[4] 凌激.中国与中亚国家经贸合作现状、问题及建议[J].国际观察，2010（5）：17-22.

[5] 苏畅.中亚国家政治风险量化分析[J].俄罗斯中亚东欧研究，2013（1）：31-41.

[6] 赵东波，李英武.中俄及中亚各国"新丝绸之路"构建的战略研究[J].东北亚论坛，2014（1）：106-112.

[7] 张菲菲.中诚信："一带一路"沿线国家面临五大主权信用风险[N].第一财经月报，2015-05-27.

[8] 储殷，柴平一."一带一路"投资政治风险研究之乌兹别克斯坦[EB/OL].中国网，2015-04-15. http://opinion.China.com.cn/opinion-57-126957.html.

[9] 张卓.浅论乌兹别克斯坦总统集权制[J].延边党校学报，2014（8）：97-99.

[10] 依马木阿吉·艾比布拉，阿布来提·麦麦提.试论乌兹别克斯坦经济转型模式选择[J].新疆师范大学学报，2014（10）：45-51.

后　记

我本人对中亚国家的研究始于指导乌兹别克斯坦和哈萨克斯坦博士留学生的科研工作，在此之前，虽然我已在东华大学开展古丝绸之路相关研究八年，但是并未去过中亚最为精彩的丝绸之路中段。

我指导的乌兹别克斯坦博士后研究生沙赫鲁和博士研究生安噜达邀请我访问考察乌兹别克斯坦并参加第87届乌兹别克斯坦科技大会，会议的主题是"丝绸"，我作为唯一一个参会的中国学者发表了主旨演讲并接受MY5电视台采访。从此以后，便开始了真正意义上的中亚研究。

2017年12月，中国纺织工业联合会依托东华大学国际文化交流学院联合成立纺织行业"一带一路"国际合作发展研究中心，聘我作首席研究员；2018年，乌兹别克斯坦塔什干纺织轻工大学聘我担任客座教授，中国驻塔什干大使馆政务参赞亲自出席了塔什干纺织轻工大学举办的隆重受聘仪式。2018年，中国纺织工业联合会领导在东华大学调研时，得知我在研究丝绸之路经济带中亚国家的纺织产能合作，批准中国纺织工业联合会国际贸易办公室委托我开展中亚纺织服装产业投资环境的研究课题，于2018年底结题通过验收，2019年1月在北京做了课题成果发布，《中国纺织报》《纺织头条》和《纺织服装周刊》记者进行了专题采访和研究成果报道，在中国纺织服装行业和中亚国家纺织产业圈引起强烈反响，中国纺织服装企业纷纷要求我出版研究成果。

因此，2019年春节期间，在前面研究成果的基础上，我开始着手重新构划著作体系，补充新的数据并进行修改、完善，集成这本专著底稿。2020年春节期间，"新冠肺炎"疫情暴发，我身处古城湖北襄阳的老家，克服恐惧与焦虑，按照中国纺织出版社有限公司编辑的要求，专注于对书稿进行进一步的数据、资料更新，及对相关板块的补充修改。这本书是在防疫抗疫期间最终完成的，因此，非常具有纪念意义。

正所谓"患难见真情"，特殊时期，感受到了四面八方的善意和暖意。感谢那些曾经帮助、支持我完成课题和书稿的国内外朋友们，也再次对中国纺织工业联合会贸易办公室课题组全体成员、中国驻塔什干大使馆、东华大学科研处、东华大学国际文化交流学院各位领导的大力支持表示衷心的感谢！此专著作为纺织科学与工程一流学科建设相关研究成果，特别感谢东华大学纺织学院领导及同仁对此专著出版工作的关心和支持！

限于本人水平，书中难免存在不妥之处及错误，敬请大家批评指正。

2020.02